国家社科基金
后期资助项目
GUOJIA SHEKE JIJIN HOUQI ZIZHU XIANGMU

中国可再生能源跨区配置
影响因素与外溢效应研究

王永培　著

社会科学文献出版社
SOCIAL SCIENCES ACADEMIC PRESS (CHINA)

图书在版编目（CIP）数据

中国可再生能源跨区配置影响因素与外溢效应研究 /
王永培著. -- 北京：社会科学文献出版社，2025.4
国家社科基金后期资助项目
ISBN 978-7-5228-3650-8

Ⅰ.①中…　Ⅱ.①王…　Ⅲ.①再生能源-资源配置-
研究-中国　Ⅳ.①F426.2

中国国家版本馆 CIP 数据核字（2024）第 099809 号

国家社科基金后期资助项目
中国可再生能源跨区配置影响因素与外溢效应研究

著　　者 / 王永培

出 版 人 / 冀祥德
责任编辑 / 孙美子
文稿编辑 / 王红平
责任印制 / 岳　阳

出　　版 / 社会科学文献出版社
　　　　　地址：北京市北三环中路甲 29 号院华龙大厦　邮编：100029
　　　　　网址：www.ssap.com.cn
发　　行 / 社会科学文献出版社（010）59367028
印　　装 / 唐山玺诚印务有限公司

规　　格 / 开　本：787mm×1092mm　1/16
　　　　　印　张：27　字　数：426 千字
版　　次 / 2025 年 4 月第 1 版　2025 年 4 月第 1 次印刷
书　　号 / ISBN 978-7-5228-3650-8
定　　价 / 158.00 元

读者服务电话：4008918866

国家社科基金后期资助项目
出版说明

后期资助项目是国家社科基金设立的一类重要项目，旨在鼓励广大社科研究者潜心治学，支持基础研究多出优秀成果。它是经过严格评审，从接近完成的科研成果中遴选立项的。为扩大后期资助项目的影响，更好地推动学术发展，促进成果转化，全国哲学社会科学工作办公室按照"统一设计、统一标识、统一版式、形成系列"的总体要求，组织出版国家社科基金后期资助项目成果。

全国哲学社会科学工作办公室

目　录

第一章 绪 论

一 选题背景与研究意义

（一）选题背景

1. 气候变暖与温室气体排放

自工业革命以来，全球平均气温上升幅度超过1℃。设定1961~1990年的平均气温为基准气温，从图1-1中可以看出自1850年以来全球及南北半球平均气温相对基准气温随时间变化的趋势。在过去的几十年里，全球气温急剧上升，比1961~1990年的基准气温高出大约0.7℃。当追溯到1850年，当时的平均气温比基准气温还要低大约0.4℃。这相当于工业革命以来全球平均气温大约上升了1.1℃。因为气温每年都有微小的波动，具体的气温上升幅度取决于假设的"前工业化"（Pre-Industrial）年份和测量的结束年份。但总的来说，这种气温上升幅度在1℃~1.2℃，给全球经济和社会带来深远影响。因为人类经济活动和工业化集中在北半球，还可以通过比较南半球相对基准气温的变化差异分析工业化所引发的净气候变化。北半球的气温上升幅度较大，自1850年以来接近1.4℃，而南半球的气温上升幅度较小，在0.8℃左右。这种分布除了与海洋环流模式密切相关，工业化的大量化石能源消费也是北半球气候变暖加剧的原因所在。

自21世纪以来，温室气体排放的增长速度居高不下，过去40年的全球温室气体排放几乎超过自1750年以来累计排放总量的一半。各种化石燃料和工业活动所形成的二氧化碳排放增量约占总增量的78%。如果减少温室气体排放的有效措施及行动无法及时付诸实施，全球气温到2100年预计将升高3.7℃~4.8℃（World Energy Council, 2016）。根据联合国政府间气候变化专门委员会（Intergovernmental Panel on Climate Change, IPCC）的情景分析，为确保全球气温升高幅度低于2℃，到2050年全球温室气体排放需要比2010年减少40%~70%，到2100年实现排放零增长。这样的减排规模远高于大多数国家现有的减排计划。IPCC 预计，到 2030 年推迟现有减排措施将会极大地增加向长期低排放水平转型的难度。因此，迈向清洁化的能源结构转型刻不容缓，低碳能源包括风能、太阳能等可再生能源和核能，以及使用碳捕捉与储存技术的化石能源，后者技术尚未成熟，因此主要依赖可再生能源实现减排目标。

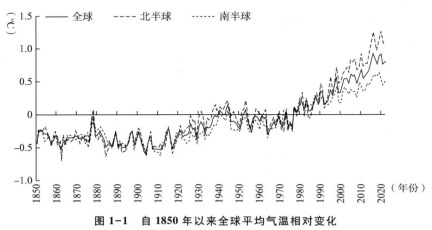

图 1-1   自 1850 年以来全球平均气温相对变化
资料来源：OWID。

1750 年全球二氧化碳排放量仅为 0.093 亿吨，但随着率先在英国发生的工业革命全球蔓延，全球碳排放量快速增加，而英国成为全球碳排放的主要驱动国（见图 1-2）。在 1888 年被美国取代之前，英国一直是世界上碳排放份额最大的国家（见图 1-3）。这是因为英国是第一个实现工业化的国家，这一转变后来促成了英国大部分人口生活水平的大幅提高。尽管二氧化碳排放量的上升对环境造成了明显的负面影响，但从历史上看，它们确实是人类生活条件积极改善的必然代价。而减少二氧化碳排放对保护后代的生活条件非常重要，这就需要建立一个既可持续又能为人们提供高生活水平的减排目标。继英国的发展之后，北美和大洋洲的工业化加快和碳排放量迅速上升。20 世纪 90 年代以后世界上许多较大的排放国在亚洲。这无疑是亚洲迅速发展的工业化和城镇化的结果。自 1950 年以来，亚洲居民的预期寿命从 41 岁提高到 74 岁，极端贫困人口急剧下降，大多数人口首次接受正规教育。虽然所有国家都必须共同努力，但来自最高碳排放国的行动将是必不可少的。中国、美国和欧盟 27 个成员国的碳排放量占全球碳排放量的一半以上。如果没有这些较大碳排放国达成共同承诺，世界将无法实现全球减排目标，这正是《巴黎协定》的目的所在。

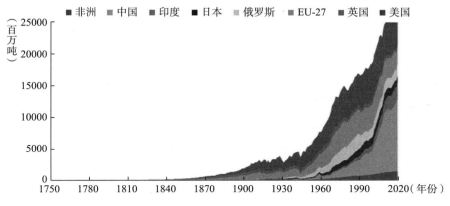

图 1-2 自 1750 年以来历年主要国家和地区碳排放量

资料来源：OWID。

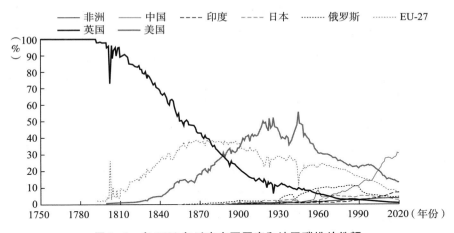

图 1-3 自 1750 年以来主要国家和地区碳排放份额

资料来源：OWID。

顾名思义，人均碳排放量是由每个国家的总碳排放量除以人口所得，它可以反映全球碳排放量基于人口规模的差异化分布。由于碳排放量可以基于生产和消费两个不同层面进行计算，此处的碳排放量是基于生产测算的，即在一个国家边界内所有生产活动所排放的二氧化碳（CO_2），而不考虑商品在世界各地贸易中所隐含的碳排放。根据全球各国人均碳排放量数据，全球人均二氧化碳排放量中属于第一梯队的国家和地区是主要分布于中东地区的产油国。OWID 数据显示，2021 年卡塔尔的人均碳排放量最高，约为 35.6 吨，其次位于人均碳排放量前列的国家包括科威特（25 吨）、特立尼达和多巴哥（23.7 吨）、巴林（23.5 吨）、阿拉伯联合酋长国（21.8 吨）以及沙特阿拉伯（18.7 吨）等。处于全球人均二氧化碳排放量第二梯队的主要是欧美等工业化发达国家，其中澳大利亚的人均碳排放量为 15.1 吨，美国约为 14.9 吨，而加拿大在 14.3 吨左右。这些处于人均碳排放量前列的国家的碳排放平均水平约是全球平均水平（2021 年为 4.7 吨）的 4 倍。由于收入与人均二氧化碳排放量之间存在如此密切的关系，预计两者呈现的关联情况会是生活水平高的国家将有高碳足迹。但显而易见的是，即使在生活水平相似的国家之间，人均碳排放量也可能存在巨大差异。例如，欧洲许多国家的碳排放量远低于美国、加拿大或澳大利亚等国家。事实上，欧洲多数国家的人均碳排放量与全球平均水平十分接近。2021 年，英国、葡萄牙和法国的人均碳排放量分别为 5.1 吨、4.9 吨和 4.7 吨。这要远低于一些生活水平类似的邻国，如比利时（8.2 吨）、德国（8.1 吨）和荷兰（6.6 吨）。归根结底，能源结构对这些差异发挥着关键作用。例如，法国、葡萄牙和英国拥有高得多的核能和可再生能源发电比例。2015 年，法国电力来自化石燃料的比例只有 6%，而德国则达到 55%。中国的人均碳足迹处于高峰阶段，虽然人均碳排放量远低于第一和第二梯队，但因为已经成为全球最大的碳排放国，即便人口众多，中国的人均碳排放量仍然高于全球平均水平，2021 年在 8.05 吨左右，列全球第十五位。然而，作为世界工厂，基于生产测算的中国人均碳排放量高估了自身的碳足迹，因为中国作为全球最大贸易国生产的工业品供全球消费。

此外，二氧化碳排放量通常以生产为基准进行测量，但这并不能描述碳排放的实际情况，因为在一国范围内排放的二氧化碳并不是全部由该国消费造成的，而可能是为其他进口国的消费而排放的，因此在二氧化碳排放责任分配时就需要进行贸易调整。为了计算基于消费的碳排放量，需要追踪所有商品在世界范围内的贸易流。对于国家和地区进口的商品，需将该商品生产过程中排放的所有二氧化碳包含在该国家和地区基于消费的碳排放范围内；反之亦然，对于国家和地区出口的商品，需要减去出口商品生产过程中排放的所有二氧化碳。基于消费的碳排放量反映了一个国家公民消费和生活方式的选择。隐含碳排放量为正值的国家是碳排放的净进口国，表示进口的商品中所含的二氧化碳比出口的多。例如，2020年美国净隐含碳排放率为10.2%，这意味着美国二氧化碳净进口量相当于其国内碳排放量的10.2%，即美国按消费基准计算的碳排放量比按生产基准计算的碳排放量高10.2%。20世纪90年代末，美国逐渐从碳排放净出口国转变为净进口国，这是发达国家去工业化和全球生产链转移的结果。反之，隐含碳排放量为负值表示该国家和地区是碳排放的净出口国，表示出口的商品中含有的二氧化碳比进口的多。净出口国的代表是中国，2020年中国净隐含碳排放率为-8.4%，意味着中国二氧化碳净出口量相当于其国内碳排放量的8.4%，即中国的消费型碳排放量比生产型碳排放量低8.4%。尽管中国是全球最大的碳排放国，但碳排放除了源于本国的消费，还有很大一部分是为全球其他消费者排放的。在净出口国和净进口国之间存在相当大的区域性东西分界线：西欧、美洲以及非洲的大部分国家是碳排放的净进口国，而东欧和亚洲的大部分国家则是净出口国。贸易隐含碳排放反映的是某些国家和地区是否采取将碳排放密集型生产外包给其他国家和地区的策略来实现减排。如果只有生产型碳排放量在下降，而消费型碳排放量在上升，这就意味着国家和地区实施的是"离岸"排放策略。爱尔兰、挪威和瑞士等一些发达国家采取的就是这样的策略，它们以生产为基准的碳排放已然停滞，而以消费为基准的二氧化碳排放量相对稳定，甚至有所增加。

2. 可再生能源蓬勃发展

为了有效地应对全球气候变化，世界各国正积极地将本国的能源系统从依赖化石燃料转变为低碳能源。能源脱碳的路径就是从碳密集型化石燃料向低碳能源转变。为了实现脱碳目标，需要大力发展水能、生物质能、风能、太阳能、地热能、潮汐能和核能——尽管在一些分类中核能并不在可再生能源之列。脱碳能源的主要特征是与化石燃料相比，每单位能源消耗产生的二氧化碳排放量都非常低。若要减少能源消耗产生的二氧化碳排放量，就必须减少生产使用的化石燃料的份额，不断增加可再生能源和核能的份额。1990年以来，非核可再生能源（水能、生物质能、风能、太阳能、地热能和潮汐能等）和核能发电的趋势总体上升。在全球范围内，2021 年非核可再生能源发电约占全球电力生产的 28.4%，核能约占 10.6%（见图 1-4）。2005~2021 年，非核可再生能源份额增加了约 10 个百分点。与此同时，核能发电的份额减少了约 4~5 个百分点。此外，三大化石燃料（煤炭、石油和天然气）和低碳清洁能源（核能和非核可再生能源）在电力生产中所占的份额此消彼长。尽管非核可再生能源产量有所增加，但在过去十年中，化石燃料发电所占份额呈现明显的下降态势，总体上占电力生产份额已经低于 70%。当世界应用非核可再生能源技术方面取得进展时，对核能的加速替代抵消了电网脱碳方面取得的一些进展。

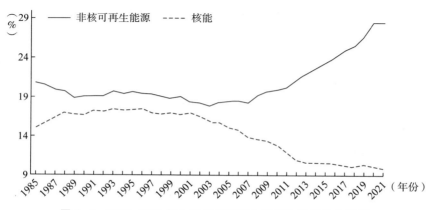

图 1-4　1985~2021 年全球非核可再生能源和核能发电份额
资料来源：OWID。

就全球范围而言，2021 年可再生能源发电量约为 7.9 万亿千瓦时。这比 20 世纪 60 年代增长了 8~9 倍。但不可否认的是，水能仍然是现代可再生能源消费的主要形式，水力发电量占可再生能源发电量约 70%。尽管水电绝对增长，但随着其他可再生能源技术的发展，水电所占份额正在下降。

不同可再生能源的发展路径略有差异，海上风能和太阳能光伏的前景更加乐观，主要得益于开发技术进步所带来的持续成本降低以及总体政策和监管环境的改善。水能和生物质能发展总体平稳，而考虑到多个市场的项目开发缓慢，地热能的前景暂不明朗。由于中国和美国的发电量增长将放缓，全球年装机容量将逐渐告别高速增长的态势。然而，由于新能源资产竞争性拍卖所带来的成本较低，欧盟的扩张步伐加快。在拉丁美洲、中东和北非地区、欧亚大陆和撒哈拉以南非洲，项目存量和开发周期确保了发电量增长基本稳定。并网运行、融资和社会认可是加快全球陆上风电扩张的关键挑战。海上风力发电量倍数增长，未来数年将占全球风力发电总量的近 10%。欧盟是全球海上风电装机容量扩张的主导力量之一，但在各国的基础上，中国通过出台新能源补贴政策支持众多风电项目开发。除中国以外，各种有力措施还将推动诸如英国、丹麦、荷兰和德国的风电扩张。

3. 可再生能源并网消纳问题

由于支持性政策的出台和技术成本的大幅下降，许多国家的风电、太阳能发电等可再生能源装机容量增长非常迅速。就全球范围而言，超过 30 个国家风电和太阳能发电在年总发电量中的份额已达到两位数，其中欧盟各成员国表现最为亮眼，丹麦发电量中风电和太阳能发电所占的份额已经超过 50%，芬兰、德国、爱尔兰、意大利和西班牙等国家的这一比例都已经超过 20%。随着风电和太阳能发电等可变可再生能源（Variable Renewable Energy，VRE）的并网规模不断扩大，技术将对电力系统产生越来越重要的影响，因为其波动的大小将对电力系统的稳定性提出更多挑战，也对灵活调度提出更高要求。一般而言，风电和太阳能发电占比较低，比如可变可再生能源发电厂的总发电量在任何时候都不会超过电力需求的 2%~3%，即使可变可再生能源的功率输出和需求是高度不一致的，因为它们的输出非常小，对系统运行几乎没有影响。但在可变可再生能源占比进一步提高的情况下，电网系统运营商将不得不关注可变可再生能源容量利用问题。风电和太阳能发电的输出功率受到在任何给定时刻有多少风能或太阳能的限制，机组一旦建成运营，由于没有燃料成本，理论上这些发电厂的单位发电成本非常低，在某些情况下接近于零，这就使得通常最经济的调度顺序是优先使用可变可再生能源提供的任何电力，但这同时又面临着电力系统稳定性的考验。然而，在实际操作中，由于调度优先级存在差异，作为"干扰项"的"净需求"是简单地通过从电力需求中减去可变可再生能源输出还是从石油、天然气和煤炭等化石燃料发电机组输出中获得的，会产生本质上的区别。正因为可变可再生能源的天然缺陷和调度优先级的偏好差异，在可变可再生能源并网发电中就产生了另外一个问题——可再生能源削减（Renewable Curtailment)，也就是通常所说的弃风、弃光和弃水问题。

可再生能源削减是一种比较普遍的现象，在很多国家存在弃风、弃光和弃水的资源浪费。如意大利在风电发展的起步阶段弃风率一度高达10%，直到采取有力措施后该国的弃风率明显下降，2019年处于0.6%左右的低水平。其他的西方国家也是如此，弃风率一般处于2%~4%的水平（见图1-5）。美国整体的可再生能源发电占比并不比欧盟主要国家高，但美国可再生能源集中分布于几个重点州，比如按照加利福尼亚州能源委员会的统计，加利福尼亚州的可再生能源发电占比超过30%，其中风力发电和太阳能发电占比都超过10%，因此对美国来说可再生能源并网消纳也是一个棘手的问题。

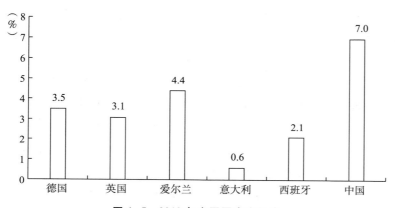

图1-5　2019年主要国家弃风率

资料来源：Wind Europe。

可再生能源削减，也就是弃电，本质上是并网消纳受阻。并网消纳面临的基础设施和体制机制障碍一直是可再生能源发电项目面临的主要问题。可再生能源的削减可以理解为在电力需求既定的情况下非自愿地减少可再生能源发电机输出功率。通常当输电系统运营商发出指令，限制特定或一组可再生能源发电机的电力输出时，就会发生限功率的弃电问题。虽然有证据表明各国都有可再生能源削减的情况，但产生削减的原因各有不同。可再生能源削减受到某国特定因素的影响，例如虽然一些国家可再生能源发电占比很高，但电网基础设施的规模和灵活性并不高，电网基础设施的不完善会导致弃风、弃光和弃水等问题。2019年欧盟主要国家风电渗透率如图1-6所示。再如，由于一些国家的电力交易

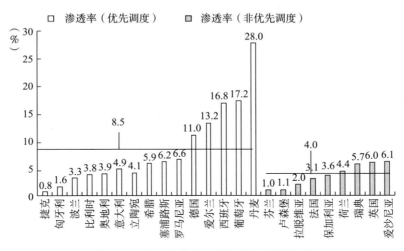

图 1-6 2019 年欧盟主要国家风电渗透率

资料来源：European Wind Energy Association。

市场不完善，可再生能源的并网消纳规模在各个月份、季度和地区之间存在相当大的差异。当然，可再生能源削减本质上是对资源的浪费，它是在除了不可抗力事件和紧急情况外，由于输电线路拥挤、发售电模式不同、商业参数变化、系统安全性和可靠性较低等原因而造成的发电机组出力受限。总的来说，可再生能源并网消纳障碍的成因可以分为两个方面：技术性削减（Technical Curtailment）和商业性削减（Commercial Curtailment）。

在国家政策的大力支持下，中国可再生能源投资持续增长，过热的投资带来了巨大的装机容量，但不可避免地产生了一些后遗症，其中最突出的是可再生能源的并网消纳问题。2015～2016 年，中国的光伏发电弃光电量增加了近 50%，西北省区甘肃和新疆超过 30% 的光伏发电未能并网。2016 年，全国剩余风力发电量的弃风率达 17%，在一些电网接入不良的偏远地区更是如此，如甘肃省弃风率为 43%。但近些年全国范围内的弃风率和弃光率明显下降，2020 年两者都下降至 3% 左右，已经处于合理区间（见图 1-7、图 1-8）。此外，弃水问题也得到较大幅度的缓解。但这只是针对全国整体而言，局部地区仍然时常出现较高的可再生能源弃电现象（见图 1-9）。

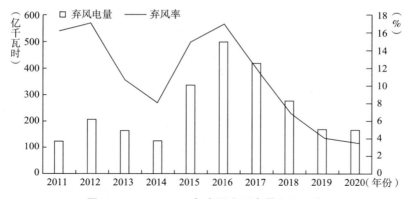

图 1-7　2011~2020 年中国弃风电量和弃风率

资料来源：国家能源局。

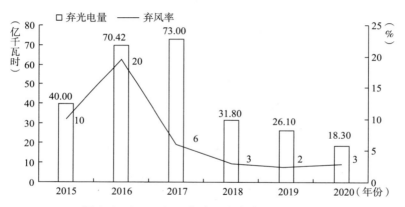

图 1-8　2015~2020 年中国弃光电量和弃光率

资料来源：国家能源局。

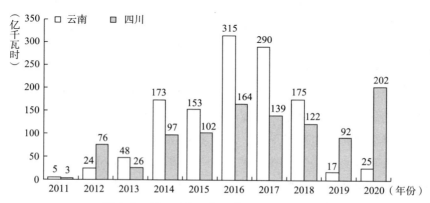

图 1-9　2011~2020 年云南和四川弃水电量

资料来源：国家能源局。

就技术性削减而言，造成可再生能源并网消纳困难的技术原因是多方面的，包括可再生能源发电地区与能源负荷中心的地理位置不匹配，以及输电基础设施不完善。例如，中国大部分大型风电场位于人口稀少的北部地区，而高需求地区则位于东部和南部沿海地区。自2009年以来，我国一直致力于建设超高压和特高压输电线路来输送电力，年建设规模甚至达到数千公里，但区域输电网的发展仍然不充分，由此造成了输电阻塞问题。就商业性削减而言，中国现行的监管框架也是发展可再生能源的一大障碍。首先，无论电源为何，电网运营商支付相同的电价，可再生能源的削减不受惩罚。因此，电网运营商缺乏选择可再生能源上网的有效激励。非但如此，电网运营商甚至将可再生能源限制在较低的阈值，以对冲发电出力变化和预测误差引发的电网系统稳定性损失。其次，历史上的许多燃煤电厂，即所谓的"热电厂"，作为热能生产的副产品提供了不可压缩的最小电量。冬季期间，供暖需求量很大，热电厂因此产生了大量的热量，也产生了大量的电能。当电力需求较低时（在非高峰时段），热电厂生产的电力几乎涵盖了所有电力需求。在没有适当激励措施的情况下，这种更简单、更稳定的热电厂自然比可再生能源电力更受欢迎，尽管燃煤电厂的污染排放强度很高。

减少可再生能源弃电是当务之急。中国政府认识到，可再生能源弃电问题是向更绿色、更可持续的能源系统转型面临的主要挑战之一。2015年发布的《中共中央 国务院关于进一步深化电力体制改革的若干意见》（简称"9号文"）为电力体制改革指明了方向，并强调需要改善电力调度，增加跨省区电力交易，这有助于减少可再生能源弃电规模。通过优先分配可再生能源和补偿发电机组的削减，来进一步减少可再生能源弃电。国家发改委和国家能源局发布的《电力发展"十三五"规划（2016—2020年）》指出，力争"十三五"规划期末，"三北"弃风弃电率控制在5%以内。保持风电快速发展不仅在于提高装机容量，更重要的是大幅提高装机容量的利用率。近年来太阳能发电也得到了快速发展，年均增长率超过20%。就分布而言，中国西北五省区的光伏发电装机容量占到45%。新的装机产能将集中在东部沿海地区，从而将更多的发电能力配置在负荷中心的位置。虽然以产能为目标的可再生能源发展有一定刺激经济增长的作用，但仅仅提高装机容量还不足以减少有害气体的排放。过度的可再生能源削减措施会导致对高碳排放资源的不必要依赖。空气污染在中国长江以北的每个省份都是严重的问题，包括那些高度削减的西部省份。2015 年，中国没有一个省份符合世界卫生组织（WHO）关于 PM2.5 浓度的空气污染指南。确保中国已装机的可再生能源得到充分利用，将产生显著的空气质量效益。2020 年，我国提出"双碳"目标，即 2030 年前实现碳达峰、2060 年前实现碳中和，大力发展可再生能源是实现该目标的根本途径。

（二）研究意义

《2022 年政府工作报告》指出"有序推进碳达峰碳中和工作……推进大型风光电基地及其配套调节性电源规划建设……提升电网对可再生能源发电的消纳能力"。可再生能源并网消纳受到高度关注，也成为国家推动能源清洁化转型的战略性课题。2014 年，习近平总书记在中央财经领导小组第六次会议上首次提出和全面阐述我国推动能源消费革命、能源供给革命、能源技术革命、能源体制革命以及全方位加强国际合作的"四个革命、一个合作"的能源安全新战略。2019 年，党的十九届四中全会进一步提出以"推进能源革命，构建清洁低碳、安全高效的能源体系"为中心的能源转型战略目标。当前第三次能源转型和革命正在全球范围内兴起，为此亟须制定适当的发展战略和协调机制，引领尚不确定的能源转型之路（World Energy Council，2016）。2016 年 12 月，国家发改委、国家能源局联合发布的《能源生产和消费革命战略（2016—2030）》指出，到 2030 年实现非化石能源占能源消费总量比重达到 20% 左右的发展目标，努力建设"新增能源需求主要依靠清洁能源满足"的能源发展新格局。由此可见，新一轮能源革命的最典型特征是可再生能源在能源消费和供应结构中的占比不断提高，其主导地位应不断增强。中国作为全球能源需求最大的国家，保证各种可再生能源的大规模有效开发利用，已成为顺利推进能源革命和转型的关键。为此，本书基于中国能源负荷中心和能源基地逆向地理分布的基本事实，围绕可再生能源并网消纳的关键影响因素，研究可再生能源并网消纳的经济、能源效率和环境等外溢效应，进一步实证可再生能源并网消纳对经济社会产生的深远影响，并根据可再生能源并网面临的通道约束和机制约束，在总结国内外可再生能源并网消纳经验的基础上，提出中国可再生能源并网消纳的优选政策，具有重要的理论和现实意义。

　　就理论意义而言，鉴于现有文献鲜有涉及将可再生能源并网消纳问题纳入统一的经济分析框架，本书尝试采用能源经济、环境经济和新经济地理理论阐述可再生能源并网消纳的经济机理和外生约束等。首先，本书探究中国能源负荷中心形成的内生经济机理。具体是将制造业、能源和环境部门纳入统一的新经济地理框架，分析了影响消费者和厂商分布的能源和环境因素，揭示了中国能源负荷中心和能源基地空间逆向分布的动因和效应，奠定了大规模可再生能源并网消纳作为协同治理这种"逆向分布"和环境问题的根本途径。其次，在电力交易模型中分析了电力并网消纳的微观机制。在异质性成本函数情形下，植入电力交易扭曲导致的错配及其对价格形成和传导机制的冲击。以此为基础，高比例可再生能源渗透引起的成本函数波动，增加了电力交易中的价格发现和传导难度，减弱了价格信号推动多类型能源动态优化配置的能力，为后续机制和政策分析奠定了理论基础。最后，利用资源规划方法和工具理论分析可再生能源并网消纳的各类约束，探究基于通道约束和机制约束的可再生能源并网消纳的损害补偿和配置优化导向，力图进一步完善后续实证分析的理论体系。

　　就现实意义而言，本书实证研究可再生能源并网消纳的影响因素和外溢效应，揭示可再生能源并网消纳的多重影响，对进一步优化可再生能源政策、促进可再生能源并网消纳具有重要意义。各种可再生能源有一个共同的特点，那就是它们中的绝大多数不是以一次能源的方式进入终端消费，而是转化为电能进入用能终端。中国电力企业联合会发布的数据显示，2021 年，全国新增发电装机容量中可再生能源装机容量占比超过 76.2%，可再生能源发电量达到 2.7 万亿千瓦时，占全国发电量的比重达到 31.6%。然而，制约可再生能源发展最重要的因素就是并网消纳问题。中国风能资源 90% 集中在"三北"地区[①]，太阳能资源 80% 集中在西部和北部地区，与负荷中心呈逆向分布，这一基本国情决定了中

---

① "三北"地区指的是按电网经营区划分的中国西北、华北和东北地区，其中西北地区主要包括陕西、宁夏、青海、甘肃和新疆 5 个省区，华北地区主要包括北京、天津、河北、内蒙古、山西和山东 6 个省区市，而东北地区指的是辽宁、吉林和黑龙江 3 个省份。

国新能源采用"大规模、高集中"的开发模式和"大容量、远距离"的输送模式,这与欧美一些新能源大国实行风电、光伏发电分散接入有很大区别。目前,"三北"地区风电、光伏发电装机容量占全国的比重已超过 80%,风电装机容量超过 1500 万千瓦的内蒙古(3785 万千瓦)、甘肃、河北、辽宁、新疆、山东等 6 个地区的风力发电量约占全国风力发电量的 60%,其用电量仅占全国的 20%,导致风电并网消纳困难重重,一度出现弃风率居高不下的问题。全国新增风力、光伏电站装机容量的 70% 仍然集中在"三北"地区。随着"三北"地区新能源装机规模不断扩大,新能源本地消纳问题进一步加剧。一是新能源开发规模超出当地消纳能力。新能源集中开发地区负荷小,市场容量非常有限,部分地区甚至仅新能源装机容量就已超出本地用电负荷。目前,蒙东地区风电装机容量已超过 1000 万千瓦,接近本地最大用电负荷的两倍;2021 年,甘肃地区风电和光伏发电装机容量预计达到 2200 万千瓦,接近本地最大负荷。二是电源结构性矛盾突出。由于新能源的间歇性和反调峰特性,新能源高效消纳有赖于抽水蓄能、燃气等灵活调节电源的配套。欧美等风电大国实现风电高水平利用的主要原因在于快速调峰电源比例高,例如西班牙快速调峰电源比例达到 34%,是风电的 1.7 倍;而美国甚至高达 47%,是风电的 13 倍左右。但中国未来几年内,东北、华北地区以燃煤为主的电源结构(占比超过 65%)难以发生根本性改变,且供热机组规模还在扩大,进一步加大了冬季低谷时段的调峰矛盾,风电消纳压力极大。此外,由于对新能源实行优先调度,其迅猛发展会使常规火电的生存空间受到严重挤压(甘肃常规火电利用小时数最低已降至不足 4000 小时)。由于可再生能源的运行需要有同等规模的常规电源给予支撑,若常规电源生存情况进一步恶化,也将影响可再生能源的并网消纳。基于上述的基本情况,本书实证分析可再生能源并网消纳的主要影响因素,研究可再生能源并网消纳的外溢效应,对于促进可再生能源投资建设、优化可再生能源配置具有显著的现实意义。

二 概念界定

(一) 可再生能源

可再生能源的概念是 1981 年 8 月联合国在内罗毕召开的新能源和可

再生能源会议上首次提出的。该大会最终通过题为《促进新能源和可再生能源的发展与利用的内罗毕行动纲领》的文件，在全球范围内赋予可再生能源明确的范畴和内涵，即采用新材料和新技术加以开发利用的新的可再生能源，与常规能源的根本不同在于它是一种可持续发展的能源，因为消耗后能够很快得以补充和恢复且不产生或很少产生污染物，在理论上具有用之不竭的根本特性，有利于促进社会和生态环境的良性循环。可再生能源具有水能、太阳能、风能、生物质能、地热能、潮汐能及其所产生的二次能源氢能等多种类型。

根据 2001 年欧盟理事会制定的《关于在共同体内部市场推广使用可再生能源发电的指令》第二条第一项中的定义，可再生能源指的是"可再生的非化石能源"，并具体指出太阳能、风能、水能、地热能、沼气能、生物废料、排放的气体、废水净化站的气体以及生物质气体等 9 种能源都属于可再生能源。各国依据国情对可再生能源进行了不同的定义，使其在范畴和具体划分上略有不同。2010 年实施的《中华人民共和国可再生能源法》中的第二条指出："本法所称可再生能源，是指风能、太阳能、水能、生物质能、地热能、海洋能等非化石能源。水力发电对本法的适用，由国务院能源主管部门规定，报国务院批准。通过低效率炉灶直接燃烧方式利用秸秆、薪柴、粪便等，不适用本法。"所以采取列举方式可以划定可再生能源范畴，但基于对可再生能源性质把握的需要，一般可以将它描述为自然界中分布广泛且能够不断再生、永续使用的无害或对自然危害非常小，有利于促进社会生态良性循环的资源。

可再生能源绝大多数是以电能的形式进入终端消费，所以就本书的研究范围而言，可再生能源指的是水力发电、风电、光伏发电、生物质能发电、地热能发电、聚热发电以及海洋能发电等能源形式，它们是与化石能源相对的主要能源形式。可再生能源是能源清洁化转型的重要方向，相对于燃煤、燃气等化石燃料发电，这些可再生能源发电构成可再生能源利用的主要方式。鉴于数据的可获得性，本书研究的主要是燃煤发电之外的电源，也就是说将核电也纳入了可再生能源的范畴。根据 BP 公司发布的《世界能源统计年鉴2019》（Statistical Review of World Energy 2019），2018 年可再生能源发电占全球总发电量的比重平均约为 25.7%。超过全球该平均水平的国家的主要特点有：水力发电特别多，如巴西、加拿大等；利用风力发电和光伏发电特别多，主要有意大利、西班牙以及德国等。相对地，富产化石燃料的国家，如美国、俄罗斯等可再生能源占比就比较低。

（二）能源跨区配置

能源跨区配置是指一定时期内，将可利用的各类能源，通过各种开发、运输、转换、利用方式的组合，以及市场机制、宏观调控等手段，在一定行业范围内及地理空间范围内再次分配的过程。科学的能源配置强调站在普遍联系的高度，通过加强统一规划协调，改变各自为政的能源发展方式，追求安全、经济、清洁、高效的能源发展格局。能源跨区配置的研究范畴包括将国内、国外两个市场获得的煤炭、石油、天然气、清洁能源等能源，采用发电、直接利用等合适的转换利用方式，经铁路、公路、水路、管道、电网等运输至用户端使用的全过程。从能源跨区配置的品种来看，主要包括煤炭、石油、天然气、风能、太阳能等能源。从能源跨区配置的运输方式来看，煤炭、石油和天然气的运输方式主要有铁路、公路、水路、管道及不同运输方式的组合等；电力（煤电、水电、核电、风电、太阳能发电等）的传输通过电网进行。水能、核能、风能和规模化开发的太阳能等清洁和可再生能源都通过转换成电力进行输送和利用。中国能源跨区配置的总体框架如图 1-10 所示。

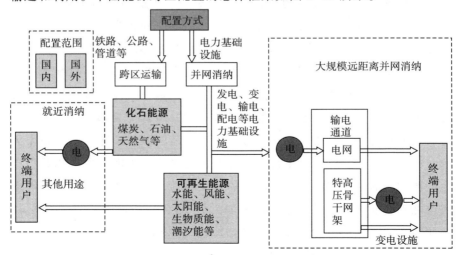

图 1-10　中国能源跨区配置的总体框架

（三）并网消纳

由图 1-10 可知，并网消纳（Grid-Connection）是可再生能源唯一的跨区配置方式。并网消纳指的是各类可再生和非可再生能源以电能的方式接入电网系统供终端消费。风能、太阳能等可再生能源主要是以电力的方式进入消费侧，但并不是所有可再生能源厂商生产的电能都可以接入电网供终端消费。部分风电场、光伏发电场产生的电能因受到种种约束而无法接入电网，这就产生了可再生能源的并网消纳问题。因为可再生能源分布不均匀，以及可再生能源产区和消费区的分离，可再生能源并网消纳可以分为两类方式：一是就近消纳的方式，即可再生能源接入本地输配电网，供本地及周边终端消费；二是可再生能源接入以特高压电网为骨干网架的大型输电通道，在全国统一电力市场交易机制的保障下进行跨省跨区消费。

中国可再生能源基地与消费中心逆向分布的空间特征，客观上要求进行能源的大规模、大范围并网消纳，可再生能源并网消纳因此成为关系到能源安全、能源转型及可持续发展的重大课题。由于"逆向分布"的自然属性，可再生能源开发利用的主要方式是通过输电通道实现能源跨区配置。高比例可再生能源渗透的能源并网消纳的研究范畴包括将国内、国外两个市场获得清洁能源主导的多能源组合，采用发电、直接利用等合适的转换利用方式，经以特高压骨干网架为支撑的电力基础设施将电能配置给用户端使用的全过程。从并网消纳的能源品种来看，既包括煤炭、石油、天然气等传统化石能源又包括风能、太阳能等清洁和可再生能源，且可再生能源的占比不断提高。传统化石能源的配置方式多样，如煤炭的运输方式主要有铁路、公路、水路及不同运输方式的组合等，而石油和天然气的运输方式主要有管道、铁路、公路、水路及不同运输方式的组合等；但可再生能源的配置方式只有一种，那就是将这些可再生能源转换为水电、风电、光伏发电以及生物质能发电等电能并接入电网进行跨区配置。从能源的转换利用来看，随着人类社会电气化水平的不断提高，电动汽车等消费增长点不断涌现，电能替代的规模不断扩大，对实现可再生能源并网消纳的电力基础设施提出了更多、更高的要求，也加大了并网消纳的难度。

（四）外溢效应

外溢效应（Spillover Effect）是指某项经济活动不仅可以带来该项经济活动预期的效果，还会产生预期之外或设定目标之外的外部性效果或效益。外溢效应也称作溢出效应，可以分为技术溢出效应和经济溢出效应，前者指的是某些经济活动引起外部的知识和技术进步，从而提高生产率；后者指的是某项经济活动不仅为自身带来经济收益，还为外部带来经济收益。基于外部性解释溢出效应对经济增长的作用，相关理论认为新投资具有溢出效应，不仅进行投资的厂商能够通过积累生产经验实现生产率的提高，还可以示范其他厂商扩大投资进而客观上提高生产率。传统上技术溢出是由于技术知识是一种公共产品这一事实而产生的（Arrow，1962）。创新推动了技术前沿的发展，促进了未来的创新，创造了外部性。

本书研究的可再生能源并网消纳的外溢效应包括经济溢出效应、技术溢出效应和环境溢出效应三个方面。其中，经济溢出效应关注的是可再生能源并网消纳与经济发展的内在关联，并研究消纳可再生能源的电力高速公路——以特高压电网为骨干网架的输电通道的经济贡献等。技术溢出效应指的是可再生能源并网消纳所带来的能源效率的提高，且在此过程中考察可再生能源并网消纳的通道约束问题。环境溢出效应指的是可再生能源并网消纳的碳减排贡献。考虑到环境中污染物的跨区流动性，以及其他不可观测的环境污染的空间关联性，在研究中使用空间计量模型检验环境的空间溢出效应，但在本书中该空间溢出效应考察的仅仅是碳排放的空间相关因素，而不是可再生能源并网消纳的独有特征，所以在研究中控制其他因素的影响。总的来说，本书研究的可再生能源并网消纳外溢效应涉及的是其在促进经济增长、提高能源效率、实现碳减排三个方面的作用。

三　研究内容与思路

（一）研究内容

本书基于中国能源负荷中心和能源基地逆向分布的空间特征，可再生能源并网消纳技术性和经济性阻塞的特征事实以及能源革命的清洁化导向和环境治理的约束背景，在新经济地理理论和框架、动态空间计量和异质性的面板平滑转换等主流和新兴的理论与经验分析技术支撑下研究可再生能源并网消纳的关键影响因素、外溢效应和优化政策。鉴于可再生能源瞬时性、间歇性、"削峰填谷"的复杂性和特殊性等微观特征，在充分探讨其他国家和地区可再生能源发电、交易、调度、配额和并网管理等经验基础上，力图揭示新能源革命背景下符合中国异质性逆向空间布局的可再生能源并网消纳的促进机制，勾勒出基础保障、结构分解和交易机制引发的"三位一体"综合宏观效应，探索具有中国特色的可再生能源并网消纳的制度安排和优化路径。主要内容包括以下方面。

第一部分（第一章至第二章），以国内外可再生能源发展历史背景为基础，借助经典空间经济理论提供的分析工具，夯实可再生能源并网消纳的内在逻辑和形成机理。①阐明可再生能源发展的温室气体排放和气候变暖历史逻辑，明确基本概念、分类和研究范围；②基于现况分析、制度供给边界及可再生能源并网消纳障碍，结合已有研究文献不足和客观实践发现，构建研究结构和分析框架；③基于异质性空间经济和增长理论，从既定的外生环境约束、消费者偏好和成本效应出发，理论推演厂商区位选择引致的能源负荷中心的形成机理。理论分析"超级电网"（Super-Grid）基础设施支撑下的跨区双边电力交易制度，将可再生能源渗透引入宏观经济增长框架，探究其搭乘高压（High Voltage）、超高压（Extra-High Voltage）和特高压（Ultra-High Voltage）"电力高速公路"的经济机理及跨区输配的多重约束。

第二部分（第三章至第四章），从关键要素实证的视角，基于理论分析和研究框架，结合中国可再生能源竞争性上网的客观事实和区域特征，提炼影响可再生能源并网消纳"模式、范围、规模"的三大构成要素。在资源禀赋分析基础上着力研究可再生能源分类开发利用情况、并网消纳模式、并网消纳范围以及总体情况：①基于全球一体化视角实证考察以风电、光伏发电和水电为代表的可再生能源开发利用情况，包括各类可再生能源的装机容量和发电量，重点分析国外典型国家及中国可再生能源产能和产量的基本情况；②基于技术和市场特征研究可再生能源的并网消纳模式，具体分析风电、光伏发电并网消纳以及"风光水火储一体化"并网消纳模式；③着眼于"一带一路"和全球能源互联网两大倡议，分析可再生能源并网消纳的空间范围、跨区消纳的基本特征，以及加强周边国家之间可再生能源交易的跨国消纳，展望基于全球能源互联网的可再生能源全球消纳；④研究可再生能源并网消纳的关键因素——电力基础设施，采用永续盘存法测算省级电力行业资本存量，分析电网规模以及网源结构等问题；⑤研究可再生能源并网消纳的关键因素——电力交易制度，分析各种市场配置工具，评估现货交易试点政策效果；⑥研究促进可再生能源并网消纳的新型电力系统建设问题，以及激励电源侧的政府补贴政策；等等。

第三部分（第五章至第七章），从空间外溢和面板平滑转换的实证视角，探究可再生能源接入不同层级电网的"经济、效率和环境"的三重异质效应：①实证研究可再生能源并网消纳和地方经济增长的动态关系，依据电网基础设施的层级划分，运用PSTR模型和双重差分法研究电网经济增长效应，评估特高压示范工程带来电力输入和输出省份之间的增长差异；②有鉴于可再生能源并网依赖坚强的电网基础设施，在控制气温、日照和降水等环境因素的前提下估计不同等级电网基础设施对接入可再生能源的规模效应；③基于全要素能源效率的测算，实证研究可再生能源并网消纳的能源效率提升作用，描述经济规模下的动态参数；④立足于"产能、跨区输电和并网"序贯递进逻辑，估算不同阶段的减排效应，并将动态空间外溢、省级分位异化纳入实证框架，为"三华"地区①的可再生能源并网消纳提供因地制宜的协调优化政策。

第四部分（第八章），以前文的理论分析和经验研究为基础，归纳梳理可再生能源技术性削减和商业性削减的内在原因，并总结可再生能源并网消纳的国际经验，研究符合中国工业化地位和能源负荷中心迁移导向的可再生能源跨区输电和并网消纳政策体系，依据增长驱动、效率提升和环境优化原则提出地区差异化的优化调整政策。

第五部分（第九章），主要结论与研究展望。回顾前文分析脉络，归纳理论分析和实证研究得出的核心观点和关键结论，围绕发展前景和政策焦点问题展开深入探讨，提出研究不足和后续改进方向，对研究主题发展趋势进行总结性展望。

---

① "三华"地区指的是按电网经营区划分的华北、华东和华中三大区域，其中华北地区包括北京、天津、河北、内蒙古、山西和山东等6个省区市，华东地区包括上海、浙江、江苏和安徽等4个省市，而华中地区包括河南、湖北、湖南和江西4个省份。

（二）研究思路

本书依据"动力、效应、政策"的理论逻辑展开研究（见图 1-11）。第一，借助新经济地理理论的分析框架，在考虑能源价格和环境规制的情况下对中国能源负荷中心的形成进行了理论诠释，从劳动力流动和厂商区位的视角说明了能源向东部地区流动的经济动因。第二，构建可再生能源并网消纳的微观机制，说明企业参与可再生能源生产的内外动因。第三，对可再生能源并网消纳面临的关键影响因素进行全面的测度和实证检验。测度中国省级电力部门的资本存量，建立 1958~2020 年中国省级电力资本存量数据清单。分析电网规模特征，重点研究各类电压等级的电网设施规模。建立指标测度和分析网源结构，探讨发电设备与供电设备的容量比的合理性及其对可再生能源并网消纳的影响。研究影响可再生能源并网消纳的电力交易制度，分析各种市场化交易工具的作用，深度剖析电力辅助服务市场对促进可再生能源并网消纳的重要作用。运用自然实验法评估中国电力现货市场建设试点政策的可再生能源并网消纳效应。第四，在前文分析的基础上，本书对可再生能源并网消纳的外溢效应进行了全面分析，采用非线性实证模型、动态空间计量模型以及面板分位数回归模型等多种方法分别研究了"电力高速公路"的经济增长效应以及对可再生能源并网发电的影响；可再生能源并网发电对全要素能源效率提升的非线性影响机制；能源跨区输配的碳减排作用以及可再生能源并网消纳的碳减排效应，验证了可再生能源并网消纳的环境优化作用。第五，本书对可再生能源并网消纳存在的问题和障碍进行了梳理，总结了世界主要国家可再生能源并网消纳的经验，分析了各种政策工具的效果和作用机制，给出了中国可再生能源并网消纳在输电通道建设、市场体系构建、价格生成和成本核算以及创新监管等方面的优化政策选择。

四　研究方法与主要的创新

（一）研究方法

以能源经济、环境经济为基础，应用新经济地理理论的分析方法和工具，基于对区域经济发展、可再生能源供给侧和需求侧的"双边协同"考察构建能源和经济的综合数据集，从规范和实证双重分析视角研

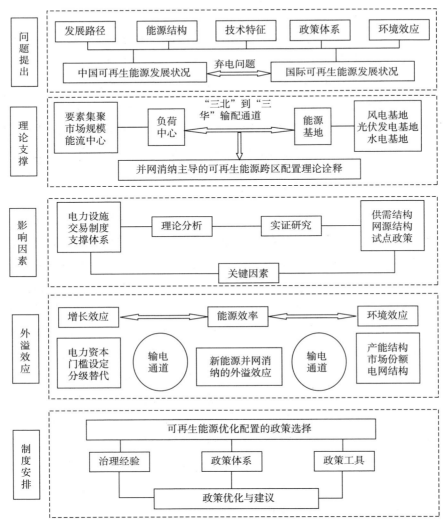

图 1-11 本书研究框架

究可再生能源并网消纳的影响因素与外溢效应。本书通过理论分析和建模构造研究基础，以大量实证方法补充文献不足，为政策的综合比较分析提供理论和经验依据。

1. 综合历史分析和文献研究法

基于可回溯性构造各国各类能源消费和结构演进、"碳足迹"，借助文献和已有的数据追踪与挖掘，重点分析燃煤发电产能、可再生能源、碳排放、区域电网、电力交易和调度等方面的经典、高被引和最新文献，比较分析研究范式、方法和工具的优劣，建立和完善分析框架与研究方案。

2. 以多维空间分析和参数非线性计量技术为主，夯实可再生能源跨区输配的实证基础

通过指标构造对产业集聚、环境规制强度、全要素能源效率等进行测度；使用 LMDI 方法测度制造业用电的结构效应、转移效应和强度效应；比较运用 Stata、WinRATS、R 语言等软件在 PSTR 模型、空间计量模型和广义合成控制等方面的各自优势，对电网基础设施的经济增长和可再生能源接入效应、可再生能源并网的全要素能源效率提升效应以及跨区输配的减排效应等进行效果估计。此外，通过双重差分法对特高压示范工程的经济拉动作用进行评估，为验证可再生能源并网消纳增长效应奠定实证基础。

3. 产业组织和比较制度分析方法

鉴于可再生能源并网消纳所接入的是具有自然垄断属性的电网，需要明确供电侧市场结构对可再生能源跨区输配的影响。为丰富可再生能源跨区输配政策，首先广泛采用比较制度分析方法研究不同国家的风电、光伏发电和水电等电网接入政策，试图通过横向和纵向的组织与制度比较，揭示各国可再生能源输配政策的优劣。其次在前文实证研究和比较分析"厂网分开"以来的电力体制改革经验的基础上，秉承电力体制改革"9 号文"精神，提出新时期可再生能源并网消纳优化政策。

（二）主要的创新

囿于中国独特的能源禀赋特征，无论是从规模上还是从结构上讲可再生能源并网消纳都有其内源性困境，从而使国际文献丰富的研究范式和方法并不适用于中国的国情分析，因此首先需要从可再生能源驱动要素上探究其快速增长的动力之源，并基于"逆向分布"的能源供需布局，探究可再生能源并网消纳的"经济、效率和环境"三重外溢效应，以此勾画中国可再生能源跨区输电的宏观图景，为提出优化政策提供经验证据。本书的学术创新主要体现在以下方面。

1. "三重螺旋"的逻辑框架

本书基于中国可再生能源短期大规模并网的逆向逻辑推演，利用影响要素、外溢效应和优化政策的"三重螺旋"（Triple Helix）构造研究框

架。首先基于经济学分析范式展开可再生能源并网消纳的动力测定，描绘需求、产能和规制引致的能源清洁化路径；然后从"经济、效率和环境"的序贯分析揭示可再生能源跨区输配的综合效应；最后落脚于新时期可再生能源并网消纳的优化政策，从而完成经济学分析范式下的可再生能源并网消纳研究。

2. 异质性参数的实证范式

现有实证研究基本是在线性框架下分析可再生能源的效率和减排等问题，采取的方法主要有 ARDL、PVAR、DPD 等，少数异质性参数模型也仅有 PTR，所以本书广泛采用以 PSTR 为核心的非线性实证范式研究相关问题。在剩余异质性检验基础上，本书分别将 GDP、全社会用电量和发电量设置为转换变量构造转换函数，建立国内首个系统全面研究可再生能源并网消纳非线性外溢效应的实证研究体系。

3. 创新的优化政策体系

本书将可再生能源接入电网障碍的成因分为技术性削减和商业性削减进行梳理，提出优化可再生能源并网消纳的产业、区域、金融和财税政策，并从通道、调峰、额度分配、交易协议和调度优先级等层面深入剖析促进风电、光伏发电和水电等多种可再生能源优化配置的微观机制和制度安排；提出在战略能源框架（SEF）设定的可再生能源目标约束下进一步提升可再生能源渗透率的可行方案，确保供需总体平衡下的输配效率动态提高。

本书首次构建基于驱动因素、外溢效应和优化政策的可再生能源跨区输配"三重螺旋"分析框架，以能源生产和需求空间逆向分布的经济地理解释为基础，综合应用多种实证方法和工具分析高耗能、高污染、高排放的"三高"制造业需求引致的能源消费和火电产能，而持续强化的环境规制约束将能源引向清洁化转型的道路。在非线性实证框架下揭示可再生能源并网的增长和环境双重效应，由此推演出可再生能源并网消纳形成机理，丰富可再生能源经济分析范式。构建适应中国能源清洁化转型路径的可再生能源并网消纳供需双边协同治理的实证依据，以促进可再生能源输配对已有投资机制、价格机制和监管机制等进行合理补充，从而为协同解决中国能源清洁化转型中存在的过度投资、产能过剩、弃风弃光等突出问题提供理论诠释和政策方案。

可再生能源并网消纳是协同解决中国能源需求逆向分布和环境优化问题的根本途径。本书基于可再生能源发展新趋势试图提供其符合中国国情跨区输配的总体战略、可行路径和政策安排，对政府及相关部门制定和落实新能源发展规划，实现能源清洁化转型的战略目标具有一定的参考价值。基于技术性削减和商业性削减的动因分解，提出提高中国可再生能源配置效率的双边协同治理措施，为政策制定者出台相应的监管和产业政策提供可行的决策意见和咨询建议。

第二章　理论基础

在中国，无论是传统化石能源还是可再生能源，能源基地和需求负荷中心的空间逆向分布是能源并网消纳和跨区配置的内生动力。该动力的经济基础是中国经济重心偏向于东部地区，京津冀、长三角和珠三角三大经济集聚区承载着全国主要的经济活动。国家统计局数据显示，2020年仅东部沿海的江苏、上海、浙江、福建和广东等5个省市的经济总量就达到全国的35.5%左右，而制造业所占比重更高。与此形成鲜明对比的是，可再生能源却主要分布于远离东部沿海的"三北"和西南地区，适合经济开发的陆上风能资源区集中于内蒙古、甘肃和东北地区，年总量超过1750千瓦时/米^{2}的太阳能富集区主要分布在内蒙古、甘肃、青海、新疆等省区，而水能资源则集中于西南地区的四川、重庆、云南等，这种需求和供给的空间"倒挂"增加了可再生能源并网消纳难度，形成了中国特有的可再生能源配置方式。

首先，本章在核心边缘（Core-Periphery，CP）的新经济地理理论分析框架下对能源负荷中心形成和演进进行理论探讨，基于劳动力流动的市场规模和厂商区位选择是促成能源负荷中心在东部沿海地区逐渐形成的微观经济基础。该CP模型假定经济系统中存在两个部门和两个地区，其中两个部门分别是垄断竞争的制造业部门——能源需求侧和单一市场的能源部门——能源供给侧，代表性劳动者的效用由制造品和能源品的消费组合以及城市的环境质量决定，因此基于劳动力流动的市场规模的具体形态由相对工资、能源价格和环境质量共同决定。厂商区位受制于市场潜能、相对的能源价格和实际工资等因素。由此，上述因素决定了在长期均衡中经济的核心边缘空间形态。

其次，本章依据安特韦勒跨区电力交易模型，研究地区之间电力供应商进行跨区电力交易的利益驱动机制，分析跨区电力交易的基础条件以及行为边界。该跨区电力交易模型的特点是将动态且可变的比较优势引入"互惠负荷平滑"模型，并考虑跨越辖区边界输送电力的成本问题。该模型基于存在随机需求和产能过剩的情况，探讨因增加边际成本而造成的电力跨区输入、输出变化，分析中国装机容量快速增长背景下可再生能源并网消纳障碍的客观事实。与此同时，模型设定在需求波动的情况下双向电力交易，并在电力输入和输出中纳入两个地区之间的负载差异因素，使得传统比较优势和互惠的负荷平滑能够共同解释跨区电力交易模式，最终构成特有的电力流格局。

最后，基于规划约束原则给出清洁能源在实现能源供需平衡中的配置优化目标及其关键约束。构造一个包含加工转换环节在内的供需平衡方程，由此纳入能源电力转换地域间配置差异性，且在模型中将其分解为水能、风能及太阳能等一次能源与电力二次能源，以便考察不同类型能源的配置约束。在此基础上，本章概括了基于经济性最优、清洁性最优和高效性最优的能源需求、供应、生态环境以及通道约束等，这些约束正是研究的重点所在。

第一节　能源负荷中心的形成：CP分析框架

一　市场规模

本书同时引入环境污染和能源价格问题建立一个扩展的Krugman核心边缘模型，用以分析环境污染和能源价格差异在生产要素流动中发挥的作用。与CP模型的基本构造相同，假设某国经济系统中存在城市1和城市2两个地区，每个城市经济部门包括同质化的能源市场和多样化的制造业部门，其中假设能源市场符合完全竞争市场结构，制造业部门则满足Dixit和Stiglitz（1977）的垄断竞争结构。经济系统中两个城市间的劳动力可以相互流动，且城市的消费者偏好、技术条件、贸易自由度和要素结构禀赋都是对称的，城市代表性消费者的柯布-道格拉斯（C-D）效用函数为：

$$U = \frac{k}{(1+\varepsilon)^{\theta}} M^{u} H^{1-u} \quad 0 < u < 1, \ \theta \geqslant 0 \qquad (2-1)$$

其中，M和H分别表示代表性消费者消费的异质性工业品组合指数和能源供给数量。ε表示城市的环境污染强度指数。u表示代表性消费者的可支配收入中用于消费工业品组合的支出份额，$1-u$ 则表示代表性消费者用以购买能源的支出份额。$k=1/[u^u(1-u)^{(1-u)}]$。θ 表示城市消费者对环境污染的敏感程度，其数值越高说明消费者对环境污染的容忍度越低。考虑环境污染具有典型的外部性特征，一个城市的环境污染不仅取决于本市的污染排放，还取决于周边乃至全国范围其他城市的污染排放，则城市 i 环境污染规模为：

$$EP_i = EM_i + \sum_{i \neq j}^{N} \lambda_{ij} EM_j \qquad (2-2)$$

式中，EP_i 表示城市 i 环境污染总规模，EM_i 表示城市 i 自身环境污染物排放量，EM_j 为城市 j 的环境污染物排放量，λ_{ij} 表示城市 j 环境污染物排放量对城市 i 的外部性的空间权重。这样，以 $EP_{i,\max}$、$EP_{i,\min}$ 分别表示所有城市环境污染规模最大值和最小值，则经过标准化处理后城市 i 的环境污染强度指数为：

$$\varepsilon_i = \frac{EP_i - EP_{i,\min}}{EP_{i,\max} - EP_{i,\min}} \qquad (2-3)$$

对于消费者消费工业品组合的效用函数采用不变替代弹性 CES 形式，则工业品组合指数为：

$$M = \left[\int_0^n m(i)^{\frac{\delta-1}{\delta}} \mathrm{d}i \right]^{\frac{\delta}{\delta-1}} \qquad (2-4)$$

式中，n 表示某城市的差异化工业品种类，$m(i)$ 表示第 i 种工业品的消费数量，$\delta>1$ 为工业品之间的替代弹性。工业品组合的价格指数为：

$$P_M = \left[\int_0^n p(i)^{1-\delta} \mathrm{d}i \right]^{\frac{1}{1-\delta}} \qquad (2-5)$$

在 Dixit-Stiglitz 的垄断竞争框架下，依据消费者多样化偏好，一般工业品种类越多，则工业品组合的价格指数越低，假设 $i \in [0,n]$，$p(i)=p$，采用冰山交易技术（Samuelson，1954）设城市 1 和城市 2 之间 1 单位的工业品运输到彼此销售需要 τ 单位的工业品，其中 $\tau-1$ 单位在运输和交易过程中消融掉了。同时设城市 1 和城市 2 的工业品种类分别为 n_1 和

n_2，且两个城市工业品种类之和为 $N=n_1+n_2$，则城市 1 的工业品组合价格指数为：

$$P_{M1}=N^{\frac{1}{1-\delta}}\left[s_n+\phi(1-s_n)\right]^{\frac{1}{1-\delta}}p \tag{2-6}$$

$$P_{M2}=N^{\frac{1}{1-\delta}}\left[\phi s_n+(1-s_n)\right]^{\frac{1}{1-\delta}}p \tag{2-7}$$

其中，$s_n=n_1/N$，$\phi=\tau^{1-\delta}$ 表示贸易自由度。

通过求解代表性消费者效用最大化问题，可以得到消费者的间接效用函数：

$$V=(1+\varepsilon)^{-\theta}P_M^{-u}P_H^{u-1}I \tag{2-8}$$

式（2-8）中，I 表示消费者的可支配收入水平，P_H 为能源价格。令 $\xi_{12}=V_1/V_2$ 表示城市 1 和城市 2 代表性消费者的效用比，则：

$$\ln\xi_{12}=\ln\frac{I_1}{I_2}+(u-1)\ln\frac{P_{H1}}{P_{H2}}-\theta\ln\frac{1+\varepsilon_1}{1+\varepsilon_2}+\frac{u}{\delta-1}\ln\frac{s_n+\phi(1-s_n)}{\phi s_n+(1-s_n)} \tag{2-9}$$

劳动者的城市选择由其在该城市消费获得的效用水平决定。在均衡条件下城市的消费者效用相等，即 $\xi_{12}=1$，形成劳动者向城市 1 流动的动力是 $\xi_{12}>1$，反之形成劳动者向城市 2 流动的动力则是 $\xi_{12}<1$，而决定劳动者城市效用差的因素包括收入、能源价格、环境污染以及异质性产品的数量分布。

命题 1：在消费者偏好多样化和厂商垄断竞争的城市体系中，劳动者相对收入水平和城市的异质性企业数量是构成劳动力流动的两大正向作用力，前者通过直接影响消费者效用水平、后者通过影响工业品组合相对价格指数，改变消费者面临的生活成本效应，形成劳动力流动的动力。

因为 $\frac{u}{\delta-1}>0$，为了使城市 1 的相对工业品组合价格指数与城市 1 的劳动者相对效用水平正相关，需要保证 $\frac{s_n+\phi(1-s_n)}{\phi s_n+(1-s_n)}>1$，即 $s_n>1/2$，也就是说城市 1 的工业品种类相对于城市 2 更多，从而使城市 1 的劳动者相对生活成本更低，吸引更多的劳动者迁入。事实上，工业品种类与厂商数量相等或正相关，城市的厂商数量更多使得劳动者的相对生活成本更低，进而引起劳动者的流入，更多的劳动者又形成本地市场扩大效应，正是如此，构成了成本需求关联的循环累积因果链。

命题2：城市相对能源价格通过完全价格指数间接影响劳动者效用，环境污染强度指数直接影响劳动者效用，相对能源价格上涨使得劳动者的生活成本上升，相对效用水平下降；环境污染强度上升直接使劳动者效用下降。

因为 $u-1<0$，城市1相对能源价格与劳动者效用水平负相关，劳动者在城市1消费工业品和能源的完全价格指数为 $P_1 = P_{M1}^u P_{H1}^{1-u}$，相对完全价格指数为 $P_{12} = \dfrac{P_{M1}^u P_{H1}^{1-u}}{P_{M2}^u P_{H2}^{1-u}}$，在工业品组合相对价格指数不变的情况下，城市1能源相对价格变化将使得劳动者的完全价格指数变化，生活成本发生变化，从而改变原有的效用水平。

假设第 i 种工业品由城市1生产供两个城市消费，通过求解消费者消费工业品组合效用最大化问题，由一阶条件可得城市1和城市2对第 i 种工业品的需求函数，分别为：

$$m_1(i) = \frac{p(i)^{-\delta}}{P_{M1}^{1-\delta}} u I_1 \ , \ m_2(i) = \frac{\left[\tau p(i)\right]^{-\delta}}{P_{M2}^{1-\delta}} u I_2 \qquad (2-10)$$

第 i 种工业品的总需求函数为：

$$m(i) = m_1(i) + \tau m_2(i) = \left(\frac{u I_1}{P_{M1}^{1-\delta}} + \phi \frac{u I_2}{P_{M2}^{1-\delta}}\right) p_1(i)^{-\delta} \qquad (2-11)$$

由式（2-11）可以定义 $MP_1 = \dfrac{u I_1}{P_{M1}^{1-\delta}} + \phi \dfrac{u I_2}{P_{M2}^{1-\delta}}$ 为地区1的 Krugman 市场潜能，将其代入式（2-11）可得：

$$m(i) = MP_1 p_1(i)^{-\delta} \qquad (2-12)$$

城市1第 i 种工业品生产厂商的利润函数为：

$$\pi_1(i) = [p_1(i) - c_1(i)] m(i) \qquad (2-13)$$

令 $c(i)$ 为生产第 i 种工业品的边际成本，根据 Dixit 和 Stiglitz（1977）、Krugman（1980），垄断竞争产品价格与边际成本的关系可以简化为 $p(i) = c(i)\delta/(\delta-1)$，将其代入式（2-13），同时将式（2-12）也代入式（2-13），最终得到：

$$\pi_1(i) = \frac{\delta^{-\delta}}{(\delta-1)^{1-\delta}} M P_1 c_1(i)^{1-\delta} \qquad (2-14)$$

每个城市厂商生产的边际成本受城市的异质性特征影响，借鉴 Head 和 Mayer（2004）对地区边际成本函数的设定方法，本书引入城市的平均工资水平、能源和环境污染作为成本函数的内生变量，将成本函数设为：

$$c(i) = \frac{1}{A} w^\alpha r^\varphi t^\theta \qquad (2-15)$$

其中 w 为城市的平均工资水平，r 表示污染排放，t 表示能源价格。

二　厂商区位

生产要素区位重置的驱动因素不仅包括地区差异化的技术条件和资本、劳动要素禀赋特征，近年来环境污染和能源价格问题对要素流动的影响越来越成为关注的热点。在新经济地理理论分析框架中，决定要素流动的动力是本地市场效应和生活成本效应构成的循环累积因果链，决定要素流动的阻力是市场拥挤效应。关于环境污染问题，Brakman 等（1996）较早地将拥堵外部性引入 Krugman 核心边缘模型，文献中环境污染作为拥堵外部性的重要结果，是产业集聚区稳定于较小规模的主要原因。此后，环境污染逐渐被引入 Krugman 核心边缘模型的消费者和厂商行为分析中，环境问题通过影响消费者效用和厂商利润决定了差异化产品和要素的区位分布（Van Marrewijk，2005；金祥荣、谭立力，2012；安虎森等，2013）。这些试图将环境污染纳入新经济地理理论分析范式的各项尝试，最终采取的策略均是对需求侧的消费者效用函数进行合理改进，或将供给侧的多样化工业品划分为清洁产品和污染产品两类，进而能够刻画出环境污染对现有的循环累积因果链的冲击过程和效果。

本书模型的分析框架是基于新经济地理理论的经典假设，即报酬递增、垄断竞争和贸易存在冰山交易成本等。模型假设存在 $i=1$, 2, …, N 个经济区域，每个开放经济体包括制造业和农业两个部门，由于本书考察的主要是制造业部门的区位选择问题，对农业部门尽量进行简化，假设其满足规模报酬不变、完全竞争的瓦尔拉斯均衡条件，向市场提供同质性产品，且农产品贸易成本为零。制造业部门在 Dixit 和 Stiglitz（1977）的垄断竞争和报酬递增条件下生产连续性的差异化商品，各类制造业商品之间的替代弹性为 σ，且 $\sigma>1$；商品之间的跨区贸易存在冰山交易成本 τ，且 $\tau>1$。消费者将 μ（$0<\mu<1$）比例的可支配收入 E 用于购买工业品，剩余的可支配收入购买农产品。对于制造业商品和农产品构成的复合商品，消费者的效用函数满足不变替代弹性 CES 形式。在消费者可支配收入和各类商品价格约束下，地区 j 的消费者购买地区 i 的工业品的效用最大化需求函数为：

$$q_{ij} = \frac{(\tau_{ij}p_i)^{-\sigma}}{\sum_{i=1}^{N} n_i(\tau_{ij}p_i)^{1-\sigma}} uE_j \qquad (2-16)$$

其中 n_i 为地区 i 的工业品种类，且 $i \in N$；E_j 为地区 j 消费者的可支配收入；p_i 为地区 i 工业品在地区内部的销售价格，τ_{ij} 为地区 i 工业品销售到地区 j 的交易成本，它包括商品交易过程中生成的所有交易费用，为弥补运输到地区 j 的交易成本损失，同样的工业品销售到地区 j 的价格为 $\tau_{ij}p_i$。根据 Dixit 和 Stiglitz（1977）、Krugman（1980），工业品价格和边际成本之间的关系可以简化为 $p=c\sigma/(\sigma-1)$，将其代入式（2-16）可以得到：

$$q_{ij} = \frac{\sigma-1}{\sigma} \frac{(\tau_{ij}c_i)^{-\sigma}}{G_j} uE_j \qquad (2-17)$$

其中 $G_j = \sum_{i=1}^{N} n_i(c_i\tau_{ij})^{1-\sigma}$；地区 i 每类工业品制造商在地区 j 的净利润函数为：

$$\pi_{ij} = (p_i-c_i)\tau_{ij}q_{ij} = \frac{(\tau_{ij}c_i)^{1-\sigma}}{\sigma G_j} uE_j \qquad (2-18)$$

由式（2-18）可知，工业品在地区 j 的销售利润与交易成本和生产成本负相关，与地区 j 消费者的支付份额正相关，并且式（2-18）还反映出交易成本对利润的影响受到工业品间替代弹性的抑制。因此，定义 $\phi_{ij}=\tau_{ij}^{1-\sigma}$ 为地区 i 工业品制造商在地区 j 之间的市场获得程度，表明市场获得程度取决于地区 i 和 j 的交易成本以及该类制造商的工业品可替代程度。地区 i 的每类工业品在各地区的净利润加总可以得到该类工业品的总利润：

$$\pi_i = \frac{c_i^{1-\sigma}}{\sigma}\sum_{j=1}^{N}\phi_{ij}\frac{uE_j}{G_j} - F_i = \frac{c_i^{1-\sigma}}{\sigma}MP_i - F_i \qquad (2-19)$$

其中 MP_i 为地区 i 的 Krugman 市场潜能，且 $MP_i=\sum_{j=1}^{N}\phi_{ij}\frac{uE_j}{G_j}$，它由 Krugman（1991）首次提出，并在之后得到广泛应用；F_i 为每类工业品制造商在地区 i 建厂的固定成本，在地区政府间竞争和投资便利化水平不断提高的情况下可以假设每类工业品制造商投资建厂的地区间固定成本相等。这样，地区 i 的工业品制造商的总利润主要决定于该地区的市场潜能、生产可变成本和产品可替代性三大因素。由于利润被视为驱动制造业厂商区位选择的最核心决定因素，假设地区间投资建厂的固定成本相等则意味着固定成本对厂商区位选择的影响可以忽略不计，因此本书设计厂商区位选择的决策函数为：

$$\ln Profit_i = \frac{\ln(\pi_i+F_i)+\ln\sigma}{\sigma-1} = \frac{1}{\sigma-1}\ln MP_i - \ln c_i \qquad (2-20)$$

根据式（2-15），地区 i 的可变成本函数为：

$$c_i = \frac{1}{A_i}w_i^{\alpha}r_i^{\varphi}t_i^{\theta} \qquad (2-21)$$

其中，w_i、r_i、t_i 分别表示地区 i 的工资、污染排放、能源价格，A_i 为地区 i 的全要素生产率。将式（2-21）代入式（2-20）展开得到：

$$\ln Profit_i = \frac{1}{\sigma-1}\ln MP_i - \alpha\ln w_i - \varphi\ln r_i - \theta\ln t_i + \ln A_i \qquad (2-22)$$

命题3：在利润最大化动机驱动下工业品制造商的区位选择与地区的 Krugman 市场潜能和全要素生产率正相关，与地区的劳动力工资、能源价格水平和环境规制强度负相关。

第二节　跨区电力交易模型

根据安特韦勒（Antweiler，2016）最新的跨区电力交易模型，境内电力运营受到监管，但在与邻近的境外管辖区进行跨境电力贸易赚取利润方面不受限制。这里开发的"互惠负荷平滑"模型引入了一种新型的比较优势，这种比较优势是动态的、可变的和短期的，是管辖区之间负荷不对称的结果。然而，这里将继续使用传统赫克歇尔-奥林意义上的"比较优势"来指要素禀赋的固定长期优势。跨区电力交易模型设定的关键是成本函数。发电的特点是采用成本最低的方法部署发电厂。基本负荷利用边际成本较低的发电厂，如水电站或产量难以增加或减少的核电站。高峰负荷利用发电厂的爬坡时间短，但燃料成本高。一个足够普遍的发电成本函数如下：

$$c[q(t)] = c_0 + c_1 q(t) + c_2 q(t)^2 / 2 \tag{2-23}$$

该成本函数是生产 $q(t)$ 随时间 t 变化的二次函数，并且服从产能约束 $q(t) \leqslant K$。使用二次函数是该模型的一个基本特征，因为它有助于在探索 $q(t)$ 的随机性质时应用正态分布的特性。在实际应用中，成本函数不是平滑的，而是一系列阶跃函数。然而，二次函数提供了一个合理的近似值。成本函数的凸性造成了定向成本不对称：当负荷利用率较高时，发电成本较高；而当负荷利用率较低时，发电成本较低。

电力需求由长期和短期决定。足够长时间（假设为一年）内的平均需求 $\bar{q}$ 由线性需求函数 $\bar{q} = a - b\bar{p}$ 控制，其中价格 $\bar{p}$ 由专门的监管机构设定。很多电力公司仍然选择相对"统一"的定价体系。虽然高峰负荷定价在经济上是最优的，但它只是在缓慢地取得进展。即使在经常使用的地方，消费者对平均电价的反应也比对边际电价的反应更大。在时间段内，短期需求随机确定为 $q(t) \sim N(\bar{q}, s^2)$。因此，在积分时间段 $[0, T]$ 内或等效地在时间段 T 内，在需求的概率分布 $f(q)$ 上，总供给为：

$$\int_0^T q(t) \, dt = T; \int f(q) \, dq = \bar{q} T \tag{2-24}$$

在一个会计年度的利润由下式给出：

$$\pi = \int \{pq(t) - c[q(t)]\} dt \qquad (2\text{-}25)$$

由于配电的自然垄断，电力公司的利润通常受到某种形式的限制。一种常见的形式是固定加价，其中零售价格 $\bar{p}$ 的设置方式是实现固定百分比加价 η。在这种情况下，可以证明电力公司的电力零售价格是平均负荷边际成本加上吸收固定成本和需求变化成本的组成部分。方差 s^2 捕捉到的波动性更大的负荷与更高的电力零售价格相关，因为成本不对称的风险更大。现在引入两个地区，本地（h）和外地（f），由相应的上标标识。在任何给定的时间 t，本地可以向外地输出电力流 x（t）。负 $x(t)$ 构成净的电力输入。跨越辖区边界输送电力会产生传输成本 $g|x|$，该成本与传输电力的总量（绝对值 $|x|$）成比例，参数 g 是捕捉辖区之间距离 D 的函数。在不丧失普遍性的情况下，假定传输成本由电力出口商和进口商平均分摊。电力进出口通过随时间波动的市场价格 p 来平衡。当 $x>0$ 时，定义指示符变量 $\delta=1$；当 $x<0$ 时，定义 $\delta=-1$。

假设电力部门在满足纯粹的本地需求后利润最大化，未充分利用的产能 $K\text{-}q(t)$ 可用于出口。当电力部门输出电力时，它获得收入 px，并产生额外成本 $c(q+x)-c(q)$，由于式（2-23）中存在二次项，成本逐渐增加。当电力公司进口电力时，它以 p 的价格购买数量 $-x$ 的电力，并通过降低边际成本来节省发电成本 $c(q)-c(q-|x|)$。因此，电力部门的出口利润函数如下所示：

$$\pi^x = px - \left[c_1 + c_2 \left(q + \frac{x}{2} \right) \right] x - g|x|/2 \geqslant 0 \qquad (2\text{-}26)$$

为了简化分析，时间参数被删除。$g|x| = \delta gx$ 在电力出口和进口时都保持为正。电力部门选择 x 来实现利润最大化，这样做可以忽略这种选择对市场价格（p）的影响。利润最大化的一阶条件为：

$$x = \frac{p - c_1 - \delta g/2}{c_2} - q \qquad (2\text{-}27)$$

受非负利润约束，通过应用一阶条件可得，当出口价格超过边际成本时电力部门将输出电力，当进口价格低于边际成本时电力部门将输入电力：

$$电力输出 : p > c_1 + c_2 q + g/2 \qquad\qquad (2\text{-}28)$$

$$电力输入 : p < c_1 + c_2 q - g/2 \qquad\qquad (2\text{-}29)$$

在均衡状态下，本地的出口必须等于外地的进口，因此在任何给定的时间，它必须保持 $x^h + x^f = 0$。因此，可以将式（2-27）转换为：

$$p = \frac{(q^f + q^h) c_2^h c_2^f + c_1^h c_2^f + c_2^h c_1^f}{c_2^h + c_2^f} + \frac{g}{2} \left| \frac{c_2^f - c_2^h}{c_2^h + c_2^f} \right| \qquad (2\text{-}30)$$

均衡交易价格与负载 $q^f + q^h$ 之和成正比。当两个司法管辖区的容量利用率都很高时，该值最高。交易价格是边际成本的加权平均值。常数部分是线性成本项 c_1 的加权算术平均值，权重由贸易伙伴的二次成本项的相对份额确定。可变部分是二次成本项的谐波平均值乘以组合负荷。价格也随着输电成本 g 的增加而上升，并且该成本因子被二次成本因子中的跨境差异放大。式（2-30）还解释了双向电力交易如何在两个地区之间以价差发生，其中一个方向的出口平均价格高于另一个方向的出口平均价格。考虑到本地家庭的需求变化不大（q^h）和外地需求量高（q^f）的情况。当外地电力需求旺盛时，外地电力以高昂的成本从本地输入。当外地需求较低时，外地将以较低的成本向本地出口电力。无论潜在的比较优势如何，需求变化较大的地区都处于电力交易劣势。在确定均衡价格后，输出或输入的电量为：

$$x^h = \frac{(c_1^f + c_2^f q^f) - (c_1^h + c_2^h q^h) - \delta g}{c_2^h + c_2^f} \qquad (2\text{-}31)$$

当本地的边际成本低于外地的边际成本时，本地出口电力，出口量或进口量因电力传输成本增加而减少。如果边际成本足够接近，那么式（2-31）会确定两个地区的交易机会。如果一个地区拥有巨大的比较优势，那么电力交易将始终是单向的。当一个地区拥有特别廉价的电力来源，如水电站大坝时，情况可能就是这样。如果本地和外地的成本参数相同，且传输损耗可以忽略不计（$g=0$），那么只有容量利用率才能确定哪个地区具有临时比较优势，$x = (q^f - q^h)/2$。两个地区只是将负载差异分开，以便两者在同一水平上运行。在存在输电成本的情况下，电力交易量与 g（取决于两地区之间的距离）和成本函数的凸性（c_2）成比例递减。只有当 g 足够小时，电力交易才会发生：

$$g = \delta \left| \left(c_1^f + q^f c_2^f \right) - \left(c_1^h + q^h c_2^h \right) \right| \qquad (2\text{-}32)$$

　　边际成本的差异必须足够大，才能克服传输成本。当本地和外地相距更远时，以及当成本函数更凸时，存在更多交易机会。图 2-1 说明了当出口 $\delta = 1$ 和进口 $\delta = -1$ 时，从两个不等式（2-32）中推出的贸易模式。纵轴描绘了成本函数中固定线性项的本地和外地差异，即 $c_1^f - c_1^h$。这可以被认为是传统的比较优势。在图的顶部，本地具有出口优势。当 $c_1^f - c_1^h$ 足够大时，本地将始终进行电力输出（在虚线 A 上方）。相反，当 $c_1^f - c_1^h$ 为负时，则本地将倾向于输入电力，并且低于某个阈值（虚线 B）时，它将始终输入电力。横轴描绘了依赖成本函数中二次项比较优势的可变分量。这部分比较优势被 $c_2^f q_{min}^f - c_2^h q_{max}^h$ 限制在左侧，这发生在外地的电力需求最低而本地的电力需求最高时。两个地区的需求均受 $\left[q_{min}, q_{max} \right]$ 约束，因此左右虚线表示动态成本优势的可行范围。在右边，这种优势受到 $c_2^f q_{max}^f - c_2^h q_{min}^h$ 的限制，当外地的电力需求最高而本地的电力需求最低时，就会出现这种情况。外地在图中的左侧获得比较优势，在右侧获得劣势。不等式（2-32）显示为向右下方倾斜的 45 度线。C 线右侧表示本地将输出电力，D 线左侧表示本地将输入电力。在两条对角线之间的区域没有电力交易发生，因为传输成本超过贸易收益。

　　上述"互惠负荷平滑"模型是一个在凸边际成本和贸易伙伴间随机但相关需求存在的同质商品双向贸易的新模型。该模型采用了与"互惠倾销"模型完全不同的经济逻辑，在这种模型中，寡头垄断出口商补贴寻租进入对方市场。"互惠负荷平滑"是构成电力交易的常见模型。该模型解释了在存在随机需求和产能过剩的情况下，通过增加边际成本，电力跨区输入、输出的变化（Blum et al.，2013；Blonigen and Wilson，2010）。"反向负荷平滑"理论确定了电力交易的几个特征。首先，在电力生产中存在常规比较优势的情况下，电力交易是单向的；而当贸易伙伴之间的比较优势更加紧密匹配时，电力交易往往会变得更加双向。其次，在需求波动的情况下，电力交易是双向的，电力输入和输出遵循两个地区之间的负载差异。随着电力需求随时间的变化和需求的低相关性，跨区电力交易增加。辖区大小的差异也促进了跨区电力交易。传统的比较优势和互惠的负荷平滑共同解释了跨区电力贸易模式。

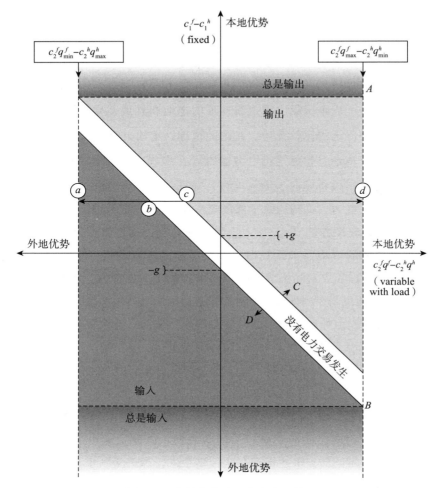

图 2-1　安特韦勒跨区电力交易模型

资料来源：Antweiler（2016）。

第三节　清洁化的能源配置约束

一　供需平衡方程

本书所用能源投入产出平衡方程在常规平衡方程基础上进行拓展，嵌入加工转换环节矩阵 W_P 和输送环节配置矩阵 W_T。设有 m 个配置区域，则能源投入产出平衡方程如下式所示：

$$CW_TAW_PX+CW_TY=X \tag{2-33}$$

其中，$A=\begin{bmatrix} A^1 & 0 & \cdots & 0 \\ 0 & A^2 & \cdots & 0 \\ \vdots & \vdots & \ddots & \vdots \\ 0 & 0 & & A^m \end{bmatrix}$，$A^k=\begin{bmatrix} a_{SS}^k & a_{SC}^k \\ a_{CS}^k & a_{CC}^k \end{bmatrix}$；

$$C=\begin{bmatrix} \hat{C}^{11} & \hat{C}^{12} & \cdots & \hat{C}^{1m} \\ \hat{C}^{21} & \hat{C}^{22} & \cdots & \hat{C}^{2m} \\ \vdots & \vdots & \ddots & \vdots \\ \hat{C}^{m1} & \hat{C}^{m2} & \cdots & \hat{C}^{mm} \end{bmatrix}，\hat{C}^{kl}=\begin{bmatrix} c_S^{kl} & \\ & c_C^{kl} \end{bmatrix}；$$

$$W_T=\begin{bmatrix} \hat{W}_T^{11} & \hat{W}_T^{12} & \cdots & \hat{W}_T^{1m} \\ \hat{W}_T^{21} & \hat{W}_T^{22} & \cdots & \hat{W}_T^{2m} \\ \vdots & \vdots & \vdots & \vdots \\ \hat{W}_T^{m1} & \hat{W}_T^{m2} & \cdots & \hat{W}_T^{mm} \end{bmatrix}，\hat{W}_T^{kl}=\begin{bmatrix} w_{TS}^{kl} & \\ & w_{TC}^{kl} \end{bmatrix}；$$

$$W_P=\begin{bmatrix} W_P^1 & 0 & \cdots & 0 \\ 0 & W_P^2 & \cdots & 0 \\ \vdots & \vdots & \ddots & \vdots \\ 0 & 0 & & W_P^m \end{bmatrix}，W_P^k=\begin{bmatrix} w_{PSS}^k & w_{PSC}^k \\ w_{PCS}^k & w_{PCC}^k \end{bmatrix}；$$

$$X=\begin{bmatrix} X_1 \\ X^2 \\ \vdots \\ X^m \end{bmatrix}，X^k=\begin{bmatrix} x_S^k \\ x_C^k \end{bmatrix}；Y=\begin{bmatrix} Y^1 \\ Y^2 \\ \vdots \\ Y^m \end{bmatrix}，Y^k=\begin{bmatrix} y_S^k \\ y_C^k \end{bmatrix}。$$

具体地，将能源加工转换部门分为一次能源供应部门和二次能源供应部门，一次能源供应部门包括原煤、洗选煤、原油、天然气、风能、太阳能、核能等；二次能源供应部门包括炼焦、炼油、电力、供热等，即电力以二次能源供应部门体现。特别地，通常归为一次能源的"一次电力"，如核电、水电、风电以及太阳能发电等，本书考虑到这些能源电力转换在地域间配置的差异性，模型中将其分解为核能、水能、风能及太阳能等一次能源与电力二次能源处理。

二　配置优化目标与约束

从经济性、清洁性和高效性三个层面设立配置的优化目标，并开展综合经济性、清洁性和高效性的多目标优化。将能源投入产出平衡方程进行重新整理，可得：

$$X = (I - CW_T A W_P)^{-1} CW_T Y \qquad (2-34)$$

经济性最优：将加工转换环节矩阵 W_P 和输送环节配置矩阵 W_T 选择为成本价值型，记为 W_{PC} 和 W_{TC}，则 X 向量表示各区域的成本，记为 X_C，全社会成本最小的目标函数为 X_C 的 1 范数最小，即：

$$\min \left\| (I - CW_{TC} A W_{PC})^{-1} CW_{TC} Y \right\|_1 \qquad (2-35)$$

清洁性最优：将加工转换环节矩阵 W_P 和输送环节配置矩阵 W_T 选择为污染物排放系数矩阵，记为 W_{PN} 和 W_{TN}，则 X 向量表示各区域的污染物排放量/污染物排放代价，记为 X_N，清洁性最优，即 X_N 的 1 范数最小：

$$\min \left\| (I - CW_{TN} A W_{PN})^{-1} CW_{TN} Y \right\|_1 \qquad (2-36)$$

高效性最优：将加工转换环节矩阵 W_P 和输送环节配置矩阵 W_T 选择为实物型，记为 W_{PE} 和 W_{TE}，则 X 向量表示各区域的能源生产量，记为 X_E，为满足一定的能源需求 Y，全社会能源生产量最小，即 X_E 的 1 范数最小，则能源效率最高，即：

$$\min \left\| (I - CW_{TE} A W_{PE})^{-1} CW_{TE} Y \right\|_1 \qquad (2-37)$$

综合经济性、清洁性和高效性三方面，合并为多目标优化函数，即：

$$\min X(X_C, X_N, X_E) \qquad (2-38)$$

能源配置模型需要考虑多重约束，主要包括以下方面。

能源需求约束。一旦确定实施能源消费总量控制目标，则各地能源消费量上限将纳入约束条件。同时，能源消费需求对能源消费结构形成等式约束。

能源供应能力约束。按照"控制东部、稳定中部、开发西部"的煤炭资源开采战略，各地煤炭产量受限；考虑到天然气资源分布及管道布局，各地天然气产量也有上限。

生态环境约束。受能源发展的历史影响，各区域环境承载力不一，对污染物排放的约束上限不同。

运输通道约束。煤运通道、电力输送通道、油气管道等发展受限，均会对化石能源及可再生能源的区域间配置能力产生影响。

附　录

代表性消费者的效用函数为：

$$U = C_A^{1-u} C_M^u \tag{A1}$$

其中，C_A 表示某地区消费者的农产品消费量，C_M 表示某地区消费者消费的不同工业品数量指数。假定工业品之间的差异程度是连续的，工业品数量指数 C_M 表示为：

$$C_M = \left[\sum_{i=1}^{N} \int_{n_i} q_{ij}(x)^{\frac{\sigma-1}{\sigma}} dx \right]^{\frac{\sigma}{\sigma-1}} \tag{A2}$$

其中，n_i 表示地区 i 制造的工业品种类，$q_{ij}(x)$ 表示地区 i 生产的工业品 x 在地区 j 的消费量。构造为达到商品组合 C_M 支出最小化的 $q_{ij}(x)$，即：

$$\min \sum_{i=1}^{N} \int_{n_i} p_{ij}(x) q_{ij}(x) dx$$

$$\text{s. t.} \left[\sum_{i=1}^{N} \int_{n_i} q_{ij}(x)^{\frac{\sigma-1}{\sigma}} dx \right]^{\frac{\sigma}{\sigma-1}} = C_M \tag{A3}$$

其中，$p_{ij}(x)$ 表示地区 i 制造业商品 x 在地区 j 的销售价格。对式（A3）构造拉格朗日等式，得到：

$$L = \sum_{i=1}^{N} \int_{n_i} p_{ij}(x) q_{ij}(x) dx + \lambda \left\{ C_M - \left[\sum_{i=1}^{N} \int_{n_i} q_{ij}(x)^{\frac{\sigma-1}{\sigma}} dx \right]^{\frac{\sigma}{\sigma-1}} \right\} \tag{A4}$$

对上述拉格朗日等式求关于 $q_{ij}(x)$ 的一阶条件，并由商品之间对称性可以得到：

$$\frac{p_{ij}(x)}{p_{ij}(y)} = \frac{q_{ij}(x)^{-1/\sigma}}{q_{ij}(y)^{-1/\sigma}} \tag{A5}$$

将式（A5）代入式（A3）的约束条件，可以得到：

$$q_{ij}(x) = \frac{p_{ij}(x)^{-\sigma}}{\left[\sum_{i=1}^{N}\int_{n_i} p_{ij}(x)^{1-\sigma}\,\mathrm{d}x\right]^{\frac{\sigma}{\sigma-1}}} C_M \qquad (A6)$$

因为，地区 j 消费地区 i 的制造业商品 x 的支付额为 $p_{ij}(x)q_{ij}(x)$，将式（A6）代入并进行积分，得到：

$$\sum_{i=1}^{N}\int_{n_i} p_{ij}(x)q_{ij}(x)\,\mathrm{d}x = \left[\sum_{i=1}^{N}\int_{n_i} p_{ij}(x)^{1-\sigma}\,\mathrm{d}x\right]^{\frac{1}{1-\sigma}} C_M \qquad (A7)$$

地区 j 消费者对制造业商品的总支出为工业品价格指数和工业品数量指数的乘积，这样工业品的价格指数为：

$$P = \left[\sum_{i=1}^{N}\int_{n_i} p_{ij}(x)^{1-\sigma}\,\mathrm{d}x\right]^{\frac{1}{1-\sigma}} \qquad (A8)$$

对于地区 j 而言，消费者的可支配收入为 E_j，通过消费者关于农产品和工业品指数的效用最大化求解，可以得到工业品指数的间接需求函数为 $C_M = uE_j/P$，将其代入式（A6）可以得到地区 j 对地区 i 代表性工业品的需求函数：

$$q_{ij}(x) = \frac{p_{ij}(x)^{-\sigma}}{\sum_{i=1}^{N}\int_{n_i} p_{ij}(x)^{1-\sigma}\,\mathrm{d}x} uE_j \qquad (A9)$$

因为地区 i 和 j 之间存在交易成本，地区 i 生产的工业品在本地区的销售价格和在地区 j 的销售价格自然不同，售往地区 j 的工业品价格需要考虑交易成本因素。采用冰山交易技术，两者的关系可以表示为 $p_{ij}(x) = \tau_{ij}p_i(x)$，将其代入式（A9），并且地区 i 工业品种类 n_i 为内生变量，工业品种类越多商品价格指数越低，获取相等效用的支出越少，因此，对于 $x \in [0, n_i]$，可以假设 $p_{ij}(x) = p_{ij}$，$p_i(x) = p_i$，$q_{ij}(x) = q_{ij}$，同样将其代入式（A9），最终得到的代表性工业品需求函数为：

$$q_{ij} = \frac{(\tau_{ij}p_i)^{-\delta}}{\sum_{i=1}^{N} n_i(\tau_{ij}p_i)^{1-\delta}} uE_j \qquad (A10)$$

第三章 特征事实与现状描述

本章的主要内容涉及对中国可再生能源的并网消纳基本特征进行实证，基于全球化和多样化视角分析各类可再生能源的资源禀赋、开发利用情况、并网消纳模式、消纳范围以及并网消纳的总体情况，为后续研究提供基本的事实依据。

首先，就中国三大可再生能源（风能、太阳能和水能）的资源禀赋状况进行总体分析，以期揭示实现资源优化配置的基础条件。就经济性开发利用的资源禀赋，风能和太阳能集中于"三北"（西北、华北、东北）地区而水能集中于西南地区，增加了开发利用的成本和难度，这些地区又是能源需求洼地，即便少数高耗能企业迁入也无法从根本上改变能源供需格局，由此形成了依托特高压骨干网架的输电通道跨区消纳的先决条件。

其次，利用产能和产量两个指标分析三类主要可再生能源的开发利用情况。围绕全球范围的风电机组装机容量以及主要国家风电政策推动下的产能增长路径，突出中国风电产能在全球的地位，研究风电装机容量的增长轨迹。同时，以发电量为指标进行对比分析，探究产能和产量差异，从中获得风电并网消纳的内生问题。以此类推，采取同样的研究策略，分析光伏发电、水电产能和产量的特征事实，揭示可再生能源并网消纳的产业背景。

再次，探究风电和光伏发电的并网消纳模式，分析各模式的成本效益和主要特征。在风电并网消纳模式中，主要列举基地开发+就地消纳、中东部分散开发、基地开发+风火联合外送、基地开发+风电为主外送以及海上风电开发五种模式，总结每种模式的优缺点。在光伏发电并网消纳模式中，将其分为自发自用、剩电并网和完全并网三种模式，每种模式依托产能规模进行优化选择。此外，重点介绍"风光水火储一体化"并网消纳模式，这种新型模式能够更好地推动优势互补，实现电力优化配置。

从次，本章还探讨可再生能源并网消纳的空间范围。基于前文所述，受制于可再生能源生产基地和负荷中心逆向地理分布，中国可再生能源主要采用的是跨区消纳，也就是通过大型输配电通道将"三北"地区和西南地区的可再生能源大规模、远距离配送到东部沿海省份。全球消纳仅是基于全球能源互联网概念提出的可再生能源全球配置模式，重点是将北极风电和赤道太阳能通过特高压坚强智能电网实现洲际配置。

最后，概括可再生能源并网消纳的总体情况。本章分析自1990年以来中国可再生能源发电量以及并网电量，就全国而言，可再生能源并网电量占比呈增长态势。有鉴于"三北"地区和西南地区是中国可再生能源主要生产基地，分析它们可再生能源并网电量占总发电量的比重，揭示其可再生能源供给端的基本事实。此外，本章还分析了2020年主要特高压输电线路的可再生能源输配情况。

第一节　资源禀赋

一　风能

中国风能资源丰富，据气象部门最新风能资源普查成果初步统计，中国大概拥有总储量超过10亿千瓦的10米高度可开发利用的风能资源。其中，陆上离地10米高度风能资源的总储量达到43.5亿千瓦，而技术可开发量为2.97亿千瓦左右；海上10米高度可开发利用的风能资源的总储量为7.5亿千瓦左右。中国陆地风能资源主要集中于三个地带。一是主要包括华北北部、东北大部及西北地区大部的北方风能资源丰富带，该风能资源丰富带具有大面积年平均风功率密度在150瓦/米^{2}以上，有效小时数为5000~6000小时，是全国最大的成片风能资源富集区。二是沿海风能资源富集带。但由于该富集带在陆上仅限于离海岸线2~3千米范围内，可供开发利用的风能资源面积有限。三是青藏高原腹地。另外，在内陆地区由于湖泊和特殊地形的影响，局部区域的风能资源也十分丰富。

从中国风能资源的总体分布来看，风能资源高值区主要分布在三个地带："三北"地区、沿海风能资源富集带和青藏高原腹地。这些地区10米高度风能资源储量和技术可开发量分别占到全国的85%和95%，区域风能资源开发潜力较大，仅从风能资源利用的角度来看，中国的风电开发应主要集中在这些地区。

但考虑到中国部分风能资源丰富和较丰富的区域存在场址建设条件相对较差（如青藏高原腹地）、对外交通条件较差、区域电网接纳风电能力弱等不利条件，应该从风能资源密度、场址方位、工程条件、土地和海域开发利用及电网基础设施等多种因素综合考虑中国具有风电开发潜力且具备建设大型风电基地场址条件的合理区域。根据全国风电建设前期论证的工作成果，中国具备建设大型风电基地的场址条件的区域主要分布于河北的张家口、内蒙古、吉林的西部、甘肃酒泉地区、新疆哈密地区以及山东和江苏的沿海区域。这些区域的风能资源场址建设条件均较为优越，适合进行大规模的风能开发。全国其他地区则由于受到不同建设条件制约而无法进行大规模集中开发，只能以小规模分散的风电场形式进行开发利用。

二　太阳能

中国拥有丰富的太阳能资源。根据原国土资源部估算，中国陆地表面年接受太阳辐射能规模达到 1.47×10^8 亿千瓦时，总能量约等于 4.9 万亿吨标准煤，相当于上万个三峡工程年发电量之和。中国太阳能年辐射密度达 933~2330 千瓦时/米^2，其中值约为 1620 千瓦时/米^2，具备开发利用太阳能的良好资源基础。

中国太阳能光伏发电的发展潜力巨大。在中国，大量的建筑物屋顶适合开发光伏发电，太阳能资源富集的西北地区具有可供开发太阳能的大面积的沙漠、荒地。据原国土资源部估计，全国既有建筑屋顶面积总计达到 400 亿平方米，在 1% 的面积安装光伏发电系统的假设下，全国可安装光伏发电装机容量为 3550 万~6620 万千瓦，年发电量为 287 亿~543 亿千瓦时。全国共有约 264 万平方公里的荒漠化土地，其中 250 多万平方公里为干旱区荒漠化土地，且主要分布在光照资源富集的西北地区。按开发 3% 全国面积的戈壁和荒漠计算，太阳能发电可利用资源潜力达 27 亿千瓦，年发电量可达 4.1 万亿千瓦时左右。

三　水能

中国水资源总储量位居世界第一。中国大陆共有约 3886 条水力资源理论蕴藏量在 1 万千瓦及以上的河流，年发电量可达 6.6 万亿千瓦时，平均功率约为 7.5 亿千瓦；全国水力资源技术可开发量约为 5.7 亿千瓦；经济可开发量达到 4.0 亿千瓦（见表 3-1）。全球常规水电装机容量约为 10 亿千瓦，年发电量达到 4 万亿千瓦时，按发电量计算的开发程度约为 26%，其中欧洲、北美洲水电开发程度较高，分别达 54% 和 39%；其次是南美洲、亚洲和非洲，水电开发程度分别为 26%、20% 和 9%。比较而言，发达国家水电开发程度总体较高，如瑞士约为 92%、法国约为 88%、意大利约为 86%、德国约为 74%、日本约为 73%、美国则约为 67%。发展中国家水电开发程度普遍较低，其中按发电量计算的中国水电开发程度仅为 37%，具有广阔的水电发展空间。

表 3-1　全国水力资源

省区市	理论蕴藏量		技术可开发量（万千瓦）	经济可开发量（万千瓦）	2020 年底装机容量（万千瓦）
	年发电量（亿千瓦时）	平均功率（万千瓦）			
京津冀	199	227	175	125	281
山西	494	563	402	397	244
内蒙古	509	581	262	257	238
辽宁	178	203	177	173	293
吉林	301	344	512	504	377
黑龙江	664	758	816	723	102
上海、江苏	152	174	6	2	114
浙江	538	614	664	661	1002
安徽	274	312	107	100	291
福建	941	1074	998	970	1300
江西	426	486	516	416	490
山东	102	117	6	5	108
河南	412	471	288	273	399
湖北	1507	1720	3554	3536	3653
湖南	1163	1327	1202	1135	1534
广东	532	607	540	488	1360
海南	74	84	76	71	62

续表

省区市	理论蕴藏量		技术 可开发量 （万千瓦）	经济 可开发量 （万千瓦）	2020 年底 装机容量 （万千瓦）
	年发电量 （亿千瓦时）	平均功率 （万千瓦）			
广西	1545	1764	1891	1858	1640
四川	12572	14351	12004	10327	6939
重庆	2012	2296	981	820	669
贵州	1584	1809	1949	1898	2056
云南	9144	10439	10194	9795	5774
西藏	22450	25630	14000	1060	135
陕西	1119	1277	662	650	266
甘肃	1304	1489	1063	901	851
青海	1916	2187	2314	1548	1145
宁夏	184	210	146	146	43
新疆	3344	3818	1656	1567	572
合计	65640	74932	57161	40406	31937

注：技术可开发量是指在理论水力资源及当代技术条件下，可开发利用的水力资源；经济可开发量是指在当前技术和经济条件下，与其他电源比较所具有的经济开发价值，而又没有制约生态、环境问题的常规水力资源。

资料来源：《2021 年全国水力资源复查成果》。

此外，中国水力资源还存在地区分布不均衡的问题，西部储量丰富，中东部则相对较少。其中，四川、重庆、云南、贵州和西藏等西南地区是中国水力资源最为富集的地区，其技术可开发量占全国总量的 68.5% 左右。

第二节　分类开发利用状况

一　风电

风电是除水电之外占比最高的可再生能源。2021 年，全球可再生能源发电量占总发电量比重为 28.4%，其中风力发电量占比为 6.6%，仅次于水电（15.2%）。2008 年国际金融危机以来，较低的化石燃料价格对风能和太阳能的增长没有产生明显的冲击，加上电网基础设施和并网机制的不断完善，为风电大规模装机创造了良好条件。风电装机容量在 2008

年首次突破 100 吉瓦大关之后，规模不断扩大，年均增速达到 15.5%。除全球传统风电产能中心国家和地区（见图 3-1、图 3-2）之外，巴西、加拿大、墨西哥和南非也保持较快增长。欠发达国家和地区中约旦、危地马拉和塞尔维亚商业风电场并网运行，由于竞争和能源清洁化的需要，非洲、亚洲和拉丁美洲的新市场不断扩张。

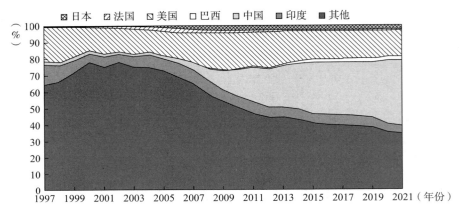

图 3-1　　1997~2021 年全球主要国家和地区风电装机容量份额

资料来源：OWID。

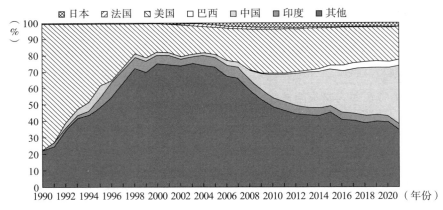

图 3-2　　1990~2021 年全球主要国家和地区风力发电量份额

资料来源：OWID。

风力发电量的增长带来多重效益，包括推动全球二氧化碳排放量增长保持下行，这是由工业结构调整、能源效率提升和风能带动可再生能源大幅增长等多重因素造成的。随着风力发电的发展，一些国家的可再生能源发电成本创下了历史新低。加上恰当的政策和市场机制，陆上风电已经是最便宜的发电选择，成本正在持续下降。就平均而言，陆上风电的合同价格现在低至 30 美元/兆瓦时。在温控 2°C 情景下，能源部门的大多数投资将用于可再生能源及其电网开发，其中风电投资总额占可再生能源发电能力总投资的 1/3 以上，还必须加大电力基础设施投资以扩大和改善输配电网。风能作为一种主流的可再生能源供应来源，将在能源脱碳过程中发挥主导作用，但成为主流也意味着要承担新的责任，包括确保整个能源系统可靠且具有成本效益的可行性，并为能源安全做出贡献。风电行业将需要继续发挥其作用，如利用技术和金融创新降低成本，提高项目可靠性和可预测性，并使风电更容易融入电力系统。

不断增长的欧洲风能长期是全球风能产业的支柱。风力发电产能增长和发电容量越来越大的风力涡轮机的普及持续推高风能在电力结构中的比重，使得风能不断巩固其作为欧洲新能源领导者的地位。在整个欧洲，2021 年新增了 15.2 吉瓦的风电装机容量，累计风电装机容量达 223.9 吉瓦，占全球风电装机容量的 33.5%。德国新增装机容量达到 3.7 吉瓦，在大规模增长的海上风电推动下欧洲风电保持快速的增长势头。按照《欧洲风能：2021 年统计数据和 2022—2026 年展望》（Wind Energy in Europe：2021 Statistics and the Outlook for 2022–2026），2021 年欧洲新增风电装机容量为 17 吉瓦（欧盟 27 国为 11 吉瓦）。欧盟新增风电装机容量中海上风电为 3.4 吉瓦。风能提供了欧盟 27 国 15% 的电力消费，丹麦更是有 55% 的电力来自风能，其次是爱尔兰（33.9%）和葡萄牙（28.3%）。欧洲风电成本持续下降，得益于便捷高效的融资机制。新增风电装机容量融资不断创纪录，众多的千兆瓦项目达成最终投资决定（Final Investment Decision，FID），这些项目既包括千兆瓦的陆上风电还包括海上风电。欧洲可再生能源占新增发电装机容量的比重超过 50%，欧盟主要大国装机容量稳定增长支撑了整个欧洲可再生能源目标的实现。德国仍然是装机容量最大的欧盟国家（63.76 吉瓦），占整个欧盟风电装机容量的比重约为 30.4%，其次是西班牙（27.50 吉瓦）、英国（27.13 吉瓦）、法国（18.67 吉瓦）和意大利（11.28 吉瓦），瑞典、丹麦、波兰和葡萄牙的风电装机容量均超过 5 吉瓦。

风电潜力的充分开发将在很大程度上取决于欧盟主要气候和能源优

先事项的最新政策发展，包括能源联盟的治理、新的欧洲电力市场设计和碳排放交易体系改革。2015 年 2 月，欧盟委员会（European Commission）提出了建立一个以能源安全、内部能源市场、经济脱碳、研究和创新以及有效和透明政府为基础的能源联盟的愿景。与此同时，欧盟委员会已经制订了一项拟议的行动计划，力图在 2020 年后将越来越多的可变可再生能源纳入电网。为此不仅要改革当前的市场规则和电力系统的运行，还要使欧洲电力市场"适合可再生能源"，但也要找到解决欧洲发电能力过剩和其他市场失灵问题的方案。欧盟委员会还提出了排放权交易计划（Emissions Trading Scheme，ETS）改革提案，其中规定通过将年减排率从 1.74% 提高到 2.2%，从而削减市场补贴的总量。碳市场改革还设想在 2021 年建立一个创新基金（NER400），通过将高达 4.5 亿欧元的津贴货币化并转向低碳技术。在能源和环境治理方面，由于不是所有成员国均为 2020 年后制定全面硬性的国家可再生能源目标，欧盟委员会应发挥协调作用，确保成员国集体实现 27% 的目标。为此，欧盟委员会必须为成员国可再生能源发展路线提供一个明确的时间表，而且提出一个机制，以监测进展情况，并在成员国偏离其 2030 年国家承诺的情况下进行干预。在市场机制设计方面，在运行良好的电力市场中价格信号应推动供应选择，以便使其能够适应更高的可再生能源渗透率，同时确保电力系统可靠性。激励风能等能源技术至关重要，由此能够提供灵活的服务以降低电力系统运行成本。欧盟还提出尽快改善跨境电力交易，以确保风能和其他可再生能源的廉价电力在欧盟最需要的国家和地区跨区输配。此外，可再生能源指令将是实现欧盟 2030 年可再生能源目标的关键政策工具。它应为可再生能源治理提供强有力的法律基础，并涵盖可再生能源部署的关键推动因素，特别是市场设计优化升级、简化行政程序和加强区域合作。从根本上改革碳排放交易制度，取消过剩的许可证，刺激对陆上风能等可再生能源的投资，从而实现经济竞争力和能源部门脱碳之间的最佳平衡。

　　美国市场是驱动风电投资增长的重要力量，新增装机容量显示其是驱动北美风电增长的关键动能。美国是仅次于中国的风电市场，2021 年新增装机容量为 14 吉瓦，总装机容量为 132.7 吉瓦。美国风力发电量超过 378.2 太瓦时，占美国总发电量的 9.1%，风电几乎占所有新能源发电（包括水电和核电）的 24.1%。美国风电新增装机容量快速增长是针对该行业的主要联邦激励措施——生产税收抵免（Production Tax Credit, PTC）延长至2024年（有一个逐步降低的时间表），以及众多的州一级政策支持的综合结果。风力发电技术的成本和性能的提高也推动了风力发电的增加，为公用事业公司、企业和其他购买者带来了较低的电力销售价格。同时，考虑到联邦税收支持下降、对天然气价格持续走低的预期以及电力需求的适度增长，风电装机容量至少保持温和增长态势，带动可再生能源发电量总体平稳。然而，自21世纪初以来，2020年可再生能源净新增装机容量首次没有同比增长，尽管停滞不前，可再生能源净新增发电量仍占全部净新增发电量的75%。北美、欧洲和亚太地区的加速增长有望抵消中国增速的回落。2020年，全球新增装机容量受到新冠疫情冲击，增长呈现低迷的态势。全球风电装机两个大国的情况进一步加剧这种态势：在美国，陆上风电装机容量在2020年达到峰值，然后随着生产税收抵免（PTC）的逐步取消而下降；在中国，2020年投产数个大型常规和抽水式水电项目。中国仍然是最大的新能源市场，至少2025年以前仍将占所有可再生能源新增产能的40%，其次是欧盟、美国和印度。

北美风力资源丰富，开发技术也相对成熟，完善的市场机制推动风电并网运行。近些年美国新增风电装机容量加快增长，主要原因在于美国联邦政府对可再生能源的生产税收抵免即将到期。在加拿大，2021年有7.0吉瓦的新增风电装机容量并网发电，全年提供了35.2太瓦时的发电量，风力发电约占加拿大电力总需求的5%。2021年，墨西哥新增风电装机容量119兆瓦，累计装机容量达到7691兆瓦，发电量达到21.0太瓦时。墨西哥政府制定了每年2000兆瓦的风电目标，在该国工业用电需求攀升的背景下该目标有望顺利实现。

亚洲已连续多年成为全球最大的风电新开发区域市场，就风力发电量而言，亚洲乃至全球的"领头羊"仍然是中国，在亚洲其他地区也是主要风电市场。印度在全球累计装机容量排名中居第四位，此外巴基斯坦、菲律宾、越南、泰国、蒙古国以及印度尼西亚都已具备市场增长的成熟条件。印度仍然是亚洲第二大风电市场，2010年到2021年风力发电量已经增长了3倍，总发电量达到60兆瓦时。2019年，印度政府承诺到2022年实现175吉瓦的可再生能源发电装机目标，其中包括100吉瓦的太阳能发电能力和 60 吉瓦的累计风力发电能力。虽然亚洲其他地区没有取得如中印般的大进展，但出现了一些中等规模且结构优化的代表性国家和地区。日本风电市场装机容量仅为 3.7 吉瓦，可日本正慢慢地转向其他能源系统，以形成更优化的能源结构，包括更多的风能和其他可再生能源，如大力发展以浮动平台为基础的海上风能。

中国是全球风电产能最高的国家，2021 年全国风电装机容量已超过 300 吉瓦，超过同期整个欧盟总和。自党的十八大以来中国风电装机容量不断增加，这主要得益于国家对能源清洁化转型的大规模投入。在"绿水青山就是金山银山"的发展理念引领下，可再生能源投资进入为期十年的高速增长阶段，2012~2021 年风电装机容量占全球总装机容量的比重提高了 15 个百分点，已经达到 39.9%，也就是说全球超过三成的风电产能来自中国（见图 3-3）。充足的风电产能为能源清洁化转型创造了重要前提，但具备足够的风电产能并不意味着终端用户可以获得相应比例的风电，最终将风能转化为风电输送给终端用户仍面临着其他的问题。

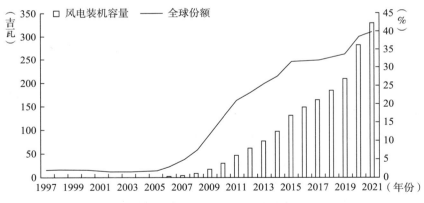

图 3-3　1997~2021 年中国风电装机容量及全球份额

资料来源：OWID。

中国风电产能利用问题可以从风电装机容量占比和发电量占比的差异中看出，2021 年中国风力发电量达到 655 太瓦时，占全球风力发电量的 35.5%（见图 3-4），该比重低于风电装机容量份额 4.4 个百分点，说明与其他国家相比中国风电利用率相对较低。就中国自身的风电装机容量和发电量比较，中国的风力发电量仅占全国总发电量的 5.2%，相对于风力装机容量占比低 4.5 个百分点，这进一步凸显出风力发电产能利用率仍处于较低的水平。尽管风电场的弃风率有所下降，国家能源机构仍应采取措施解决输电瓶颈和其他电网问题。

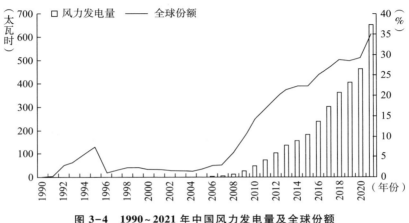

图 3-4　1990~2021 年中国风力发电量及全球份额

资料来源：OWID。

　　中国风电发展的另一个问题是地区不平衡非常突出。2020 年，风电产能集中分布于内蒙古、河北、新疆等"三北"地区（见图 3-5），远离负荷中心，加大了风电并网消纳的难度。这促使国家加强统筹规划推动风电发展。在 2020 年之前，考虑到基本电网条件和可能的输电限制，主要目标是发展满足先进技术标准和规范的大规模风电市场和产业体系，以陆上风电为核心，潮间带和近岸风电为补充。每年新增风电装机容量在 2500 万~3000 万千瓦。到 2020 年，风力发电总装机容量达到 2.5 亿千瓦。除跨省区输电成本外，风电成本相对于煤电成本具有竞争力；风力发电将占中国总装机容量的 11%，并提供 5% 的电力供应。在可再生能源普及率较高的情况下，风能的经济优势将在 2030 年之前显现。随着陆上和海上风电的同步发展，风力发电的市场规模将扩大。每年新增风电装机容量约为 8000 万千瓦，约占中国年总装机容量的 50%。至于陆上风力发电设施，重点是在华北、东北和西北地区建设大型风力发电站，使之占风力发电总装机容量的 70% 以上。在这一时期，华中和华东地区的分布式风力发电将得到更快的发展。海上风电资源为河北、山东、江苏和浙江等沿海省份提供了额外的选择。到 2030 年，风电累计装机容量将超过 11 亿千瓦，成为满足电力需求、优化能源结构和支持国家社会经济发展的重要贡献者。到 2050 年，海上风电装机容量将达到 3 亿千瓦，风力发电总装机容量将达到 24 亿千瓦。

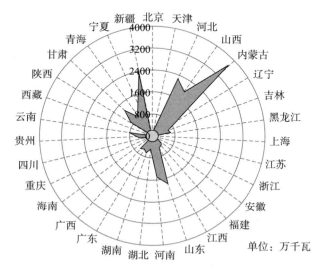

图 3-5　2020 年中国各地区的风电产能分布

资料来源：OWID。

二　光伏发电

太阳能是风能之外的另一种重要的可再生能源，其最主要的利用方式是通过光伏发电，然后经由电网输送到终端用户。尽管光伏发电占全球总发电量的份额并不高，即便经过十多年的快速发展，到 2021 年全球光伏发电量占总发电量的份额也不过 3.7% 左右，但作为一种灵活分布的清洁能源，随着开发技术的进步其必将对能源结构优化产生重要影响。就全球范围而言，2020 年太阳能发电装机容量已达 843.1 吉瓦，发电量为1040.5 太瓦时。亚洲（如中国、印度和日本）和美国大型光伏发电市场的发展表明，太阳能发展的中心已经从欧洲转向亚太地区。2016 年，亚太地区首次超过欧洲成为全球最大的太阳能发电地区，总装机容量达到147 吉瓦，相当于全球市场的 48%。2021 年，亚太地区占据了大约 70%的新增太阳能发电装机市场份额。德国曾经是太阳能发电装机容量最大的国家，但 2015 年后其第一的排名被中国取代。在过去的几年里，印度已经成为世界光伏舞台上的佼佼者。虽然印度的太阳能装机总量仅为中国的十亿分之一，2021 年仅为 49.3 吉瓦，但其因巨大的市场规模一直被国际机构看重。按照《全球太阳能市场展望 2019—2023》（*Global Market Outlook for Solar Power 2019-2023*）的预测，到 2023 年印度的太阳能发电装机容量将达到 116.0 吉瓦。如图 3-6 所示，预计美国的累计装机容量也将从 2018 年的 62.1 吉瓦增长到 2023 年的 132.4 吉瓦，仅次于中国成为全球第二大太阳能发电市场。预计德国将以 45.9 吉瓦的成绩排第五名，超过澳大利亚（45.0 吉瓦）、意大利（29.0 吉瓦）、韩国（25.0 吉瓦）、英国（23.0 吉瓦）和法国（22.0 吉瓦）。

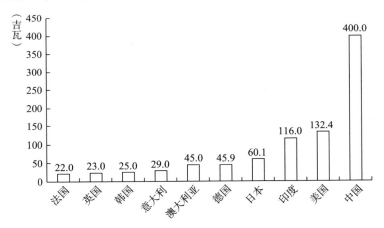

图 3-6　2023 年太阳能发电装机容量前十国家

资料来源：《全球太阳能市场展望 2019—2023》。

太阳能发电的大发展归根结底得益于技术进步和制度创新引发的成本下降。可以预计太阳能发电装机容量将迎来发展的高峰期。2019 年，全球市场最终突破 100 吉瓦，全球最大的前 20 位光伏市场占全球新增需求的比重将在 83% 左右，这些增长最快的市场主要集中在伊朗、沙特阿拉伯、埃及、意大利等中东和地中海地区。太阳能以兆瓦时计算的成本越来越低。其中即便较低的光伏成本仍然具备最低至 14 美元/兆瓦时的下降空间。此外埃及、约旦、阿拉伯联合酋长国 30 美元/兆瓦时的平均竞价呈现大幅下降的趋势。主要太阳能发电市场的政策演变至关重要，太阳能光伏发电相关政策和目标已经越来越明确。近些年中国仍将是太阳能光伏发电的第一大市场和供应商，其产能和产量均居全球首位（见图 3-7 和图 3-8）。一些发达国家的太阳能光伏发电补贴政策到期，"无补贴俱乐部"的国家增多的影响将日益凸显。西班牙、葡萄牙和意大利一直处于无补贴公用事业规模太阳能光伏发电的前沿，目前正在开发的太阳能光伏发电装机容量已达数千兆瓦。此外，太阳能投资的金融产品增多。2018 年，47%的太阳能资产交易发生在美国，在太阳能投资税收抵免（Investment Tax Credit，ITC）下台前，赞助商寻找早期、大规模投资组合的活动将增加。"太阳能+储能"逐渐成为热点。美国夏威夷已经

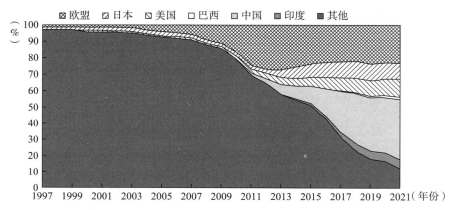

图 3-7　1997~2021 年全球主要国家和地区光伏发电装机容量份额
资料来源：OWID。

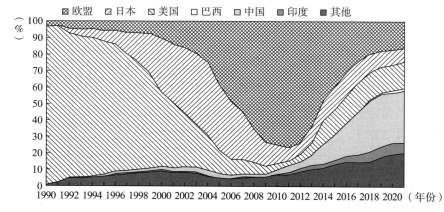

图 3-8　1990~2021 年全球主要国家和地区光伏发电量份额
资料来源：OWID。

提出了 7 个项目，将以低至 78 美元/兆瓦时的价格增加 262 兆瓦的太阳能和超过 1 吉瓦的储能。据 Wood Mackenzie 估计，美国在 2019～2024 年将安装 1400 兆瓦的储能设备，8800 兆瓦的"太阳能+储能"设备。太阳能发电的另一个趋势是领先的模块化技术将推动价格下降。2019 年，全球模块制造能力的 41% 将用于单体氯乙烯生产，高于 2018 年的 36%。在全球光伏混合组件模块价格下降到 0.25 美元/Wdc 以下的推动下，全球平均投资成本（CAPEX）进一步下降到 0.95 美元/Wdc。石油和天然气等传统石化燃料发电企业应该采取措施推动自身排放进一步减少，其采取的策略包括进入太阳能光伏发电市场。市场活力不断增强，大型私营公用事业公司、电池制造商、电动汽车充电桩设施企业以及太阳能家庭系统公司相互合作和竞争，共同促进市场主导的结构转型。总之，考虑到充足的资源可用性、巨大的市场潜力和成本竞争力，预计太阳能光伏发电将继续推动可再生能源总体增长，到 2030 年全球累计发电量将达到 2840 吉瓦，到 2050 年将增至 8519 吉瓦。在全球范围内，2050 年太阳能光伏发电总量的 60% 左右是公用事业规模，其余 40% 是分布式。在政策和支持措施以及消费者参与清洁能源转型的推动下，分布式太阳能光伏发电装机容量将增长更快。

　　中国光伏发电的产能和产量均保持快速增长，已经建设多个光伏发电基地，并通过特高压输电通道实现太阳能的跨区配置。如图 3-9 所示，2021 年中国新增 53.0 吉瓦的光伏发电装机容量，高于前一年创纪录的

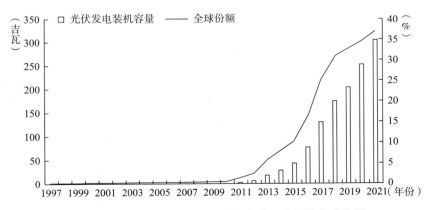

图 3-9　1997～2021 年中国光伏发电装机容量及全球份额
资料来源：OWID。

52.8 吉瓦。截至 2021 年底，中国光伏发电累计装机容量高达 306.4 吉瓦，占全球的 36.3%。如图 3-10 所示，中国的光伏发电量占全球份额也不遑多让，2021 年该占比达到 31.4%，占全球接近三成的发电量。中国光伏发电装机容量占全球比重比发电量低 4.9 个百分点，说明光伏发电的产能利用率有待提高。

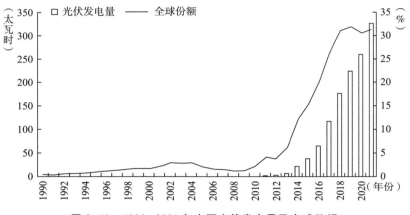

图 3-10　1990~2021 年中国光伏发电量及全球份额
资料来源：OWID。

　　图 3-11 展示 2020 年中国光伏发电装机容量的地区分布情况。可见 2020 年中国光伏发电产能集中分布于"三北"和"三华"地区，河北、青海、山东以及江苏等省份的装机容量均超过 1500 万千瓦。2020 年前，光伏发电市场年均增长率在 35% 左右；而到 2020 年，光伏发电装机容量在 2.2 亿千瓦左右；2020~2030 年，年均增长率将保持在 25%~30%；到 2030 年，高渗透率情景下的太阳能发电装机容量将达到 10.5 亿千瓦。通过大规模发展聚光太阳能，中国将形成成熟的太阳能产业链。聚光太阳能成本将持续下降，到 2030 年，光热发电装机容量将达 5000 万~10000 万千瓦。2030~2050 年，太阳能发电的经济性将更加显著，其在电力结构中的比例将迅速增加。在高渗透率情景下，2050 年太阳能发电装机容量将达到 27 亿千瓦，其中包括 19 亿千瓦的露天光伏发电和 3.5 亿千瓦的聚光太阳能发电。分布式光伏发电也将具有巨大潜力，达到 2.6 亿千瓦。根据无法获得电力的人口分布、太阳能资源、电力负荷、电网条件、建筑屋顶区域（大型工业园区、商业集群和公共建筑）以及沙漠/戈壁

地区，太阳能光伏发电市场可分为以下类型：一是电力开发和离网型微电网项目，为没有电气化的地区供电，主要集中在中国西部地区及东部近海岛屿；二是主要集中在中国中东部经济发达地区的分布式光伏电站；三是集中分布的大型光伏电站，主要分布点为西藏、新疆、内蒙古、甘肃、青海和宁夏等中国西部的 6 个省区和山东、江苏、浙江、福建、广东、广西和海南等东部沿海省区。光热发电则主要集中在西藏和西北五省区。

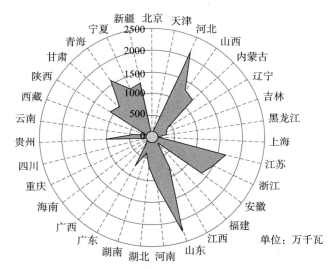

图 3-11　2020 年中国光伏发电装机容量地区分布

资料来源：中国电力企业联合会。

三　水电

2021 年，全球水力发电量达到 4234 太瓦时，其中中国、巴西等是新增水电的主力（见图 3-12）。自二战以来全球水电开发稳步增长，不仅包括新增装机容量的不断攀升，还包括抽水蓄能越来越成为水电的重要组成部分，而全球还有 20 吉瓦的抽水蓄能在建。① 这表明水电在为可再生能源系统提供灵活支持方面发挥日益重要的作用，因为世界各国都采取措施来满足《巴黎协定》的减排目标。这一趋势的一个典型例子集中

① https：//www.hydropower.org/publications/2021-hydropower-status-report.

反映在中国发布的《"十四五"可再生能源发展规划》。在构建了必要的政策框架后，中国目前的目标是到 2025 年抽水蓄能投产总规模在 6200万千瓦以上，以平衡太阳能和风能的大规模并网引发的能源系统不确定性。中长期规划提出重点实施 340 个抽水蓄能项目，总装机容量达 4.2亿千瓦左右。在当下面临着日益复杂的能源挑战以及能源需求持续增长的形势下，水电提供的多种经济环境效益比以往任何时候都更加重要。然而，世界上有相当部分尚未开发的水电资源分布于人民生活条件有待改善的发展中国家和地区，在这些发展中国家和地区实现水电资源完全开发的许多障碍仍然存在，特别是在项目筹备阶段，确保以可持续的方式和在正确的地点建设这些项目至关重要。项目准备是成功的关键，可以通过创新机制以成本效益和风险效益最佳组合的方式推进实施。同时也需要国际金融机构合作的有效支持，促进全球范围内的水电资源开发利用。

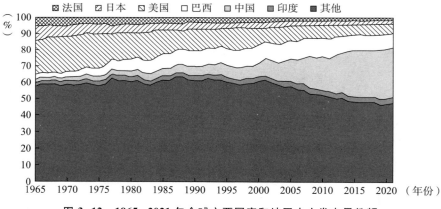

图 3-12　1965~2021 年全球主要国家和地区水力发电量份额

资料来源：OWID。

　　全球主要水电监管机构正在制定各项举措，以管理水电项目的风险状况，并日益注重确保项目以正确的开发方式实施。水电开发机制的优化目标是通过协调多部门参与，根据当地情况选择符合《巴黎协定》目标的最标准发电模式，并允许开发机构进入不断增长的绿色债券市场。气候债券倡议组织（Climate Bonds Initiative，CBI）统计数据显示，2018年全球绿色债券发行总量为 1673 亿美元左右，其中美国、中国和法国发行量分别为 341 亿美元、309 亿美元和 142 亿美元，占 2018 年全球发行总量的 47%。同时与其他可再生能源建立公平竞争的水电项目，以获得优质市场和绿色投资。绿色和气候债券等新举措越来越被接受为金融支持制度，如巴克莱摩根士丹利资本国际绿色债券指数（Barclays MSCI Green Bond Index）。金融机构更加重视气候恢复能力，其正在努力解决与气候有关的风险，确保项目的规划和运作能够适应气候变化。

不断发展的水电的另一个重要作用是为电网系统提供稳定可靠的电力，以此提高能源系统效率和创造额外的净效益。例如，各地区都在建设水库浮式光伏发电系统。利用现有的水电基础设施，浮动太阳能技术（Floatovoltaics）具有更高的效率，并且水电站水库上的浮动光伏电池板可以帮助减少由蒸发造成的水损失。巴西开始试点此类项目，印度则宣布了科伊纳水库 600 兆瓦项目的计划。美国在世界上第一个地热-水力混合动力发电站开始运营一个类似项目，在注入井中增加了一台水力涡轮机，从而降低了运行成本和保证了油井安全。抽水蓄能的作用是满足全球的储能需求，仍然是最实用的大规模电力储存形式，并且以具有竞争力的成本，抽水蓄能系统继续增长，2018 年抽水蓄能装机容量达到 160.3 吉瓦。德国 Naturspeicher 项目开始建设一个创新的风电-水力混合抽水蓄能系统，其特点是风力涡轮机底部的船只充当抽水蓄能系统的上游水库，由于风力涡轮机的高度增加，可以利用更强的风，抽水蓄能技术调节风的波动频率变化。与此同时，夏威夷和格兰加那利岛的小型电网正在开发抽水蓄能项目。

可再生能源发展需要坚强电网的支撑。超高压输电正在将水电与电力市场连接起来。"全球能源互联网"的概念已成为发展主要互联的最新趋势之一，以使可再生技术的大规模增长能够满足全球能源需求并提高可靠性。中国、日本、俄罗斯、韩国等的主要能源部门正在讨论建立一个"亚洲超级电网"，其中一个超高压电网将连接该地区，以传输大规模并网的清洁和可再生能源。在世界其他地区，如加拿大，以水力发电为主的系统正在增强它们与美国中西部邻近电网之间已经非常紧密的互联。加拿大曼尼托巴水电公司等公用事业机构可以利用其水电站水库来平衡南部主要风电场开发项目的并网电力负荷，同时为电力出口创造双边电力交易平台，并在低水位条件下提供可靠的进口通道。在发达国家和地区，随着越来越多的水力发电机组达到预期寿命，电力固定资产管理的智能化和数字化在整个水电行业正变得越来越具有紧迫性。水电站、电力控制系统和周边电网的智能化是一种新兴的行业趋势，可以优化资产管理和绩效。水电系统的智能化越来越多地被实施以允许水能与其他可再生能源协调运行，提供具有更多灵活性和增强的辅助服务。其他智能化管理还包括网络安全、停电管理、状态监测设备和能源预测等。

水能仍然是北美和中美洲国家以及加勒比群岛的关键能源。美国和加拿大的水电装机容量继续位居世界前列，2020 年底水电分别为美国和加拿大提供了 246.5 太瓦时和 345 太瓦时的发电量，占美国总发电量的 6% 左右，占加拿大总发电量的 63% 左右。美国能源部在一份题为《水电愿景：美国第一可再生能源的新篇章》(Hydropower Vision: A New Chapter for America's 1st Renewable Electricity Source) 的报告中宣布了推进水电开发的计划。该报告概述了到 2050 年，美国水电装机容量将从 2020 年 102 吉瓦的综合发电和存储容量增加到近 150 吉瓦，其中超过 50% 的增长将在 2030 年实现。该目标包括 13 个兆瓦级的新水力发电能力，并增加 36 吉瓦新的抽水蓄能容量。水力发电是南美发展的关键，因此它是玻利维亚、厄瓜多尔、巴拉圭、智利和巴西等国家能源战略的核心。巴西拥有南美洲最丰富的水力资源，估计技术可开发潜力为 3040 太瓦时/年。当前只有约 818 太瓦时/年被认为是经济上可开采的，而巴西已经开采了其中的一半以上。2020 年约有 362.8 太瓦时的发电量并网到巴西国家电网系统。

缺乏电力基础设施，特别是在撒哈拉以南非洲，阻碍了当地的经济和社会发展。目前有 30 多个非洲国家面临电力短缺的问题，导致电力中断（断电），过度依赖昂贵的、往往不利于环境的临时电力解决方案。世界银行通过各种政策和方案向非洲各国电力行业注入大量资本，加大外资和私人资本参与力度，以改善非洲电力基础设施。虽然传统的措施是提高发电能力，但非洲各国倾向于加强电网合作，以改善能源供应。通过跨区电网共享电力实现更大的区域一体化，各国能够最大限度地利用丰富但不均匀分布的自然资源。完善输电通道有助于缓解暂时性的局部生产短缺，并进一步将盈余实现货币化交易。非洲地区在 2020 年新增了超过 3 吉瓦的水电容量，包括在南非投产的因古拉抽水蓄能项目。

欧洲国家致力于向更安全和脱碳的能源系统革命性转型，为此不断提高水电的核心作用。欧洲水电总装机容量超过 250 吉瓦。德国、法国等一些国家已经提出了雄心勃勃的目标，包括进一步提高风能和太阳能等各种可再生能源的电力系统渗透率。因此，欧洲电力系统将面临更多可再生能源引发的负荷波动。这些波动必须通过灵活的、可存储的清洁能源加以平衡。可再生能源占欧洲能源的 30% 左右，其中 10.9% 来自水电。它是可再生能源中最灵活、最稳定的能源，通过满足高峰和计划外电力需求，提供基础能力、存储能力和电网稳定性。灵活的水力发电可以通过增加间歇性可再生能源进入电网的方式在欧洲能源目标中发挥重要作用。此外，包括抽水蓄能在内的蓄能水电提供了一系列辅助服务，这可以进一步提高波动的可再生能源在整个欧洲电网的渗透率。

以中国为首的东亚和太平洋地区在全球六大区域的水电装机容量中继续占据最大份额。2021 年，仅中国就占全球水电装机容量的 1/3，新增了 20 吉瓦的装机容量，实现 1300 太瓦时的发电量，约占全球水力发电量的 30.7%（见图 3-13）。中国已牢固地站在全球水电发展的前沿。虽然随着中国大多数主要水电站已经确定和勘探，国内水电的新开发速度有所放缓，但中国的新增发电量仍高于其他任何国家。随着风能、太阳能等多种可再生能源的日益发展，中国也越来越重视提高抽水蓄能能力，以提高电网的稳定性。中国在建水电机组中最引人注目的是位于西南金沙江上的乌东德项目，建成后将提供 10.2 吉瓦的装机容量（12×850兆瓦涡轮机）。该项目于 2014 年开工建设，第一台水电机组于 2018 年投产，2020 年建成后成为世界第六大水电装机容量项目。中国的《能源发展"十三五"规划》于 2017 年 1 月初正式公布。该报告概述了一项战略，以尽量减少对煤炭的依赖，并实现至少 15% 的可再生能源占比，目标包括增加 60 吉瓦的水电。"十四五"规划提出进一步的优化措施，更好地统筹规划中国能源体系，使之更加高效可靠地运行，其中一项将水电从内陆资源中心带到沿海负荷中心的战略（"西电东送"）正在大规模实施，基本上实现了每个五年规划中提出的目标。然而，抽水蓄能的发展速度还没有常规水电那么快，对可再生能源并网的支撑作用还有待强化。随着所需政策的落实，新计划的重点是提高抽水蓄能能力，抽水蓄能总量仅占中国装机容量的 1.5%。为了解决这一短缺，2016 年 12 月中国水利部通过了《关于推进绿色小水电发展的指导意见》。该文件概述了到 2030 年在环境保护方面发展和壮大中国小水电产业的计划，重点是落实技术改进和电厂建设、运营和管理的有效途径。该文件还要求完善小水电管理标准，建立小水电建设激励机制，采取措施建成一批小水电项目，基本实现达到 40 吉瓦的总抽水蓄能能力。

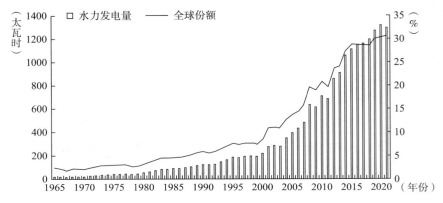

图 3-13　1965~2021 年中国水力发电量及全球份额

资料来源：OWID。

中国河流众多，加上地理和气候条件，提供了丰富的水能资源。据自然资源部调查评估，中国水资源理论储量为 688 吉瓦，年发电量为 59200 亿千瓦时。根据最新的整体经济、技术和环境评估与筛选，可开发利用的水电装机容量达到 448 吉瓦，年发电量可能达到 24700 亿千瓦时，相当于每年燃烧约 9 亿吨煤产生的发电量。中国是世界上水能资源蓄量最多的国家，为国家经济发展提供了重要而宝贵的资源。中国早在 1912 年即在云南省石龙坝建造了第一座装机容量为 500 千瓦的水电站，但由于工业化进程缓慢，到新中国成立后水电的实际开发利用才开始大规模实施。按 OWID 统计，经过 50 多年的建设，2003 年全国水电装机容量达到 92.17 吉瓦，占总电力的 24%；年发电量为 2830 亿千瓦时，约占全国总发电量的 14.8%。从水能储量可以看出，中国水电的发展水平远远落后于水资源相对丰富的国家。2020 年，中国水电产能分布非常不平衡，水力发电机组集中分布于四川、云南、贵州等西南地区以及长江中下游的湖北（见图 3-14），这些地区面临着水电送出困难等诸多问题。

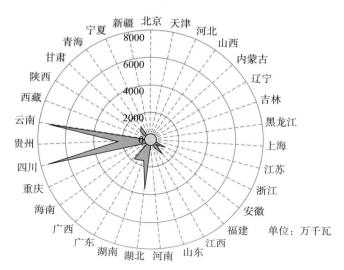

图 3-14 2020 年中国水电装机容量地区分布
资料来源：中国电力企业联合会。

西南地区是中国水资源最富集的地区。如图 3-15 所示，截至 2020 年西南地区水电装机容量超过 2.1 亿千瓦，占全国比重长期维持在近 60%。在中国已开发的 100 吉瓦装机容量中，约 4 万座装机容量在 50 兆瓦以下的小型水电站贡献了 28 吉瓦以上，约占总水电装机容量的 33%。小水电资源丰富，可以对电网难以覆盖的农村和偏远山区起到积极有效的供电作用，也有利于替代燃煤能源进行环境保护。小型水电站可以分散投资，投资者多为个人和集体。因此，小水电具有融资容易、建设周期短等优点，是不可忽视的可再生能源。因此，中国政府已将小型水电站列入可再生能源的优惠政策扶持对象。装机容量在 50 兆瓦以上的中大型水电站是我国水电的主要组成部分。经过 50 多年的建设和发展，我国建成了 230 多座这样规模的水电站，其中 1000 兆瓦以上的水电站 25 座，500 兆瓦以上的水电站 40 座。这些大中型水电站的建成表明，中国有能力建设各类水电站，并在勘察、科研、设计、施工等专业人员和队伍，组织结构和技术，规范和标准等方面奠定了良好的基础。长江三峡水电站的成功建设和运行，标志着中国具有开发特大型水电站的能力，水电资源开发技术水平和综合能力处于世界前列。加强输电通道建设，不断优化水电交易的体制机制，提高水电并网消纳的综合绩效，也成为水电资源进一步发展的重要课题。

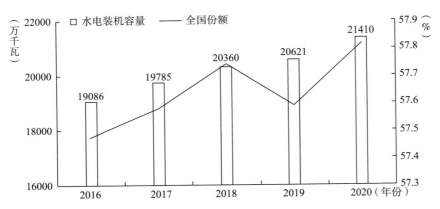

图 3-15 "十三五"时期西南地区水电装机容量及全国份额
资料来源：中国电力企业联合会。

第三节 配置方式

一 风电并网消纳模式

（一）弃风问题严重

中国风电产能集中分布于"三北"地区而负荷中心位于"三华"地区，供需空间失衡等原因导致结构性的产能过剩，引发风电资源错配。截至 2022 年 12 月底，中国风电装机容量达到 3.7 亿千瓦，中国已成为世界上风电装机容量最大的国家。从风电装机容量分布来看，中国风电产能集中分布在"三北"地区，占全国风电总装机容量达 60% 左右，蒙西、蒙东、甘肃、冀北、新疆等五个地区风电装机容量超过 1500 万千瓦。

全国总体的弃风问题在通道建设加快和交易调度机制完善的作用下有所缓解，但局部地区的弃风率仍然高位运行。中国"三北"地区经济发展水平较低，电力需求规模仅占全国的 40% 左右，加上供热机组比重高，系统风电消纳能力严重不足。受"三北"地区跨区外送通道核准建设滞后的影响，局部地区弃风问题已十分严重。根据国家电监会发布的

《重点区域风电消纳监管报告》，全国弃风电量一度居高不下，"三北"部分省区弃风率接近25%，甘肃、内蒙古等地区弃风率超过20%，东北三省弃风率也远高于合理水平（见图3-16）。风电利用小时数已出现"三北"低于"三华"的不合理现象，风能资源条件和风电实际情况出现倒挂。山西、陕西、青海、宁夏等基地的利用小时数仅有1900小时左右，部分省份甚至低于1500小时（见图3-17），与其良好的风能资源条件不匹配。

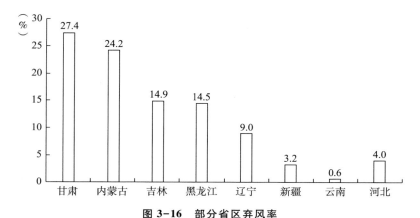

图3-16 部分省区弃风率

资料来源：国家电监会发布的《重点区域风电消纳监管报告》。

（二）风电开发受阻

受弃风严重影响，"三北"部分地区风电开发面临严重的障碍。例如，国家能源局发布共计2683万千瓦的"十二五"第一批拟核准风电项目计划，但期末仅有一半左右得到执行；"三北"的蒙西、蒙东、吉林、黑龙江、甘肃、新疆等六个基地的常规风电项目增幅呈现下降趋势。如果不解决风电跨区消纳问题，中国风电基地的发展很可能陷入停滞，对中国风电规划目标的实现将产生重大影响。虽然《中华人民共和国可再生能源法》规定电网企业在保证电力系统安全的前提下，要对风电实行"保障性全额收购"。然而，由于风电是将自然界的风能转化为电能，高频率出现系统负荷低谷时段出力大于系统高峰时段的情况，天然具有反调峰、低可利用率和强波动性的特性，因此在风电比重不断提高的情况下，为保证电网安全，风电无法百分之百得到利用，适度弃风便成为电

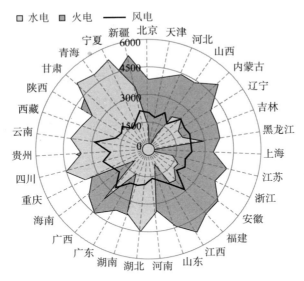

图 3-17   各省区市风电年利用小时数

资料来源：中国电力企业联合会。

网企业的"理性选择"。所以"三北"风电规模化开发地区的弃风情况比较严重，给风力发电企业造成较大经济损失，减弱投资者在风电基地投资项目上的意愿，阻碍风能资源的开发利用。

（三）风电并网消纳

比较而言，欧美发达国家风电开发的历史长和经验足，它们的风电开发主要从分散式起步。所谓分散式，又称为分布式新能源发展模式，其根本特征在于直接接入当地公用输配电网从而就地消纳。参照国外的发展经验，中国相关主管部门对分散式风电的接入电压等级、单个项目的容量及消纳原则都进行了详尽的规定。但受制于开发和运行经验，相关规定只考虑接入电压等级和项目容量约束，而忽略就地消纳等核心风电开发模式问题。就实际落实情况而言，按照相关管理部门的规定，中国大部分核准建设的分散式风电项目主要分布在"三北"地区，但甚少符合就地消纳的基本定义。因此，有必要在充分认识全国风能资源发展的基本情况的前提下合理界定风电集中与分散开发模式。在具体施行中可以考虑按消纳范围对"三北"地区集中式和分散式两种风电开发模式进行合理界定。

"三北"地区风电规划和建设规模巨大，但是本地电力系统的风电接纳能力比较有限，所以需要根据风电项目的消纳范围来清晰界定不同风电项目的集中与分散属性。对于那些的确可在本地高效消纳的风电项目则被界定为分散式，而那些需要跨省跨区消纳的风电项目则被认为是集中式。"三北"地区电力系统典型特征是当地系统规模较小，调峰能力十分有限，风电消纳能力严重不足。依据发展规划在当地电网采取优化运行方式，并安排特殊用户和需求侧响应等措施强化风电消纳能力。但必须明确的是把大型项目以多个小项目的方式接入 66 千伏及 110 千伏电网，并不是提高"三北"地区风电接纳能力的根本途径。因此，即便某些风电项目符合文件中对"分散式风电"的接入电压等级和项目容量的定义，也并不代表这些风电项目就能在本地实现高效消纳。

风电规划规模在中东部地区分布较少，但该地区系统的风电接纳能力较强，风电项目在东部地区可以实现高效消纳。风电项目的集中与分散属性可以根据风电的接入电压等级和单个项目容量来界定。中东部地区中华北电网京津冀鲁、华中电网东部四省及华东电网是中国的主要负荷中心，占比大的负荷总量、相对灵活的电源调节、坚强的电网结构，使其具备接纳大规模风电的强大能力。基于当前风电运行实际情况以及风电未来运行模拟的基本趋势，中东部地区可以保障风电项目在当地实现高效消纳。

（1）模式 1：基地开发+就地消纳

经济性：中国"三北"地区风能资源条件好，风电理论利用小时数在 2200~3000 小时。在该类开发模式下，风力发电成本低，且基本不存在电网输送成本，其经济性最好，风电到网电价为 0.51~0.54 元/千瓦时。

发展空间：中国"三北"地区风电消纳能力不足，目前已存在严重弃风问题，已存在的大量风电尚需随着系统负荷的自然增长、电源结构的逐步调整而实现高效消纳，消化存量风电的问题尚有待长期逐步解决。因此，该模式的未来发展空间十分有限。

（2）模式 2：中东部分散开发

经济性：中国中东部地区风能资源条件相对较差，尤其是华中、南方等地区风能资源分布零散，风功率密度较低，风电理论年利用小时数较低，风力发电成本较高，但几乎不存在风电输送成本。该模式下，风电到网电价为 0.58~0.61 元/千瓦时。

发展空间：中东部地区电力需求大，负荷水平高，风电消纳空间充足。但受风能资源条件的制约，2020 年华中、华东、南方地区的风电开发规模仅为 3000 万千瓦左右，发展空间有限。而且，仅仅依靠中东部分散开发，无法满足风电规划中长期目标，为碳达峰与碳中和奠定产能基础。

（3）模式 3：基地开发+风火联合外送

经济性：中国"三北"的新疆、蒙西、蒙东等地区同时具有丰富的风能资源与煤炭资源，具备多种能源联合外送的天然条件。在该类开发模式下，"三北"地区风力发电成本为 0.51~0.54 元/千瓦时，输电线路利用小时数较高，在 6500 小时以上，输电电价约 0.08 元/千瓦时，风电输送到中东部地区的到网电价为 0.59~0.62 元/千瓦时，与中东部分散开发的成本基本相当。

技术可行性：在联合送出方式下，风电外送规模小，电量以火电为主、风电为辅（见图 3-18）；风电容量为输电容量的一半左右，风电电量占输送电量的 20%左右，输电功率曲线可控，与受端负荷曲线的吻合度较高；同时，输电利用小时数较多，输电成本低；从风电利用来看，弃风率约 5%，风电利用效率较高；对受端而言，容量替代效益为 100%。

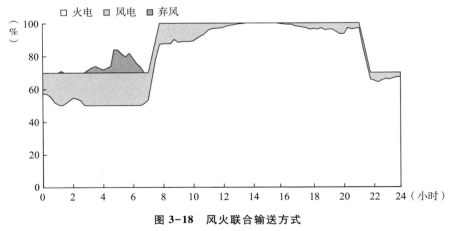

图 3-18　风火联合输送方式

资料来源：国家电网有限公司。

风火联合外送可借助系统整体调节能力，保证直流系统安全稳定运行。在大多数的情况下，打捆外送火电可以及时跟踪风电波动状况。可以借助坚强的送端电网，在风电出力快速变化的时段调用送端电网中的水电、火电及抽水蓄能等系统资源，共同参与风电功率波动的动态跟踪，通过灵活高效调节的联络线，确保整个系统安全稳定运行（见图3-19）。

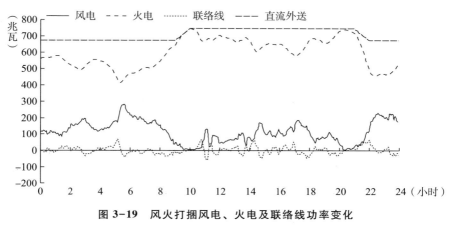

图3-19　风火打捆风电、火电及联络线功率变化

资料来源：国家电网有限公司。

发展空间：风火联合输送方式适合于风电与煤电资源分布邻近，且以能源外送为主的地区，在新疆、内蒙古等地区有广泛的应用前景。从风电开发来看，未来中国以"三北"地区为主的风电开发格局难以改变，"三北"地区负荷水平低、就地消纳能力有限的态势难以改变，该类模式将是未来解决风电送出的主要方式。

（4）模式4：基地开发+风电为主外送

经济性：该类开发模式下，"三北"地区风力发电成本为0.51~0.54元/千瓦时，该模式以输送风电为主，线路利用小时数较少，输电价格约0.13元/千瓦时，而到达受端的价格则为0.64~0.67元/千瓦时。该模式的风电成本相对较高，经济性相对较差。

技术可行性：在该类开发模式下，风电外送规模大，电量以风电为主、火电为辅（见图3-20），风电容量为输电容量的2倍左右；输电线路功率波动较大；输电利用小时数较少，约4000~4300小时；弃风率相对较高，约10%，风电利用效率较低；对受端电网而言，输电的容量替代效益小，受端仍需建设大量的常规电源。

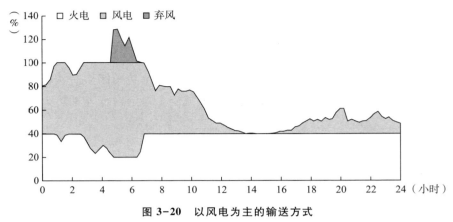

图 3-20　以风电为主的输送方式

资料来源：国家电网有限公司。

发展空间：以风电为主的送出方式适合于风电与煤电资源分布重叠性较差，且常规能源外送能力不足的地区，或者能源科学配置力度不足的情况。在技术可行的前提下，在中国东北等地区可进行示范探索，作为未来解决风电送出的一种可选方式。从长期来看，"基地开发+风火联合外送"将成为中国未来最主要的风电开发模式，但该类模式目前核准建设进度缓慢。现阶段，可适当探索"基地开发+风电为主外送"的模式，通过更广泛的社会支持先推动跨区电网的建设，然后在运行中逐步过渡到实际上的"基地开发+风火联合外送"模式。

（5）模式 5：海上风电开发

经济性：中国"十二五"规划中提出要积极开展海上风电建设，未来中国海上风电建设重点在上海、江苏、河北、山东等地区。海上风电建设远离陆地，且对风机的性能要求较高，单位造价成本高，潮间带风电造价约 1.7 万元/千瓦，合理的风电价格超过 0.9 元/千瓦时。

发展空间：海上风电的规划建设需要与海岸线开发利用规划、海洋功能区划、重点海域海洋环境保护规划以及国防用海等规划有效协调，同时潮间带海域的风电项目建设也需要与渔业养殖、生态保护及沿岸经济建设等统筹协调。目前，中国海上风电建设的成本还较高，在未来十年内海上风电尚处于示范推进的阶段。从长期来看，中国海上风能资源丰富，且风电可在中东部地区就地消纳，发展空间较大。

从经济性来看，在各类开发模式中，"基地开发+就地消纳"模式的风电成本最低，为 0.51~0.54 元/千瓦时；"中东部分散开发"与"基地开发+风火联合外送"模式的风电成本相当，大约为 0.58~0.62 元/千瓦时；"基地开发+风电为主外送"模式的成本相对较高，为 0.64~0.67 元/千瓦时；"海上风电开发"模式的成本最高，超过 0.9 元/千瓦时。不同风电开发模式的综合对比分析如表 3-2 所示。

表 3-2　不同风电开发模式的综合对比分析

模式	优势	劣势	发展空间
基地开发+就地消纳	经济性最好	"三北"地区风电消纳能力不足，弃风问题严重	就地消纳空间有限
中东部分散开发	经济性较好；消纳市场大	资源有限，难以支撑规划目标；对配电网潮流、电能质量影响较大	是近两年风电发展的主要选择，开发空间有限
基地开发+风火联合外送	经济性较好；同时解决火电布局优化及风电开发问题	主要能源基地外送通道核准建设滞后后，局部地区没有联合外送的条件	新疆、内蒙古、宁夏等地区发展空间大，是未来十年解决风电问题的主要手段
基地开发+风电为主外送	输送风电容量大	经济性较差；容量替代效益低；电网运行难度较大	是东北等局部地区解决风电问题的重要手段之一
海上风电开发	资源丰富；靠近负荷中心	经济性最差；缺乏规划，各方协调难度较大	远期发展空间较大

未来中国风电开发模式应根据各地风电资源条件、电源结构、负荷特性、电网结构等进行合理选择。具体而言，可以充分利用华东、华中及南方等地区的风能资源和消纳市场，有效扩大中东部地区各类分散式风电开发利用规模，提升风电发展规模。在哈密、宁东、锡林郭勒盟（简称"锡盟"）、赤峰等地区，加快推进综合能源基地建设及多种能源联合外送，实现电源与电网的同步规划和建设，确保中国风电规划目标的实现及风电的高效利用。同时，在技术可行的前提下，按照示范推进的方式，在东北吉林等地区推进以风电外送为主的跨区输电通道建设，实现风电的跨区消纳，并随着送端煤电基地的建设，逐步过渡到网对网联合外送。此外，现阶段加快降低海上风电成本，远期推进海上风电规模化开发。

追溯风电发展历程，在风电的"十二五"规划及中长期发展目标方面，国家发布了多项政策文件。2011 年公布的《中华人民共和国国民经济和社会发展第十二个规划纲要》中明确指出,"十二五"期间建设 6 个陆上大型风电基地和 2 个沿海及海上大型风电基地,实现新增风电装机容量 7000 万千瓦以上。2012 年,国家发改委印发的《可再生能源发展"十二五"规划》和国家能源局印发的《风电发展"十二五"规划》提出,到 2015 年底全国风力发电总装机容量达到 1 亿千瓦左右,年总发电量达到 1900 亿千瓦时;实现到 2020 年底全国风电总装机容量超过 2 亿千瓦,年总发电量达到 3800 亿千瓦时左右。2016 年,国家能源局印发《风电发展"十三五"规划》,明确提出"十三五"期间风电发展目标和建设布局,规划提出到 2020 年底,风电累计并网装机容量达到 2.1 亿千瓦以上,其中海上风电并网装机容量达到 500 万千瓦以上,风电年发电量达到 4200 亿千瓦时,占全国总发电量的 6% 左右,还提出有效解决日益严重的弃风问题,推动"三北"地区达到最低保障性收购利用小时数要求。这些目标均超标完成,为"十四五"规划提出的风电发展目标的顺利实现奠定了坚实基础。

为加强风电的统一管理,国家能源局不断强化风电项目管理,2011 年下发了《关于"十二五"第一批拟核准风电项目计划安排的通知》。进一步地,又于 2012 年出台《关于印发"十二五"第二批风电项目核准计划的通知》,并要求未列入核准计划的项目不得核准,从而以期实现从国家层面合理把握风电发展的节奏和质量。参考各批次拟核准风电项目计划,在这些项目全部投产后,全国风电装机容量在"十二五"期间就达到 1.09 亿千瓦,已经超过国家"十二五"相关规划。由于"十二五"期间还下发了后续批次拟核准风电项目,全国风电装机规模进一步增大。从风电开发布局来看,中东部风电开发难以支撑风电目标的实现,"三北"地区风电装机规模占全国的比例将一直保持在 60% 左右,以"三北"地区为主的风电开发格局将维持较长时期(见表 3-3)。"十四五"时期,"三北"地区各省区市积极推动风电和光伏发电集中式开发,加快推进以戈壁、沙漠、荒漠等地区为重点的大型风电和光伏发电基地项目建设。内蒙古提出"十四五"期末风电装机容量达到 8900 万千瓦,青海和甘肃也积极推进光伏发电和风电基地化、规模化开发。

表 3-3　2015 年、2020 年风电开发布局

单位：万千瓦

地区	发展历史		国家规划		装机规模	
	2012 年 8 月底	第一、二批 并网后	2015 年	2020 年	2015 年	2020 年
全国	5438.6	10853.4	10000	20000	12300	21000
华北	2053	3609.8	——	——	3780	7000
河北	599.9	1012	1100	1600	1100	1600
山西	162.9	489	500	800	500	800
山东	342.9	739	800	1500	800	1500
蒙西	909.4	1297.8	1300	3800	1300	3000
京津	37.9	72	——	——	80	100
东北	1740.8	3037.85	——	——	3200	5000
辽宁	456.5	769	600	800	800	1000
吉林	314.6	537.95	600	1500	600	1200
黑龙江	304	644	600	1500	700	1000
蒙东	665.7	1086.9	800	2000	1100	1800
西北	983	1926.3	——	——	2620	4700
甘肃	570.2	674	1100	2000	900	1500
宁夏	210.4	576	300	400	580	800
新疆	186	439.9	1000	2000	900	2000
西北其他	16.4	236.4	——	——	240	400
华东	369.8	837.5	——	——	1150	1800
江苏	182.5	326.1	600	1000	600	1000
华东其他	187.3	511.4	——	——	550	800
华中	60	538.95	——	——	600	1000
南方	232	903	——	——	950	1500

资料来源：国家发改委印发的《可再生能源发展"十二五"规划》《可再生能源发展"十三五"规划》，国家能源局印发的《风电发展"十二五"规划》《关于"十二五"第一批拟核准风电项目计划安排的通知》《关于印发"十二五"第二批风电项目核准计划的通知》，等等。

　　不同于西北地区风光基地主要依托煤电调峰能力打造"煤电-风电-光伏发电-储能"多能互补基地，西南地区三大基地主要依托水电调峰能力打造"水电-风电-光伏发电-储能"多能互补基地。无论如何，"十四五"规划期间有必要采取多种举措促进风电的高效并网消纳利用。为

进一步增强风电就地和跨区消纳能力，需要综合运用加强需求侧管理、提升常规电源调节能力、推动各种电源协调优化运行以及加快推进灵活调节电源建设等手段，有效保障"三北"地区风电的大规模就地消纳利用。此外更需要加强"三北"风电外送能力，尤其要加强华北北部、东北、西北等地区的特高压等电力外送通道建设，促进风电的平衡范围进一步扩大。最后，还需要在新疆、内蒙古等地区推动多种电源联合外送，加强落实在东北地区以风电为主的外送方式。就受端接纳平台而言，还需要加强受端跨区电网互联协调建设，有效保障受端风电及区外送入风电的大规模高效利用。

二　光伏发电并网消纳模式

自发自用模式，指的是分布式光伏电站所发的电量由发电公司自己使用。该模式适用于那些具有持久电力需求的制造企业，它们在电力方面的需求量很大，可以完全或大部分由光伏电站发电。当企业的电力负荷小于电站的发电能力时，剩余电力无法输送到电网，这也是其主要特点。为了避免功率反向传输，需要配置一个防回流装置来发出警报，逆变器根据接收到的信号调整容量。当然，当电力供应不足时，电力用户也可以求助于电网。随着储能技术的进步，一些公司使用储能设备对功率进行调峰和调频，以最大限度地提高光伏电站的利用率。这种并网方式具有相对独立的优点，能够为那些大规模电力需求的企业带来巨大的经济效益。这种并网模式也适用于那些对于输电受限或不支持光伏发电并网的地区。

剩电并网模式，指的是发电企业只使用分布式光伏电站所发的一部分电力，将剩余电力出售给电网公司供其他用户消费。该并网模式适用于生产中电力需求量相对较小的企业。自用电量和剩余电量对于这类企业是最理想的并网方式。因为，在企业消费到清洁化、低成本的绿色电力后，还可以将剩下的部分再卖给电网公司以获得相应的报酬，避免资源浪费。但必须清楚的是，剩电并网模式的前提是事先与电网公司达成协议，根据公司用电量确定合理的电价，电网公司安装双向电表，统计电站发电量和公司用电量，从而避免产生信息不平等与冲突的局面。

完全并网模式，是指分布式光伏电站产生的电力直接接入电网公司，企业使用的电力来自电网。这种是过去十多年中最为主流和最为简单的并网模式。毕竟，以前各地的补贴都比较大。对于企业来说，在享受原有电价的同时，电站的附加电价效益也非常可观。随着光伏电站的大范围普及，各地区的补贴已经取消，光伏发电最终迎来平价时代。客观条件的变化使得这种模式逐渐弱化，电站的转让空间在无形中得以扩大。

比较而言，这三种并网消纳模式各有短长。在具体执行过程中，公司需要对具体问题进行科学判断，根据光伏电站的安装规模、总发电量、公司自身用电量、当地政策、当地电价及其他外生条件等选择最合适的并网发电方式。

三　"风光水火储一体化"并网消纳模式

多种类型能源联合开发从而最大限度地提高能源开发利用和配置效率，最佳的途径就是采取"风光水火储一体化"和"源网荷储一体化"开发模式。"风光水火储一体化"就是在大力推进风电、光伏发电和水电等清洁能源的同时，强调火电等非可再生能源的协调互动，综合发挥清洁能源和非可再生能源的优势，取长补短，并大力发展储能技术和工程项目，提升储能在促进清洁能源和非可再生能源优势互补上的协调作用，实现经济和环境综合效率最大化的能源联合开发目标。2020年8月，在国家发改委、国家能源局发布的《关于开展"风光水火储一体化""源网荷储一体化"的指导意见（征求意见稿）》中，首次从国家层面明确提出加强"风光水火储一体化"建设，促进能源送端基地源网荷储协调发展，不断扩大可再生能源消纳空间。

"风光水火储一体化"建设应该注重原有煤电、水电基地的存量优化和新增"风光水火储一体化"建设项目的增量促进。一方面，加强在已有的山西、内蒙古、新疆等传统煤电基地进行"一体化"改造，通过在周边有条件的地区打造风电、光伏发电基地以及四川、云南等传统水电基地，实现煤电、水电、风电、光伏发电的捆绑式供电和发电机组灵活性调度，实施"风光水火储一体化"项目。另一方面，加快建设"风光水火储一体化"增量基地，依托"风光水火储一体化"提高输电通道配套新能源的输送电量比例，持续提升特高压输电工程的新能源配比。在"风光水火储一体化"基地建设中，一是强调电力供应系统安全平稳运行下可再生能源消纳的优先权，紧紧围绕清洁能源转型和绿电发展的根本目标，推进一体化项目建设；二是强化配套储能规模在协调清洁能源和非可再生能源联合供电上的作用，有效降低弃风、弃光和弃水等清洁能源弃电比例。

第四节　配置范围

一　跨区配置

由于可再生能源基地集中分布于"三北"和西南地区，远离能源负荷中心，所以建立跨区输配通道促进可再生能源跨区并网消纳十分必要。中国能源电力消费的负荷中心集中在"三华"地区，即中国的华东、华中和华北地区。2021年，"三华"地区全社会用电量占全国全社会用电量的比重达到59.7%，其中制造业用电量占全国制造业用电量的比重为60.5%，因此"三华"地区的电力受端市场空间决定了电力资源的配置方向。随着可再生能源发电量的增加，需要新的输电线路将中国西部和北部的电力输送到中国东部的负荷中心，并在更广阔的地理区域内共享电力储备，以适应可再生能源发电量的变化。增加输电基础设施将有助于在更大区域内实现电力传输和电力共享，提高系统灵活性，实现风力发电和太阳能发电输出以及电力负荷变化的动态平衡。某些特定地区的净负荷（负荷减去可变发电量）将在可变发电的大规模开发和利用中发生剧烈变化。

区域互联和平衡区域的地理扩展将有助于减少净负荷的变化，因为更大的平衡区域允许系统调度与利用大量可再生能源和更多样化的电力技术，并使更大区域的输出和负荷更平稳。在可再生能源普及率较高的情况下，将有三条容量超过1亿千瓦的跨区域输电线路——西北—华中、华中—华东和华北—华东。可再生能源高渗透率情景下所需的新输电容量高于参考情景，输电需求将随着可再生能源电力的增加而增加。额外的远距离电力传输能力是未来可再生能源普及率高的一个重要特征。电力生产模拟和潮流分析表明，东西向输电具有双向性，能够灵活应对电力供应和需求的临时变化。输电线路的扩建使东部负荷更好地与中国西部优质可再生能源相连。目前，主要挑战仍有待解决，包括新建输电线路的选址和征地困难、输电成本分配以及监管部门之间的协调，这些都限制了输电线路的大规模扩建。研究发现，可再生能源高渗透率情景下的新输电将集中在中国中西部地区，主要用于连接中西部地区的优质风能和太阳能资源，并将可再生能源电力传输到中国东部的负荷中心。

二　跨国配置

2013 年，中国提出"一带一路"倡议，由于共建"一带一路"国家各类能源富集，所以加强与共建"一带一路"国家的能源合作，建立跨国能源消纳市场非常重要。中国周边国家俄蒙哈具有非常丰富的能源，且其国内能源生产能力远大于消费需求，具有很强的能源输出能力。俄蒙哈三国与中国新疆、内蒙古和黑龙江邻接，在距离中国边境 1000 公里的范围内，可以建设大规模能源基地，将富余的煤炭等能源大规模地转化为电力，通过电网直接传输至中国的华北、东北和华中负荷中心，由此能够有效缓解能源供应和环境保护的双重压力，实现能源电力的跨国优化配置。中国与俄蒙哈三国具有互惠互利开展跨国能源合作的良好发展前景。国际能源署（IEA）和 BP 统计资料等显示，中国周边国家的能源呈现如下特点。

俄罗斯拥有十分丰富的能源，煤炭、石油、天然气以及水能、风能、太阳能等能源都处于世界前列。估计俄罗斯煤炭储量超过 5 万亿吨，探明储量为 2000 亿吨。截至 2020 年底，俄罗斯煤炭探明可采储量约 1942 亿吨，占世界总探明可采储量的 17.3%，居世界第 2 位。其中无烟煤和烟煤的探明可采储量为 921 亿吨，占总探明可采储量的 47%；次烟煤和褐煤的探明可采储量为 1021 亿吨，占总探明可采储量的 53%。俄罗斯煤炭能源主要分布在西北联邦区、远东联邦区、西伯利亚联邦区。截至 2020 年底，石油探明可采储量为 108 亿吨，占世界总量的 6.3% 左右，居世界第 7 位，俄罗斯 2/3 的石油主要蕴藏在西西伯利亚油气区，其次是巴伦支-伯朝拉油气区以及伏尔加-乌拉尔油气区。截至 2021 年底，俄罗斯天然气探明可采储量 37.4 万亿立方米，居世界第 1 位，探明储量的 90% 分布在陆地，10% 分布在海域。水力资源经济可开发年发电量为 8520 亿千瓦时，亚洲部分（西伯利亚和远东地区）的水力资源占全国的

80%以上，大型水电站全集中在西伯利亚地区，远东地区拥有丰富且经济效益大的水力发电资源，可发电 3000 亿千瓦时。

蒙古国煤炭、风能、太阳能资源丰富，石油和水力资源相对贫乏。蒙古国煤炭探明储量约为 243 亿吨，其中 20% 为烟煤及无烟煤，80% 为褐煤。蒙古国煤炭资源主要集中在中部地区，储量达到 175.8 亿吨，约占总储量的 72.35%，其中大部分距中国边境 500~1000 公里。蒙古国煤田开采条件较好，大多煤田适合露天开采。风力资源丰富，全年平均风速为 5.6~6.4 米/秒，风力发电潜力为 0.7 万千瓦/公里^2，主要分布在东部和南部地区。太阳能资源丰富，平均辐射量为每天每平方米 5~6 千瓦时，比中国的平均日照高出 20%，主要分布在蒙古国中部与南部。水力资源相对匮乏，主要分布在东部和北部地区。石油资源匮乏，主要分布在蒙古国东部。

哈萨克斯坦资源丰富，以化石能源为主。靠近中国边境的地区，煤炭资源开发潜力大、水能资源也具有一定的开发潜力。煤炭资源主要分布在中北部地区，全国资源量估计为 2000 亿~3000 亿吨，探明储量占70%。水力资源年理论发电量为 1700 亿千瓦时，技术可开发年发电量为620 亿千瓦时，经济可开发年发电量为 230 亿千瓦时。水力资源主要分布在东南部地区，占全国的 84%。全国石油资源量为 138.4 亿~165.8亿吨，探明储量为 12.3 亿~39.7 亿吨。全国已探明和评估过的天然气储量为 3.3 万亿立方米。油气资源主要分布在西部地区，占全国的90% 以上。

总的来说，俄蒙哈三国地广人稀、资源丰富、国内需求少，在距中国边境 1000 公里的范围内，可以建设数个大型能源基地，适宜跨国能源配置。

（1）俄罗斯远东及东西伯利亚能源基地

按照煤炭资源丰富、潜在开发空间大、水资源丰富、交通发达且经济可开发程度较高的思路，可选择俄罗斯远东联邦区的滨海边疆区、阿穆尔州、哈巴罗夫斯克边疆区、南雅库特和东西伯利亚联邦区的赤塔州、布里亚特共和国、伊尔库茨克州的具有未来开发和输送电力潜力的煤田作为推荐的煤炭生产基地。另外，2020 年前远东联邦区待集中开发的南雅库特水电综合体、下结雅水电站和下布列亚水电站也具备一定规模的向中国送电潜力。俄罗斯远东及东西伯利亚地区煤炭和水电资源开发潜力大，且在俄罗斯能源格局中不向俄罗斯国内其他地区送电，距中国东北 500~1000 公里，中长期煤电外送潜力为 3100 万千瓦，水电外送潜力为 600 万千瓦。

（2）蒙古国中部能源基地

蒙古国煤炭资源储量丰富，煤田开采条件较好，但是整体开发程度不高。蒙古国中部煤炭产区在满足国内能源电力需求的基础上，具备跨国外送的巨大潜力。中部主要煤田距离中国边境在 500 公里以内，中长期开发潜力可达 4600 万千瓦。

（3）西部跨国能源基地

中国新疆北部、哈萨克斯坦东部、俄罗斯西伯利亚西南部、蒙古国西部地区紧密相连，且煤、水、气、风、光等各类能源丰富，可建设跨国能源基地。在中国，拥有新疆伊犁煤电，阿拉山口、塔城、额尔齐斯河谷风电，北疆太阳能基地；在俄罗斯，拥有西伯利亚西南部水电、煤电、燃气发电基地；在哈萨克斯坦，拥有东北部（巴甫洛达尔州、卡拉干达州、东哈萨克斯坦州）煤电、水电、气电基地；在蒙古国，拥有西部煤电、风电、太阳能基地。

三 全球配置

全球能源互联网（Global Energy Interconnection，GEI）是一个以特高压（UHV）电网为骨干网架的坚强智能电网，为全球清洁能源大规模开发、传输和利用提供了基础平台，其核心特征在于"智能电网+特高压+清洁能源"，具有广阔的发展前景和较强的经济竞争力。在技术上，特高压输电技术先进成熟，能够实现大容量远距离（>5000 公里）输电，损耗低、占地少。智能电网技术的广泛应用可以满足风电、光伏发电、水电等间歇性电源灵活集成的要求。在经济上，风电和光伏发电的成本持续快速下降。据估计，到 2025 年，清洁能源将比化石燃料更具竞争力。全球能源互联网可以利用不同地区的资源、时区、季节和电价差异，全面提高全球能源系统的运行和经济效率。全球能源互联网是一项能够实现《巴黎协定》目标的全球减排计划。在全球层面，通过在全球范围内加快清洁能源和电气化的发展与互联，全球能源互联网可确保在 2030

年前全球二氧化碳排放量快速下降，届时预计将达到峰值，从而在 2060 年前实现净零排放，使全球温升控制在 2℃ 以内所需的排放路径得以实现。在国家层面，全球能源互联网建设将促进各国实现国家自主贡献。以中国为例，通过发展国内能源互联，非化石能源装机容量将达到 1700 吉瓦，有望帮助中国提前实现 2030 年国家确定的非化石燃料贡献率和排放高峰年的目标。

　　全球能源互联网的核心在于推进全球电网互联，实现可再生能源的大规模开发及其优化广泛配置和高效应用。世界上的清洁能源分布不均、断断续续且不稳定，必须将其纳入宏观电网，以便在更大范围内更好地发展。到 2020 年，中国在建或运营的特高压项目数量已达到 25 条，覆盖输电线路 37000 公里，输电容量超过 210 吉瓦，为中国成为世界上水电、风电、光伏发电并网能力最强的国家奠定了坚实的电网基础。在中国的投资合作推动下巴西完成了 ±800 千伏 Belo Monte 水电站特高压输电项目，使北部丰富的水电能够输送到东南部的负荷中心。欧洲已建成覆盖欧洲大陆、北欧、波罗的海、英国和爱尔兰的同步电网，为欧洲清洁能源的快速发展提供了重要保障。

第五节　总体情况

　　事实上，并非所有的可再生能源发电量都能接入电网输送到终端用户，因此可再生能源发电量与并网电量之间存在差距。图 3-21 展示了 1990~2020 年可再生能源发电量、并网电量以及可再生能源并网电量占总发电量的比重。可再生能源发电量和并网电量都总体呈现规模攀升的趋势，并且由于厂用电、输送中的线路损失等影响，可再生能源并网电量始终少于发电量，尽管就全国而言两者差距并不是很明显。[①] 2020 年，可再生能源并网电量为 2.34 万亿千瓦时，占当年总发电量的比重超过 32.1%。中国可再生能源集中分布于"三北"地区和西南地区，其中"三北"地区富集风能和太阳能资源，而西南地区（主要是长江上游和

---

　　① 　发电量大于并网电量，是因为电厂发出的电能输送至升压站会产生一部分损耗，这在统计上称为线损，同时发电过程中电厂自身会消耗一部分电能，发电量减去损耗和厂用电之后的部分等于并网电量。

中上游流域）富集水能资源。如图 3-22 所示，2020 年"三北"地区和西南地区共实现可再生能源并网电量 1.43 万亿千瓦时，占全国可再生能源总并网电量的比重为 60.5%，受到华北、华东地区风电装机容量快速增长的影响（如山东、江苏 6000 千瓦及以上风电厂装机容量增速分别达 32.6% 和 48.7%），尽管比重比前几年的最高水平略有下降，但这两个地区仍是中国最大的可再生能源基地。

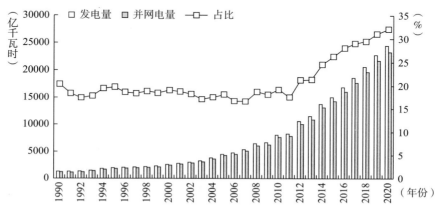

图 3-21 1990~2020 年可再生能源发电量、并网电量及其占比
资料来源：中国电力企业联合会。

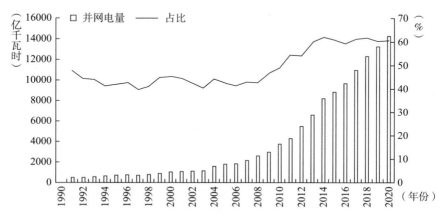

图 3-22 1990~2020 年"三北"地区和西南地区可再生能源并网电量及其占比
资料来源：中国电力企业联合会。

可再生能源发电机组的年平均利用小时数是衡量其产能利用情况的特有指标。国家发改委和国家能源局依照《中华人民共和国可再生能源法》要求,在 2016 年核定了重点地区风电和光伏发电最低保障收购年利用小时数,并提出全额保障性收购相关要求。国家能源局公布的数据显示,2020 年,在规定风电最低保障收购年利用小时数的地区中,甘肃Ⅲ类资源区、宁夏Ⅲ类资源区以及山西Ⅳ类资源区没有达到国家最低保障收购年利用小时数要求,其风电实际利用小时数低于最低保障收购年利用小时数都超过 150 小时。在规定光伏发电最低保障收购年利用小时数的地区中,甘肃Ⅱ类地区、青海Ⅰ类和Ⅱ类地区以及宁夏Ⅰ类地区等四个地区均没有达到光伏发电最低保障收购年利用小时数要求,其中甘肃Ⅱ类地区比最低保障收购年利用小时数低 137 小时,宁夏Ⅰ类地区比最低保障收购年利用小时数低 110 小时,青海Ⅰ类和Ⅱ类地区分别比最低保障收购年利用小时数低 64 小时和 63 小时。重点地区中未达标的地区集中于"三北"地区,建立有效机制促进该地区可再生能源并网消纳仍是一项重要任务。

表 3-4 显示了 2020 年主要特高压输电线路输送可再生能源情况。可见,22 条主要特高压线路 2020 年输送电量达到 5318 亿千瓦时,其中可再生能源电量为 2441 亿千瓦时,同比提高了 3.8 个百分点。2020 年,这些特高压输电线路输送的可再生能源电量占全部输送电量的 45.9%,也就是说这些"电力高速公路"输配的电量中将近一半为可再生能源电量。就不同经营区而言,国家电网运营的 18 条特高压输电线路共输送电量 4559 亿千瓦时,其中可再生能源电量 1682 亿千瓦时,占输送电量的比重达 37%;南方电网运营的 4 条特高压输电线路输送电量为 759 亿千瓦时,100%是可再生能源电量。此外,就占比同比而言,很多特高压输电线路输送的可再生能源电量占比出现下降,反映出这些特高压输电线路并网消纳可再生能源中存在较大的波动性,而造成这种局面的深层次原因有待探究。

表 3-4　2020 年主要特高压输电线路输送可再生能源情况

线路名称	输送电量 (亿千瓦时)	可再生能源电量 (亿千瓦时)	可再生能源电量 占比(%)	占比增幅 (百分点)
长南荆特高压	52.2	15.3	29.3	3.1
淮沪特高压	282.2	0	0	0

续表

线路名称	输送电量 （亿千瓦时）	可再生能源电量 （亿千瓦时）	可再生能源电量 占比（%）	占比增幅 （百分点）
浙福特高压	76.5	0	0	0
锡盟—山东	92.4	0	0	0
蒙西—天津南	145.4	0	0	0
榆横—潍坊特高压	247.1	0	0	0
复奉直流	306.9	306.9	100.0	0
锦苏直流	374.2	374.2	100.0	0
天中直流	408.6	166.2	40.7	-9.5
宾金直流	329.8	329.8	100.0	0.1
灵绍直流	498.3	85.3	17.1	-9.2
祁韶直流	224.6	61.4	27.3	-3.6
雁淮直流	259.1	35.5	13.7	12.9
锡泰直流	171.2	0.5	0.3	0.1
鲁固直流	330.9	56.7	17.1	-22.2
昭沂直流	286.2	135.9	47.5	11.4
吉泉直流	439.6	80.5	18.3	-4.0
青豫直流	34.1	34.1	100.0	—
楚穗直流	259.0	259.0	100.0	0
普侨直流	192.7	192.7	100.0	0
新东直流	255.3	255.3	100.0	0
昆柳龙直流	51.7	51.7	100.0	—
全国	5318	2441	45.9	-6.5

资料来源：国家能源局。

第四章 影响可再生能源跨区配置的
关键因素

可再生能源产能利用不足备受关注，其直接表现为弃风率和弃光率居高不下，特别是在西北、东北等部分地区，弃风率和弃光率一度在40%以上。从根本上讲，这是因为可再生能源存在多重并网消纳制约因素，阻碍了可再生能源优化配置。很多关注可再生能源并网消纳的研究将制度性因素视作核心问题，包括可再生能源强制性配额和激励性配额以及电力交易制度等，然而在中国除了这些制度性因素之外，可再生能源并网消纳还受到其他关键因素的影响。这些因素的综合作用最终形成可再生能源并网消纳的基本格局和演化路径。

在中国，"三华"（华北、华东、华中）受端市场是能源消费的主要负荷中心，它们承接和消纳"三北"（西北、华北、东北）能源基地外送的大部分能源。因此，"三华"受端市场需求的驱动是能源跨区配置的关键动力，其需求规模、结构和布局是决定能源跨区配置模式的重要前提。

基于此，本章首先分析影响可再生能源并网消纳的电力供需市场格局。在中国电力市场的装机容量和结构分析基础上，先是分析电力市场的需求结构——"三华"受端市场，探究负荷中心的分布特征；然后探究电力市场的供给结构——"三北"送端市场的基本特征，总结大型能源基地的电力外送问题。此外，利用 LMDI 方法对电力需求进行结构分解，探究转移效应、结构效应和强度效应对电力消费增长的异质性贡献。

鉴于电力基础设施是可再生能源并网消纳的关键支撑，本章根据资本存量估算方法和 20 世纪 50 年代以来的电力行业固定资产投资数据测算全国和省级电力资本存量，形成了一套 1958~2020 年的电力资本存量数据库，既为后续实证研究提供数据支撑，又可从"三华"和"三北"电力资本存量的分布和变动趋势中探究可再生能源并网消纳的电力基础设施结构性问题。本章还分析电网规模问题，特别是特高压骨干网架支撑的"西电东送、南北互供、全国联网"电力配置格局。此外，本章还分析了不合理的网源结构问题，其形成的通道阻塞是造成"窝电"的关键所在。

电力交易制度是可再生能源并网消纳的关键制度因素。特别是在中国可再生能源供需逆向分布格局下，包括跨区交易机制、多样的市场化工具、辅助服务市场及电力现货市场建设等，在相当程度上决定着可再生能源并网消纳规模。为此，本章总结配额制、上网电价补贴、排放权交易、容量拍卖、碳价格下限和可再生能源义务证书制度等工具及其在可再生能源并网消纳中的作用。本章还以电力现货市场建设试点政策为自然实验，实证评估其对可再生能源并网消纳的政策效应。

新型电力系统是影响可再生能源并网消纳的关键因素。高比例可再生能源渗透是新型电力系统的根本特征，但新型电力系统不成熟、不完善也是造成高比例可再生能源渗透的关键障碍。本章探讨新型电力系统建设中存在的主要问题，包括缺少可靠容量、电力系统转动惯量以及长周期调节能力不足、传统大电网的输送能力缺陷等，为此强调增加系统灵活性资源、建立多元协调电力系统，以及发展柔性电网等新型技术的重要性。

此外，本章又探讨了促进可再生能源并网消纳的政策扶持政策的关键作用，尤其是在可再生能源发展初期，有效的政策倾斜和优惠是促进可再生能源成长的基本保障。

第一节　关键因素 I：电力供需市场

电力供需市场及其空间分布特征是决定可再生能源并网消纳的重要前提。就发电装机结构而言，其总体趋势是火电和水电装机容量占总装机容量的比重下降，而风电和太阳能发电装机容量的占比上升，如图 4-1 所示。截至 2020 年底，火电装机容量为 12.5 亿千瓦，占总装机容量的比重约为 56.6%；水电装机容量为 3.72 亿千瓦，占总装机容量的比重为 16.8%；风电装机容量达 2.8 亿千瓦，占总装机容量的比重为 12.8%；太阳能发电和核电的装机容量分别达 2.5 亿千瓦和 4989 万千瓦，占总装机容量的比重分别为 11.5% 和 2.3%。风电和太阳能发电是装机规模增速最快的。

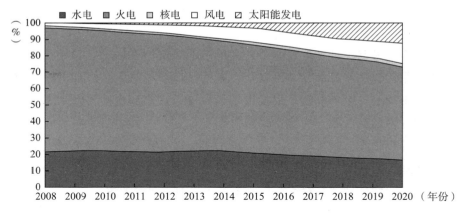

图 4-1　2008~2020 年中国发电装机结构

资料来源：中国电力企业联合会。

　　水电装机容量增速总体在下降并逐步趋于平稳，火电装机容量增速从 2010 年开始大幅下降，但仍高于其他电源类型。同时，新增发电装机清洁化趋势明显，风电、太阳能发电在新增发电装机中的占比总体在提升，如图 4-2 所示。

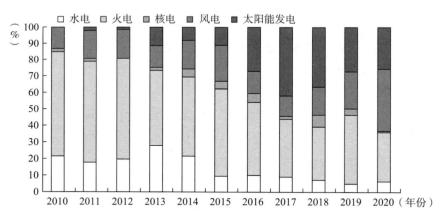

图 4-2　2010~2020 年中国新增发电装机结构

资料来源：中国电力企业联合会。

一　需求结构："三华"受端市场

（一）负荷水平

在经济规模不断扩大的情况下，电力受端市场不断增长，突出表现在负荷水平的不断提高。表 4-1 和表 4-2 显示了全社会用电量和用电负荷情况。2015 年，全国全社会用电量 6.1 万亿千瓦时，最大负荷 10.0 亿千瓦，"十二五"期间年均增长率分别为 7.5% 和 8.1%。2020 年，全国全社会用电量 8.4 万亿千瓦时，最大负荷 14.1 亿千瓦，"十三五"期间年均增长率分别为 6.5% 和 6.8%。在基本方案下，2030 年，全国全社会用电量 11.8 万亿千瓦时，最大负荷 20.0 亿千瓦，2020~2030 年的年均增长率分别为 3.1% 和 3.5%。可见，在 2030 年以前"三华"地区始终保持电力需求负荷中心地位。

表 4-1　全社会用电量

单位：亿千瓦时

地区	2015 年	2020 年	2030 年
全国	61127	84467	117506
华北	12215	16570	20826
华东	14840	20150	25256
华中	11027	15993	24406
东北	4345	5900	8422
西北	6403	9021	15870

资料来源：国家电网有限公司。

表 4-2　全社会用电负荷

单位：万千瓦

地区	2015 年	2020 年	2030 年
全国	100214	140992	200155
华北	19710	27460	35920
华东	26310	35969	47229
华中	20008	30147	46306
东北	6630	9084	13460
西北	10059	14671	27344

资料来源：国家电网有限公司。

（二）"三华"受端电力市场空间

在电力市场空间分析中，受端地区新增的水电、风电、太阳能发电、生物质能发电依据《可再生能源发展"十二五"规划》，核电新增装机参考《核电中长期发展规划（2011—2020 年）》，作为确定电源参与平衡。电力流只考虑建成和核准在建的跨省跨区输电线路，此处分析仅考虑目前核准在建的电源项目。如表 4-3 所示，2017 年、2020 年京津冀鲁地区电力市场空间分别为 3496 万千瓦、7152 万千瓦。华北地区新增电力市场空间主要在河北、山东两省。

表 4-3   京津冀鲁地区电力市场空间

单位：万千瓦

地区	2017 年	2020 年
电力市场空间（仅计入核准在建的电源项目）	3496	7152
北京	105	548
天津	−144	−133
河北	1870	3193
山东	1665	3544

注：正值表示有电力市场空间。
资料来源：国家电网有限公司。

如表 4-4 所示，沪苏浙闽地区 2017 年电力市场空间为 2987 万千瓦，2020 年电力市场空间为 7636 万千瓦。华东地区新增电力市场空间主要在江苏、浙江两省。

表 4-4   沪苏浙闽地区电力市场空间

单位：万千瓦

地区	2017 年	2020 年
电力市场空间（仅计入核准在建的电源项目）	2987	7636
上海	−128	346
江苏	1805	3854
浙江	1384	2919
福建	−74	517

注：正值表示有电力市场空间。
资料来源：国家电网有限公司。

在能源消费量中，"三华"地区全社会用电量比重及制造业用电量比重在 2008 年前后达到峰值，之后总体呈现下降的态势，但 2020 年占比仍然在 60% 左右（见图 4-3）。东部地区能源消费量占全国的比重约为 43%，占比远高于中部、西部及东北地区。其中，中西部地区集中全国 90% 的煤炭资源，西南地区富集全国 67% 的水资源，西部地区集中全国 83% 的天然气资源，"三北"地区则分布着全国 96% 的陆地风能。中国能源消费与能源禀赋空间逆向分布的特点客观上推动着形成大范围、远距离的能源输送的发展格局。在"双碳"目标下要求进一步控制能源消费总量、优化供需结构，并且为应对极端气候频发、外部资源输入不稳定以及铁路运力有限等因素的影响，需要加速可再生能源替代传统化石能源。

图 4-3　"三华"地区电力消费占全国比重
资料来源：中国电力企业联合会。

二　供给结构："三北"送端市场

（一）电源类型与布局

"三北"地区是能源供给基地，2020 年集中约 40% 的全社会发电装机容量（见图 4-4）。虽然近些年"三北"地区风能、太阳能等可再生能源快速发展，能源清洁化转型进程不断加快，但短期内仍然难以从根本上扭转中国以煤炭为主的能源格局。就电力部门而言，电能替代增加了终端能源消费中可再生能源的占比，但燃煤发电仍占主流。中国动力煤（主要指的是发电用煤）生产厂商集中分布于"三北"地区。其中神华集团是全国最大的动力煤生产企业，所生产的煤种主要为不粘煤，是一种具有低硫、低磷、低灰和高发热量等特点的优质动力煤。中煤集团是第二大动力煤生产企业，其生产的煤种主要是气煤，除部分用于出口外主要供给国内电厂。大同煤矿集团是第三大动力煤生产企业，生产的煤种主要为不粘煤和弱粘煤，同样是一种低硫、低灰及高发热量和高灰熔点的优质动力煤。大同煤矿集团大约拥有73座矿井，主要分布在山西和内蒙古。

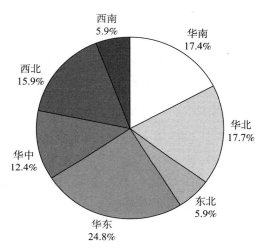

图4-4　2020年七大区域6000千瓦及以上电厂发电装机容量占比

资料来源：中国电力企业联合会。

近年来，"三北"地区可再生能源占比不断提高，2020年风电装机容量占全国比重达到61.2%，能源供应结构加速转型。区域电力供应格局将延续自20世纪90年代开始的"全国一盘棋"的布局调整战略，西南地区主要是常规水电，西部和北部地区主要承接燃煤电厂及煤炭基地的快速转移；核电的布局方式则逐步从沿海向内陆辐射，着力加快提升"西电东送"等跨区跨省送电通道能力建设以促进大规模、远距离电力输配。以煤炭为主的化石能源仍然遵循大型化、基地化、跨区输送的发展路径，发挥大范围配置的优势。在大型可再生能源基地外适度发展分散化、小型化、分布式的可再生能源。除推动接入配电网的新能源发电、小水电、综合资源利用发电和小型煤层气发电发展之外，还将着力于电动汽车、基于天然气的分布式能源系统、分布式太阳能发电、智能微网、智能家庭能源系统以及小微型储能装置等新的可再生能源开发利用形态。

（二）大型电源基地开发及外送

（1）"三北"煤电基地及外送方向

山西（晋北、晋中、晋东南煤电基地）。山西作为开发较早的能源大省，煤炭资源丰富，煤层一般赋存稳定、结构简单、埋藏较浅，开采技术条件较好，尤其是晋东南地区，煤炭开发潜力很大，当地水资源相对丰富，能够支撑大规模的燃煤电厂建设。山西煤电基地具有区位优势，距离东中部负荷中心近，应优先安排，未来主要考虑送电到京津冀、华中及华东地区。

陕西（陕北、彬长煤电基地）。陕北、彬长地区煤炭资源丰富，未来开发潜力大，虽然当地水资源匮乏，但在大力发展空冷机组的基础上，通过建设节水型社会，采取引黄灌区水权转换等措施，这些地区水资源能够满足当地经济社会发展及煤电基地建设需求。从陕北煤电基地区位、未来电网布局等因素来看，陕北煤电基地应送电到华东、华中以及京津冀鲁地区。

内蒙古煤电基地开发。呼伦贝尔煤电基地：内蒙古东部地区是"十二五"规划纲要确定的国家五大综合能源基地之一，包括呼伦贝尔、锡盟、霍林河等地区，煤炭保有储量超过 1000 亿吨，褐煤资源丰富，适合就地发电，当地风电资源也很丰富。2013 年，东北电网电力盈余已超过 1000 万千瓦，考虑核准在建和获得路条的火电、辽宁核电，2020 年全部消化。从长远看，俄罗斯向中国的电力输入主要落点在东北地区。因此，呼伦贝尔能源基地的电力不能仅参与东北地区平衡，还需要向东北以外地区输送。锡盟煤电基地不仅煤炭资源十分丰富，还具备大规模发展风电的良好条件，是协调发展大型煤电和大规模发展清洁能源的综合性大型能源基地，应优先考虑开发利用。锡盟煤炭资源主要为褐煤，邻近京津冀鲁负荷中心，具有显著的资源优势和区位优势。锡盟煤电基地送电方向原则上可以满足东北和华北地区的电力需求，由于东北负荷中心地区未来由呼伦贝尔送电和国外送电满足，因此，锡盟煤电基地未来考虑输电至京津冀鲁地区和华东地区。蒙西地区煤炭资源丰富，在大力发展空冷机组的基础上，对水资源进行统筹开发利用等，未来煤电开发潜力大。从蒙西煤电基地区位、未来电网布局等因素来看，蒙西煤电外送方向为华东、华中以及京津冀鲁地区。

新疆煤电基地建设。哈密煤电基地：位于新疆的最东部，距离我国东中部能源消费中心相对较近，是新疆煤炭开发并外送的首选基地，同时具有大规模发展风电的条件。考虑到哈密距离东中部负荷中心较远，未来主要考虑送电华中以及川渝地区。准东、伊犁煤电基地：新疆的煤炭资源极为丰富，预测资源量居全国第一位，是我国重要的能源基地。从新疆各煤电基地的开发时序来看，准东和哈密由于地理位置距内地相对较近，资源赋存量巨大，适合优先建设大型煤电基地，2020 年前应重点开发并外送。伊犁煤电基地由于地理位置相对偏远，主要定位于建设大型的煤电、煤化工基地，可根据全国电力需求及新疆电力需求情况，确定伊犁煤电基地建设规模。

基于煤电基地和受端地区地理位置、电网网架结构、风电开发、煤炭开发输送等因素进行综合研究，可以得出中国电力流的合理流向。在考虑能源合理流向的基础上，依据送电效益最大化原则，按照输电落地电价和受端标杆上网电价的差由高到低的次序进行煤电基地送电目标市场经济性排序。为有效利用呼伦贝尔和锡盟地区褐煤资源，实现煤炭的集约利用，在确定煤电基地电力外送方向与规模时，优先安排呼伦贝尔和锡盟煤电基地的电力外送，不参与各基地的经济性排序；为促进风电等清洁能源的大规模开发，优先考虑哈密、准东、酒泉通过风火打捆的方式扩大风电的消纳市场，不参与各基地的经济性排序。

（2）西南水电基地

四川水电。参照多年来的滚动规划及实际运行情况，金沙江、大渡河、雅砻江、岷江上游的梯级水电站和四川省其他水电站的开发利用规模及送电方向是基本确定的，能够总体上向外部输出稳定的水电。与四川和云南两省的其他水电站比较，金沙江下游地处川滇交界的向家坝、白鹤滩、溪洛渡、乌东德等大型水电站距离本省的用电负荷中心较远，可以作为实现外送的最优质的组合电源。市场潜力巨大的华东、华中地区能源严重不足，消纳水电潜力巨大，由此促进金沙江下游水电替代率在华东、华中地区进一步提高，在送电线路合理规划下弃水问题得到大幅缓解。此外，在满足本省负荷发展需求的基础上，四川省内雅砻江、大渡河、岷江等产生的富余水电可送往重庆、华东及华中地区。

西藏水电。西藏境内河流众多，水力资源丰富，水电开发主要集中

在雅鲁藏布江干流以及怒江、澜沧江和金沙江"三江"上游河段。根据
水电水利规划设计总院等单位考察提出的初步方案,重新计算的雅鲁
藏布江干流的技术可开发量为 8966 万千瓦,占全区的 64%。其次是怒
江、澜沧江、金沙江等。参考国家能源局发布的《水电发展"十二五"
规划（2011—2015 年）》,考虑到一次能源平衡、输电距离及资源利用
效率等因素,金沙江下游水电站、四川水电站应该主要送到华中、华东
地区,西藏水电则主要送到华中地区。金沙江下游（含向家坝、溪洛渡、
白鹤滩、乌东德等）新增送电华东 2240 万千瓦、华中 800 万千瓦,共
计新增 3040 万千瓦。四川水电（网对网）新增送电华东 900 万千瓦、
华中 600 万千瓦,共计 1500 万千瓦。雅砻江下游锦屏一、二级及官地
水电新增送电华东 720 万千瓦。此外,三峡地下电站新增 300 万千瓦
送华东。到 2020 年,主要水电基地新增外送电力总规模达 5560 万千
瓦（见表 4-5）。

表 4-5　2020 年主要水电基地新增外送电力规模及方向

单位：万千瓦

水电基地	华东	华中	合计
三峡（地下电站）	300	0	300
金沙江下游的溪洛渡、向家坝及部分四川水电	1440	0	1440
乌东德	800	0	800
白鹤滩	0	800	800
雅砻江流域（锦屏）	720	0	720
四川水电（网对网）	900	600	1500
合计	4160	1400	5560

资料来源：中国电力企业联合会、《水电发展"十三五"规划（2016—2020 年）》。

（3）"三北"风电基地消纳通道

国家电网有限公司数据显示,根据"三北"风电基地资源分布和
消纳市场,东北地区风电主要在东北电网内消纳,并利用跨区外送通
道送到"三华"电网消纳；蒙西、河北风电在"三华"电网内统筹消
纳；甘肃、新疆风电除在西北电网内消纳外,还需要通过跨区输电通
道送到"三华"电网消纳。2020 年,全国风电跨区外送 9800 万千瓦,

其中，河北风电外送 400 万千瓦，蒙西风电外送 2900 万千瓦，东北风电外送 3900 万千瓦，甘肃风电外送 1100 万千瓦，新疆风电外送 1500 万千瓦。

三　需求结构分解

工业化是过去 40 多年中国经济社会发展最显著的特征。中国工业主导的经济发展模式集中表现在工业增加值占 GDP 比重保持在较高的水平，处于世界主要经济体的前列。据世界银行数据库，2018 年中国工业增加值占 GDP 比重为 40.65%，同期美国为 18.21%，日本为 29.14%，德国为 27.46%，而印度为 26.75%。如果从能源电力消耗的角度来看，工业增加值占比更高。根据中国电力企业联合会数据计算可知，2018 年中国工业用电量占全社会用电量比重达到 68%，尽管经历了持续的结构调整和节能减排，仍然有接近七成的电力消费来自中国的工业部门。从七大区域来看，占用电量主导地位的第二产业电力消费集中于"三华"地区，其中华东地区占比最高，进一步印证了"三华"能源负荷中心地位。从各省区市农业、制造业等行业用电量分布来看，一方面可以看出制造业在各行业用电量中占据主导地位；另一方面可知江苏、广东、山东、河北等省份是制造业电力消费的主要流入地区，它们也是中国能源跨区配置的受端地区，它们的工业结构和空间布局决定了电力流向与规模。

据 2016 年美国能源信息署（EIA）预测，未来 20 年电能将是世界上增长最快的终端能源消费形式，到 2040 年世界净发电量将达到 36.5 万亿千瓦时，而中国将占 25.8% 左右。随着 20 世纪 70 年代末以来中国工业化进程的加快并不断取得辉煌成就，中国制造业用电量经历了前所未有的快速增长（Yuan et al.，2007；Sinton and Fridley，2000；Zha et al.，2009；Zhang，2003）。中国的世界工厂地位得到普遍认可，使得中国制造业比任何其他终端用能部门更多依赖电力输送，消耗了中国总电量的 53.6%。尽管产业结构调整和传统产业升级导致近年来制造业用电量增速下降，但是制造业电力消费的主导地位仍无法撼动。然而，制造业各部门的增加值和用电量份额存在显著差异，这源自制造业各部门之间用电量强度的差异。

（一）分解工具：LMDI

为揭示中国制造业用电强度演进的结构性动力，本书采用对数平均迪氏指数（LMDI）方法分解制造业电力消费强度。该方法的优点在于，它在适应性、可操作性、可理解性和准确性方面优于其他方法（Ang，2015；Wang and Ang，2018）。由于本书在方法论上的创新是在一个框架内考虑转移效应、结构效应和强度效应，以及 15 个制造业子行业而非一些文献基于三次产业进行的测算（Wang and Feng，2017），因此制造业电力消费强度可表述为：

$$I = \sum_{ij} \frac{Q_i}{Q} \frac{Q_{ij}}{Q_i} \frac{E_{ij}}{Q_{ij}} = \sum_{ij} S_i S_{ij} I_{ij} \qquad (4-1)$$

其中 I 为制造业电力消费强度；Q_i 为地区 i 制造业产出；Q 为全国制造业总产出；Q_{ij} 为地区 i 制造业子行业 j 的产出；E_{ij} 为地区 i 制造业子行业 j 的电力消费量。因此，S_i 是地区 i 制造业产出占全国制造业总产出的份额，反映了制造业活动的区域分布；S_{ij} 是地区 i 中制造业子行业 j 的产出份额，即地区 i 的产业结构；而 I_{ij} 是地区 i 内制造业子行业 j 的电力消费强度，因此，该指标说明了制造业子行业 j 用电强度的区域差异。考虑到时间因素，式（4-1）可以重写如下：

$$\dot{I} = \sum_{ij} \dot{S}_i S_{ij} I_{ij} + \sum_{ij} S_i \dot{S}_{ij} I_{ij} + \sum_{ij} S_i S_{ij} \dot{I}_{ij} \qquad (4-2)$$

进一步地，以增长率的形式，可以得到制造业各部门用电强度的增量：

$$\dot{I} = \sum_{ij} g_{S_i} w_{ij} + \sum_{ij} g_{S_{ij}} w_{ij} + \sum_{ij} g_{I_{ij}} w_{ij} \qquad (4-3)$$

其中，g_{S_i}、$g_{S_{ij}}$ 和 $g_{I_{ij}}$ 分别代表地区 i 制造业产出占全国制造业总产出的份额、地区 i 内制造业子行业 j 的产出份额以及地区 i 内制造业子行业 j 的电力消费强度的增长率。此外，w_{ij} 表示权重，且 $w_{ij} = S_i S_{ij} I_{ij}$。假设 ΔI 表示从 0 期（基准期）到 T 期制造业电力消费强度的增量，则可以得到：

$$\Delta I = \int_0^T \sum_{ij} g_{S_i} w_{ij} \mathrm{d}t + \int_0^T \sum_{ij} g_{S_{ij}} w_{ij} \mathrm{d}t + \int_0^T \sum_{ij} g_{I_{ij}} w_{ij} \mathrm{d}t \qquad (4-4)$$

根据 Sato（1976）提出的对数平均权重函数，即 $f(x,y)=(y-x)/\ln\left(\dfrac{y}{x}\right)(x\neq y)$，$f(x,x)=x(x=y)$，则用电强度的对数平均权重函数可以表示为：

$$L(w_{ij}^0,w_{ij}^T)=(w_{ij}^T-w_{ij}^0)/\ln(w_{ij}^T/w_{ij}^0) \tag{4-5}$$

根据式（4-1），可以得到制造业电力消费强度可计算的权重函数，如下所示：

$$L(w_{ij}^0,w_{ij}^T)=\left(\frac{E_{ij}^T}{Q^T}-\frac{E_{ij}^0}{Q^0}\right)\Bigg/\left(\ln\frac{E_{ij}^T}{Q^T}-\ln\frac{E_{ij}^0}{Q^0}\right) \tag{4-6}$$

遵循相关文献广泛采用的基准 LMDI 方法的加法分解形式，对某一国家或行业的能源强度和排放强度进行分析（Ang and Liu，2001；Ang，2004，2005，2015；Wang et al.，2010；Ang and Su，2016），中国制造业电力消费强度在 0~T 的算术变化表达式为：

$$\Delta I=\Delta I_{tot}=\Delta I_{reg}+\Delta I_{str}+\Delta I_{int} \tag{4-7}$$

其中，ΔI_{tot} 代表从基期 0 到末期 T 的制造业电力消费强度变化。ΔI_{reg} 是转移效应，用来描述经济活动的地区转移对制造业电力消费变化的影响。ΔI_{str} 是结构效应，用来表示制造业分部门之间的产出份额变化对制造业总用电量的影响。ΔI_{int} 是强度效应，用以描述不同地区、不同制造业子行业单位产出用电量变化对制造业总用电量的影响。总之，本书研究中使用的 LMDI 方法包括三个分解因子，即转移效应、结构效应和强度效应。相应的分解公式为：

$$\Delta I_{reg}=\sum_{ij}L(w_{ij}^0,w_{ij}^T)\ln\left(\frac{S_i^T}{S_i^0}\right) \tag{4-8}$$

$$\Delta I_{str}=\sum_{ij}L(w_{ij}^0,w_{ij}^T)\ln\left(\frac{S_{ij}^T}{S_{ij}^0}\right) \tag{4-9}$$

$$\Delta I_{int}=\sum_{ij}L(w_{ij}^0,w_{ij}^T)\ln\left(\frac{I_{ij}^T}{I_{ij}^0}\right) \tag{4-10}$$

其中，$L(w_{ij}^0,w_{ij}^T)$ 是制造业电力消费强度可计算的权重函数。

（二）数据与测算结果

在这一部分，本书运用上述的 LMDI 方法分析了中国制造业电力消费强度的分解因子。分解结果如表 4-6 所示，1990~2015 年制造业电力消费强度显著下降，实际累计降低电量（ΔI_{tot}）为 657.7 千瓦时/万元。在这三种效应中，强度效应对总效应的贡献最大，占绝大多数。20 多年来，强度效应（ΔI_{int}）导致中国制造业电力消费强度下降了 685.7 千瓦时/万元，而转移效应（ΔI_{reg}）仅使制造业电力消费强度下降了 27.5 千瓦时/万元，结构效应（ΔI_{str}）则使制造业电力消费强度提高了 55.5 千瓦时/万元。此外，表 4-6 中不同时期的分解结果也显示出，这三种效应在中国经济发展的不同阶段具有不同的特点。

表 4-6　不同时期的制造业电力消费强度分解结果

单位：千瓦时/万元

时期	ΔI_{reg}	ΔI_{str}	ΔI_{int}	ΔI_{tot}
1990~2015 年	−27.5	55.5	−685.7	−657.7
1990~1999 年	−194.6	−77.8	−66.7	−339.1
2000~2009 年	4.4	34.9	−321.9	−282.6
2010~2015 年	25.3	120.1	−104.5	40.9
"八五"	−51.8	−12.8	−12.9	−77.8
"九五"	−5.6	−2.0	4.8	−2.8
"十五"	−0.9	40.5	−150.0	−110.4
"十一五"	41.0	−440.0	271.1	−127.9
"十二五"	65.4	37.6	−891.2	−788.2

　　尽管强度效应占主导地位，是中国制造业用电强度下降的核心驱动力，但是转移效应和结构效应的作用日益增强。2010~2015 年，转移效应和结构效应分别使制造业电力消费强度增加了 25.3 千瓦时/万元和 120.1 千瓦时/万元。转移效应和结构效应的正驱动力与"十二五"期间最为突出的强度效应形成了明显的反差。中国制造业用电强度的逐年波动，包括转移效应、结构效应、强度效应和总效应，都发生了很大的变化。总的来说，20 世纪 90 年代中国制造业电力消费强度变化最大，这一时期，一方面工业用电量随着工业产出的高速增长而快速增长；另一方面产业结构也在加速转型，纺织、微电子等相对低耗能的制造业子行业占据主导地位，高耗能的制造业子行业处于快速发展的初级阶段。因此，制造业电力消费强度发生了明显的变化，这从先前的研究（Steenhof, 2006；Wang et al., 2010）中可以得到一些证据。但近些年，这些传统制造业子行业在不断下降，新兴制造业子行业呈现替代趋势。

有些年份的数据看似异常，但有其固有的背景。如表 4-7 所示，1991～1992 年，制造业电力消费强度下降总量达到 365.3 千瓦时/万元，其中结构效应和强度效应对总量的贡献最大。1992 年，中国确立了开放型经济发展模式，逐步推进了以重工业为主的经济转型，大力发展外向型制造业。此外，经过几年中国制造业电力消费强度的快速下降，1998～1999 年中国制造业电力消费强度上升 507.5 千瓦时/万元，出现了显著的增长。产生这一特殊现象的原因可能是，1997 年爆发了亚洲金融危机。在这次金融危机中，制造业工业产出和用电量增速均大幅回落。表 4-7 也明确表明，在研究期间，强度效应在降低电力消费强度方面发挥了主导作用，尽管强度效应在中国"十二五"期间（2011～2015 年）总体呈下降趋势。在 2008 年国际金融危机期间，中国采取了投资刺激措施，以促进国际金融危机后经济的稳定增长。从政策效果来看，尽管政府采取了比以往更加严厉的节能措施，但制造业电力消费强度的下降仍在放缓，甚至出现了短暂的逆转现象。

表 4-7　各年份制造业电力消费强度分解结果

单位：千瓦时/万元

年份	ΔI_{reg}	ΔI_{str}	ΔI_{int}	ΔI_{tot}
1990～1991	-24.0	20.7	-218.2	-221.6
1991～1992	-56.0	-191.5	-117.8	-365.3
1992～1993	-6.9	172.8	65.9	231.9
1993～1994	-164.7	121.2	175.3	131.9
1994～1995	-17.2	-19.8	78.6	41.5
1995～1996	-17.7	-29.3	-19.2	-66.2
1996～1997	-18.9	-37.7	-76.9	-133.6
1997～1998	-21.9	-41.2	-134.1	-197.2
1998～1999	51.8	132.0	323.7	507.5
1999～2000	-7.8	-26.3	-59.8	-94.0
2000～2001	-9.5	-2.4	-1.3	-13.3
2001～2002	-6.9	-14.8	-67.1	-88.8

续表

年份	ΔI_{reg}	ΔI_{str}	ΔI_{int}	ΔI_{tot}
2002~2003	-5.3	-18.1	33.5	10.1
2003~2004	-2.6	319.2	-108.5	208.0
2004~2005	6.2	-211.3	-36.0	-241.0
2005~2006	3.9	-6.5	-38.7	-41.2
2006~2007	7.9	0.9	-42.2	-33.4
2007~2008	5.1	-1.9	-68.6	-65.3
2008~2009	-0.2	-9.8	15.3	5.3
2009~2010	-11.1	-170.2	184.4	3.1
2010~2011	19.6	152.7	-211.8	-39.4
2011~2012	13.9	22.8	-27.6	9.1
2012~2013	1.3	0.0	-17.4	-16.0
2013~2014	-0.6	0.0	-5.9	-6.5
2014~2015	-5.8	-6.1	-11.0	-22.9

（1）转移效应

转移效应反映了制造业区域布局变化对制造业电力消费强度的影响。从式（4-8）可知，这里可以将每个省区市的所有制造业子行业的价值相加，以获得转移效应。在本书的研究期间，自1991年以来中央制定了"八五"至"十二五"5个五年规划（或计划）。由于地区工业化，不同时期各省区市的转移效应差异很大。从图4-5中可以看出，大多数省区市"八五"时期的转移效应低于其他时期。北京、上海等多个省市的转移效应为负，对降低制造业用电强度起到了一定作用。这可能是因为改革开放初期中国在发达省市大力引进轻工业，实施去重工业化政策。

综观"十二五"规划的目标设定，可以发现，制造业电力消费转移效应的空间布局呈现另一番景象。这一时期，上海、广东、北京三个相对发达的省市成为制造业用电强度下降的主要地区。相反，山西、河北和河南等省份是传统的煤炭基地或钢铁和其他高耗能制造业的主要生产地区。尽管在"十二五"规划期间，政府不遗余力地采取措施促进能源节约和减少碳排放，一些地区仍然陷入"资源诅咒"的泥潭，继续走传统的经济增长道路。此外，供给侧结构性改革中的制造业去产能是一项

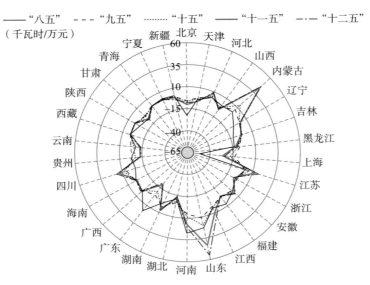

图 4-5　各五年规划（或计划）期内的制造业电力消费转移效应

注：重庆和四川合并计算。

痛苦的进程，例如河北省拥有超过 300 座钢铁厂，占世界总产出的 11% 以上，虽然加大强度化解钢铁过剩产能，但由于传统制造业具有显著的路径依赖和锁定效应，产业转型升级依然任重道远。这些都使得这些省份转移效应的上升有助于制造业用电强度的提高。

总的来说，转移效应揭示了自 20 世纪 90 年代以来，中国各省份之间的转移效应存在一定的差异性，这间接说明各省份之间制造业的用电强度也存在明显的异质性，尽管发达地区存在一定的趋同现象。Herrerias 和 Liu（2013）研究了中国各省份的随机电力消费强度，实证结果表明，中国大部分省份已经呈现某种程度的趋同。然而，根据俱乐部收敛检验，这种收敛模式出现在东部发达区域内。

（2）结构效应

产业结构变化影响制造业电力消费强度（见表 4-8）。结构效应正反映了这些产业结构变化的影响。对于每个制造业子部门，根据式（4-9）将属于该制造业子行业的所有省区市的数值相加，即可得出结构效应。可见，不同制造业子行业的结构效应存在明显差异。首先，结构效应在 1990~1999 年的变化最为显著，纺织服装业的降幅最大。回顾中国产业演进过程，这一时期正是中国纺织服装业最为繁荣的时期。其次，同期造纸及纸制品、化学纤维、机械设备制造及金属制品等制造业的结构效应也是负的，这是 20 世纪 90 年代制造业用电强度下降的原因之一。

表 4-8　制造业分行业的电力消费结构效应

单位：千瓦时/万元

分行业	1990~1999 年	2000~2009 年	2010~2015 年	1990~2015 年
食品饮料生产	2.0	-4.4	1.1	-4.4
纺织服装	-148.8	-30.0	7.7	-76.1
造纸及纸制品	-49.6	4.4	-0.3	-11.4
石油加工	46.6	-2.1	-2.0	17.3
化工原料和化工产品	40.3	-8.7	-2.3	22.5
医药产品	5.4	-1.6	0.4	3.7
化学纤维	-10.7	-19.6	-0.6	-27.4
橡胶制品	0.0	0.0	0.0	-1.3
非金属矿物制品	6.3	-0.1	0.1	12.1
黑色金属	27.4	29.9	127.7	-7.4
有色金属	8.9	18.4	-7.2	40.4
金属制品	-6.0	2.2	1.1	2.5
机械设备制造	-38.5	9.6	-1.5	-13.1
运输设备制造	24.2	-2.3	-13.6	2.6
其他制造业	14.7	39.1	9.5	95.5
总和	-77.8	34.9	120.1	55.5

与技术进步和产业结构带来的能源效率提升有所不同（Feng et al.，2018），制造业用电强度似乎对产业结构优化的依赖性较小。21 世纪初，结构效应为负的制造业部门包括纺织服装、化工原料和化工产品、化学纤维、非金属矿物制品、石油加工等。相反，黑色金属和有色金属是导致用电强度上升的两大关键的制造业子行业。然而，2010~2015 年，结构效应经历了相对明显的减弱。在此期间，除了黑色金属的结构效应激增外，其他制造业子行业的结构效应绝对值很少出现较大的波动。综上所述，中国各制造业子行业的结构对用电强度的影响呈现明显的产业异质性。这一方面取决于产业间的能耗属性，另一方面也取决于产业结构的整体状态和调整速度。

（3）强度效应

如上所述，强度效应是本书研究期内制造业电力消费强度下降的主要原因。尽管在很多情况下部门总消费量而非消费强度是分解的对象，（Achour and Belloumi，2016；Román-Collado et al.，2018），但其中一些研究都得出了类似的结论，即强度效应是主要贡献因素。制造业强度效应始终为负，这意味着强度效应导致研究期间制造业用电强度下降。这与部分省份和制造业子行业为正，其他省份和制造业子行业为负的转移效应明显不同。图4-6显示了15个制造业子行业在不同时期的强度效应。显然，制造业子行业之间的强度效应存在显著差异。

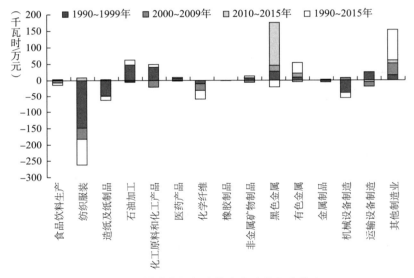

图4-6　制造业子行业的电力消费强度效应

此外，从图4-6中可以看出，1990~2015年，中国制造业用电强度下降中强度效应贡献较大的制造业子行业是化学纤维、纺织服装、机械设备制造等，它们是导致用电强度下降的原因。这些制造业子行业显然属于高耗能、高污染、高排放、投资过大的制造业部门。在中国经济快速增长中，它们属于投资导向型经济增长模式的重要内容，支撑着中国经济增长奇迹的实现。同样，在"十二五"期间，强度效应的下降也较为缓慢，主要有两个原因。一是2008年国际金融危机后，中国政府实施了持续的产业结构调整和升级措施，旨在降低高耗能产业在国民经济中的比重。政策效应逐步显现，导致高耗能行业能源消费总量下降。二是由于节能减排措施严厉，大量高耗能企业被关停，这也是强度效应下降的原因之一。如图4-7所示，除了个别年份外，大部分年份高耗能制造业子行业的强度效应是负的。相应地，大部分年份的低耗能制造业子行业也为负。这表明高耗能和低耗能制造业子行业的强度效应都导致了制造业用电强度的下降。然而，高耗能制造业子行业是造成强度效应下降的主要因素。此外，高耗能产业的强度效应逐渐减弱，进一步表明高耗能制造业在"十二五"期间已进入扩张性增长的拐点。

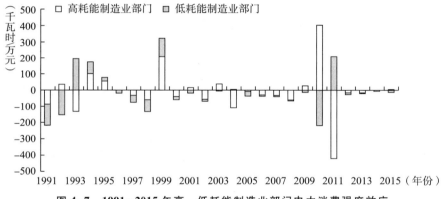

图4-7　1991~2015年高、低耗能制造业部门电力消费强度效应

自20世纪70年代以来，经过几十年的发展，中国已成为世界上最大的电力生产和消费国，电力企业已走出国门，遍布世界各地。同时，制造业电力消费受产业结构演变、制造业活动区域集聚、技术进步等因素影响，消费强度发生了显著变化。这里应用对数平均迪氏指数（LM-DI）方法，揭示了1990~2015年包括从"八五"计划到"十二五"规划期间中国制造业用电强度的三大驱动力：转移效应、结构效应和强度效应。总的来说，综合效应导致中国制造业用电强度下降了657.7千瓦时/万元，而强度效应是造成这种下降的主要原因。在大力发展低耗能制造业的"十二五"规划中，用电强度下降最为明显。此外，转移效应和结构效应分别造成27.5千瓦时/万元的制造业用电下降和55.5千瓦时/万元的制造业用电增长，说明制造业结构转型具有深远意义。

在中国加速产业转型升级和结构调整、后危机时代欧美等发达国家强调再工业化的背景下，制造业受到越来越多的关注，尤其是在市场需

求和资源环境多重约束的情况下。本书运用 LMDI 方法对中国制造业的
电力消费强度进行了测算，以便了解中国制造业用电的特点，揭示产业
转型升级推动的制造业电力消费强度变化和"三华"负荷中心形成的结
构动力，为研究其对电力消费、电力部门产能优化以及全国范围的电力
资源优化配置等提供实证基础。与以往研究不同的是，这里将制造业电
力消费强度划分为转移效应、结构效应和强度效应，不仅可以从制造业
演进的角度，而且可以从制造业转移乃至国际转移的角度提供实践经验。

首先，制造业用电强度的总效应呈下降趋势，即使制造业用电强度
在各年间波动较大，并在某些年份有所增长而不是萎缩。其次，尽管转
移效应在总效应中所占的比例较小，但在不同时期、不同地区均表现出
有意义的特征。中国的中央政府和地方政府分别制定国家和地方经济社
会发展五年规划，各期规划都将对产业转型和地理布局产生深刻影响。
再次，结构效应在过去的二三十年间总体上呈上升趋势，但在"十一
五"期间出现了大幅下降。最后，强度效应是制造业用电强度下降的主
要原因。尽管如此，产业间的强度效应表现出显著的差异，高耗能的制
造业子行业，如化学纤维、纺织服装、机械设备制造等在中国制造业用
电强度下降中贡献较大。

总的来说，研究结果所引申的政策影响强调提高主要制造业子行业
能源效率的关键作用，特别是高耗能制造业子行业的能源效率。因此，
降低制造业用电强度的关键是推广智能配电系统和需求侧管理（DSM）
等节电措施。这些措施都迫切需要减税、开放市场等政策扶持。区域间
产业转移并没有对制造业用电强度产生决定性影响，以"三华"为中心
的受端市场格局短期内仍难扭转，中东部地区仍是中国主导的能源流方
向。产业结构调整也具有类似的效果，从过去看它对制造业电力消费强
度影响不大，尽管加速结构调整仍在继续，但短期内无法撼动中国工业
主导型的能源需求结构。对于政府来说，产业层面的措施应该让位给企
业的微观节能机制，这将有利于把重点从产业结构调整转移到制造业活
动中企业节电的自发动力上来，使其具有更直接的政策效应。最后，除
了优化制造业的内部结构外，节能环保、智能制造是要考虑的主要措施，
也应该是政府完善政策体系的主导方向。该测度提供了对中国工业主导
型电力消费的分解，能够描绘出电力消费市场的结构特征、空间转移特

征和强度特征，但还存在一些不足之处。制造业各子行业分工不够细致，不能更全面地反映电力消费强度变化的结构性驱动力。LMDI 方法还有进一步改进的空间，可以在转移效应、结构效应和强度效应三种驱动力之外探索其他的可能效应，如经济增长效应、效率提升效应及环境优化效应等。

第二节 关键因素 Ⅱ：电力基础设施

可再生能源并网消纳是以完善的电力基础设施为支撑的。自 1875 年世界第一座发电厂在法国巴黎诞生，"电力革命"便推动人类历史迈进了色彩缤纷的电气化时代（刘振亚，2005）。而在 21 世纪的今天，人们之所以能够集聚于远离电源的大都市，从事各类片刻离不开电能的社会生活和生产活动，则要归功于日益发达的电力基础设施所架构的"电力高速公路"，帮助人类实现了真正意义上的"电从远方来"。从全球范围来看，近年来主要发生了由输电走廊运行障碍和瘫痪造成的诸如北美大停电、印度大停电等典型大停电事故[①]，引起了巨大经济损失和社会恐慌，进一步凸显了坚强电网基础设施在现代社会和经济发展中的重要地位。

改革开放以后经过 40 多年的经济快速发展，中国创造了"经济奇迹"和"基础设施奇迹"两大奇迹（刘生龙、胡鞍钢，2010）。作为基础设施的重要组成部分，电力基础设施与工业生产、农业种植灌溉以及居民生活等社会生活和生产活动密切相关。中国电力企业联合会数据显示，在中国，全社会用电量已经从 1991 年的 6697 亿千瓦时提高到 2022 年的 86372 亿千瓦时，年均增速达到 8.6%。与此同时，发电装机容量从 1.51 亿千瓦上升到 25.64 亿千瓦，年均增速达 9.6%，高于 GDP 年均增速 1 个百分点左右；但全国 35 千伏以上输电线路杆长度则从 47.4 万公里上升到 236.2 万公里，年均增长率仅 5.3%，远低于电源的增长速度。

[①] 北美大停电事故是指 2003 年 8 月 14 日美国东北部和中西部 8 个州以及加拿大安大略省发生的历史上规模最大的停电事故，事故波及纽约、底特律、克利夫兰、渥太华和多伦多等重要城市及其周边地区 5000 万人口，部分经济活动出现停滞，造成 250 亿~300 亿美元经济损失。印度大停电事故是指 2012 年 7 月 30 日和 31 日在印度北部和东部地区连续两次的大面积停电事故，事故覆盖印度 50% 以上国土，受影响人口达到 6 亿多人，经济损失达 10 亿美元。

这显示电网建设进程总体上滞后于电源建设。

电力基础设施不但是现代化工业体系的重要组成部分，也是企业生产效率的重要决定因素（何晓萍，2014）。然而，尽管基础设施建设在工业化阶段具有先导作用（"基础设施与制造业发展关系研究"课题组，2002），但这种先导作用受制于基础设施建设进程和结构不匹配，往往反而成为经济发展的制约因素。一个比较典型的例子就是，从 20 世纪 60 年代到 90 年代末中国长期面临电力短缺问题，甚至电力缺口一度达到总用电量的 20% 左右（林伯强，2004）。巨大的电力缺口成为国民经济快速发展的"拦路虎"，迫使国家将提升电源总装机容量作为电力工业发展的重点工作。进入 21 世纪，电力缺口得到总体克服，全国发电总装机容量居世界首位，有效满足了经济社会发展对电力产能的需求，而电力基础设施促进并网消纳的难点已经转向电网规模和网源结构的合理性。

一　电力资本存量

（一）电力资本存量估算

电力是现代人类经济活动最倚重的终端能源，作为工业的"粮食"可以说它始终支撑着中国"世界工厂"的持续稳定运行。但关于电力行业对于经济增长的实际贡献，以及体制机制变迁中电力投资的资本回报率、资本产出率等问题，仍多是未解之谜。造成这种局面的重要原因是目前还没有建立一套完整、可靠的省级乃至全国范围的电力资本存量数据，使得相关研究缺乏基础性的数据资料。由于国内外都没有官方公布的物质资本存量统计数据，不同学者试图设计和构造出客观准确的估算方法对物质资本存量进行近似估计，形成了比较丰富的全社会和一些重点行业物质资本存量的全国及地区（省份、地级市）时间序列数据，为后续有关研究积累了大量的估算经验（Kamps，2006；张军等，2004；单豪杰，2008；林仁文、杨熠，2013；Berlemann and Wesselhöft，2013）。就国内外通行的资本存量估算方法而言，应用最为广泛的当属 Goldsmith 在 1951 年提出的永续盘存法（Perpetual Inventory Method，PIM）。该方法的核心思想是假定资本存量是由随不同役龄相对效率不断变化的资本品之和构成：

$$K_t = \sum_{\tau=0}^{\infty} d_\tau I_{t-\tau} \qquad (4-11)$$

其中，K_t 为 t 时期资本存量，d_τ 为役龄 τ 的资本品相对效率，$I_{t-\tau}$ 为 $t-\tau$ 时期的投资流量。通常资本品相对效率有"单驾马车"、线性递减和几何递减三种模式，其中"单驾马车"模式是指资本品相对效率在折旧年限内保持不变，线性递减模式是指资本品相对效率在折旧年限内呈线性递减，几何递减模式是指资本品相对效率在折旧年限内呈几何递减。假设资本品相对效率呈几何递减，且以不变折旧率 δ 下降，即 $d_\tau = (1-\delta)^\tau$，则 PIM 方法下的资本存量可以表示为：

$$K_t = (1-\delta)K_{t-1} + I_t \qquad\qquad (4-12)$$

从式（4-12）可知，只要知道前期资本存量 K_{t-1}、资本折旧率 δ 以及当期投资 I_t 就可以计算出当期的物质资本存量。由此往前追溯，可以发现问题的关键在于基期资本存量的确定，也就是要估算出初始的资本存量 K_0。由于物质资本存量和投资都是以货币度量的，资本品价格变动对资本存量估算结果存在巨大的影响，这就涉及建立一套不变价的投资品价格指数问题。正如张军和章元（2003）指出，要想估算各期资本存量需要确定基期资本存量、投资品价格指数、当期投资流量和资本折旧率，而各版本的全国同期物质资本存量估算结果差异特别明显，根本原因就是这四个变量处理方法不同。当然，在估算资本存量数据之前首先要解决选择何种投资流量指标问题。积累额、生产性积累额、固定资产净值和全社会固定资产投资等均曾被选为投资流量指标。张军扩（1991）、贺菊煌（1992）和 Chow（1993）等早年将积累额和生产性积累额作为投资流量数据，但 1993 年以后新的国民经济统计体系中已不再公布积累数据。张军等（2004）发现 1952~1993 年全社会固定资产投资和生产性积累额增长波动趋势基本一致，并由此拟合出 1993 年以后的生产性积累额数据。单豪杰（2008）、叶宗裕（2010）等学者则采取固定资本形成总额作为投资流量，即当年投资额。固定资本形成总额不仅包括建筑工程、安装工程、设备工器具购置（减处置）等有形资产，还包括矿藏勘探、计算机软件等无形资产，在核算固定资产形成总额中还要减处置的固定资产，并且 5 万元以下的固定资产投资也相应纳入统计范围，因而已成为当前资本存量估算可供选择的最重要的投资额指标。但是，固定资本形成总额作为当年投资额都是用以估算全社会物质资本存量数据的，若估算行业层面的物质资本存量则缺乏相应的固定资本形成总额数据，学者们通常采用相关行业统计年鉴中该行业固定资产投资完成额等指标替代。如陈诗一（2011）建立了两套38个两位数工业分行业投资额数据序列，一套是通过年份固定资产原值之差构造的，另一套是由基本建设投资、更新改造投资等新增固定资产投资之和构造的。詹宇波等（2014）选取《中国电子信息产业统计年鉴》中公布的该行业"本年累计完成投资"作为投资额估算中国信息通信技术制造业资本存量。受限于数据可得性，本书以历年全国和省级电力固定资产投资作为投资额序列，在此基础上利用标准的 PIM 方法估算中国电力资本存量。

本书采用标准的 PIM 方法估算全国和省级电力资本存量。众所周知，PIM 方法估算资本存量的精准程度取决于初始资本存量、价格指数、折旧率等参数的合理设定。本书相关参数设定方法如下。

（1）初始资本存量

已有文献尝试了多种方法估算初始资本存量，概括起来主要有四种方法。①基于历史数据的标准 PIM 公式推导法。如黄勇峰等（2002）首先根据历史资料估算 1921 年以来的投资时间序列数据，再使用标准 PIM 公式测算中国制造业初始资本存量。②资本产出比推算方法。如张军扩（1991）、何枫等（2003）在不变的资本产出比假设下通过国民收入倒推初始资本存量，他们采用帕金斯（Perkins, 1988）提出的"1953 年中国资本国民收入比为 3"的假说，估算出 1952 年中国资本存量为 2000 亿元（1952 年价格）。③投资与其增长率、折旧率比值法。这种方法是在新古典增长模型基础上推导出来的，假定经济处于稳态的增长路径，因而产出增长率与资本存量增长率相等。采用这种方法估算初始资本存量最重要的是保证 GDP 增长率为稳态水平和选择准确的折旧率，但问题在于稳态的 GDP 增长率并非一定存在。为避免利用基期 GDP 增长率计算引起较大的测算偏差，Harberger（1978）采用期初之后连续三年平均的 GDP 增长率以近似估计出经济稳态的增长率水平；Berlemann 和 Wesselhöft（2013）采用普通最小二乘法（OLS）估计出取对数的固定资产投资额与年份的回归方程，并将年份的估计系数作为固定资产投资增长率。由于这种方法是基于新古典增长理论提出的，我们将其称为新古典模型估算法（简称"N-M 方法"）。④生产函数和永续盘存法相结合的方法（简称"D–Z 方法")。这种方法的优点是通过计量经济学工具既能估算出初始资本存量同时又能估算出样本期内平均的折旧率。该方法由 Dad-khah 和 Zahedi（1986）提出，贾润崧和张四灿（2014）利用该方法较为准确地估算了中国省级资本存量。

本书首先采用 N–M 方法估算全国初始资本存量，然后根据各省区市投资权重将全国初始资本存量分解到各省区市。N–M 方法计算公式为：

$$K_{t-1} = \frac{I_t}{g_t + \delta} \tag{4-13}$$

其中，g_t 为研究时间范围内全国不变价的投资增长率，其计算公式如下：

$$\ln I_t = \alpha + \beta t + \varepsilon_t \tag{4-14}$$

采用 OLS 估计方法对式（4–14）的计量模型进行参数估计，年份估计系数 $\beta = g_t$，则全国初始电力资本存量为 $K_{1952} = I_{1953}/(\beta + \delta)$。

对于各省区市初始电力资本存量的估算，本书借鉴并改进金戈（2012）的算法。金戈（2012）将初始年份各省区市投资占当年全国投资比重作为权重，然后把全国初始资本存量分解到各省区市，这解决了单独估算各省区市初始资本存量容易出现重复误差的问题，但仅使用初始年份投资数据设定权重显然不能客观反映各省区市的初始年份资本存量规模，特别是在初始年份各省区市投资波动较大的情况下，权重设置可能存在明显的偏差。为此，本书将初始年份以来各省区市电力固定资产投资的年均投资额占全国年均电力固定资产投资额比重作为权重，将全国初始电力资本存量分解到各省区市，计算公式为：

$$K_{i,1958} = \frac{\bar{I}_{i,(1958,2020)} K_{1958}}{\sum_i \bar{I}_{i,(1958,2020)}} \tag{4-15}$$

其中，$K_{i,1958}$ 为第 i 个省区市 1958 年的初始电力资本存量，K_{1958} 为 1958 年全国电力资本存量，$\bar{I}_{i,(1958,2020)}$ 为各省区市 1958~2020 年的年均电力固定资产投资额。

（2）价格指数

由于统计资料中没有电力固定资产投资价格指数的官方数据，本书选择多数文献中采用的投资平减指数作为电力固定资产投资价格指数的替代。对于年度数据不一致问题，本书采用单豪杰（2008）等惯用的处理方法，即 1991 年及以前的数据使用由《中国国内生产总值核算历史资料（1952—2004）》公布的全国和各省区市固定资产形成价格指数计算出的以 1952 年为基期的价格平减指数；1991 年以后的数据则直接采用《新中国六十年统计资料汇编》中公布的全国及各省区市的固定资产价格指数。

（3）折旧率的设定

折旧率是影响资本存量估算结果的最重要因素（叶宗裕，2010），已有文献中后续年份的全国资本存量估算结果差异明显，关键原因就是折旧率的设定不同。折旧率设定的主要方法有以下几种。①直接通过国民经济恒等式推算出折旧额的方法。如 Chow（1993）按照国民收入恒等式将折旧额设置为：折旧额=国内生产总值-国民收入+补贴-间接税。徐现祥等（2007）按照收入法 GDP 核算等式推算固定资产折旧额为：固定资产折旧额=国内生产总值-劳动者报酬-生产税净额-营业盈余。②利用折旧年限和残值率分别计算不同类型资本品的折旧率，再根据各类资本品投资额占投资总额的比重设置总资本折旧率。对于不同类型资本品，其折旧年限和残值率分别为 τ_i 和 d_i，则依据公式 $\delta_i = (1-d_i)^{1/\tau_i}$ 即可得出其折旧率。如张军等（2004）、单豪杰（2008）用这种方法分别设定资本折旧率为 9.6% 和 10.96%。叶宗裕（2010）对该方法进行改进，主要是分别计算全国和各省份各类型资本品的折旧率和初始资本存量，然后加总得到总资本存量，这样可以避免用各类资本品的投资比重而非资本存量比重作为权重所造成的误差，也可以避免假定各省份折旧率相等所造成的误差。他分别设定建筑安装类和机器设备类资本品的折旧年限分别为 40 年和 16 年，折旧率分别为 7.73% 和 18.22%。③使用投入产出表中的固定资产折旧数据计算折旧率。如徐杰等（2010）利用国家统计局公布的 1987 年、1992 年、1997 年和 2002 年投入产出表，并假设投入产出表公布时间间隔内折旧率保持不变，估算出资本品 1987~1992 年、1992~1997 年、1997~2002 年的折旧率分别为 8.87%、8.09% 和 9.15%。④通过上述的 D-Z 方法，建立计量模型估计出折旧率。如贾润崧和张四灿（2014）利用 1952~2000 年 GDP 和投资样本数据，在 D-Z 方法建立计量模型的基础上估算的全国折旧率为 7.5%，同时估算了各省份的折旧率。这种方法的优点是不仅可以求得全国范围的资本折旧率，还可以分别求得各省份的资本折旧率；缺点是劳动无限供给假设是否符合各国劳动市场真实情况，也就是说里昂惕夫生产函数设定是否合理。⑤自行设定折旧率。Hall 和 Jones（1999）、Young（2000）在研究 127 个国家和中国资本存量时均直接假设折旧率为 6%。本书在以下折旧率两种变动情景下估算电力资本存量。

情景 1：电力资本折旧率恒定不变。根据国家政策规定的各类电力工业专用设备折旧年限，并考虑设备可回收特性假定残值率，分别计算每种电力工业专用设备折旧率。当然，电力固定资产不仅包括各类电力设备，发电厂、变电站等建筑物在电力固定资产中所占的比重也相当大。本书按照《企业所得税若干政策问题的规定》中指定的房屋、建筑物固定资产 20 年的最低折旧年限，并根据 5% 的残值率算得电力工业建筑物类固定资产折旧率为 7.2%。电力工业专用设备折旧年限则参考《国营企业固定资产分类折旧年限表》，假设电力工业专用设备的残值率为 3%~5%，由此各类电力工业专用设备折旧率在 7.2%~13.9%（见表 4-9）。比较棘手的问题是我们无法确定各类电力工业专用设备、建筑物等固定资产各自所占的比重，也就无法设置各种类型固定资产折旧率的权重系数。为此，假设电力工业专用设备及建筑物等资本品以 1：1 的比例构成电力工业固定资产，这样资本折旧率为 10.16%。

表 4-9 电力工业专用设备折旧年限、残值率及折旧率

专用设备类型	折旧年限（年）	残值率（%）	折旧率（%）
水轮发电机组	32	5	8.9
汽轮发电机组	23	5	12.2
内燃发电机组	25	5	11.3
铁塔、水泥杆	40	3	8.4
电缆、木杆线路	30	3	11.0
变电设备	25	5	11.3
配电设备	20	5	13.9
电力工业其他设备	40	5	7.2

情景 2：电力资本折旧率随时间推移而动态变化。改革开放以来由于更加清洁和高效的发电与输配电技术加速发展，电源侧传统小型火电机组被大批淘汰，电网侧"三纵三横"特高压输电网络逐步形成，用户端智能电表加速普及，电力工业专用设备的实际折旧年限呈缩短趋势。借鉴 Kamps（2006）的方法，假定 1952 年和 2020 年中国电力资本的折旧率分别为 7% 和 14%，则可以根据公式计算各年的电力资本折旧率：

$$\delta_t = \delta_{min} \left\{ \left(\frac{\delta_{max}}{\delta_{min}} \right) \right\}^{t-t_0} \tag{4-16}$$

其中，δ_t 为第 t 年电力资本的折旧率，t_0 表示基年，δ_{min} 和 δ_{max} 分别为 1952 年和 2020 年电力资本的折旧率。

全国和各省份电力固定资产投资数据取自原国家电力公司发布的 1949~2000 年《电力工业统计资料汇编》中的"历年电力固定资产投资完成情况"和"电力工业基本建设投资完成情况"（按省区市分），其中全国 1990 年及以前电力固定资产投资与电力基建投资数据相同，1990 年以后电力固定资产投资被细分为电力基建投资、更新改造投资、"以大代小"投资和城乡电网投资四项，本书延续使用电力固定资产投资。2001~2020 年全国和各省份电力固定资产投资数据来自中国电力企业联合会发布的历年《电力工业统计资料提要》（简称《提要》）。2002 年，"厂网分开"电力体制改革后电源和电网投资分开统计，在《提要》中分别为"全国电网工程建设项目完成投资情况"和"全国电源工程建设项目完成投资情况"，本书将这两个报表中的电网和电源投资合并，以此作为年度全国和各省份电力固定资产投资额。

根据式（4-14）的计量模型，利用 1952~2020 年全国电力固定资产投资时间序列数据，通过普通最小二乘法（OLS）进行参数估计得到的结果如下：

$$\ln I_t = -195.1885 + 0.1006t + \varepsilon_t$$
$$(-34.16) \quad (34.98) \tag{4-17}$$

将年份 t 的估计系数代入式（4-13），则在折旧率分别为 10.16% 和 7% 的情况下，不变价的全国初始电力资本存量分别为 18.02 亿元和 21.36 亿元。

（二）估算结果

分别依据前文初始资本存量和折旧率的两套测算方法，通过式（4-12）的永续盘存法计算出 1952~2020 年全国电力资本存量，如表 4-10 所示。在折旧率为 10.16% 的情景下，2020 年全国电力资本存量达到 12991.0 亿元（1952 年不变价），年均增速为 10.2%，其中 1978~2020 年的年均增速为 10.1%；在折旧率从 7% 上升到 14% 的动态变化情景下，2020 年全国电力资本存量达到 10574.1 亿元，年均增速达到 9.6%，其中 1978~2020 年的年均增速达到 9.3%。由于目前还没有其他估算全国电力资本存量的文献，因此无法进行各类估算结果的比较。从本书两套估算数据来看，没有出现实质性的差异。为了考察估算结果的可靠性以及分析电力资本存量波动特征，本章分别测算出电力资本存量占全社会物质资本存量和占基础设施资本存量的比重。①电力资本存量占全社会物质资本存量比重。考虑到单豪杰（2008）对中国全社会物质资本存量的估算方法与本书电力资本存量估算方法总体一致，因而选择其估算的全社会物质资本存量数据进行比较。图 4-8 展示 1952~2020 年中国电力资本存量占全社会物质资本存量比重的波动趋势。首先，比重波动区间为 2%~7%，而 1995~2015 年国家统计局数据库中电力、热力、燃气及水生产和供应业固定资产投资占比区间为 4.5%~11.9%，扣除热力、燃气及水生产和供应业部分电力资本投资比重与此处计算的比重大体一致，说明本书电力资本存量估算结果是准确和可靠的。其次，1952~2020 年电力资本存量占比总体呈 "M" 形。分时期来看，1952~1960 年电力资本存量比重呈上升态势，1960 年达到 6% 左右的历史高峰；1961~1982 年比重总体呈下降态势，最终达到 4% 左右的历史谷底，这一时期正是中国电力严重短缺的最困难时期；1983~2007 年电力资本存量的比重回升，达到 6% 左右；2008 年以后该占比又进入下降通道，回落到 3% 左右。②电力资本存量占基础设施资本存量比重。本章利用金戈（2012）估算的中国基础设施资本存量数据①，并将

---

① 1952~2002 年基础设施固定资产投资统计范围包括 "电力、煤气及水的生产和供应业"、"地质勘查、水利管理业" 和 "交通运输、仓储及邮电通信业" 三大门类，由于统计口径变化 2002 年后的统计范围则包括 "电力、热力、燃气及水生产和供应业"、"交通运输、仓储和邮政业"、"信息传输、软件和信息技术服务业" 和 "水利、环境和公共设施管理业" 四大门类。

其折算为 1952 年不变价，可以发现 1952~2020 年电力资本存量占基础设施资本存量的比重在 8%~30% 的区间内，20 世纪 90 年代初电力资本存量占基础设施资本存量的比重达到峰值，之后一直呈下降态势。

表 4-10　1952~2020 年全国电力资本存量

单位：亿元

年份	情景 1	情景 2	年份	情景 1	情景 2	年份	情景 1	情景 2
1952	18.0	21.4	1975	171.7	190.1	1998	2227.6	2136.1
1953	19.9	23.5	1976	187.5	205.9	1999	2537.6	2419.5
1954	22.2	26.3	1977	202.1	220.5	2000	2888.2	2738.1
1955	26.6	31.0	1978	231.3	249.8	2001	3149.0	2959.9
1956	32.7	37.5	1979	255.1	273.4	2002	3482.4	3250.2
1957	42.7	48.0	1980	268.7	286.8	2003	3907.5	3625.9
1958	60.6	66.8	1981	273.0	290.7	2004	4370.6	4031.1
1959	84.1	91.6	1982	283.8	300.8	2005	5151.9	4745.9
1960	106.7	115.8	1983	304.3	320.5	2006	5970.1	5479.8
1961	104.0	115.1	1984	334.4	349.3	2007	6750.0	6154.2
1962	96.5	109.0	1985	377.3	390.8	2008	7477.4	6759.0
1963	90.3	104.0	1986	438.3	450.3	2009	8487.1	7630.9
1964	87.4	101.9	1987	518.3	528.4	2010	9269.6	8249.6
1965	89.9	105.1	1988	600.0	607.6	2011	9912.9	8711.9
1966	97.4	113.2	1989	666.6	670.9	2012	10429.4	9035.5
1967	97.4	113.7	1990	762.7	763.1	2013	10936.9	9343.6
1968	96.0	112.7	1991	863.5	858.9	2014	12024.7	9787.6
1969	101.2	118.1	1992	973.9	963.0	2015	12323.3	10030.6
1970	112.6	129.8	1993	1098.5	1080.1	2016	13125.2	10683.3
1971	123.3	140.7	1994	1257.7	1230.1	2017	13259.4	10792.6
1972	134.4	152.1	1995	1437.2	1398.1	2018	13286.3	10814.4
1973	146.9	164.9	1996	1640.6	1587.6	2019	13339.9	10858.1
1974	158.1	176.2	1997	1920.6	1850.7	2020	12991.0	10574.1

是什么原因造成中国电力资本存量占比总体呈 "M" 形？归根结底是经济体制和电力体制转型共同作用的结果。新中国成立以来，中国经济体制经历了由计划经济向市场经济的历史变迁，在此过程中电力体制改革也在持续推进，特别是 1978 年改革开放以后电力体制改革步伐不断加快。综观电力体制改革历程大致可以划分为三个阶段。①政企合一、

图 4-8　1952～2020 年电力资本存量占全社会物质资本存量比重

国家垄断经营阶段。此阶段的电力工业以体制内行政机构改革为主，包括 1955 年成立电力工业部，1958 年水利部和电力工业部合并成立水利电力部，1979 年再次拆分为水利部和电力工业部，1982 年第二次合并为水利电力部，1988 年水利电力部又拆分为水利部和能源部，1993 年撤销能源部第三次成立电力工业部。②政企分离、国家电力公司经营阶段。其主要标志是 1997 年 1 月成立国家电力公司，开始探索通过现代企业制度管理电力资源的路径。③厂网分开阶段。2002 年，国务院下发《电力体制改革方案》（简称"5 号文"），同年国家电力公司拆分为国家电网、南方电网和五大发电集团，以"政企分开、政监分开、厂网分开、主辅分离"为目标的电力体制改革进入实质性阶段。市场化导向的电力体制改革既提高了发电侧的投资动力，也带动了电网侧的固定资产投入，加之快速工业化对电力的超前需求，所以 20 世纪 80 年代之后电力资本存量占全社会物质资本存量的比重持续大幅上升。

（三）省级和地区分布

把 1958 年全国电力资本存量分解到各省区市，得到各省区市的初始电力资本存量，然后采用上述的永续盘存法计算情景 1 下的各省区市电力资本存量。可见，在过去的 60 多年中绝大多数省区市的电力资本存量实现了数百倍的增长规模。截至 2020 年底，电力资本存量排在前列的省份主要有两种类型：一类是全国工业化水平较高和经济较发达的省份，如广东、江苏、浙江、山东等，这些地区都属于中国的电力需求负荷中心；另一类是全国重要的能源基地和电力输出较多的省区，如内蒙古、四川等（见表4-11）。作为"西电东送"的重要能源输出省区，它们为东部沿海地区工业生产和社会生活提供了可靠的电力保障。内蒙古依赖富集的煤炭资源和不断增长的火电装机规模，2005年首次超过山西成为外送电量最多的地区；四川丰富的水资源不断得到开发利用，富余水电消纳问题随着特高压输电线路建设和投运逐步得到解决，2011年水力发电量、2012年水电装机容量超过湖北省，成为全国最大的水电基地。能源产地远离能源需求负荷中心的特点决定了中国需要投入更多的资本进行电力基础设施建设。

表4-11　1958~2020年省级电力资本存量

单位：亿元

省区市	1958年	1960年	1970年	1980年	1990年	2000年	2010年	2015年	2020年
北京	13.0	17.3	13.5	19.5	70.4	352	633	992	1140
天津	5.3	9.1	8.5	30.1	75.7	177	602	678	819
河北	15.9	24.7	18.9	60.6	116.5	499	1373	1866	2679
山西	5.5	10.9	17.5	61.4	192.8	450	1128	1617	1702
内蒙古	7.3	10.1	5.7	11.0	67.0	289	2342	2698	2854
辽宁	31.3	149.5	86.9	107.7	158.9	418	1530	1781	1832
吉林	9.0	19.0	16.3	44.9	109.7	206	640	715	710
黑龙江	10.0	17.5	18.9	63.6	171.9	319	666	740	712
上海	10.0	14.0	8.9	17.1	115.4	298	1040	1231	1249
江苏	6.6	10.0	11.5	30.5	111.6	523	3210	3726	4495
浙江	18.3	32.4	22.5	38.0	140.8	729	2295	3536	3461
安徽	3.7	17.9	23.3	45.2	140.1	285	1117	1428	1753
福建	9.6	22.3	17.6	38.3	103.2	263	1437	2063	2257
江西	4.5	6.2	6.2	17.9	52.7	191	614	903	1121
山东	10.6	18.3	16.8	50.0	175.7	610	1659	2608	3497
河南	7.0	10.8	15.9	46.6	114.2	342	1254	1592	2323
湖北	8.5	14.7	19.4	153.8	175.7	390	1525	1606	1756
湖南	5.4	19.6	27.4	81.7	160.2	345	982	1075	1386
广东	9.6	14.9	15.6	29.4	156.1	786	3333	4110	5134
广西	3.4	12.9	19.0	42.0	62.0	140	866	1135	1498
海南	1.6	3.4	4.6	17.4	43.7	40	200	486	495

续表

省区市	1958 年	1960 年	1970 年	1980 年	1990 年	2000 年	2010 年	2015 年	2020 年
四川	11.4	37.8	86.5	128.6	263.2	911	3345	5373	5267
贵州	3.7	9.2	16.6	45.3	65.6	146	1269	1438	1444
云南	11.1	35.5	57.6	56.6	86.0	233	1329	2823	2752
西藏	0.2	0.4	0.8	6.4	13.7	35	70	313	610
陕西	3.4	9.0	13.3	48.6	116.9	259	855	929	1193
甘肃	7.6	18.4	29.0	25.7	50.0	200	901	1186	1037
青海	1.0	2.9	4.3	19.8	62.6	141	358	660	874
宁夏	1.6	2.5	3.4	8.1	33.0	62	518	888	957
新疆	3.1	5.1	6.3	20.3	40.2	100	501	1484	1687
合计	239	576	613	1366	3245	9738	37590	51678	58694

注：四川和重庆数据合并计算。

1958~2020 年"三华"和"三北"地区电力资本存量比重如图 4-9
所示。

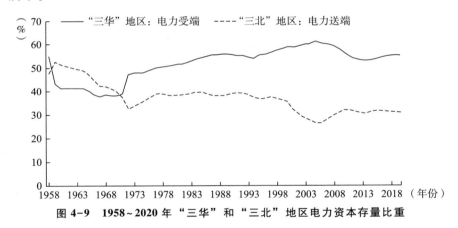

图 4-9　1958~2020 年"三华"和"三北"地区电力资本存量比重

由于各省区市的自然条件和能源禀赋不同，国家电网有限公司根据
它们对外送电力的依赖程度，将各省区市划分为电力受端、送端和自给
区三种类型①，其相应的电网则分为受端型电网、送端型电网和中间电网。

――――――――――

① 按国家电网划分，电力受端包括北京、天津、河北、山东、辽宁、吉林、黑龙江、上
海、江苏、浙江、福建、安徽、河南、湖北、湖南、江西、广东、广西和海南 19 个省
区市；电力送端包括山西、内蒙古、陕西、宁夏、新疆和四川 6 个省区；自给区（中
间电网）包括贵州、青海、云南、甘肃和西藏 5 个省区。为保持口径一致，四川和重
庆数据进行合并。

表4-12中各时期各类型电力资本存量年均增速显示：在厂网分开前，送端地区的电力资本存量年均增速一直落后于受端地区，厂网分开后这一局面得以扭转，2003~2015年送端地区电力资本存量年均增速高出受端地区4.2个百分点，表明电力资本存量空间分布趋向合理和平衡。从表4-12中还可以看出，1980~1982年电力受端、送端和自给区的电力资本存量年均增速明显回落，其中自给区甚至出现负增长，在此时期水利部和电力工业部合并为水利电力部，行政结构调整可能是导致这一现象的原因之一。此外，2002年厂网分开后，电网环节由国家电网和南方电网两大公司运营，政企分开之后南方电网经营区的电力资本存量年均增速略高于国家电网经营区。

表 4-12　主要区域典型时期电力资本存量年均增速

单位：%

年份	受端	送端	自给区	国家电网经营区	南方电网经营区
1958~1979	7.4	5.9	6.4	7.4	4.3
1980~1982	2.3	1.9	-0.6	2.1	0.5
1983~1993	14.0	13.0	10.4	13.1	16.2
1994~1997	13.7	13.3	17.4	14.8	9.1
1998~2002	12.6	7.1	9.2	10.2	18.3
2003~2015	9.9	14.1	14.2	11.1	11.1
1958~1997	9.4	8.3	7.8	9.2	8.1
1998~2015	10.8	12.8	13.0	11.0	13.4
2016~2020	8.7	9.3	10.1	9.3	9.7

注：南方电网经营区包括广东、广西、贵州、云南和海南5个省区，其他省区（包括蒙西等地方电网）为国家电网经营区。

本书利用1949~2000年《电力工业统计资料汇编》和2001~2020年《电力工业统计资料提要》中关于电力工业固定资产投资的历史数据，分别在电力资本折旧率恒定不变和折旧率随时间推移而动态变化两种情景下使用国际通用的永续盘存法估算了1952~2020年全国和省级的电力资本存量。其中，在情景1下我们利用官方公布的电力工业设备折旧年限，并假定电力设备及其他资本品等比例投入，估计中国电力资本折旧率为10.16%。在情景2下根据不同电力工业设备及其他资本品的投入比例差异，借鉴 Kamps（2006）的方法推算出中国电力资本年度变化的折旧率。估算结果表明：①两种情景下电力资本存量数据没有根本性差异，总体上情景 2 的电力资本存量略小于情景 1；②电力资本存量占全社会物质资本存量的比重呈"M"形分布，改革开放后电力工业投资增速快于其他部门，逐步解决了长期困扰经济发展的电力短缺问题；③经过"政企分开"的电力体制改革，电力资本存量增速进一步加快，厂网分开后送端地区的电力资本存量年均增速提高。

当然，与典型的资本存量估算文献多采用固定资产形成总额作为投资指标不同，本书使用的原始数据为电力行业固定资产投资额，这样估算结果中就无法将无形固定资产投资纳入统计范围，并且在没有官方公布的电力固定资产投资价格指数的情况下只能代之以全行业的固定资产价格指数，再加上厂网分开后电源和电网投资分开统计使得统计口径有所变化，这就不可避免地造成估算结果存在一些偏误。但是，本书毕竟首次解决了国内尚没有一套完整的全国及省级电力资本存量数据的问题，为后续进一步研究体制转型中的电力投资绩效、电力基础设施区域分布合理性等相关课题奠定了数据基础。

可再生能源快速增长带来的风险同样具有一定的时空特征。从时间特征上来看，风电、太阳能发电引发的电网安全风险将从局部风险逐步演变为全局风险。当前，这类风险在中国西北、东北、华北的局部地区很高。未来随着风电、太阳能发电持续快速发展，它们在以上地区总装机容量中占到较大比例，其对各区域电网的影响将逐步从局部风险演变为全局风险。从空间特征上来看，未来随着大型风电和太阳能发电基地建设，西北、东北电网的非水可再生能源发电装机容量占比到 2020 年分别达到 23%、30%，明显高于"三华"同步电网的新能源装机容量比例，一旦出现成片脱网，则将超出现有电网设防标准，引发大停电的风险显著上升。因此，2020 年以前，该风险主要体现在对西北、东北等送端地区电网安全运行方面；2020 年及以后，随着可再生能源规模进一步提高，受端电网安全运行压力也将开始凸显。但总体来看，随着可再生能源运行经验的不断积累，并网标准和管理进一步完善，电网友好型并网技术也进一步推广应用，未来可再生能源机组大面积脱网概率将显著降低，有望降低其带来的总体风险。

二　电网规模

长期的电力缺口导致中国电力建设一直存在"重发轻送"的问题，甚至电网建设占电力总投资的比例长期在30%左右（林伯强，2004）。由于偏向电源的电力投资机制，输电通道建设不足引发了新一轮电力结构性短缺，拖累了地区的工业化和经济发展。电力供需的主要矛盾逐渐转向输电通道与电源规模和结构不匹配。局部地区"窝电"、"卡脖子"和大规模可再生能源的并网消纳等问题越来越严重。因此，如何调整与优化电网结构和布局，有效地解决上述结构性问题，成为地方工业化和经济发展亟待解决的难题。中国能源基地和负荷中心逆向分布的区位特征，也在客观上要求输电通道在电力资源跨区优化配置方面发挥更重要作用。此外，2002年以"厂网分开"为主要内容的电力体制改革为缓解电源和输电通道的矛盾创造了良好的制度基础。

按照电压等级输电线路可以分为高压、超高压和特高压。在中国高压电网指的是110千伏和220千伏电网，超高压电网则包括330千伏、500千伏和750千伏电网，特高压电网指的是1000千伏交流和±800千伏直流电网。中国电网经历了从高压电网、超高压电网再到特高压电网的发展历程。由于输电线路的输电能力与其输电电压成正比，电压等级越高表明电网的输电能力越强、输送距离越远。换言之，将电网电压等级从高压提升到超高压、特高压意味着电力输送通道从普通公路升格到高速公路，大规模、远距离输电具备高效的电网基础。无论总的输电线路长度、供电设备装机容量，还是不同电压等级的输电线路长度均呈现持续增长趋势（见图4-10和图4-11）。自1981年姚孟—武昌500千伏输电线路建成投运以来，特别是2000年中央提出西部大开发战略之后，中国已经逐渐形成以超高压为骨干网架的跨省和跨区输电网络。如图4-12所示，世界主要国家中中国人均输电线路长度已经处于较高水平，说明中国电网基础设施在总量上具有先行特点。但输电线路地区分布存在明显的差异，东部地区高压和超高压电网密度较高，西部地区电网密度较低。

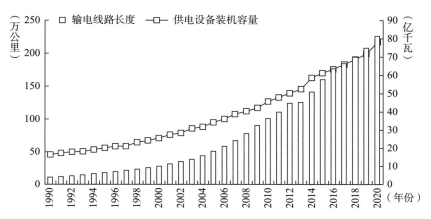

图 4-10　1990~2020 年全国输电线路长度、供电设备装机容量

资料来源：中国电力企业联合会。

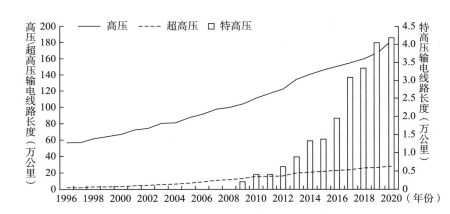

图 4-11　1996~2020 年高压、超高压和特高压输电线路长度

资料来源：中国电力企业联合会。

"西电东送"工程是西部大开发重点工程中投资规模最大的标志性工程，2001~2010 年投资总额超过 5200 亿元，该工程使中国六大区域实现了异步联网，300 千伏、500 千伏电网成为各区域电网和省级电网的骨干网架。"西电东送"工程是将四川、云南、广西、贵州、陕西、山西和内蒙古等省区电力资源，通过超高压骨干网架输送到珠三角、长三角和京津冀三大负荷中心。"西电东送"包括南部、中部、北部三大通道。其中，南部通道是从三峡、云南、广西和贵州向广东送电，填补广东的电力缺口。中部通道是以三峡大坝为核心，通过开发利用长江中上游干

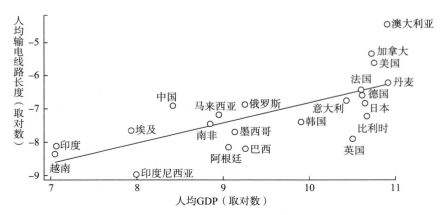

图 4-12　主要国家人均 GDP 与人均输电线路长度散点图
资料来源：OWID。

流的水电资源，保障华北和华东地区的电力供应。曾培炎（2010）指出，中部通道可能成为世界上输电规模最大，交、直流线路最密集的输电通道，成为全国联网中心。北部通道是将陕西、山西和内蒙古等富煤省区的煤电输送到京津冀地区，进一步完善"煤从空中走，电向北京送"的电力基础设施，确保首都经济圈用电安全可靠。

超高压骨干网架在提高跨省区电力资源配置效率，缓解东部地区用电紧张上发挥了重要作用。进入 21 世纪，中国大面积电力短缺现象基本消除，由此，电力供需的主要矛盾转向调整和优化电源结构、提升供电效率和可靠性等方面。国家能源局和中国电力企业联合会的数据显示，截至2015 年 6 月底中国并网风电、光伏发电装机容量分别为 10491 万千瓦、3578 万千瓦，占全国总发电装机容量比重已达 10.3%。如何并网消纳规模不断壮大、负荷特性复杂的上述可再生能源，同时又确保电网安全稳定运行，成为电力工业部门必须克服的重点问题。在此背景下，2004 年国家电网有限公司提出了建设以特高压为骨干网架的坚强国家电网战略目标，开启特高压电网的论证和建设工作。2009 年，晋东南—南阳—荆门 1000 千伏特高压交流试验示范工程投运；2010 年，向家坝—上海±800 千伏特高压直流输电示范工程投运。随着 2011 年后特高压先后被纳入《中华人民共和国国民经济和社会发展第十二个五年规划纲要》、《能源发展"十二五"规划》、《国家中长期科技发展规划纲要（2006—2020 年）》以及《大气污染防治行动计划》等多项政府规划和计划，中国特高压电网进入快速发展轨道和建设高峰期。当前，国家电网有限公司已经建成"两交四直"特高压工程，投运和在建特高压输电线路长度超过 1.5 万公里，变电（换流）容量已达 1.6 亿千伏安（千瓦）。根据国家电网有限公司发展规划，将以构建"三华"特高压同步电网为目标，力争到 2020 年建成"五纵五横"特高压交流网架和 27 回特高压直流输电工程，实现具备 4.5 亿千瓦电力的大范围配置能力，满足 5.5 亿千瓦清洁能源送出和消纳需要（辛清影，2014），形成贯通全国的电力高速公路骨干网，实现清洁高效的"西电东送、南北互供、全国联网"的 2.0 版的跨区电力配置格局。

三　网源结构

落后的电力基础设施曾经是中国制造业和经济增长的主要障碍。为了解决由此造成的电力短缺和限电问题，对电力基础设施的持续投资成为中国电力行业的重要任务。受到预算约束，中国电力基础设施投资的重点在不同阶段有所不同：投资在 2000 年前偏向发电侧，进入 21 世纪后趋向于供电侧，尤其是 2002 年电力系统改革后电力基础设施得到不断完善，促使中国将建成全球最大的电网。图 4-13 中发电设备与供电设备的容量比可以反映上述趋势。中国发电设备与供电设备的容量比在 1998 年达到顶峰，此后总体呈下降态势，这与发电侧和供电侧的投资流量相符。

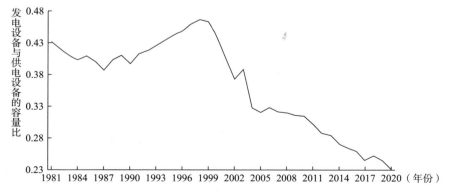

图 4-13　1981~2020 年发电设备与供电设备的容量比

资料来源：中国电力企业联合会。

在中国，以市场为导向的电力系统改革刺激了电网基础设施的投资。两家主要的电网公司（国家电网和南方电网）专注于提供输配电解决方案。"自上而下"的投资激励措施极大地提高了电网设施质量，正在逐步建立以特高压为骨干的强大智能电网，并逐步形成了不同电压等级的电网协调发展格局，供电能力已经可以随着经济增长满足不断增长的负荷需求。图4-14显示了高压、超高压输电线路的长度以及两者的长度比。无论是高压还是超高压，输电线路的总长度都大大增加，而就结构而言，两者的长度比也有所增加，这意味着电压等级大于220千伏的输电设施正在以更快的速度增长，以满足中国的跨地区电力分配。

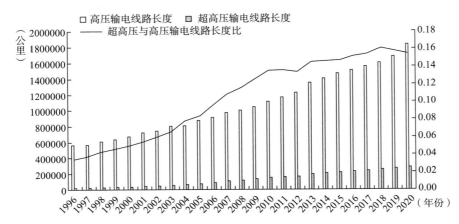

图4-14　1996~2020年高压、超高压输电线路的长度及两者的长度比

资料来源：中国电力企业联合会。

远距离和大容量输电是优化能源空间配置的必然选择，而特高压（UHV）交流传输的发展是未来电力的关键课题之一。国家电网有限公司建设的晋东南—南阳—荆门1000千伏特高压交流试验示范工程于2009年投入运行。单回路线路输电能力达到500兆瓦，是目前国内最先进、运行工作电压最高、输送能力最强的交流输电示范工程。2010年，世界上电压等级最高、传输容量最大、传输距离最长的向家坝—上海±800千伏特高压直流输电示范工程也投入运行。截至2020年底，中国已经建成"14交16直"、在建"2交3直"共35个特高压工程，在运在建特高压线路总长度4.8万公里。从图4-15中可以看出，到2019年中国特高压输电线路的长度已超过3.5万公里。

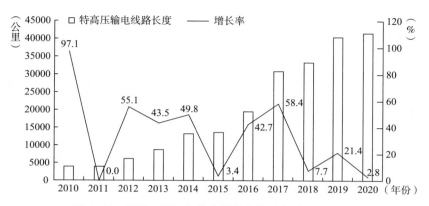

图 4-15　2010~2020 年特高压输电线路长度及增长率
资料来源：中国电力企业联合会。

为了缓解资源紧张和环境污染，特高压电网建设成为国家电网输电通道建设的核心。为响应国务院发布的《大气污染防治行动计划》，国家能源局提出建设 12 条特高压输电线路，以提高特高压跨区输电能力，到 2017 年特高压电网从西部到东部的输电能力已达到 229.1 兆瓦。根据中国电网发展的现状，有必要进一步加强能源跨区配置能力，以中部和华北地区同步电网建设为核心，以发展山西、陕西、内蒙古和宁夏等地的煤电基地为契机，集中精力在华北、华中和华东地区建设强大的百万伏特级输电能力。以这些地区为中心并延伸到周边地区，从而使特高压交流电网到 2020 年基本建成国家骨干网架，并在不同地区之间实现有效的电力传输。

随着中国可再生能源的大规模发展，受装机容量、电力负荷、输电渠道等多重因素的影响，水、风、光"三弃"现象逐渐显现，清洁能源并网消纳问题更加突出。可再生能源在供电稳定性上存在着天然缺陷。以典型的太阳能为例，虽然其在可再生能源中具有清洁、使用方便、分布广泛等优点，但就电网稳定运行的需求而言，光伏发电存在固有的弱点，即受到日照和天气情况的制约，光伏发电存在间歇性、随机性和波动性。光伏发电的间歇性和波动性主要表现在机组出力的昼夜差异，且机组规模越大差异性越明显。在日照强烈的白昼，大量的光伏发电超过了用电负荷需求，使得大概率出现过剩电量。反之，在夜间光伏发电机组停止出力，由此又可能产生较大的供电缺口。为此一些地区不得不利用燃煤机组进行峰值负荷调节,在夜间弥补光伏发电机组出力不足的缺口,然而由于启动和关停燃煤机组的成本较高,电网运营商尽量减少光伏发电。风力发电的情况同样如是。自然风的不确定性和不可控性使得风电机组出力具有波动性和随机性。在白天用电高峰阶段,电网可以消纳这些风力涡轮机的全部电力,在夜间到清晨的时段风力发电装机出力最大且最稳定,可是这段时间电力需求负荷位于波谷,导致过剩的风力发电被弃。正因此一些国家的电网运营商一度以光伏发电和风力发电稳定性差、冲击电网安全等原因拒绝接入电网。尽管一些国家出台强制性的可再生能源发电并网措施,但实践经验表明,风力发电或光伏发电只有保持在大型电网电力负荷需求 15%的范围内才不会对电力系统稳定运行造成实际冲击,因此在大规模并网的技术障碍依然存在的情况下,强制性措施也无法逾越现有技术约束。

中国能源基地和负荷中心逆向分布的基本格局,以及输电渠道的缺乏和各省份之间的壁垒,导致了可再生能源出力的限制。首先,中国新能源分布的矛盾导致了资源供给的矛盾。中国"三北"地区风能、太阳能资源丰富,大规模风电、光伏发电基地集中。这些地区的新能源基地和负荷中心呈逆向分布,远离中东部地区经济发达的负荷中心,跨区域输电能力不足。甘肃电网数据显示,以甘肃省为例,截至 2017 年底,全省清洁能源总装机容量为 2936 万千瓦,达到全区最大电力负荷的两倍。富余电力主要依赖酒泉向湖南特高压直流输电通道外送,但其最大输电能力只有 800 万千瓦,凸显出跨区域输电能力的明显不足。其次,可再生能源建设规划和电网建设规划存在明显的不匹配,配套电网规划建设相对滞后阻碍可再生能源有效配置。对外输电渠道项目审批程序有待简化,电网结构性供需不协调,有效投资能力亟待提高,由此引发供电与电网配套项目结构性失调。输电渠道规划建设进度滞后、支持规划灵活供电等,造成地区"窝电"现象。

第三节　关键因素Ⅲ:电力交易制度

一　跨区交易机制

自"十二五"规划以来,中国的各种电源装机容量,尤其是可再生能源，一直保持着快速增长，特别是中国大规模可再生能源富集的"三北"地区，随着各类能源装机容量的不断增加，发电能力迅速增长，局部负荷增长放缓，能源的规模和当地消费市场严重失配，加剧了可再生能源消费矛盾。2020年，即便受到新冠疫情冲击，全国能源发电量同比增长仍然达到4.1%，其中太阳能、风能并网发电量分别增长16.6%和15.1%，远高于全国发电量的增长水平，特别是在西北地区，风力发电和光伏发电的装机容量较大。青海新增风电、光伏发电装机容量占比分别为42.6%和43.7%。青海、甘肃新增可再生能源发电装机容量已超过火电装机容量。超过15%的发电量来自青海、甘肃、宁夏和内蒙古，但在青海、甘肃、新疆等能源基地自身的电力需求有限，全社会用电量占比小于发电量占全国的比例。以2020年为例，西部地区和中部地区全社会用电量占比分别为25.3%和18.7%；同时，外部电力供应有限，非常规发展可再生能源的承载力超过当地市场，电力市场无法支持新的发电需求，直接导致增加风能和光能等可再生能源的消费是有限的。

从深层次来看，弃风、弃水问题反映了中国电力运行机制和电力市场体制的深层次矛盾。中国的电力供应和需求仍由省内平衡和当地消费主导，而水电的"剩余和短缺"特点、风能和太阳能的"波动"不能满足市场消费问题，只有通过本地操作和调度优化，因此需要依赖一个更大范围的消费市场，也就是依赖跨省市场交易规模以扩大可再生能源并网发电。电力现货市场的整体发展和辅助服务的补充补偿机制的建立将在更大范围内促进清洁能源的并网消纳。中国的电力市场仍在不断完善，配电和销售改革尚处于起步阶段。可再生能源发电仍处于参与中长期交易和辅助业务补偿交易的试点阶段。由于缺乏高效的政策和市场交易机制来促进可再生能源跨区域和跨省消纳，各省份之间的输电通道障碍十分棘手。很少地区能够有效应对可再生能源存在的波动性，特别是在面临供给超过需求的利益冲突时，很难调节跨省、跨区域可再生能源的供需平衡。此外，全国电力现货市场仍处于建设的试点阶段。从2017年8月到2019年6月底，第一批8个地区试点启动电力现货市场，包括中国南方（从广东起步）、浙江、山西等所有试点省（区域）市场模拟和试运营阶段，加快辅助服务市场与电力现货市场建设步伐。电力现货市场模式、运行规则、技术体系、参数设计等还有待进一步完善和优化，可再生能源消费方对现货市场的参与仍处于探索阶段。

中国经历了多个阶段的电力市场交易体制改革。2002 年 2 月，国务院下发"5 号文"，提出了"厂网分开、主辅分离、输配分开、竞价上网"的电力体制改革 16 字方针并规划了改革路径，由此推动市场化导向的电力体制改革进入起步阶段。2015 年 3 月，"9 号文"发布，中国启动新一轮电力体制改革。"9 号文"将促进可再生能源消纳、完善跨省跨区电力交易机制作为本轮电力体制改革的核心内容，提出要建立和完善跨省跨区电力市场交易机制，加快推动可再生能源富集地区向缺电地区大规模输送清洁电力，从而为可再生能源远距离、大规模跨区消纳提供了契机。为此，相关部门配套发布了多个文件以支撑跨省跨区电力交易，如表 4-13 所示。

表 4-13　跨省跨区交易的支撑文件

序号	时间	文件名称	主要内容
1	2012 年 12 月	《跨省跨区电能交易基本规则（试行）》	明确跨省跨区电力交易主体，提出跨省跨区电力交易原则上采取市场化的交易方式
2	2015 年 5 月	《关于完善跨省跨区电能交易价格形成机制有关问题的通知》	完善跨省跨区电力交易的价格形成机制
3	2017 年 11 月	《关于全面推进跨省跨区和区域电网输电价格改革工作的通知》	全面推进跨省跨区输电价格改革，促进包括可再生能源在内的电力资源在更大范围内自由交易
4	2017 年 12 月	《跨省跨区专项工程输电价格定价办法（试行）》	专项输电工程的输电价格形式按功能确定，现执行单一制定价
5	2021 年 10 月	《跨省跨区专项工程输电价格定价办法》	对跨省跨区专项工程输电价格的计算方法和核价参数予以细化和完善

以 2005 年颁布的《中华人民共和国可再生能源法》为标志，中国不断完善可再生能源政策体系，在促进可再生能源投资上发挥重要作用。"9 号文"的颁布进一步推动出台一系列与"电改"相关的可再生能源刺激政策，引导可再生能源消费，助力可再生能源消纳。从政策演进过程来看，中国的可再生能源支持政策已经从可再生能源补贴、强制性全额收购向可再生能源配额制转变，为可再生能源发展提供了更可靠的制度保障。

2016 年 3 月 1 日，以北京电力交易中心和广州电力交易中心同日挂牌成立为标志，中国加快探索建立区域电力交易市场。2017 年 8 月 15 日，北京电力交易中心发布了《跨区域省间富裕可再生能源电力现货试点规则（试行）》，推动启动试点地区弃风、弃光及弃水电能的跨省跨区现货交易。2018 年 8 月 29 日，北京电力交易中心又发布了《北京电力交易中心跨区跨省电力中长期交易实施细则（暂行）》。作为首个省间中长期电力交易规则，它明确规定了发电厂商、售电机构、电网企业、调度机构、电力用户及电力交易中心六大市场主体的权利和义务。北京电力交易中心负责组织月度、年度等中长期跨区跨省电力交易，交易形式主要有三种，分别为双边协商交易、集中竞价交易和挂牌交易。国家发改委下发了《关于核定部分跨省跨区专项工程输电价格有关问题的通知》，明确规定中国跨省跨区输电电价机制为单一制电价，同时调整 21 项跨省跨区专项工程输电价格。2020 年，国家发改委发布了《区域电网输电价格定价办法》，明确准许成本、准许收益和税金构成省级电网输配电价准许收入，并要求与输配电业务无关的固定资产不得纳入可计提收益的固定资产范围。

市场主体可以在电力市场交易过程中制定自己基于市场规则的最优报价机制，以此达到自身利益的最大化。虽然部分国家已经放开用户侧，并赋予用户直接参与电力交易的权限，但电力市场中的竞价行为仍然集中于发电侧。区域电力市场中发电侧的竞价机制可以归纳为以下几类。

首先，基于成本分析的竞价机制。市场还没有发展成熟之前发电成本主要由电价体现，因此立足发电成本进行竞价是发电企业最简单和最直接的竞价方式。发电企业基于成本分析的竞价方法一般来说可以分为综合成本法和边际成本法两类。其中，综合成本指的是在发电过程中发电企业综合考虑各类可变成本和固定成本，最终测算出企业单位电量的发电成本，再以此为基础加上该发电企业预期利润就得到企业在电力市场中的最终报价。边际成本则是指在某段时间内，基于一定出力水平发电企业每增加一单位发电量所对应的发电成本的增量。边际成本与发电企业的固定成本无关，发电企业使用边际成本法进行竞价时的报价为其边际成本与预期利润之和。与综合成本法相比，边际成本法更准确地反映电力的实际成本，能够更好地促进资源的优化配置，因而在实践中被广泛应用。基于成本分析的竞价机制的优势在于简单直观，它无须大量历史数据予以论证支撑，但它也存在一定的缺陷，例如该方法通常忽略其他市场竞争者的报价，从而在电力交易市场竞价时很可能无法从价格竞争中得到最理想电量，进而造成收益损失。

其次，基于出清电价预测的竞价机制。所谓出清电价预测的竞价机制，是指发电企业对电力交易市场出清电价进行的预测，结合对自身发电成本分析，在交易的报价中采取比预测的市场出清电价略低的竞价策略。具备影响电价的各类因素的完全准确信息是预测出清电价的重要基础，这些因素主要包括交易规则、供需情况、市场结构、发电成本、其他竞争对手的报价策略以及输电网络运行及主要约束条件等。一般来说，基于实际物理模型仿真预测和基于数学模型预测是电价预测的两种基本方法。前者主要是依托电力系统的仿真模型进行电价定价过程模拟以预测电价。这种方法的难点在于需要有关电力系统运行参数和市场交易的大量信息，在大型电力系统中存在计算量大及可实施性不强的问题。后者主要是通过分析电价及影响电价主要因素之间的内在联系，建立对应的数学模型进行电价预测。这种方法又可进一步细分为时间序列建模法、智能算法建模法以及混沌理论建模法等。出清电价的各类预测方法都是以大量有关电力系统运行参数和市场交易信息为基础，精准获知这些信息常常具有相当大的难度，信息获取误差会直接导致电价预测的误差，但出清电价的预测作为其他类型竞价策略的基础，对其研究具有重要的理论和现实意义。

最后，基于最优化方法的竞价机制。该竞价机制一般指的是通过构建双层优化模型实现电力市场运行成本及发电企业收益的优化兼顾。该双层优化模型的上层为电力市场的出清优化模型。电力交易中心根据各发电企业的报价和申报电量以及负荷预测结果等信息，在市场运行约束条件下，以最低化电力市场运行成本为目标进行市场出清，最终获得市场出清电价以及各发电企业的中标电量。该双层优化模型的下层为发电企业收益优化模型，各发电企业以预测对手报价和市场出清电价为基础围绕自身收益最大化目标进行报价优化。该双层优化模型上、下层以出清电价为联结，其中由上层优化模型的优化结果决定的市场出清电价和发电企业的中标电量将对下层优化模型中的发电企业收益产生影响，而下层优化模型的优化结果，即发电商的报价策略则又影响上层优化模型中的市场出清结果。该竞价机制是以准确预测竞争对手报价为前提的，而事实上竞争对手报价的预测结果难以准确获得，导致该机制的优化结果与实际结果存在一定出入。

部分区域可再生能源装机容量占比高，发电基地规模大，弃风、弃光问题突出是中国可再生能源发电的基本特征。在提高电网互联水平的基础上大幅增加可再生能源跨区电力交易是解决可再生能源消纳难题的基本措施。可再生能源跨区电力交易指的是将可再生能源富集地区本地消纳后剩余的风电、光电等各类可再生能源电力和火电打捆后通过各种等级的电力输送通道外送到存在电力缺口的地区进行消纳。可再生能源跨区电力交易需要考虑众多的协调因素，除电源侧与负荷侧的交易主体之外，还要将国家政策、电力市场结构及跨区电网属性等相关因素纳入考虑范围。

由于中国可再生能源主要分布在用电负荷较低的地区，这些地区不可能完全消纳本地产生的可再生能源电量，为维持发电基本收益，避免资源浪费，需要将电能外送到用电负荷较高的地区。省间、区域间的电力交易制度在很大程度上决定电力外送能力，由此深度影响可再生能源发电并网规模。目前，中国电力交易制度方面仍然存在诸多不完善之处，它们对电能资源优化配置和可再生能源并网发电产生不利影响。首先，以计划为主导的跨省跨区电力交易，容易产生电能交易部分在分配份额前无法充分考虑风电企业的问题，而市场形成的有限交易量也无法为可再生能源外送提供充裕的上网空间。其次，电网公司进行省间电力交易的积极性因为跨省输送引起的电网损失无法得到补偿而受到较大冲击。再次，由于一个省份的收益往往意味着另一个省份的损失，跨省交易还面临收益再分配的有效协调问题。同时，为了接纳其他省份的可再生能源电力，被转移省份的火电机组必须不同程度地压低出力，为可再生能源腾出更多的上网空间。这无疑将引起各地区的税收、收入水平产生较大的变化。最后，由于缺乏公开和透明的信息平台，跨省交易的成本也有所增加，各种不对称信息和滞后信息阻碍电力交易的高效运行。

二　市场配置工具

可再生能源并网消纳有赖于高效的市场配置工具。由于各种可再生能源总体的发电成本高于化石能源，采取有效的激励政策促进可再生能源并网发电是十分必要的。从纯市场的角度来看，绝大多数国家竞争性电力市场中发电厂商通常不会主动选择成本更高的可再生能源，除非得到某种形式的补贴和扶持，以提升可再生能源发电的市场竞争力。正因此，许多国家探索并实施可再生能源并网消纳的市场配置工具。例如，欧盟出台的可再生能源指令（2009/28/EC）旨在支持可再生能源提升发电和并网产能。欧盟可再生能源发电部门在装机容量和发电量方面获得了大部分成员国政府支持和有效增长。然而，《欧盟竞争法》规定，扭曲市场的国家援助是非法的，因此，要提升可再生能源渗透率，就需要构建不造成资源扭曲配置的市场机制。2001 年 9 月，欧盟通过了可再生能源电力生产指令，鼓励在成员国内部电力市场推广使用可再生能源发电。该指令提出了各个成员国指示性指标，以指导成员国政府实现可再生能源电力指令。就具体国家而言，在欧盟通过上述指令之前，德国和丹麦两国已经通过上网电价政策在刺激可再生能源投资方面取得了显著的成功。此外，美国各州也探索了有针对性的市场配置工具。概括而言，各国主要通过六大市场化工具促进可再生能源发展：配额制（Renewable Portfolio Standard，RPS）、上网电价补贴（Feed-in-Tariff，FiT）、排放权交易（Emissions Trading）、容量拍卖（Capacity Auctions）、碳价格下限（Carbon Price Floor，CPF）和可再生能源义务证书（Renewable Obligations Certificates，ROCs）制度等。

（一）配额制

配额制也称作可再生能源组合标准（RPS），还可以称为可再生能源电力标准（Renewable Electricity Standard，RES），是旨在增加可再生能源发电使用的市场配置工具。这些政策工具要求或鼓励电力供应商从合格的可再生能源中为其客户提供规定的最低电力份额。虽然美国一些州已经提出 RPS 或其他清洁能源政策，但目前没有联邦 RPS 或类似政策。可再生能源组合标准是指通过立法对可再生能源发电的市场份额进行强制性规定。它要求在总电力供应中必须有可再生能源发电的一部分。配额价格政策已在英国、美国和澳大利亚的许多州实施。美国是世界上第一个实施可再生能源组合标准的国家。虽然美国目前没有国家可再生能源组合标准，但许多联邦法案与该标准有关。由于可再生能源组合标准通常伴随配额或绿色证书交易，风力发电相当于获得电力市场上的竞争价格加上绿色证书价格的上网电价。然而，大多数州制订了自己的 RPS 计划。各州的 RPS 在项目结构、实施机制、规模和应用方面差异很大，没有两个州的 RPS 计划是完全相同的。一些州要求将 RPS 重点放在大型投资者拥有的公用事业上，而其他州则将该标准应用于自己运营的所有公用事业。RPS 保护伞下有一系列细项规定。RPS 规定了在特定日期或年份之前，指定可再生能源电力供应份额的最低要求。这些能源包括风能、太阳能、地热能、生物质能和某些类型的水能，但也可能包括其他能源，如填埋气、城市固体废物和海洋能源。一些项目还为各种类型的空间供暖、燃料电池、能效措施和先进的化石燃料技术提供制度安排。除了可再生能源标准，一些州还制定了清洁能源目标。这些国家已经用不同的方法定义了无碳、碳中和的清洁能源等术语。一些国家可能允许核能或碳捕获和储存天然气等技术计入清洁能源政策目标。其他国家则将实施工作交给监管机构，尚未就哪些内容符合目标制定正式的指导方针。RPS 工具的一个特点是处于可再生能源义务证书（ROCs）交易系统，该系统降低了遵守 RPS 的成本。发电量超过 RPS 要求的可再生能源电力公司可以向其他电力供应商交易或出售 ROCs，这些供应商可能没有足够的合格电力来满足其 RPS 要求。有关部门提供一定数量的信用证供出售。一般来说，只有一个实体——发电商或 ROCs 持有人——可以从 RPS 合格来源的可再生能源发电属性中获得配额。除了 ROCs 的成本控制机制外，如果可再生能源发电超过指定的成本阈值，许多 RPS 计划有免责条款。

可再生能源组合标准是一项监管机制，旨在增加风能、太阳能、生物质能、核能和其他化石能源发电替代品相关的可再生能源的产量。RPS 可以与生产税收抵免相结合，在推动可再生能源项目方面最为成功。具体做法是，通常通过提供"分拆"条款来推动特定技术的发展，这些条款要求特定技术（如太阳能发电或生物质能发电）产生一定比例的电力。监管机构可以选择将 RPS 要求应用于其所有公用事业，或仅适用于投资者拥有的公用事业。监管机构还可以定义哪些技术符合 RPS 要求。有足够的输电能力来容纳可再生能源发电对 RPS 的成功至关重要。RPS 成功案例要么有足够的输电通道，要么有计划建设。RPS 对纳税人的影响也会对其实施效果产生作用。与对纳税人的影响相对应的是，RPS 授权通常会推动当地经济增长。在一个精心设计的 RPS 下，所有纳税人都能公平分担费用。解决纳税人收益差异的另一种方法是在 RPS 中加入条款，以防止成本过度上升。

RPS 是一种用于扩大可再生能源发电的市场化工具，以反映如果发电投资的决定因素是长期社会成本而不是短期财务成本，RPS 将发挥应有的作用。为保证可再生能源生产商持有一定的市场份额，RPS 是为新的可再生能源投资提供强有力的激励，为当前和新的可再生能源生产商提供降低成本的持续动力，以及在降低政府财政和管理参与要求的同时实现环境目标的相对可靠的手段。通常情况下，电力生产商和电力行业产能的增长都可以通过 RPS 推动，而电力行业的清洁化也可以通过 RPS 来实现。到目前为止，一些欧洲国家、美国若干个州和澳大利亚已经实施了 RPS，但许多其他国家和地区仍在探索阶段。欧洲正在立法和实施欧盟范围内的 RPS，美国正在立法和实施联邦层面的 RPS。现有 RPS 相对于其他替代机制的优势仍没有显现出来。已有研究表明，RPS 在已经实施的国家起到了促进可再生能源并网和减排的作用。RPS 目标的选择涉及环境改善、长期技术战略和短期成本之间的三方权衡。特别注重以最低成本实现最大环境改善的国家和地区，对所有可再生能源只有一个标准，甚至可能包括非可再生能源技术应用的有关规定。注重先进可再生能源技术长期发展的国家和地区更多倾向于采纳促进可再生能源并网消纳的市场配置工具，以确保可再生能源和相关清洁技术的多样化应用。

RPS 实施的灵活性机制是其取得扩大可再生能源并网消纳效果的关键。RPS 的实施因其可能带来的额外成本在西方国家一度受阻。美国和澳大利亚 RPS 的管理是通过政府和向电力监管机构授权相结合的方式进行的。欧盟 RPS 管理分散于各成员国，但正在进行各种体制改革以推动统一化管理。到目前为止，所有实施 RPS 的国家和地区都继续实施支持可再生能源并网消纳的其他政策，包括研发和示范项目、税收抵免以及上网电价补贴等。RPS 不可避免地存在缺陷，因为它迫使终端消费者采用特定形式的能源，尽管这些只是达到改善环境的间接手段。在美国，可再生能源计划已成为州一级推广可再生能源的最常见工具，21 个州和哥伦比亚特区采用了此类工具，它们总共涵盖了美国 40% 的电力供应，并为能源组合中的可再生能源设定了最低标准。Wiser 等（2005）的一项研究发现，美国各州的配额设计差异很大，由于只有少数几个州具备实施 RPS 的足够经验，这些 RPS 工具的全面效果尚未显现。然而，在过去几年中，这些政策已经开始对美国的可再生能源电力市场产生相当大的影响。美国大约有一半的非水能可再生能源新增容量发生在有 RPS 的州，其中大部分来自风力发电。截至 2020 年，这些 RPS 可能会带来超过 40 吉瓦的新增可再生能源装机容量。美国最成功的 RPS 是那些要求或推动与可再生能源开发商签订长期合同的并网消纳机制，将非捆绑短期合同用作次要合规工具。

各国和地区的可再生能源 RPS 的具体形式在实施过程中略有不同，其中以美国加利福尼亚州（简称"加州"）的 RPS 最为典型。作为美国最早实施 RPS 的州之一，加州早前提出美国最为积极的可再生能源发展目标，也就是力争 2020 年可再生能源发电占比提高到 33%，并为此制定详细的 RPS 政策机制。在 RPS 政策工具的实施中美国对 RPS 管理职责进行划分。具体主要由加州能源委员会（California Energy Commission，CEC）和加州公共事业委员会（California Public Utilities Commission，CPUC）负责制定和实施 RPS 政策。其中，电力公司实施 RPS 主要由 CEC 负责，由其对符合 RPS 资格的可再生能源发电设施进行认证，并设计运营计量系统有效验证跟踪 RPS 执行情况。CPUC 负责对私营电力公司和分布式发电业主实施 RPS。RPS 许可的电源类型是多样的，允许被列入 RPS 指标的发电类型主要包括风电、光伏发电、光热发电、小水电（3 万千瓦及以下）、潮汐能发电等。就 RPS 物理交易与证书交易而言，在针对通过物理交易的可再生能源电量中 RPS 指标只考虑州内消纳的电量，而外送的电量不被列入 RPS 指标。自 2011 年开始加州政府引入可交易的可再生能源证书（Tradable Renewable Energy Certificate，TREC）机制，允许电力公司从州外购买 TREC，且所购证书可以与物理交易独立。但为了鼓励发展本州可再生能源，加州对 TREC 设置多项约束条件，包括规定 RPS 指标中必须至少有 50% 的配额指标来自州内电厂的物理交易，对单个电力公司允许最多有 25% 的配额指标来自 TREC（到 2020 年该配额指标降低至 10%）。在 RPS 计量方面，加州规定 RPS 的所有计量都必须基于发电商的售电合同。为了对 RPS 进行准确、公正的计量和跟踪，2007年 6 月北美西部电力协调委员会成立独立的西部可再生能源发电信息系统（Western Renewable Energy Generation Information System，WREGIS），零售商、公营电力公司、私营电力公司等参与加州 RPS 计划的所有机构都被要求注册和使用 WREGIS。在惩罚措施方面，RPS 额度不足的电力公司将被处罚 5 美分/千瓦时，且每年最高处罚 2500 万美元。

为了促进用户侧分布式可再生能源并网消纳，从 1996 年开始加州采用净电量结算政策。由于该政策设计非常完备，加州净电量结算是美国所有州中参与用户最多的。CPUC 主导制定该结算规则。就提供净电量结算服务的公司范围而言，洛杉矶水电公司以外的所有加州电力公司都必须提供净电量结算服务，所允许的分布式发电类型涵盖所有 RPS 政策范围内的机组类型。在单个用户容量和总体容量上限有关规定方面，单个用户、地方政府和大型用户的分布式发电设备的装机容量上限分别设定为 1000 千瓦和 5000 千瓦。至于单个电力公司经营区内分布式发电的总装机容量，其上限则被设定为用户最大聚合负荷的 5%。按照"先到先得"原则受理入驻用户申请直至达到总规模上限就不再受理。至于月度和年度净上网电量结算的有关规定，其中月度净上网电量以"月间抵扣"方式进行结算，按零售电价把当月净上网电量计入下月的电费账单，主要用于抵扣下月电费。对于每年 12 个月电费周期结束后仍然存在净上网电量的情况，规定用户可以选择接受净上网电量结算，电力公司按规定根据当年 7：00～17：00 现货市场的平均电价支付给用户净电量电费。用户还可以选择无限期地转计年度净上网电量。电力公司在暂不结算的情况下认定用户的净上网电量及相应电费。年末用户选择把净电量转计到下一年，则该用户会持有该部分电量对应的可再生能源证书；而年末用户选择接受电力公司对其支付净电量结算费用，则与该部分电量对应的可再生能源证书将会转由电力公司持有。此外，关于分布式发电设施接入系统配套费用的问题，用户不再需要支付接网过程中的审查费、分布式发电接网费等费用，这些相关费用则由电力公司承担。

加州独立系统运行机构（California Independent System Operator，CAISO）指出，目前电力系统面临的运行挑战包括难度不断增加的负荷跟踪和系统调节等基于时间尺度的灵活调节，难度不断增加的风能发电问题以及难度不断增加的风电爬坡预测。近年来，在应对大规模可再生能源并网的挑战过程中，CAISO 积累了丰富的可再生能源发电调度运行及相应的市场交易机制设计经验。一是可再生能源发电的调度运行机制。强化功率预测的准确性是基础。CAISO 从 2004 年开始采取集中式的风电、太阳能发电功率预测，使用费为 0.10 美元/兆瓦时。至于费用分担，所有的风电、太阳能发电机组需要承担 0.07 美元/兆瓦时，而 CAISO 承担 0.03 美元/兆瓦时。功率预测主要用于实时市场运行，在日前市场中功率预测仅仅作为参考。功率预测采用"内部＋外部"双轨制，其中外部预测委托外部机构实施，主要承担 18~42 小时的出力预测和小时级的爬坡预测；内部预测则由 CAISO 负责实施，主要进行 0~7 小时预测（小时级）和 0~2 小时预测（15 分钟级）。为提前研判风电出力波动趋势，目前已经采用概率性算法进行风电爬坡预测工具研发。至于辅助服务，在风电大发的季节电力系统需要较多的系统调节和负荷跟踪辅助服务，可目前还没有建立频率响应辅助服务市场。参与间歇性资源项目（Participating Intermittent Resource Project，PIRP）的风电厂不能参加辅助服务市场。如果风电厂参与提供上行和下行调节的辅助服务，风电机组则需要安装遥测装置并事先通过相应的性能测试。二是可再生能源发电的市场交易机制。在日前市场中，允许风电厂参加市场竞价，但不会有任何市场竞价的保护措施。在实时市场中，风电厂可以作为价格接受者参与实时市场，风电厂的允许出力则将在小时前市场确定。PIRP 项目的风电厂不被允许参与实时市场报价，其日前预测的出力部分按照实时市场电价结算，实时出力偏差部分则在每月进行不平衡结算，结算价格为当月的加权平均市场出清价，结算金额多退少补。负电价报价方面，允许风电厂申报负电价，价格则在-0.3~-0.03 美元/千瓦时。

概而言之，美国加州对于可再生能源发展的政策支持力度很大。可再生能源存在难以大规模存储电能、电力系统难以瞬时平衡等运行特点，而加州可再生能源政策充分考虑到这些因素，总体达到保障系统安全稳定运行的基本要求，构成一套激励和约束并重的政策体系。总结美国加州可再生能源发展经验：一是要在可再生能源配额制方面，有效衔接配额制与标杆电价政策，避免双重补贴导致的过度补贴；二是设立专门的可再生能源配额计量和统计机构，制定切实可行的跨区跨省输送可再生能源电量的计量办法；三是协调证书交易和物理交易的关系，建立与配额制配套的可再生能源证书交易市场；四是在鼓励发展分布式发电的同时，务必有效兼顾用户和电网企业利益，合理设定电网经营区内分布式发电单个项目与总体并网规模上限；五是深入研究和评估分布式发电对配电网的影响，尽早出台分布式发电并网技术标准、管理规范和计量结算规则；六是建立和完善满足多时间尺度要求的功率预测系统，着力研发风电、太阳能发电爬坡预警系统，实现提前预判大规模出力变化的爬坡事件；七是在大力发展灵活调节电源的同时，加速推进跨区跨省输电通道建设，不断扩大可再生能源电力平衡区域，深入探索通过需求响应资源促进可再生能源发电运行。

中国 RPS 实施尚处于起步阶段。2005 年，《中华人民共和国可再生能源法》起草过程中首次提出配额概念。2010 年，国务院发布的《关于加快培育和发展战略性新兴产业的决定》中进一步确定实施配额制。2018 年，国家发改委、国家能源局为加速推进可再生能源配额制实施，分别于 3 月、9 月和 11 月发布 3 轮配额制实施征求意见稿，明确规定承担配额义务的市场主体和考核办法等。2019 年，国家发改委、国家能源局印发了《关于建立健全可再生能源电力消纳保障机制的通知》，继而在 2020 年又下发了《关于印发各省级行政区域 2020 年可再生能源电力消纳责任权重的通知》，建立了可再生能源电力消纳保障机制，并确定了可再生能源电力消纳责任权重，明确可再生能源并网消纳责任的市场主体，有效保障配额制实施。然而，中国实施 RPS 还存在一些体制机制障碍，如绿证市场交易不畅、竞争性缺位、价格扭曲，致使 RPS 需要在全国统一电力市场的建设中不断优化完善。

（二）上网电价补贴

上网电价补贴（FiT）又称固定电价制度，它的由来可以追溯到美国 1978 年的《公共事业管理政策法案》（Public Utilities Regulatory Policy Act, PURPA）。PURPA 设立的意图是成为一项相对有限的法案，解决公众认识到的一个突出问题，即垄断公用事业公司没有通过支付竞争性市场价格，从小型独立发电机购买其剩余电力，从而导致有用的电源扭曲配置。PURPA 明确要求被监管的电力公司必须以州监管方决定的发电"可避免成本"购买产自可再生能源或其他指定技术生产的电力。在电力产能过剩的州，其原本是边际发电成本，但在电力产能不足的州，监管机构将其归纳为新电厂的全部发电成本。这导致发电需求较多的加州出现大量新产能，其中一些来自以风能为主的可再生能源，而另一些来自石油和天然气生产商的热电联厂。固定价格意味着新产能的发电厂不必担心存在公用事业公司降低买入价的风险。虽然价格设定相对过高，但 PURPA 确实表明，传统公用事业公司并非唯一具有竞争力的发电公司。在不断降低市场准入壁垒的情况下，市场往往能够以比预期更低的价格提供更多的可再生能源发电量。这也是对可再生能源的重大激励和示范。

上网电价补贴是欧盟使用最广泛、使用最成功的电力市场机制。自 1990 年起，德国和丹麦首先在欧洲采用上网电价补贴，由此引起两国对风力发电的大规模投资。在德国，最初的 FiT 方案是向可再生能源发电机组支付当前零售价（包括通道费用）下一定比例（65%~90%）的补贴。2000 年，德国颁布一项新法律，规定德国的可再生能源要签订一份通常为 20 年的长期合同，在此期间价格是固定的。FiT 也称为标准报价合同或先进的可再生能源电价，本质上是旨在增加可再生能源系统和技术投资的政策机制。它通过向可再生能源生产商提供长期合同来实现提高可再生能源比例的目标，通常基于每种不同技术的发电成本。例如，风力发电等技术的每千瓦时电价较低，而太阳能光伏发电和潮汐能或波浪能发电等技术目前的电价较高，反映出它们的成本较高。FiT 通常具备"补贴递减"，是一种价格（或补贴）随时间推移而递减的机制。这样做是为了跟踪和鼓励技术成本的降低。FiT 的目标最终是向可再生能源生产商提供基于成本的补偿，提供价格确定性和长期合同，为可再生能源投资提供足够的资金（Gipe，2011）。自 1991 年以来，该市场机制在德国实施和完善。尽管 2003 年被暂停，但随着研究结果证明 FiT 的有效性，德国发布的一份报告《德国光伏上网电价》（Fulton and Mellquist，2011）中充分肯定和总结 FiT 的优势所在，FiT 已经在德国重新启动。

FiT 为购买特定量可再生能源电力设定了固定价格。这项工具反映了每种可再生能源技术的实际发电成本（加上合理的回报率）。这种类似的"补贴"通常有很长一段时间保持基本稳定。FiT 通常要求电网运营商购买所有可再生能源电力，与总电力需求无关。它们通常通过最终用户电价的小额追加来补偿，也就是说，额外成本通过国家分担机制在所有费用支付方之间分配。在设计协调机制时，监管机构力争寻求生产商的投资安全和最终消费者的成本降低之间的平衡。FiT 的成功在很大程度上取决于高度的投资安全性。投资者的风险（数量和价格风险）可以通过长期提供固定补贴支付而显著下降。此外，可再生能源发电商通常不受电力平衡风险的影响（在给定时间提供预先协商的电量），因为其中包括购买义务。与其他支持机制相比，FiT 的最大优势在于随技术变化而动态调整。通过能够根据技术发展阶段推广所有可再生能源技术，决策者也有机会推广成本仍然较高但具有巨大中长期潜力的绿色技术（如太阳能光伏发电技术）。风力发电技术等成熟技术也可以以经济高效的方式推广。即使 FiT 在促进可再生能源并网消纳上有所贡献，特别是在能源市场机制较为健全的国家，FiT 有时被批评不符合竞争原则，因为"固定补贴"的设计被认为与国家主导、垄断的能源市场结构有关。固定补贴也因改变技术学习曲线而受到批评。但是，补贴递减和频繁评估补贴水平有助于解决这一问题。购买义务，即独立于电力需求模式购买所有可再生能源电力，可能会导致电力平衡问题和电网运营成本的增加。此外，由于存在很难预测市场参与者数量的可能，受特定电价水平吸引的可再生能源电力项目的数量也很难预测。这使得新兴经济体和发展中国家实施 FiT 面临额外困难。

上网电价通常要求公用事业公司从合格的可再生能源发电厂商购买电力。电价保证在承诺期内（通常为 15～20 年）为系统的全容量输出提供与每单位能源相关的费用。这种支付担保通常包括接入电网，并且支付通常根据技术类型、项目规模、可再生能源质量和其他可能影响项目经济的内生变量进行结构调整。上网电价补贴支付可以基于平准化的服务成本加上指定的回报或发电对公用事业或社会的价值。平准化服务成本法的优势在于可以通过设定有利的回报，将上网电价补贴支付设计为更有利于扩大市场规模的机制。至于第二种方法，即发电对公用事业或社会的价值，价值可以通过公用事业避免的成本或试图将与化石燃料发电相关的外部性成本内部化来定义。这些外部性成本可以包括气候缓解的价值、健康和空气质量影响以及对能源安全的影响等。事实上，必须有效评估基于价值的成本方法，使设定的价值高于实际发电成本，以确保支付足以促进可再生能源市场发展。根据欧洲的上网电价政策，支付可再生能源项目成本加上估计利润的 FiT 被证明是最成功的 （Klein et al.，2008）。然而，美国各州通常使用基于价值的成本方法，但迄今为止一直不成功。

上网电价补贴和 RPS 有所不同，因为 RPS 指令规定了公用事业公司必须用可再生能源满足多少客户需求，而结构合理的上网电价补贴通过提高投资者对回报率和长期合同结构的确定性来支持新的可再生能源发电项目。截至 2009 年初，美国只有少数几个州通过了上网电价政策，包括加州和华盛顿州。美国的几家公用事业公司也制定了基于生产的固定价格激励政策，可以被视为一种上网电价补偿。

FiT 保证可再生能源发电商在固定期限内按向电网供应的每单位能源（如每千瓦时）支付规定的费用。并网消纳是该工具的一个重要组成部分，在国家需要的情况下可以进行有效监管。截至 2018 年底，111 个国家（包括少数国家下属司法管辖区）实施了上网电价补贴或其他衍生工具。尽管 FiT 可以解决投资者的不确定性，但长期合同可能会导致技术锁定，并在不断下降的技术成本市场中为消费者带来更加高价的电力。一些国家对在一定时间内提供 FiT 的发电容量设置了年度上限。德国引入了太阳能光伏发电 FiT 的完善机制，指的是与前一年装机的太阳能光伏发电容量相关计划补贴的下降，且前一年的新增产能越多，补贴下降的速度就越快。

FiT 是一项价格补偿机制，旨在促进可再生能源并网消纳，实质上是政府为可再生能源电力提供固定期限的购买价格保证。全球共有 50 多个国家以不同形式实施了 FiT。马来西亚利用一项回收计划，将补贴带来的额外收入重新分配给发电企业，为马来西亚电力部门的可再生能源比例提升做出了重大贡献。由于对化石燃料的严重依赖、能源多样化的需要以及能源安全问题，伊朗政府对提高可再生能源比例采取了积极措施。伊朗可再生能源组织（Renewable Energies Organization of Iran）提出了一项再扩建融资计划，并通过以担保价格购买发电量的形式提供一个最长 20 年的合同方案，以实现 2020 年可再生能源装机容量达到 5 吉瓦的目标。然而，为了通过 FiT 机制来扩展各种类型资源，伊朗设计了不同的方案。就电价上涨而言，基于伊朗的基本电力市场结构，太阳能发电厂投资的收益将通过每年至少提高 20% 的电价来保证。此外，通过补贴可再生能源发电，以消费者为基础的 FiT 可以降低社会成本，由此促进可再生能源并网消纳。

上网电价补贴的内生机制表明，符合条件的可再生能源发电商，包括房主、企业主、农民和私人投资者，都可以获得基于其向电网供应的可再生能源电力支付考虑成本的价格。这使得各种可再生能源（风能、太阳能、沼气能等）发电技术得以大力开发应用，并为投资者提供了合理的回报。2000 年，德国颁布的《可再生能源法》提出了这一原则："补偿率……是通过科学研究确定的，但前提是，确定的补偿率应能使发电机组——在有效管理的情况下——在使用最先进技术的基础上，根据给定地理环境中自然可用的可再生能源，以成本效益运行。"

在可再生能源发展初期，由于发电成本较高，这些可再生能源厂商直接参与电力市场无法取得价格竞争优势，欧洲一些国家通过 FiT 促进可再生能源并网消纳。在 FiT 框架中可再生能源不直接参与市场交易，而是由配电网运营商以固定电价收购，并由输电网运营商统一纳入现货市场。2005 年以后，欧盟主要成员国先后调整电价补贴政策，鼓励可再生能源参与电力市场。目前欧洲可再生能源电价补贴方式主要分为两类：一类是以德国、丹麦、西班牙等为代表的溢价补贴，另一类是以英国为代表的差价合约。溢价补贴和差价合约的相同之处在于两者均鼓励可再生能源发电直接参与电力市场，充分发挥可再生能源低边际成本的价格竞争优势，提高可再生能源并网消纳能力；而两者的不同之处在于溢价补贴为固定补贴电价，差价合约是支付可再生能源发电固定合约电价。2012 年，德国全面引入溢价补贴机制，其市场化机制的特点表现在可再生能源按照电力市场规则与其他类型电源无差别竞价上网，且要承担类似于常规电源的电力系统平衡义务。此时，政府为可再生能源并网消纳提供溢价补贴，且可再生能源上网电价为电力市场价格和溢价补贴之和。德国这种类型的 FiT 既可以推动利用低边际成本的价格优势实现可再生能源优先并网消纳，又可以引入电力市场零电价和负电价促使及时高效传导供需平衡信息，从而有助于避免可再生能源的过度投资。自 2017 年起英国开始实施差价合约机制。英国这种 FiT 的核心在于可再生能源按照电力市场规则在电力市场中进行配置，可再生能源发电企业按合同价格与国有结算公司签订长期合同，且合同价格必须低于政府指导价。在电力交易市场中，若市场平均电价低于合同价则向可再生能源发电企业予以补贴至合同价；反之，可再生能源发电企业必须返还高出部分。差价合约机制采用招标方式确定合同电价，签订的合约可以保证可再生能源企业的合理收益，还能够避免对可再生能源投资的过度激励。

FiT 的主要优点是可以在一定程度上降低可再生能源新增发电机组的进入门槛。在价格得到保障的前提下，新投资的可再生能源发电机组不存在市场风险。因为可再生能源发电公司可以以可预测的价格出售生产的所有电量。然而，上网电价补贴也存在缺陷，比如实施上网电价补贴计划的政府面临一些挑战，包括价格必须非常敏感和合理地确定，以防止造成过度资源配置扭曲。如果价格过高，将导致新增可再生能源发电产能的大量涌入，且给消费者带来不必要的高成本；如果价格过低，新的可再生能源产能投资面临大面积亏损，任何提供这种技术的行业都将难以生存。此外，FiT 应该是动态调整的，起码应该做到已有可再生能源发电继续保持实施时的价格，而新增产能的价格呈不断下降的曲线走势，以此反映技术进步和市场容量。

中国可再生能源的相关法律明确规定电价政策制定的原则并建立费用分摊制度。电价的确定应当根据不同类型可再生能源发电的特点和不同地区的情况，最终致力于促进可再生能源开发利用和并网消纳，并随着技术的动态变化适时调整。费用分摊制度是电网企业根据规定的上网电价收购可再生能源电量所发生的额外费用，通过在全国电力市场中征收的可再生能源电价附加予以补偿。就不同可再生能源而言，为促进风电并网消纳，国家制定风电标杆上网电价，此标杆价格比特许权招标的价格高出 10% 左右，比脱硫燃煤发电的价格高出 30% 左右，从而有效保障风电投资。中国光伏发电价格主要经历审批定价、招标定价、地方固定电价等阶段，国内统一性标杆电价一度使得光伏发电装机集中分布于太阳能资源富集的西部地区，但西部地区的电网基础设施较为薄弱，输电通道规模不足和结构不合理是并网消纳困难的重要原因，只有制定合理的上网电价补贴才能推动可再生能源持续地并网消纳。

（三）排放权交易

排放权交易指对二氧化碳（CO_2）等温室气体以及二氧化硫、化学需氧量等主要污染物排放量所进行的交易。排放权交易市场最典型的是欧盟。2005 年推出的欧盟排放权交易计划（ETS）是一种所谓的总量管制和交易机制。在欧盟排放交易体系下，排放许可证的存量有限且在不断减少之中，由此有效地降低可排放二氧化碳的上限。以化石能源为燃料的公司必须获得二氧化碳排放量的许可证，因为许可证储备的规模将随着时间的推移而减少，碳排放总量控制的目标将得到保障。从理论上讲，许可证的价格应该达到某个水平，即与不排放二氧化碳所造成的额外成本相等，也就是可再生能源或能效措施与燃烧化石燃料之间的价格差异。欧盟 ETS 最初的设计目的是以成本效益高的方式实现欧盟 2012 年《京都议定书》的目标，同时尽量减少对经济增长和就业的负面影响。欧盟制定了 2020 年和 2030 年的连续减排目标，贸易体系仍打算成为实现这些目标的"基石"，因为它覆盖了欧盟约 45% 的排放量。欧盟 ETS 还将在欧盟到 2050 年实现气候中性的长期缓解目标中发挥重要作用。韩国排放交易系统（KETS）于 2015 年启动，覆盖了全国约 68% 的温室气体排放。韩国 2030 年温室气体排放总体减排目标是比基准情况低 37%。2018～2020 年，KETS 参与者免费获得几乎所有津贴，但较长时期内没有可靠的价格来表明它的稀缺性。

ETS 可以成为限制温室气体排放的有效政策工具。许多国家目前正在使用各种政策工具来限制温室气体排放，其中一些国家的目标是引入 ETS 来达到碳中和。如果对排放量有一个总的上限，那么总排放量就可以得到控制，并且可以以最低的成本进行必要的减排。ETS 在不同的国家和地区使用存在差异。美国加州的总量管制与排放交易系统于 2013 年启动，根据其声明，它是世界第四大排放交易系统，仅次于欧盟、韩国和中国广东省的 ETS。加州的计划覆盖了该州约 85% 的温室气体排放，并与加拿大各省的类似计划相关联。该州的目标是，到 2030 年将温室气体排放量减少到比 1990 年水平低 40%。根据加州空气资源委员会（California Air Resources Board）的信息，2019 年 11 月，每吨二氧化碳的拍卖价格约为 16 美元。

ETS 的理念是建立一个发电排放总量上限（Oberthür，2019）。低于上限的排放量将通过市场公开拍卖，而不是通过欧盟颁布的稳定碳价格进行交易。欧盟决定向已经获得使用化石燃料发电许可证或将化石燃料用于工业生产的公司免费发放证书，这增强了ETS实施的复杂性。市场为新来者提供了额外的证书，但通过利用发电厂效率的提高，现任者能够出售免费证书并获得额外利润。欧盟ETS涵盖了自己近一半的二氧化碳排放量。欧盟的目标是将温室气体排放量减少到比1990年水平低40%，与2005年相比，欧盟ETS贡献使得温室气体排放量减少了43%。因此，欧盟ETS是缓解气候变化的基石。2020年1月，欧盟每吨二氧化碳的拍卖价格约为25欧元。

欧盟ETS已经实现排放水平的既定目标，电力行业燃料燃烧排放的减少发挥了最大的作用。然而，有证据表明，由于配额的过度分配和由此产生的微弱价格信号，它并不是其所涵盖部门减排的主要驱动力。尽管如此，在2011年之前和2016年以来，补贴价格在低位徘徊。补贴价格低是由多个因素造成的，如能源效率提升和可再生能源政策降低的排放量对补贴的需求出乎意料的低，2008~2009年的经济衰退，以及排放交易系统允许的清洁发展机制认证的减排额度供大于求。最近的改革旨在应对其中一些挑战，例如使经认证的减排额度不符合欧盟ETS的合规要求。到2030年，欧盟成员国的可再生能源和能源效率政策可能会继续为实现欧盟ETS覆盖部门的减排目标做出巨大贡献。

欧盟ETS的最终成功取决于对其作用范围的设定。该计划实现了达到其排放上限规定的减排水平的目标，然而，很难将减排直接归因于欧盟ETS本身，因为它涵盖的每个部门的其他政策可能都起到了作用。最近对欧盟ETS的修订和改革表明，它的作用还应该通过更强烈的碳价格信号，推动经济发生更根本的结构转型。低补贴价格意味着微弱的价格信号未能推动重大技术创新和更深层次的减排。这一经验强调了确定排放交易体系主要目标的重要性，即实现减排目标、创造碳价格信号以及推动经济结构改革的有效结合。德国作为欧盟ETS的重要主导国，目标是将运输和建筑供暖行业包括在ETS之内。这两个行业在2018年占德国温室气体排放量的32%左右。德国每吨二氧化碳当量将有固定的且每年增加的价格，具体是从2021年的25欧元上升到2025年的55欧元。2026年将达到55~65欧元/吨的拍卖价格。从2027年起，德国该系统将逐步纳入欧盟ETS。根据《德国2050年气候行动计划》，中期目标是到2030年将温室气体排放量比1990年至少减少55%，长期目标是到2050年实现碳中和。

总的来说，在具体实践中排放权交易存在着某些设计上的缺陷。例如，现有的众多公用事业机构不仅希望获得许可证，还存在利用这些许可证牟取暴利的问题，而不是将减少温室气体排放设定为最终的目的。2005 年，欧盟碳交易市场许可价格约为每吨二氧化碳 15 欧元，但之后许可价格持续走低，在 2014 年下降到每吨 4 欧元左右。据英国政府有关估计，如果核电站建设成本为 24 亿欧元，可与碳价为 36 欧元/吨的天然气发电形成有力竞争。2013 年，英国政府宣布与法国电力公司达成相关协议，将以 96 亿欧元的投资建造两座核电站。由此可见，由于碳价格过低，火力发电对核电形成较强的低成本优势，通过核能促进低碳发展不具有竞争优势。欧盟委员会计划改进市场设计，使欧盟排放交易体系成为一种有效的减排机制，但在欧盟委员会之外，关于碳交易制度的建设仍然处于尝试和摸索阶段。

2007 年，中国将天津、江苏、河南、陕西等 11 个省区市设定为国家级排污权交易试点地区，探索排污权有偿使用和交易制度。研究表明，排污权交易在减少碳排放和促进绿色发展上发挥重要作用。2017 年，中国启动碳排放权交易市场建设。2011 年 10 月，北京、天津、上海、湖北、重庆、广东、深圳等开启碳排放权交易地方试点工作。2013 年，上述 7 个试点碳市场陆续启动上线交易，尽管碳交易规模不大，但在探索碳市场建设和制度完善等方面累积了众多经验。2021 年 7 月 16 日，位于上海的全国碳排放权交易市场正式启动上线交易，该交易中心首日成交均价为 51.23 元/吨二氧化碳，成交量达到 410.40 万吨，成交额为 2.1 亿元。尽管中国碳交易市场建设尚处于起步阶段，在碳交易制度不断完善的推动下中国将建成全球最大的碳市场，推动"双碳"目标的顺利实现。

（四）容量拍卖

容量拍卖机制可以追溯到 20 世纪 80 年代美国启动的最低成本计划（Lowest Cost Plan, LCP）或综合资源计划（Integrated Resource Plan, IRP）。这是落实 PURPA 形成的制度安排。公用事业公司不一定是唯一的潜在电厂所有者，而且消费者并不希望从某一特定类型的电厂获得电力，总是希望面临多样化选择，且期望在环境和其他限制条件下以最低的可用成本获得能源服务。根据 LCP 或 IRP，企业发电容量最终由监管机构加以确定，并通过合同、购电协议（Power Purchase Agreement，PPA）向满足容量需求的最低投标进行招标。

容量拍卖于 1990 年在欧洲的英国开始引入。英国核电站私有化的尝试之所以失败，部分原因是发电的边际成本达到预期批发市场成本的两倍左右。政府推出了一项计划，每年筹集 10 亿英镑左右补贴消费者，其中 10% 的补贴被抵押用于支付核电部门的损失。作为化石燃料税（Fossil Fuel Levy，FFL）补贴的有效补充，非矿物燃料义务（Non-Fossil Fuel Obligation，NFFO）要求电力零售商购买发电厂的所有产出。

原则上讲，容量拍卖应该比上网电价补贴更具有效性，因为所付价格是由市场而非政府机构决定的。但是在容量拍卖机制具体实施中并非如此。例如，在英国的容量拍卖实践中，陆上风力发电的中标价格仅为第一次拍卖的 1/3 左右，并不比燃气发电的价格高很多。可是，问题在于，实际上只有不足 20% 的中标项目是由于规划许可的相关问题以及相对较短的合同导致融资困难而最终达成的。容量拍卖的缺陷使其在英国的使用频率逐渐减少，在欧洲其他国家也没有被大规模引用。2021 年，英国实施该国规模最大的可再生能源容量拍卖，以推动实现 2030 年可再生能源装机容量提高到 40 吉瓦的发展目标。2019 年，菲律宾能源部向可再生能源委员会提交议案，建议拍卖 2000 兆瓦容量可再生能源牌照，以实现 2030 年可再生能源发展规划的目标。2021 年，西班牙进行新的 3.3 吉瓦可再生能源装机容量拍卖，这次拍卖包括小规模项目的配额。尽管容量拍卖并不是常用的促进可再生能源发展市场配置工具，但作为其他工具的补充，其在推动可再生能源投资和并网消纳上发挥着重要作用。

（五）碳价格下限

碳价格上限能够限制碳价过高的情况出现，使得排放者的成本更加稳定，由此可以限制经济减排成本。同样地，碳价格下限能够保证一个最低的减排成本，可以大幅降低低排放技术投资者的收益不确定性。此外，如果减排技术成本低于下限，则能够挖掘更多的潜在减排量。2009年 6 月，美国国会以微弱优势通过《美国清洁能源与安全法案》（又可称为 Waxman-Markey Bill 法案）。该法案中最具开创性的一项规定是，明确提出 10 美元/二氧化碳当量的拍卖交易最低价格，也就是每吨 CO_2 排放当量最低价格为 10 美元，且该价格将以每年 5% 的速度提高。美国区域温室气体减排行动（Regional Greenhouse Gas Initiative，RGGI）目的在于控制美国东北部 10 个州发电厂的温室气体排放总量。2010 年 3 月，以许可单价 2.07 美元/吨拍卖交易了约 4000 万吨 CO_2，而按该行动计划规定的最低价格 1.86 美元/吨拍卖交易了约 200 万吨 CO_2。该价格水平大幅低于欧盟碳排放交易体系的普遍价格，由此带来了差异化的碳减排效应。

欧洲的主要国家中只有英国尝试引入控制碳排放的价格下限制度。有鉴于存在投资低碳发电资源的能源机构，一定会有化石燃料电厂为购买排放许可证而不得不支付额外成本。2010 年，英国有关部门宣布将从2013 年开始实施碳价格下限，且到 2020 年提高到每吨 36 欧元左右的价格。在 2011 年 3 月的预算中，英国政府宣布 2013 年以最低每吨 16 英镑的价格引入，到 2020 年提高到每吨 30 英镑，即相当于每吨 36 欧元左右。

决策者的目标不同导致政策工具的选择差异。碳价格下限的主要优点在于能够降低成本的不确定性、价格波动以及激励创新性减排。2011年，澳大利亚的学者伍德和乔佐在 *Energy Policy* 上发表的一篇文章中专门探讨了实施价格下限有关问题（Wood and Jotzo，2011）。两位学者比较了三种价格下限机制。一是回购排放许可证，指的是由政府承诺以价格下限回购许可证，由此减少交易市场中排放许可配额。该制度事实上补贴那些掌握过量排放许可证的排放者。该补贴比例和超额排放许可配额保持一致。二是设置拍卖最低价格。可用排放者许可证配额数量能够通过设置拍卖最低价加以限制。美国 RGGI 计划所采用的就是设置拍卖最低价格，在实践中发挥重要作用。三是支付碳排放费用或碳税。碳排放者排放每吨二氧化碳需要付额外的费用或缴纳碳税。

欧盟的气候政策最为激进，一系列新的立法承诺将现行欧盟气候和能源政策与 2030 年实现 55% 的减排目标保持一致。欧盟气候政策架构的支柱——碳价格——的改革发挥了不可替代的作用。为此欧盟不断尝试改进排放权交易计划（ETS）和能源税收指令（ETD），并引入其他市场配置工具。《欧洲绿色协议》缺少的一个工具是碳价格下限，它可以设定 ETS 和非 ETS 部门的最低碳价格。ETS 是欧盟的主要碳定价工具，涵盖发电部门、工业和欧洲内部航班的排放，约占欧盟总排放量的 40%。这是一个限额交易制度，设置并分配给参与者的配额数量上限，包括通过拍卖获得上限。然而，碳泄漏（Carbon Leakage）的风险依然存在，企业将排放活动转移到气候规则较为宽松的国家以控制减排成本。碳泄漏扭曲了贸易体系，并对减排进程产生反作用。这种风险可以通过免费提供一些 ETS 补贴来避免。此外，该计划的设计使补贴数量以稳定和可预测的方式减少（称为线性折减系数，Linear Reduction Factor）。拍卖价格由在任何给定时间提供的数量和需求水平决定。自 2009 年以来，一系列因素导致了补贴过剩，最终导致碳价格长期下降（从 2005~2008 年的每吨二氧化碳 20~25 欧元到 2009~2011 年的 10~15 欧元，以及 2012~2018 年的 5~10 欧元）。为了解决补贴供应过剩的问题，市场稳定储备被引入了。这是一个调整系统，当补贴盈余超过一定限额时，自动削减拍卖数量；当盈余下降时，则释放待拍卖补贴数量。

自 2019 年该计划启动以来，碳价格已升至 2022 年初的 40 欧元左右。如果碳价格要对欧盟的脱碳做出实质性贡献，就必须继续提高碳价。斯蒂格利茨-斯特恩碳定价高级别委员会（Stiglitz-Stern High Level Commission on Carbon Prices）的研究指出，如果要减少排放，2020 年的碳价格应该在 40~80 美元，然后是 2030 年的 50~100 美元。因此，目前欧盟价格仍然过低，无法推动以实现欧盟气候目标的方式减少排放。在 ETS 中，有两种方法可用于实现减排目标。方法一是加快减少免费发放的排放许可证。2013 年，制造部门获得了 80% 的免费补贴，而 2020 年为 30%。然而，被认定存在严重碳泄漏风险的部门继续获得 100% 的免费分配。这不符合 ETS 的目标，并给价格带来下行压力。碳泄漏风险不应通过 ETS 来解决，而应通过引入碳边界税来解决。应对碳定价竞争力方面的政策工具转变将避免国内碳市场扭曲，同时确保与国际竞争对手的公平竞争环境。方法二是增加 ETS 的线性折减系数，即每年收紧数量上限。到 2030 年，紧缩率为 2.2%，这与欧盟先前商定的减排目标一致，即与1990 年的水平相比碳排放减少 40%。但欧盟将通过其至少 55% 的减排目标，这作为欧盟对《巴黎协定》最新承诺的一部分，因此需要进一步提高 ETS 的线性折减系数（Demertzis and Tagliapietra，2021）。

欧盟应该调整自由 ETS 配额和线性折减系数两个主要杠杆，以控制排放配额的供应规模。然而，如果欧盟想要加速必要的碳排放价格上涨，CPF 可以是第三个有效推进碳价上升的工具。碳价格下限的主要优势在于，它透明且可预测，有助于投资者和消费者可持续地转向低碳解决方案。CPF 是不允许交易的，但它正越来越多地被用来让碳价成为脱碳的强大动力。如果 CPF 有效执行，碳价格下限可以逐渐提高，以建立与气候目标一致的碳价格。然而，碳价格下限的问题在于可执行性。这一点尤其重要，因为市场参与者有一种事前的动机，即默契地串通以降低价格。认识到这一缺陷，许多碳交易系统会对排放征税，而不是制订交易计划。可是，征税也并非没有问题，征税并不能保证实现减排的最终目标，而且作为更广泛的税收政策的一部分，它会受到规制者被俘获的影响。这损害了碳价的可预测性，也是企业交易行为受到干扰的主要原因。

碳价格下限在西方国家的执行为其他国家提供经验参考。2013 年以来，英国一直实施的碳政策工具是碳价格下限制度。CPF 由两部分组成，由发电商以两种不同的方式支付：一是欧盟 ETS 补贴价格；二是碳支持价格（CSP），即如果该价格低于碳价格下限目标，则该价格将超过欧盟 ETS 补贴价格。CPF 的目的是每年增加一定比例的碳价，以便 2020 年达到每吨二氧化碳 30 英镑。然而，自 2016 年以来，价格冻结将最低价格限制在 18 英镑，以减少企业面临的竞争劣势，并最终减少能源账单。2019 年，荷兰考虑为 ETS 覆盖的发电厂实施类似的 CPF 计划。2020 年，碳价格下限设定为每吨二氧化碳 12.30 欧元，然后到 2030 年逐步提高到 31.90 欧元/吨。在这个市场配置系统中，如果 ETS 价格低于这个最低价格，差额将以国家碳税的形式收取。荷兰的 CPF 方案由于 2020 年新冠疫情发生而推迟颁布，目前还不清楚何时会最终出台。荷兰政府也在其 2021 年预算案中提出了一项关于工业设施碳价格上限的立法建议。碳价格下限的工作方式与发电计划类似，2020 年每吨二氧化碳的价格为 30 欧元。届时，有效的荷兰税将是 ETS 价格与 30 欧元之间的差额，而预计到 2030 年，该最低价格将增至 125 欧元。

在英国和荷兰的案例中，ETS 确保了最低碳价格的可信度。这样的市场化工具系统提供了关于最低碳价格轨迹的清晰信息，在欧盟层面上类似的东西可能被证明是脱碳库中非常有效的武器。在理想情况下，

ETS 价格下限应该在整个欧盟范围内引入，因为部分国家单一措施可能会导致国家之间的套利，就像碳泄漏一样，可能会造成市场扭曲配置，最终难以达成清洁化转型和减排目标。然而，欧盟范围内的实施可能需要所有欧盟国家的一致决定，因此可能会被碳排放强度更高的国家否决。解决这一问题的办法在于国家之间重新分配碳收入：将 ETS 改革产生的部分碳收入分配给碳排放强度更高的国家。如果这种措施无法达到预期效果，ETS 价格下限可以由一个国家联盟实施。

重要的是 ETS 目前只覆盖欧盟总排放量的 40%，剩下的 60% 部分来自交通、建筑和农业，不受欧盟范围内碳定价的约束，只受能源税收指令设定的欧盟范围内最低能源税税率的约束。欧盟制定 ETD 的改革方案，也可以引入碳价格。因为 ETD 下的许多部门面临与全球能源市场相关的重大不确定性。疫情大流行导致石油价格暴跌，致使法国的一份文件呼吁碳价格的下降，以防化石燃料价格下降。正如 ETS 所主张的那样，碳价格下限将提供明确的市场化激励，并促进 ETD 下各部门的低碳投资。

德国已经在 2019 年建立了一个碳价格框架，在该框架中运输和建筑供暖行业的碳价格将在 2022 年升至 30 欧元、2023 年升至 35 欧元、2024 年升至 45 欧元、2025 年升至 55 欧元，而价格走廊（Price Corridor）为每单位 55~65 欧元的排放证书将从 2026 年开始拍卖。类似的计划已经在加拿大不列颠哥伦比亚省成功实施，该省于 2008 年引入了 10 加元的碳税，同时明确表示，还将在 2013 年开始每年增加 5 加元，直至达到 30 加元。2018 年，加拿大政府在联邦层面复制了该成功计划，从 2019 年的 20 加元开始，并计划到 2022 年达到 50 加元。在这一 CPF 方案中，加拿大各省可以灵活选择其定价体系，但需要实施联邦最低价格。总之，为了让各国绿色协议取得成功，应该更加重视可信地改变碳价预期，以便市场主体能够预期低碳投资带来更高的未来回报。碳价格下限在这方面非常有效，无论是在 ETS 部门还是在非 ETS 部门。

（六）可再生能源义务证书制度

可再生能源义务证书制度规定电力零售商必须从可再生能源中获取不低于一定比例的电力，并且这个比例一般呈现动态提高。可再生能源义务证书是英国政府对英国可再生能源项目的支持机制（由上网电价支持的小型计划除外），这项调节机制于 2002 年在英格兰、威尔士和苏格兰启动，2005 年在北爱尔兰启动。可再生能源义务证书是可交易的，它们因生产合格的可再生能源电力而被授予经认证的可再生能源发电站运营商。可再生能源生产商获得 ROCs，每个发电商必须能够按照其生产的电力比例生产 ROCs。化石燃料发电商被迫向可再生能源生产商购买ROCs，这实质上是为可再生能源生产商提供了补贴。授予每个发电商的可再生能源义务证书数量因发电方式和发电厂首次投产时间而异。在该计划实施初期，该机制对太阳能发电商的支持程度远远高于其他机制。

可再生能源义务证书制度旨在保障可再生能源在终端能源消费中占据一定比例。可再生能源配额制和绿色电力证书（即绿证）的结合使用能够通过政府看得见的手和市场看不见的手协调推动可再生能源比例提升，由此达到优化能源结构和减排的双重效果。2002 年，英国通过可再生能源义务证书制度取代 NFFO 拍卖。2010 年，ROCs 规定可再生能源比例约为 10%，并且已基本实现，但到 2015 年设定 24% 的比例目标没能够顺利实现。自 2012 年开始，英国启动电力市场化改革以推动该制度的落实和完善。问题主要在于，电力公司往往发现支付罚款比达到目标更划算，而且罚款是从没有达到目标的公司转移补贴到达到目标的公司，没有达到目标并不会承担特别严重的惩罚。在英国电力零售市场中占据主导地位的 6 家大型能源公司能够控制发电公司市场进入门槛，这存在很大的可能会导致高效率的新进入者被拒之门外，因此欧洲其他国家对于实施 ROCs 非常谨慎。

印度政府启动了 ROCs 系统，根本目的是快速增加可再生能源在能源消费总量中的份额。ROCs 成为印度地方和公用事业公司实现各自可再生能源投资组合义务目标的关键。事实上，印度各邦必须达到固定的ROCs 目标，这也是在印度地方层面设定的。2010~2015 年，可再生能源发电量占比呈上升态势。2010 年，印度可再生能源发电量占总发电量的比重为 5%，到 2015 年该比重提高到 10% 以上。ROCs 所发挥的关键作用不可替代。2010 年，印度卡纳塔克邦和泰米尔纳德邦等一些地方超过了可再生能源义务规定的可再生能源占比，而旁遮普和哈里亚纳邦等地方在达到设定的占比目标方面遇到了一些困难。因此，最新版本的 ROCs规定可以从符合可再生能源购买义务（Renewable Purchase Obligation,

RPO）要求且具有足够再利用潜力的地方购买配额。在印度启动 ROCs 一年之后，负责认证可再生能源项目的国家负荷调度中心（NLDC）已向 6 个可再生能源项目发布了 100 份 ROCs，总装机容量达到 51.6 兆瓦，此外还有 23 个项目正在印度 NLDC 的批准之中。印度 ROCs 系统中符合条件的可再生能源项目必须至少具有 250 千瓦的装机容量，且符合上网电价的条件。而对于印度 ROCs 交易，印度能源交易所（IEX）一般在每个月的最后一个星期三进行拍卖。随着 ROCs 制度的不断完善，其在促进印度可再生能源占比提高方面发挥了重要作用。

2017 年，国家发改委、财政部、国家能源局联合印发《关于试行可再生能源绿色电力证书核发及自愿认购交易制度的通知》。该通知明确指出，在全国范围内探索试行可再生能源绿色电力证书（绿证）核发和自愿认购，目的是引导全社会绿色消费，促进清洁能源消纳利用，并进一步完善风电、光伏发电的补贴机制。该通知确认自 2017 年 7 月 1 日起开展绿色电力证书认购工作，由买卖双方自行协商或者通过竞价确定认购价格，且不高于证书对应电量的可再生能源电价附加资金补贴金额。自 2018 年起，根据市场认购情况启动实施可再生能源电力配额考核和绿色电力证书强制约束交易。国家能源局数据显示，截至 2022 年底，全国累计核发绿证 5954 万个左右，累计交易数量达到 1031 万个左右，有力地推动了绿色低碳发展。

在中国，受新冠疫情影响，总体电力需求预期较低，可再生能源义务证书的供需缺口在 2020~2021 年合规期比前几年有所缩小。事实上，当市场需求低迷等情况出现时，则存在 ROCs 供应过剩的重大风险，这将降低可再生能源发电商的预期收入。与前几年相比，中国在这一合规期（2020~2021 年）的供需缺口有所缩小。鉴于供需基本面趋紧，与近几年相比，中国的碳价格已接近收购价格。虽然电力需求出现疫情过后的复苏，但如果继续低于前几年，或有任何其他措施来应对多波不确定冲击，ROCs 市场可能会被推到供过于求的境地。间歇性发电技术的更高产量与低市场需求相对应，也可能导致可再生能源的并网消纳问题。为此，需要进一步落实《关于建立健全可再生能源电力消纳保障机制的通知》，确保绿证在可再生能源配置中的引导作用，持续扩大绿证核发和交易范围，着实拓展绿证交易平台，推动绿证核发全覆盖。鉴于绿证交易出现的问题，需要规范绿证交易规则，明确规定绿证核发机构、交易平台、交易主体等绿证市场主要成员的权利和义务，设计和完善绿证账户管理体系；构建和完善基于绿证的可再生能源电力消纳保障机制，引导可再生能源发电在全国范围内合理并网消纳。

三　辅助服务市场

电力市场辅助服务的含义是为了维护电力系统稳定运转，保障供电安全，提高电力质量，除了正常发电、输电和电力使用以外，电网经营企业与发电厂商还为电力用户提供其他的服务项目，包含调峰、黑启动、自动发电控制、备用等。目前世界上已有很多国家在电力工业领域积极引入竞争，破除垄断壁垒，推动电力市场体制改革，以此来提高能源利用率，优化资源配置，实现电力工业与能源、环境与经济的和谐发展。辅助服务市场是指在安全稳定的电压和频率下为了保持电力市场供给与需求的平衡而提供服务的市场。辅助服务市场存在的意义在于解决用电需求波动性调整，用电规划变动，机组、输配电意外故障等含有不确定性的问题。

由于发电特性与常规电源之间的差异显著，可再生能源持续快速发展引起的电网安全风险已有所凸显，并将在未来较长一段时间呈加剧趋势。一是由于中国电源结构中优质调峰电源占比较低，随着可再生能源电力占比快速上升，其间歇性、波动性对系统稳定运行压力呈加大趋势；二是在风电有序发展、设计施工、并网管理方面存在薄弱环节，存在大量可再生能源机组计划外同时脱网的危险，一方面会造成系统正常运行时频率和电压扰动，另一方面在故障时的非计划退出会加剧系统状态恶化。风电、光伏发电等可再生能源波动的发电系统的运行特点需要增加煤电等可调节电源，以保证电力系统安全可靠运行及连续供电。然而，相对滞后的煤电灵活转型以及过低的灵活调节供电比例，共同起到制约中国可再生能源消费的负面作用。

在以火电为主导的中国电力结构中，燃气、抽水蓄能等灵活调节电源比例仅为6%（"三北"地区则仅为4%），特别是在可再生能源富集的地区，系统灵活性不足的问题特别突出。根据国家电网的数据，2018年11月在"三北"地区4069万千瓦的煤电灵活性转换已经完成，2020年热电联产装置的灵活性转换规模和传统煤电分别达到 1.33 亿千瓦和 8600 万千瓦，但是参与峰值负载调整率不高，而灵活的稳压电源的比例为 40% 左右，这与 "十三五" 规划目标要求仍有很大的差距。在美国、西班牙等国家该数值是在 50% 以上。此外，中国部分省市拥有装机容量较大的自备电厂，且这些自备电厂几乎没有参与电网调峰，因此总体的调峰能力十分有限；由于比例较大的东北地区供热机组也使得调峰难度随之增加，可再生能源消纳的难度进一步加大。在相当程度上中国电力运行调度采用的是以计划调度为主导的模式。当地主管部门制订火电机组的发电计划和规划电量，这在相当程度上压缩可再生能源的发展空间。按照《可再生能源发电全额保障性收购管理办法》的要求，清洁能源优先发电空间应充分预留，但在执行层面仍有许多待改善之处。由于火电年度发电计划是一项刚性计划，调度工作必须完成。

在如今新型电力系统建设的背景下，新能源发电出力有着不确定性高以及波动性大的缺陷，并且电力系统转动惯量也会随着电力电子装置并网而逐渐降低，以上因素都会给新型电力系统的安全性和可靠性带来不利影响。2021 年，由国家能源局印发《电力辅助服务管理办法》，其中表示风光等弱惯量系统以及新能源出力波动所形成的随机性给电网安全稳定运行带来了挑战，国家能源局提出了转动惯量、快速频率响应、爬坡等新型辅助服务来消除上述问题带来的不良影响。通过观察国外较为成熟的电力市场，可以发现新型辅助服务交易品种会伴随新能源占比的提高而逐渐被电力市场体系所接纳，在这一过程中表现出系统灵活性资源所带来的调节价值。国家能源局发布的《电力辅助服务管理办法》中将爬坡定义为，为了维护系统功率平衡所提供的服务。具体是指有着较强负荷调节速率的并网主体依据调度指令来调整出力，解决由可再生能源发电波动等不稳定因素所造成的电力系统净负荷在短时间内的剧烈变动。当系统的上爬坡能力不足时，系统存在供应不足限电风险；当系统的下爬坡能力不足时，系统存在供应过剩弃电风险。因此，在现货市场出清（或发电计划安排）过程中，需要在各时段预留足够的爬坡能力。

目前美国中西部电力市场（MISO）、加州电力市场（CAISO）和英国国家电力市场已通过市场化方式进行爬坡产品采购。据美国能源信息署（EIA），2016 年 MISO 和 CAISO 的可再生能源装机容量占比分别达到了 11.6% 和 40.5%，发电量占比分别为 6.9% 和 20.9%。同年，两个市场运营机构均建立了爬坡市场。英国国家电网电力系统运营商（National Grid ESO，NGESO）通过提供平衡服务来保障电网的实时供需平衡。平衡服务包括频率响应、备用、无功调节等。快速备用（Fast Reserve，FR）作为备用的一种，其发挥的作用与 MISO 和 CAISO 中爬坡辅助服务的作用类似，采用月度竞价的方式进行采购，中标资源在全天任意时段均可以被调用，且必须在接收调度指令后 2 分钟内提供爬坡速率大于 25 兆瓦/分的响应能力。

从国外爬坡市场运行效果来看，一方面，市场释放的价格信号能充分体现灵活性资源价值，为灵活性资源的投资发展提供激励；另一方面，爬坡容量的预留虽然会导致电能量市场部分时段电价有所升高，但有效降低了电能市场中价格尖峰出现的频率，整体来看爬坡市场的开展能有效降低电能价格大幅度波动的风险。开展爬坡市场交易，能充分调动各类资源的灵活性，这与我国加快建设更有韧性、更灵活、更强大的"源网荷储"互动的新型电力系统目标相一致。我国各省份电力市场化改革进展不同，在非现货试点或起步阶段的现货省份可参考英国中长期合约的机制，通过独立运行的爬坡市场购买爬坡资源，在实时调用后按照合约价格进行补偿。在已具备一定运行经验的现货省份可以参考 MISO 或 CAISO 电力市场，采用现货市场中电能量-爬坡产品联合出清的方式，发现爬坡能力的真实成本及价值。

在电能量-爬坡联合出清的现货市场中，爬坡效益曲线不仅影响爬坡市场出清的量价，还直接影响现货电能量市场出清的价格及市场主体需承担的成本。初期为简单起见，可在出清模型目标函数中不考虑爬坡效益，仅在约束条件中增加系统爬坡需求约束，并按照该约束的影子价格补偿爬坡资源的机会成本。市场运行成熟后，可以根据系统净负荷的不确定性以及失负荷成本/弃电成本的测算结果，合理制定爬坡效益曲线并用于出清。爬坡服务本质上属于运行备用的范畴，解决的是分钟级别的净负荷波动问题，功能上应归属于负荷备用。在爬坡市场设计过程中，一是建议进一步细化运行备用管理，根据机组调节速率、网络阻塞等情况精细化考虑机组能提供的有效备用容量；二是建议避免辅助服务市场功能重叠，爬坡市场运行后，备用市场应侧重于事故备用交易；三是建议逐步扩大爬坡市场参与主体范围，除传统机组外，逐步引入独立储能、灵活性负荷等参与爬坡市场交易；四是建议建立合理的费用分摊机制，根据不同类型电源出力、不同用户负荷造成的波动性，对爬坡市场费用进行精细化分摊。

2021年，中国电力辅助服务实现了六大区域33个电网经营区的全覆盖，统一的辅助服务规则体系基本形成。国家电网数据显示，2022年，在辅助服务市场机制的运行下，全国清洁能源发电量平均增加超过1000亿千瓦时，共挖掘全系统调节能力超过9000万千瓦；煤电企业通过辅助服务获得320亿元补偿收益，对于其灵活性改造的积极性有很强的刺激作用，提高了煤电的基础保障和调节能力。对于下一步的工作开展，国家能源局提出将需求作为导向、转型作为目标、市场作为抓手，重点开展以下三个方面的工作。一是进一步加大电力辅助服务市场建设力度。联系有关部门建立健全市场化的价格形成机制，合理制定辅助服务价格办法。修订完善有关市场交易细则，推动调频、备用等辅助服务品种市场化，以市场竞争方式降低系统整体调节成本。同时，结合深化燃煤发电上网电价市场化改革等有关要求，指导各地科学界定辅助服务需求的原则和具体标准，引导用户侧合理分摊辅助服务费用，共同承担系统调节成本，更好保障能源电力安全供应和清洁低碳转型。二是进一步扩大辅助服务覆盖范围。加快引导虚拟电厂、电动汽车充电网络、电储能和工商业负荷等新业态参与系统调节，发挥现有试点的示范效应，推动电力系统由"源随荷动"向"源网荷储互动"升级。逐步完善跨省跨区辅助服务市场机制，充分优化各区域省间错峰互济空间和提升资源共享能力，有效促进区域能源协调发展。三是进一步挖掘辅助服务功能深度。根据新型电力系统的运行特点以及各个地区的实际情况研究设立调相、爬坡、转动惯能等辅助服务新品种，以此提升电能质量，提高电力系统可靠性，切实保障电力安全供应。鼓励供水、供气、供热等公共服务行业的用户负荷参与，形成多能协同优化的整体格局，不断提高我国能源的整体利用效率。

四 效果评估：电力现货市场建设试点政策

在国家采取各项激励措施之后，可再生能源并网消纳难题得到大幅缓解，但部分地区的弃风、弃光、弃水问题仍比较突出，尤其是随机波动性较大的风电和光伏发电，并网消纳的障碍仍没有得到根除，其根本原因在于在电力交易市场体系中只有中长期合约交易市场而电力现货市场缺位。西方国家的经验表明，在电力现货市场中开展各类可再生能源的实时交易，尤其是风电和光伏发电，可以在现货市场中依据边际成本定价原则进行报价，可以加速可再生能源的并网消纳，有利于大幅减少可再生能源的浪费。因此，2017年国家发改委办公厅、国家能源局综合司发布了《关于开展电力现货市场建设试点工作的通知》，选择将南方（从广东起步）、蒙西、浙江、山西、山东、福建、四川、甘肃等8个地区列为第一批试点，加快组织推动电力现货市场建设工作。2019年，国家发改委和国家能源局发布了《关于深化电力现货市场建设试点工作的意见》，要求进一步发挥市场决定价格的作用，建立完善电力现货交易机制，发挥灵活的市场价格信号传导作用，引导电力生产和消费，激发市场主体活力，提升电力系统的综合调节能力，加快推进能源清洁低碳转型。

电力现货市场为可再生能源并网消纳提供了根本的制度保障。在首批电力现货市场试点中，广东、甘肃等省份已经大规模放宽可再生能源项目参与市场交易的各项限制，激励光伏发电、风电企业积极参与市场交易。2021年，甘肃省在年度发电量安排专题会议中明确提出可再生能源并网消纳的电量，要求该省可再生能源达到415亿千瓦时的最大发电能力目标，考虑到该省风电、光伏发电保障性并网电量总计为137亿千瓦时，这意味着可再生能源保障性收购电量占比仅为三成左右，而超过六成的可再生能源电量有赖于通过电力现货市场实现并网消纳。那么，电力现货市场建设试点有没有达到促进可再生能源并网消纳的政策效果？为此，本书将我国在上述8个地区开展的电力现货市场建设试点作为自然实验，利用双重差分（Difference-in-Difference，DID）方法评估试点政策对可再生能源并网消纳量的净效应，所构建的基准DID模型如下：

$$\ln Ren_{it} = \alpha + \beta Treat_{it} + \gamma \ln ek_{it} + \delta grid_{it} + \lambda \ln pgdp_{it} + \mu_i + v_t + \varepsilon_{it} \qquad (4-18)$$

其中，i和t分别表示省份和年份；Ren为可再生能源发电量或并网电量；$Treat$为处理组哑变量和政策时点哑变量的交互项；ek表示电力资本存量，用以控制电力部门其他因素对可再生能源并网消纳的影响；$grid$为电网基础设施状况，具体指的是单位土地面积的输电线路密度；$pgdp$

为不变价的人均国内生产总值；μ_i 为地区固定效应；v_t 为年份固定效应；ε_{it} 为随机误差项。

从国家电网有限公司、中国电力企业联合会数据库及《中国电力统计年鉴》获得上述解释变量和被解释变量 1991~2020 年的省级面板数据，然后进行参数估计，得到的基准估计结果如表 4-14 所示。

表 4-14　电力现货市场建设试点政策效果 DID 估计

变量	发电量	并网电量
	（1）	（2）
Treat	0.398***	0.399***
	(0.101)	(0.100)
lnek	0.471***	0.467***
	(0.066)	(0.066)
grid	2.750***	2.680***
	(0.305)	(0.303)
lnpgdp	0.395***	0.410***
	(0.079)	(0.078)
常数项	-2.006***	-2.151***
	(0.382)	(0.379)
地区固定效应	是	是
年份固定效应	是	是
观测值	926	926
R^2	0.760	0.764

注：*** 表示在 1% 的水平下显著，括号内为标准误。

表 4-14 中列（1）和列（2）分别展示可再生能源发电量和并网电量为因变量的 DID 参数估计结果。非常明确地，电力现货市场建设试点政策均起到促进可再生能源发电量和并网电量增加的效果。具体来说，电力现货市场建设试点政策平均地使试点省份可再生能源发电量和并网电量提高 0.4% 左右。试点地区既有中国可再生能源的主要生产基地，如内蒙古、甘肃、云南等，前两者集中分布着陆上风电以及光伏发电，而云南是中国水资源充沛的省份，水电机组规模仅次于四川。截至 2022 年底，云南水电总装机容量达到 7962 万千瓦，全年水力发电量达 3038.8 亿千瓦时。由于以水电为主的大型电源在云南陆续集中投产，"十三五"初期云南水电出现大量富余的现象，"弃水"问题成为该省可再生能源

发展的瓶颈。为此，有关部门采取积极措施，加快"西电东送"通道建设，水电调度运行方式进一步优化，电力市场化改革不断深化，云南富余水电的消纳得到极大的保障。云南"弃水"电量从 2016 年的 314 亿千瓦时下降到 2020 年的 25 亿千瓦时左右，弃水量已经处于可控规模，基本终结了"十二五"时期持续恶化的"弃水"历史。依托电力现货市场的资源优化配置作用，云南统筹省内、省外和国外三大市场，充分发挥电力市场机制调节作用，灵活运用价格杠杆等手段实现富余水电的送出消纳，全省弃水电量已经大幅下降，有望实现统调水能利用率在 95% 以上的目标。经验表明，云南省解决"弃水"问题的关键在于灵活的电力现货市场。国家能源局数据显示，2021 年，云南电力市场累计交易电量突破 1400 亿千瓦时，占全社会用电量的比重超过 70%，居全国首位；绿色交易电量占比超过 92%，同样居全国首位。"三北"风能和太阳能富集的甘肃、内蒙古也在加速利用电力现货市场建设试点的政策机遇，推动可再生能源并网消纳。电力送端和受端市场的异质性估计结果如表 4-15 所示。

表 4-15　电力送端和受端市场的异质性估计结果

变量	发电量		并网电量	
	送端	受端	送端	受端
	（1）	（2）	（3）	（4）
Treat	0.972 ***	0.481 ***	0.978 ***	0.476 ***
	（0.195）	（0.147）	（0.194）	（0.146）
ln*ek*	1.062 ***	0.134	1.052 ***	0.130
	（0.114）	（0.110）	（0.113）	（0.109）
grid	1.352	4.123 ***	1.327	4.050 ***
	（0.886）	（0.403）	（0.880）	（0.401）
ln*pgdp*	0.060	0.465 ***	0.076	0.479 ***
	（0.138）	（0.121）	（0.137）	（0.121）
常数项	−1.407 **	−2.000 ***	−1.555 **	−2.135 ***
	（0.651）	（0.565）	（0.647）	（0.561）
地区固定效应	是	是	是	是
年份固定效应	是	是	是	是
观测值	180	570	180	570
R^2	0.860	0.730	0.862	0.732

注：***、** 分别表示在 1%、5% 的水平下显著，括号内为标准误。

　　电力现货市场建设试点政策在不同能源禀赋省份之间的差异化影响体现在表 4-15 中电力送端和受端市场获得的异质性效果。电力送端市场的估计系数是电力受端市场的两倍，无论因变量是可再生能源发电量还是并网电量，所获得的估计系数高度一致。这说明，电力现货市场建设试点政策对能源富集地区的可再生能源并网消纳具有更大的作用。显然，这与上述的实际情况吻合。"三北"地区可再生能源并网消纳面临的"通道堵塞"并非指物理意义上的通道不足，更多的是并网消纳机制缺陷，即可再生能源交易体系不健全，中长期合约及短期灵活交易的协调性有待增强，而电力现货市场的建设和不断完善的功能即在此。

　　DID 估计系数的可靠性和稳健性可以通过平行趋势检验进行确认。图 4-16 展示了平行趋势检验的政策动态效应。可见，电力现货市场建设试点政策促进可再生能源并网消纳符合对该试点政策评估有效性的逻辑，也就是说，政策实施前后的并网消纳促进作用显著不同。具体来看，在政策实施前估计系数不显著而政策实施后则满足显著性要求，且系数的具体数值也符合可再生能源特征。鉴于首批电力现货市场建设试点达到的政策效果，2021 年国家有关部门又将辽宁、上海、江苏、安徽、河南、湖北等 6 省市增列为第二批电力现货市场建设试点，并明确规定引导 10% 的新能源项目当期电量通过市场化交易竞争上网。

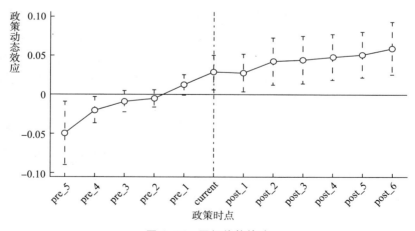

图 4-16　平行趋势检验

　　总的来说，近年来中国可再生能源并网消纳问题得到较大缓解，全国平均水电、风电和光伏发电产能利用率均在 95% 以上显示，治理"弃水、弃风、弃光"取得突出成绩。但个别地区的相应问题仍比较严重,弃水、弃风、弃光仍没有得到彻底解决。为此,按照有关发展规划和要求,解决并网消纳问题仍是未来数年电力监管部门推动可再生能源发展的重要任务。一是进一步推动龙头水电站、大中型抽水蓄能电站等调峰电源建设;二是持续强化电力辅助服务市场机制作用,全面提升水电灵活性、优化发电机组深度调峰,提高已有水电通道利用率;三是全面实施适应国情的可再生能源电力配额制,落实和完善可再生能源优先发电及发电的全额保障性收购,鼓励可再生能源本地消纳,多渠道提升可再生能源的大范围并网消纳能力。相信随着相关措施的逐步落实,特别是电力现货市场建设的不断完善,未来数年弃水、弃风、弃光的问题将得到根本解决。

第四节　关键因素Ⅳ:新型电力系统

2021年3月,中央财经委员会第九次会议上首次提出"新型电力系统"概念,指出"要构建清洁低碳安全高效的能源体系,控制化石能源总量,着力提高利用效能,实施可再生能源替代行动,深化电力体制改革,构建以新能源为主体的新型电力系统"。为了推动中国经济社会的低碳转型,新型电力系统将选择可再生能源作为能源主体,这也是促进能源结构变革的重要创新举措,充分体现了清洁能源的多重价值。新型电力系统的基本特征是以可再生能源为基础,并且赋予其更加丰富的内涵。首先,可再生能源可以通过新型电力系统实现需求和供给的平衡。构建新型电力系统就是在电力结构中提高可再生能源比例的同时又保障供电系统的安全、稳定运行。同时贯通能源供给的各个环节,推动"源网荷储"的联动发展。其次,新型电力系统能够实现可再生能源电力的合理调度与优化分配,充分体现其绿色价值,并且以绿色电力资源作为中介,对能源生产和消费产业链进行绿色改造,将可再生能源电力的绿色价值顺畅传递至终端用户。

在"互联网+"时代,新型电力系统有着多重技术特征。首先,多网融合的技术特征越来越明显。在物联网发展时代,能源的消费终端并不是个体的人,而是消耗能源的机器设备,机器社交是发展过程中的主要特点。因此，机器设备之间的相互联通以及机器社交才是建成能源网的最终形态。在未来，能源网的主要特点是能源的分布式生产和利用，并且数字化技术的发展能够促进源网荷储一体化智能能源系统的进步，实现系统的自主平衡、自主运行和自主管理。所以，多样化的能源发展才能构建全面综合的能源网。未来借助数字技术将电力基础设施打造为一个平台，同时将能源网与政府系统和社区系统深度结合，进而达到协同发展，多方联动。其次，用户侧将深度参与电力系统的平衡。由于清洁能源的出力特性有较多限制，灵活性资源就愈加重要。为了提升电力系统灵活性，保障系统稳定运行，可以选择提高电源利用效率，在降低负荷侧峰谷差的同时充分挖掘用户侧的灵活性。"源网荷储"四个方面的融合交互将是未来新型电力系统的发展常态。电力负荷会随着可中断负荷以及虚拟电厂的逐渐推广而产生变化，实现从刚性向柔性的转变，纯消费型向生产与消费兼具型转变。最后，配电网将成为电力发展的主导力量。配电网的变革将成为新型电力系统建设的重点项目。在传统的电力系统中，骨干电网最为强大，末端电网最为脆弱。这种情况在新型电网中将得到改变。新型电力系统的平衡主要由配电网负责，确保电力系统安全稳定运行，而且配电网中将承担绝大部分电力交易。想要实现以上目标，可以从物理层面对配电网进行改造，使其具有可以主导电力系统发展的能力。此外，调度体系将围绕电力交易进行构建。新型电力系统能够以最低的系统成本使用户的交易需求得到满足，这也是调度体系的最终目标。在未来，用户和发电企业将直接进行电力交易。伴随着现货市场机制的不断完善，具有灵活性的资源会成为用户和发电企业之间的重点交易对象。在这些交易行为中，配电网将是交易的主要场所，并且交易方式将采取分布式发电市场化交易，即隔墙售电。

然而，新型电力系统建设中也面临着高可再生能源比例带来的一系列问题。可再生能源电力由于受到客观因素的影响从而存在间歇性。尤其是在电动汽车领域，最高负荷与平均负荷之间的差距逐渐扩大，新型负荷开始呈现尖峰化的特点。传统电力系统受到冲击的原因可以归于发电侧的波动性以及负荷侧的峰谷差距逐渐扩大。所以，还需要解决众多问题才能有效推进以可再生能源为基础的新型电力系统建设。

一是在电力系统中缺少可靠容量的问题。风力发电和光伏发电由于存在出力波动性，导致电力系统不稳定。有关部门预测，到 2030 年，新能源装机容量将超过 10 亿千瓦，但是置信容量只有 1 亿千瓦，并且一年之中将有一个月以上出力低于装机容量的 10%。2018 年，电力系统的可靠容量共计 13 亿千瓦，其中包括：风电、光伏发电等可再生能源装机容量 1.5 亿千瓦，水电装机容量 3.5 亿千瓦，核电装机容量 3 亿千瓦，可中断负荷等可调节容量 5 亿千瓦。预估峰值负荷为 18 亿千瓦，仍然存在 5 亿千瓦的可靠容量缺口，这一部分缺口将依赖传统的火力发电进行填补。

二是电力系统转动惯量以及长周期调节能力不足的问题。光伏发电运用光电效应，将半导体作为光能与电能转化的媒介来进行发电。在这一过程中没有转动惯量，风电也同样缺乏转动惯量。所以在电力结构化转变的过程中，电力系统调频能力逐渐降低。系统内部的短周期调节问题可以通过电化学储能等技术得到缓解；但是目前长周期调节则较为困难，因为调节成本过高等因素造成了障碍。虽然氢能及碳捕集、利用与封存（Carbon Capture，Utilization and Storage，CCUS）等领域的技术飞速发展，但是在短时间内无法取得变革性突破，并且推广应用到生产生活中。当高比例、大规模的新能源电力系统面对局部地区出现极端天气情况时，长周期调节能力不足会对电力系统安全稳定运行造成隐患。

三是传统大电网无法满足未来电力输送需求的问题。从长期来看，我国能源分布与电力负荷分布是逆向的，资源丰富的"三北"地区与中东部的负荷区以大电网为纽带连接起来。但是各地区用电需求量随着我国社会经济的飞速发展也逐渐增加。预计到 2030 年，仅仅是山东、江苏、浙江、广东和福建这 5 个省份的用电量就会达到 3 万亿千瓦时。如果这 5 个省份的全社会用电量基本是以 80% 的输送比例，通过传统大电网从"三北"地区远距离输送过来，电力的输送规模提升到 4 万亿千瓦时，那么要建设大约 100 条全年满功率运行的特高压送电通道才能够满足用电需求，并且不能受到电磁环网的限制，这毫无疑问是难以实现的。

长时间、大规模的储能技术的发展已经成为可再生能源开发利用的重中之重，能够保证电网安全运行，提升可再生能源并网消纳能力，实现电力的平衡发展。首先，为了解决峰谷时段用电负荷和发电量不平衡的突出问题，可以采取削峰填谷的方式。其次，风力发电和光伏发电的出力所具有的波动性对于电力系统的稳定性造成的影响可以通过提供电力辅助服务来解决。最后，储能技术有效吸收了过剩电力并即时并网，给予电力系统额外的容量支撑，提高了新能源发电的利用效率。新型电力系统的建设不是短期的，而是一项全面且长期的工程，在这一过程中不能没有科技革新的帮助。一是"源网荷储"双向互动技术。在数字化信息技术赋能的支持下，"源随荷动"慢慢成为过去式，未来会向"源荷互动"逐渐过渡，实现"源网荷储"多种资源互动交流的目标。二是虚拟同步发电机技术。将储能纳入新能源并网中，或者新能源并网运行在实时限功率状态，将系统提供高峰调制、相位调制、电压调制和频率调制作为优化控制方式，借此来提高新能源并网友好性。三是长期储能技术。大型风电、光伏发电项目在长期储能技术的支持下能够有效缓解新能源出力波动性所带来的不利影响，从而实现对化石能源的替代，成为发电厂的主力电源，这对电力结构化改革与新型零碳电力系统建设有着至关重要的影响。四是虚拟电厂技术。随着分布式能源、长期储能技术发展以及"源网荷储一体化"项目的推广应用，为虚拟电厂的建设创造了条件。下一步，虚拟电厂将在电力系统平衡的过程中承担更多的责任。五是其他技术。如今关键创新技术的发展能够使高比例新能源并网。例如，交直流混联配电网、新能源直流组网、直流微电网等都能够为电力系统安全稳定运行创造良好的条件。

总的来说，电力行业的变革是实现"双碳"战略目标的重要举措。围绕可再生能源来建设现代化新型电力系统与新时代发展方向相一致。在建设的过程中需要用户、电源、电网共同合作，在大力发展清洁能源的同时也要提高新型电力系统的灵活性以应对各种风险。采用分布式、微电网与大电网的协同发展方式，打造坚强智能电网，提升科技研发水平和技术应用能力。促进发电、输配和电力消费系统三方融合，帮助电力行业加快实现碳中和的目标。为适应新型电力系统建设，促进高比例可再生能源并网消纳，需要选择恰当策略逐步提升电力系统的可再生能源承载力和配置力。

进一步加快可再生能源发展，提高可再生能源比例仍然是首要任务。采取集中式和分布式并存的发展方式，为了扩大新能源产业的发展规模，需要注重"三北"地区新能源的开发利用，同时在中东部负荷地区采取分布式的能源建设。可再生能源产业的发展要与传统产业进行融合，加强在环保、电力和农业等领域的深度融合，逐步建立新的生态能源体系。积极引进光伏治沙、水风光互补和渔农光互补等新型产业，实现多能互补、产业融合的可再生能源与环境发展道路。

增加系统灵活性资源，建立多元协调电力系统。储能、水电、煤电等调节性资源在可再生能源的项目中是不可缺少的。为了提高可再生能源出力的稳定性，降低电力系统运行风险，需要在可再生能源的基础上加入调节性资源。火电作为稳定的电力资源，能够增强电力系统运行的调节能力。所以对于具备相关条件的火电项目要进行绿色改造以增强其灵活性。同时开发抽水蓄能、电化学储能等项目来增强清洁能源的高峰调制、频率调制和消纳能力。加强虚拟电厂、可调节负荷等前沿科技的研发与应用，推动源网荷储统一协调发展。

促进分布式、微电网与大电网一体化建设。扩大数字技术应用范围，在传统电网物理架构的基础上加入配电资产的深度链接，从而建设新型数字电网。结合储能系统与分布式清洁能源建设，采取就地取材、就地消纳的方式来降低对于大电网的依赖程度，进而形成多个相互支撑的微电网，达到方便取用绿色能源的目标。当风力发电和光伏发电占比在30%~40%时，由于大电网系统的电压、频率、功角稳定极限与较高的成本等客观因素的限制，大电网不能无限制消纳新能源。所以，未来需要将分布式、微电网和大电网进行融合以支持新型电力系统的发展。

加快可再生能源科技创新与新技术的推广应用。目前新型电力系统需要解决可再生能源并网消纳的问题。在清洁能源发电的应用领域，需要突破集中式和分散式风光资源精细化评估技术，注重监测与预测技术。深度理解新能源发电多时空尺度出力特征，进而对其发电场站和集群建立模型并进行分析。为了解决新能源消纳问题，还需要在"源网荷储"领域推动技术进步，在全景运行模拟技术和概率化电力平衡方面进行科学创新。推动分布式调相机、能源功率预测、柔性直流输电、虚拟同步发电机等技术的发展，全面探索电动汽车、工业大客户等需求侧相关资源。在电源、电网和用户侧寻求技术突破以稳定电力系统安全运行并加强新能源的消纳能力。同时，储能、虚拟电厂和直流微电网等技术是实现可再生能源飞速发展的重要保障，具有削峰填谷以及调频调压的作用。

所以，国家需要进行全面规划，制定相关顶层设计文件，规范行业发展，攻克技术难关。设定相关技术标准，促进市场科学、有序发展。

可再生能源主导的新型电力系统的具体创新技术包括以下方面。①电网柔性互联技术和大规模、远距离直流输电技术。电网柔性互联能力提高和电网跨区域输电能够在更大范围内实现新能源的优化配置。在电网柔性互联领域，要在大电网的基础上充分融合电力电子技术，加入数字技术来满足分布式新能源高效并网消纳的交直流配电网与智能微网技术。在大规模、远距离直流输电方面，借助直流输电技术国家重点实验平台，突破大容量高海拔特高压柔性多端直流输电技术、远海风电柔性直流输电技术。②高比例可再生能源和高比例电力电子装备接入电网的稳定运行控制技术。现在需要在系统运行控制技术方面进行创新发展，来应对复杂多变的新型电力系统发展局势。具体的创新点可以着眼于推动柔性电网多时间尺度仿真技术的实践发展，以及关于高比例电力电子化的理论突破。为了保障新型电力系统的稳定运行，还可以构建防控体系，促进系统主动防御与快速恢复技术进步，来应对极端天气变化或外部冲击带来的困难与挑战。③先进储能技术的推广运用。可再生能源消纳水平的提升和电网安全稳定的运行在很大程度上依靠储能技术的发展。需要重点研究源网荷侧多种类型储能技术，大规模新能源柔性并网技术，分布式新能源开放接入的储能配置、系统集成与调控技术，从而实现在储能装备、器件和回收利用等方面的技术突破。④促进可再生能源并网消纳的电力市场技术发展。可再生能源并网消纳能力的提升会受到有效电力市场机制的强力推动。不仅如此，有效电力市场机制还可以不断探索不同类型能源的调节潜力。可再生能源作为未来新型电力的基础，其多样性要求市场开发多类型的交易机制。将实现技术、多样化市场需求与辅助服务市场深度结合，从而实现可再生能源消纳能力的提升。⑤虚拟电厂技术与需求侧响应。新型电力系统的安全稳定运行要求需求侧资源更多地参与到系统整体功率平衡的过程中。突破电动汽车与电网融合技术，灵活资源虚拟电厂聚合调控技术，大规模用户供需互动与能源效率提升技术。⑥人工智能与数字化电网技术。传统物理系统与数字化紧密结合是发展新型电力系统的必由之路。需要大力发展人工智能技术，构建数字电网，并且围绕数字电网建设安全防护的支撑技术，发展智能传感技术与通信技术等。

第五节　关键因素 V：政府扶持政策

可再生能源发电的高成本是其发展初期的主要障碍，需要国家的扶持政策提供基础保障。财税政策的主要目标是保障可再生能源发电企业有一定的收益率。但是早期收益率保证原则和弃光率限制原则落实并不到位。为了有效地解决弃风和弃光的问题，国家要求电网企业全额收购可再生能源发电，电力项目计划范围内根据风力缩减的最低效益，要求风力发电设备平均利用时间在 1800 小时以上，而光伏发电项目保证采集和利用时间在 1300～1500 小时。但在实际实施过程中，这些政策的实施效果并不乐观。风电、光伏发电重点区域年最少保证利用小时数没有达到预期目标。

为促进可再生能源消费，许多财税政策的一项重要功能是纠正市场失灵问题，促进构建公平有序的市场环境，保障可再生能源消费市场的平稳有序运行。可再生能源市场趋于成熟的一个重要标志是市场中买卖双方信息不对称和不完全问题得到极大缓解，由此确定供需平衡的价格是买卖双方的最优选择。合理定价意味着价格信号机制是完善的。然而，可再生能源市场运行的实际情况是，风电、光伏发电及其他可再生能源发展中的财税政策不仅没能促进市场价格机制的完善，还可能造成价格扭曲，进而引发资源配置失效。在没有完善的补贴退出机制下，进入可再生能源市场的厂商争取的仅是政府的补贴，由此甚至衍生出"电力寻租"问题。在可再生能源市场逐渐趋向成熟的情况下，财税优惠和补贴政策应该及时退出，让市场机制发挥更多的资源配置作用。配套优惠补贴政策不及时退出，或市场进入门槛过低，容易造成低效企业扎堆及结构性的产能过剩，最终形成有效供给不足的局面。所以，政府有必要对可再生能源市场进行动态评估，建立财税政策进入和退出机制，明确政策的最终目标是让市场发挥配置可再生能源的有效作用，避免过度使用产业支持政策造成中小企业扎堆和资源浪费现象。

相关优惠政策的重要作用是减轻可再生能源企业的负担。在技术发展和政府优惠政策的推动下，所有商用可再生能源发电技术的成本都有所下降。全球太阳能理事会（Global Solar Council）数据显示，2018年全球聚光太阳能发电（CSP）加权平均成本同比下降26%，其次是生物质能、太阳能光伏（PV）发电、陆上风电和水电，加权平均成本下降了12%～14%。地热发电和海上风电成本降幅较低，但也实现了1%的成本下降。2018年约有0.5吉瓦的新型聚光太阳能发电投入使用，主要分布在中国、摩洛哥和南非。虽然2020年各类材料成本以及太阳能电池板成本大幅上涨（见图4-17），但2021年全球聚光太阳能发电平准化能源成本（Levelized Cost of Energy，LCOE）下降了13%，而较2010年降幅在50%以上。截至2021年底，全球CSP总装机容量约为6.27吉瓦，是2010年的4.9倍。鉴于市场和供应链规模较小，2021年新增产能0.5吉瓦的全球聚光太阳能发电LCOE为0.048美元/千瓦时并不奇怪，处于化石燃料的成本范围。然而，近年来，开发商经验不断增长，供应链不断拓宽，新项目稳定地甚至是低水平地投产。全球LCOE下降的主要原因在于，中国成为供应链和项目开发的重要参与者。由于多个项目正在中国投产，全球LCOE将进一步下降。CSP的竞争力将发生阶段性变化，因为CSP的电力成本将降至0.04～0.10美元/千瓦时。由于CSP能够提供可调度的可再生能源，它可以发挥越来越重要的协调作用，使得在拥有良好太阳能资源的地区允许高份额的太阳能光伏发电和风力发电。

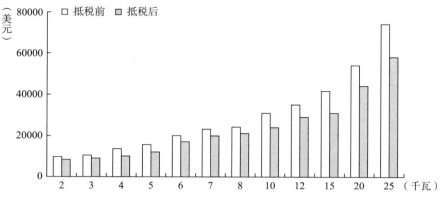

图4-17 2020年抵税前后不同规模的太阳能电池板成本

资料来源：SEIA。

美国充分运用市场机制发展太阳能发电。太阳能投资税收抵免（ITC）是推动美国太阳能大规模应用最重要的联邦政策。自2006年ITC颁布以来，美国太阳能产业增长了上万倍——在此过程中创造了数十万个就业岗位，并为美国经济投资了数十亿美元。2015年，美国太阳能产业协会（Solar Energy Industries Association，SEIA）成功地将信贷期限延长多年，为企业和投资者提供了稳定的金融支持。ITC对住宅和商业的太阳能系统提供26%的税收抵免。商业信贷可适用于客户所在地的商业太阳能系统和大型公用事业太阳能农场。ITC的资格以"开工建设"标准为基础。为申请ITC，美国国税局在2018年6月发布的指导意见中解释了相关纳税人必须满足的要求，以证明已经开始建造太阳能设施。ITC适用于住宅和商业太阳能项目的方式不同。2015年的ITC延期为企业发展长期投资提供了市场确定性，推动了竞争加剧和技术创新，进而降低了消费者的能源成本。尽管取得了进步，太阳能仍然只占美国能源产量的2.5%。继续为太阳能提供稳定资金和投资机会的税收政策，应该成为任何有关税收、基础设施和脱碳国家的可再生能源政策不可或缺的一部分。在过去的十多年中，太阳能的装机成本下降了70%以上，导致太阳能行业向新市场扩张。当下各细分市场的价格均处于历史最低水平。平均规模的住宅系统已从2010年的激励政策前的40000美元降至2019年的约18000美元，而2019年的公用事业规模价格则在18~35美元/兆瓦时，可以与所有其他发电形式进行竞争。

太阳能发电技术相对于其他技术竞争力不断增强，使其在美国总发电量中所占的份额迅速增加——从2010年的0.1%增加到2019年的2.5%以上。住宅和小型商用太阳能的最大成本下降机会存在于软成本中，其中包括劳动力、供应链、客户获取和其他间接成本。随着硬件成本的下降，软成本在系统总成本中所占的份额增加了，这主要是由于客户获取成本的增加，以及不同司法管辖区的建筑规范和许可做法不一致。美国能源部（U. S. Department of Energy）牵头采取措施降低软成本，而SEIA和太阳能基金会（Solar Foundation）正致力于两个项目，以降低进入太阳能领域的门槛和障碍：SolSmart项目和太阳能许可自动处理系统（SolarAPP）。据美国能源信息署（EIA），虽然加州传统上主导着美国太阳能市场（2019年太阳能发电装机容量为26232兆瓦），但其他市场仍在继续扩张，包括北卡罗来纳州（5662兆瓦）、亚利桑那州（3913兆瓦）、得克萨斯州（3421兆瓦）和佛罗里达州（3414兆瓦）等。2019

年，前 10 名以外的州的装机容量占总容量的 1/4。随着太阳能价格的持续下跌，新的进入者将在市场上占据越来越大的份额。

在中国，可再生能源发展专项资金具有明确的用途和使用原则。财政部明确规定，该专项资金的主要用途是支持可再生能源项目的开发建设，但从目前来看，存在着融资渠道单一、缺口大、补贴不足等问题。为了弥补可再生能源发展基金的空缺，自 2006 年以来中国可再生能源价格的加收标准一直在提高。然而，中国财政补贴有时不能按时支付。究其原因，一方面是中央政府与地方政府之间的财政结算需要一定的时间，另一方面是由于补贴程序的复杂性和各项审批的时间较长。事实上，早在 2007 年，国家发改委要求电网企业每月给发电企业发放补贴，同时明确表示，电价的额外配额交易应每月进行一次，补贴应该在交易完成 5 天内足额发放。

价格的不合理是可再生能源并网发电的根本障碍。对于终端消费市场而言，可再生能源电力产品及新能源汽车等新产品都存在由成本导致的过高定价问题，特别是相对于传统能源和产品，缺乏价格优势，从而降低消费者的消费意愿。与火电等传统能源相比，风力发电的成本和光伏电站建设与运营过程中所需承担的光伏发电设备成本、维修费用和劳动力成本等均较高。在对朔州电厂的一项调查中也证实了这一现象（Luo et al.，2016）。该风力发电厂在建设运行中投入 5 亿元人民币的初始投资，其中企业自有资金约占 20%。风电场建成并投入运行后，主要的运维成本包括职工的人工成本和风电机组运行维护成本，这些成本每年合计约 1000 万元。银行的贷款利息比较高，贷款约占 20%，全年支出成本的 60%~70% 为利息。政府给出的增值税优惠不能发挥实际作用。固定资产的进项税额可在企业建设过程中抵扣，所缴纳的增值税较少，增值税优惠幅度很小。在后期，由于使用风能、太阳能等自然资源，该风力发电厂将不需要购买原材料来抵扣进项税。此外，还要承担比较重的增值税税负，实际税负不仅不低于煤电等传统企业，甚至比这些企业的税负更高。

此外，可再生能源发电企业还可能面临来自地方的额外负担。例如，光伏发电企业还被某些地方要求缴纳城镇土地使用税，尽管这些费用并不是所有省市普遍要求的，但无疑加重了某些需要缴纳相关费用的企业的负担。据悉，一些地方的支付标准为 5~8 元/米^2。以占地面积为 300 亩、发电容量为 10 兆瓦的光伏电站为例，依照某些地方现行的税收征管办法，该光伏电站至少每年需要缴纳城镇土地使用税 100 万元。即便按此简单计算，企业税收成本仍然是比较高的，沉重的税收负担不利于可再生能源发展，对我国"双碳"目标的实现也是一种障碍。此外，财税政策也没能对输配电和用电环节形成有效激励。现行税收政策主要针对的是发电侧的风电和光伏发电企业，甚少存在涉及供电侧购买可再生能源的财税优惠政策。至于消费侧，相关财税政策也是缺位的，如个人所得税等对消费者购买可再生能源的税收优惠政策。总的来说，中国还没有形成一个关于可再生能源的完整的税收优惠制度。

中国的可再生能源政策针对的主要是发电侧，消费侧的政策往往是不足的。消费侧的利益驱动机制缺位导致供需失衡，过剩的供给导致企业难以平稳运行。产能过剩问题已经成为中国可再生能源持续发展的重要障碍，其中消费不足是问题的关键。为了消纳更多的可再生能源，不仅仅需要消费者的支持，更需要坚强电网提供的有力支持。这要求既能适应可再生能源电力波动的特点，又能随时调整夜间或雨天的峰值，满足远距离传输的需要，将剩余电量送到电力需求集中的地方。但现实情况是，在风电、光伏发电等新能源蓬勃发展的过程中，电网等通道建设是相对滞后的。在中国西北、东北等风能、太阳能富集地区，外送输配通道不畅，网源不协调，造成可再生能源难以到达消费终端，一度高比例的"窝电"、弃风和弃光现象造成极大的资源浪费。目前，中国税收政策支持可再生能源产业的力度仍然比较大，但对可再生能源产业相关的配套基础设施的重视程度还远远不够。例如，在一些地方，由于缺少财政政策支持新能源汽车的配套设施，新能源汽车在使用过程中充电桩设施和特殊的停车场少，从而阻碍新能源汽车的大规模应用。又如，由于缺乏精准的财税支持，可再生能源发电企业即使满负荷生产，发电量相对过剩，富余电量也不能及时输出，实际上增加了电价成本，限制了可再生能源发电的消费，从而形成了一个恶性循环。

第五章 经济增长效应：配置可再生能源的电力高速公路

可再生能源并网消纳不仅可以促进能源清洁化，还能带来额外的经济增长效应。在中国，可再生能源并网消纳促进经济增长体现在两个层面：其一，可再生能源并网消纳提供经济增长所需的能源投入，尽管对于终端消费者来说，可再生能源这种以电的方式提供的能源与化石能源没有任何区别；其二，实现可再生能源并网消纳的各层级电网构建的电力高速公路对经济增长起到关键作用。因为，中国特有的供需逆向地理分布客观上要求可再生能源并网消纳必须依赖坚强的电网支撑，促进可再生能源并网消纳必然要求加快输电通道建设，由此带来经济增长效应。

为考察可再生能源并网消纳与经济增长的动态关系，本章将可再生能源并网电量、人均 GDP、电力资本存量等纳入面板向量自回归（PVAR）模型，再进行面板单位根检验、面板协整检验，并依据 AIC、BIC 及 HQIC 等准则确定滞后阶数，在此基础上分别使用 LSDV 法和GMM 法进行 PVAR 模型的参数估计，然后构造内生变量之间的脉冲响应函数，从中探究一单位标准差的可再生能源并网电量及人均 GDP 冲击对其他内生变量的影响。

特高压骨干网架是中国可再生能源并网消纳的关键支撑。2015 年，国家电网有限公司计划到 2020 年建成"五纵五横"共 27 条特高压输电通道，为"西电东送"打造坚实的电网基础。既有的电力高速公路网络已经覆盖全国主要能源基地和负荷中心，保障大规模、远距离输电，而且输送的越来越多的是清洁电。除电力高速公路强化可再生能源跨区配置之外，还可能带来倍数化的经济增长效应，因为存在大规模电网建设的投资乘数。"十三五"期间，为着力于建设特高压骨干网架、各级电网协调互促的坚强智能电网，并为可再生能源大规模配置夯实基础，国家电网有限公司电网投资额超过 2.3 万亿元，建立了规模化的电力外送通道。按照"十四五"规划，特高压线路建设作为新基建的重点仍是投资重地，其中国家电网有限公司计划建设"24 交 14 直"共计 3 万余公里的特高压线路。南方电网"十四五"期间的电网投资也将比"十三五"期间高出超过 35%，助力新型电力系统建设。这些投资带来的经济增长效应可想而知。

因此，本章在非线性计量经济框架下利用 1991~2020 年省级面板电网数据，考察不同电压等级的电网基础设施对地方经济增长的异质性拉动作用。因为样本期内特高压骨干网架并未完全形成，所以利用 DID 方法估计特高压的经济增长效应。在研究中将电力资本存量作为控制变量引入，这样可以避免电力部门其他因素的影响。基于非线性检验，可以确定选择非线性模型的合理性。此外，按电压等级将电网基础设施划分为高压、超高压和特高压三个等级，其中后两者的主要功能是实现电力的跨区配置，有利于可再生能源从"三北"和西南地区并网外送到东部负荷中心，从而起到对电力输出区和输入区经济平稳运行的双重有效保障。

第一节 研究基础

能源是经济发展不可或缺的动力源（林伯强，2004）。能源可分为两类：可再生能源和非可再生能源。分析非可再生能源对经济发展影响的研究是非常全面的。许多研究表明，使用传统化石能源可以促进经济增长（何晓萍，2014；史丹，2021）。然而，经济增长并不是唯一的目标，非可再生能源的使用因其不可持续性和大量碳排放而受到广泛批评（陈诗一等，2021；Abrell et al.，2019）。近几十年来，随着气候变化问题的日益严重和环境保护意识的提高，发展可再生能源的重要性逐渐显现；特别是近年来，可再生能源的消费被认定为通往可持续发展的必由之路。随着可再生能源占比的提高，越来越多的学者开始研究可再生能源所带来的外溢效应，特别是关注可再生能源消费与经济增长之间的关系（Nguyen and Kakinaka，2018）。主流研究发现，可再生能源对经济增长具有显著的积极影响（程承等，2019；Chien et al.，2021；Acheampong et al.，2021）。

可再生能源发电量占中国总发电量的比重超过 30%，但到 2030 年实现非化石燃料能源消耗占总能源消耗 20% 的目标仍然是一个挑战（史丹、李鹏，2021）。中国可再生能源装机容量正在快速增长，但高比例的可再生能源向终端用户输配的过程中存在众多的并网消纳问题。主要原因是电网基础设施的结构失衡以及交易壁垒。这种结构失衡表现在两个方面：一方面是不同电压等级电网之间的失衡，另一方面是区域间和省际输电通道的短缺，这些都导致可再生能源并网消纳的发展面临瓶颈（白建华等，2015；于文轩，2018）。2002 年厂网分开后，电力市场化改革获得了放松管制的益处，但厂网矛盾逐渐显现，增加了包括风电、光伏发电等可再生能源在内的发电产能过剩。中国各地区的资源禀赋分布极不均衡。能源需求低的西部地区传统能源和可再生能源富集，而能源需求高的东部地区高度依赖西部能源输送。中国正在建设一个以特高压输电系统为骨干网架、各级电网协调发展的强大国家智能电网，以实现大规模、远距离、高效的跨区输电，增强电网资源配置能力，促进可再生能源大规模并网消纳，并进一步缓解中国东部和南部的电力短缺问题。

随着风能和太阳能等可再生能源开始慢慢取代传统能源，更高级别的电网系统建设被推动，这使得电压稳定性、电能质量以及有功和无功功率调节成为电网稳定性的关键要求。大规模可再生能源为电力行业带来的 21 世纪绿色能源需求的新愿景、路线图和商业模式需要一种被称为"能源银行"（Energy Bank）的治理模式（Kumar and Srinivasan，2016）。"能源银行"被认为是私人实体，在自己的设施中收集和储存能源，或与整个电网的私人储存设施签订合同，以实现从输电到配电和最终用户的无缝连接。由于能源基地和负荷中心分布不平衡，国家能源配置效率的提高需要建设大量输电项目。外部电力在接收端电网的日常运行中发挥着越来越重要的作用。电网基础设施无疑肩负着促进经济增长和低碳发展的两大使命，两者之间存在一定的互动机制，因为脱碳不仅是中长期目标，也是实现粗放型增长向集约式增长转变的根本所在。

20 世纪六七十年代以来，基础设施在主要国家和地区经济发展与腾飞中所扮演的角色越来越受到关注。Mera（1973）利用 1954~1963 年日本北海道、关东、近畿、九州和四国等地区的时间序列数据，回归估计了社会资本存量（Social Capital Stock）对日本三次产业产出增长的拉动作用，发现日本社会资本存量的三次产业产出弹性为 0.12~0.22。Aschauer（1989）利用 1949~1985 年美国的时间序列数据，计量分析发现包括公共交通、机场、高速公路、电力设施、输气管道以及给排水系统等在内的核心基础设施存量（Core Infrastructure Stock）对二战后美国实现长期经济增长具有显著贡献，产出弹性甚至可达 0.39。继 Aschauer（1989）之后，多数学者的研究结果在不同程度上为基础设施对经济增长的促进作用提供了经验证据（Munnell，1990；Eisner，1991；Holtz-Eakin，1994；王任飞、王进杰，2007；王洋、吴斌珍，2014）。然而，由于受到计量方法和数据的时代限制，早期研究结论的可靠性一直存在众多疑问，这也推动后续的学者们试图采用各种方法增强基础设施可以促进经济增长实证结果的可信度。

　　Canning（1999）指出，基础设施投入可能决定产出，但产出对基础设施的资本积累将形成反向作用，这种逆向因果关系造成的内生性使得获取准确的估计结果十分困难。为此，一些文献采用工具变量法消除内生性导致的估计偏误。例如，Lai（2006）在利用 60 个国家 3 万家企业微观数据估计基础设施对私人企业存货的影响时，选择土地面积、是否为内陆国家、是否为岛国、平均海拔、到海岸或河流平均距离以及首都到纽约、东京或鹿特丹的最短航空距离作为公路、铁路、集装箱港口和机场设施等基础设施的工具变量。Czernich（2011）将城市与最近的总配线架（MDF）的地理距离作为数字用户线路（DSL）利用率的工具变量，研究宽带基础设施对德国失业率的影响。另一些文献则采用动态模型估计方法。如 Sahoo 等（2012）利用 ARDL 和 GMM 估计方法讲述了 1975~2007 年中国经济增长中基础设施的角色和作用。刘生龙和胡鞍钢（2010）采用动态面板 GMM 估计方法研究了中国三大网络型基础设施对经济增长的溢出效应。郑世林等（2014）使用了同样的方法研究移动和固定电话两类电信基础设施在经济增长中的不同表现，并且将外生化的电信市场结构设为 GMM 模型中的工具变量。还有一些文献则试图把某个基础设施建设工程项目视为一个自然实验或准实验，采用双重差分法（DID）和倾向得分匹配（PSM）评估工程项目对周边地区的经济影响（周浩、郑筱婷，2012；王洋、吴斌珍，2014）。

　　如前所述，关于基础设施与经济增长关系研究的国内外文献不胜枚举，但专门研究电力基础设施与经济增长关系的文献并不多见，而其中将重点放在电网基础设施与经济增长关系的研究则更为鲜见。长期以来，学者考察电力基础设施对经济增长的影响时通常以发电装机容量或用电量作为电力基础设施的代理变量（王任飞、王进杰，2007；刘生龙、胡鞍钢，2010），能够给出电力基础设施对经济增长贡献的总体评价，但显然难以分析电力基础设施质量对经济增长的影响。按照电力运行的发电、变电、输电和配电的运行过程，电力基础设施可以分为电源基础设施和电网基础设施两类，其中电源基础设施主要是发电环节的固定资产，核心指标是发电装机容量；电网基础设施主要是变电、输电和配电的固定资产，核心指标包括变电设备容量和输电线路长度等。Canning（1999）对 57 个国家和地区 1960~1990 年面板数据的研究发现，电力基础设施的各国总体产出弹性为 0.035，且能够更好地拉动低收入国家产出增长，产出弹性达到 0.058。当然，该研究使用的电力基础设施数据为劳均发电设备装机容量。考虑到 20 世纪 60 年代通过电泵抽取地下水进行农业灌溉的"绿色革命"是推动印度农村电网发展的重要动力，Rud（2012）把地下水可利用率作为电网质量的工具变量，采用 IV 估计方法研究电力供应对 1965~1984 年印度各邦制造业产出的影响，结果表明每增加一个标准差的电力供应将使印度各邦制造业平均产出提高 14%。Chakravorty 等（2014）研究接入电网和供电可靠性对印度农村收入的影响，利用 1994 年和 2005 年调查数据的估计结果表明，接入电网能使农村家庭非农收入增加 9%，供电可靠性增强则使得农村家庭增加 28.6% 的非农收入。为消除内生性问题，Chakravorty 等（2014）将输电线路密度设置为供电可靠性的工具变量。

　　Dalgaard 和 Strulik（2011）验证了克莱伯定律（Kleiber's Law）在美国输电网络与经济增长关系中的应用。他们使用 1960~2000 年美国 50 个州的人均电力消费、人口增长率等数据，实证检验了人均用电量与人均资本存量的弹性系数在 2/3 左右，系数的大小取决于电网输电和配电的综合效率，这基本符合克莱伯定律的理论判断。遵循 Dalgaard 和 Strulik（2011）的研究思路和方法，Elliott 等（2015）使用 2002~2007 年中国 224 个地级市人均用电量和人口增长率，验证了人均用电量与人均资本存量之间是否符合指数在 1/2~3/4 的幂函数关系，结果表明人均用电量与人均资本存量的幂函数指数为 0.687，略高于 Dalgaard 和 Strulik（2011）对美国指标的估计系数，说明在持续的电力基础设施投资下 21 世纪初中国电网输配电效率已经赶超美国 1960~2000 年的总体发展水平。

非洲经济发展深受电力危机的折磨。国际能源署（IEA）发布的《2022 年非洲能源展望》显示，2021 年以来，非洲无电可用人口数量增加 2500 万人，有 6 亿人过着无电可用的生活，不仅电力短缺，非洲依赖坚强电网的供电可靠性也非常堪忧。Andersen 和 Dalgaard（2013）研究了电能质量对撒哈拉以南非洲经济增长的影响，他们利用夜间灯光数据提高经济增长测量的准确度，而且富有创造性地使用闪电密度（Lightning Density）作为停电次数的工具变量，依据 Solow（1956）增长框架的实证结果表明，停电次数提高 1% 将使撒哈拉以南非洲国家的人均 GDP 增长率下降 2.86 个百分点。假如所有非洲国家的电能质量都能够达到南非的水平，那么非洲大陆人均 GDP 的平均增长率将提高 2 个百分点，并且国家之间的增长率差距将下降 20 个百分点。这意味着，若非洲消灭电力危机，除南非以外其他非洲国家的经济增长率将有可能从 2021 年的 4.5% 左右提高到 6.5% 以上，解决电力供应和质量问题的非洲离创造非洲经济奇迹就为时不远了。Moyo（2013）从微观角度考察了电力基础设施薄弱对非洲经济的危害，非洲各国每天停电小时数和停电产出损失百分比两项供电可靠性指标与其企业生产率负相关，非洲各国采取措施改善电力基础设施已经刻不容缓。对于南美洲地区的研究也得出类似的结论（Hdom，2019），即通过电网基础设施促进可再生能源并网消纳在获取高质量经济增长中发挥着关键作用。

遗憾的是，尽管大量文献对电力基础设施在经济增长中的作用给予了充分的关注，但是这些研究关注的焦点几乎都是电源基础设施，很少涉及电网基础设施对经济增长的影响，而事实上电网基础设施是可再生能源并网消纳的关键。为弥补上述不足，首先，本书构建 PVAR 模型研究可再生能源并网消纳、电网基础设施和经济增长的动态关系。然后，本书重点研究了配置可再生能源的各等级输电通道对中国经济增长的贡献，尤其是分析了超高压、特高压等"电力高速公路"对经济增长的差异化影响效应。最后，本书引入卫星观测的闪电密度、雷暴日数作为电网基础设施的工具变量，较好地解决了电网基础设施与地区生产总值的因果倒置引起的内生性问题，并且通过 PSTR 模型考察人均电力消费不同阶段的各等级输电通道对经济增长的非线性影响机制，从而为电网规划和建设提供了重要的政策启示。

第二节 经济增长效应 I：动态关系检验

一 PVAR 模型

为了研究基于电网基础设施输配电的可再生能源并网消纳与经济增长之间的动态关系，此处使用了 Holtz-Eakin（1994）最初提出的面板向量自回归（PVAR）模型，该方法将经典 VAR 模型与面板数据技术相结合。使用 PVAR 模型的一个关键优势是，所有变量都可以同时被认为是内生的，从而允许这些变量之间内源性地相互作用。PVAR 模型利用了样本的横截面，从而允许将未观察到的个体异质性作为固定效应纳入其中。此外，PVAR 模型可以通过使用不同的估计方法来获得有效的估计量。PVAR 模型通常设置为以下形式：

$$Y_{it} = A_0 + A_1 Y_{it-1} + A_2 Y_{it-2} + \cdots + A_p Y_{it-p} + BX_{it} + \mu_i + v_t + \varepsilon_{it} \tag{5-1}$$

其中，Y_{it} 是内生变量的二维向量，具体包括可再生能源并网电量（$clean$，由可再生能源发电量占比衡量）、跨省输电量（tr，由外购电量占本地消费总电量比重衡量）以及经过取对数的输电线路长度（$tline$）、人均 GDP（$pgdp$）、电力资本存量（ek）、二氧化碳排放量（co）等，各变量对应的原始数据均来自国家统计局、中国电力企业联合会、《中国电力统计年鉴》等；A_0 为常数向量，A_1，A_2，$\cdots$，A_p 是待估计的不同滞后阶数的系数矩阵；X_{it} 和 B 是外生变量的向量及其估计系数向量；μ_i 表示不可观测的省级特征（个体固定效应），v_t 表示可能以相同方式影响所有省份的任何不可观测因素（时间固定效应）以及 ε_{it} 表示随机误差项。

PVAR 模型估计的一个重要前提是验证变量的平稳性，这可以通过许多现有方法来实现，而大多数方法是在增广 Dickey-Fuller（ADF）检验和 Phillips-Perron（PP）检验的基础上扩展而来的，一般方程如下：

$$\Delta Y_{it} = \alpha + \beta Y_{it-1} + \sum_{p=1}^{k-1} \gamma_i \Delta Y_{it-p} + \delta T + \varepsilon_{it} \tag{5-2}$$

$$Y_{it} = \alpha + \beta \left(T - \frac{N}{2} \right) + \rho Y_{it-1} \tag{5-3}$$

　　PVAR 模型的估计有效性取决于最优滞后阶数的选择。鉴于在 PVAR 模型中适当指定滞后阶数 p 的重要性，Andrews 和 Lu（2001）提出了基于 Hansen 过度识别限制的 J 检验统计量的模型选择标准，包括 Akaike 信息准则（AIC）、Bayesian 信息准则（BIC）和 Hannan-Quinn 信息准则（HQIC）。因此，选择适当的向量（p，q）以最小化的准则为：

$$\text{MMSC}_{\text{AIC},n}(k,p,q)=J_n(k^2p,k^2q)-2k^2(|q|-|p|) \tag{5-4}$$

$$\text{MMSC}_{\text{BIC},n}(k,p,q)=J_n(k^2p,k^2q)-(|q|-|p|)k^2\ln n \tag{5-5}$$

$$\text{MMSC}_{\text{HQIC},n}(k,p,q)=J_n(k^2p,k^2q)-Rk^2(|q|-|p|)\ln\ln n,R>2 \tag{5-6}$$

　　其中，$J_n(k,p,q)$ 表示过度识别限制的 J 检验统计量，k,p,q 表示 k 个变量的 PVAR 模型滞后阶数，n 为样本容量，只有当 $q>p$ 时上述准则才有效。MMSC 和测试程序可以帮助确定哪些协方差限制是正确的——指定模型，例如滞后长度的选择、参数中的结构中断和模型中包含的参数。此外，将用恰好识别的 GMM 模型计算的总体决定系数（CD）应用于 PVAR 模型滞后选择，这可以捕获 PVAR 模型中关于滞后阶数选择的更多信息。CD 计算公式如下：

$$CD = 1 - \frac{\det(\sum)}{\det(\Psi)} \tag{5-7}$$

　　其中，$\sum=E[\varepsilon_{it}^{'}\varepsilon_{it}]$，基于随机误差项的基本假设 $E[\varepsilon_{it}]=0$；Ψ 表示解释变量的（$k\cdot k$）无约束协方差矩阵。

　　在 PVAR 模型估计完成后，脉冲响应函数（IRF）可用于捕捉一个变量的冲击对另一个变量的影响，同时保持所有其他变量不变。假设残差的系数矩阵和协方差矩阵在所有横截面上都是齐次的，IRF 在伴随矩阵 A 的所有模都严格小于 1 的情况下是稳定的，其中伴随矩阵如下所示：

$$A=\begin{bmatrix} A_1 & A_2 & \cdots & A_p & A_{p-1} \\ I_k & O_k & \cdots & O_k & O_k \\ O_k & I_k & \cdots & O_k & O_k \\ \vdots & \vdots & \ddots & \vdots & \vdots \\ O_k & O_k & \cdots & I_k & O_k \end{bmatrix} \tag{5-8}$$

　　所谓稳定性，是指 PVAR 模型是可逆的，并且具有无限阶向量移动平均（VMA），这提供了对估计脉冲响应的已知条件。IRF 可以通过将模型重写为无限向量移动平均来计算，其中脉冲响应函数 Φ_i 是如下的VMA 参数：

$$\Phi_i = \begin{cases} I_k & i = 0 \\ \sum_{j=1}^{i} \Phi_{t-j} A_j & i = 1,2,\cdots \end{cases} \tag{5-9}$$

除了通过上述方法进行参数估计之外（包括 PVAR 模型多项式的滞后选择准则和稳定性检验），PVAR 模型的经典结构分析（如正交和广义 IRF）、脉冲响应函数的自举置信区间是 PVAR 模型估计的必要部分。基于 PVAR 模型参数的渐近分布和交叉方程误差方差-协方差矩阵，通过具有 1000 次重复的蒙特卡洛模拟，导出 IRF 的值及其置信区间。

二　估计结果

本章应用 PVAR 模型来探讨可再生能源并网电量与不变价人均 GDP（经济增长）的动态关系，除了这两个核心内生变量外，与可再生能源并网电量和经济增长关系密切的重要变量——输电线路长度量的电网基础设施、跨省输电量、电力资本存量、二氧化碳排放量等被纳入统一的分析框架。在不失一般性的情况下，PVAR 模型估计的第一个任务是进行变量平稳性检验。从本质上讲，大多数面板单位根检验是为了验证面板中每个单独序列存在单位根的零假设。相反，备择假设的提出是一个有争议的问题，这在很大程度上取决于对面板的同质性或异质性所做的假设。面板单位根检验方法之间的差异涉及横截面相关性。根据面板残差之间的潜在相关性，可以将面板单位根检验划分为两代。第一代面板单位根检验是基于横截面独立性的假设。在面板单位根检验的大多数宏观经济应用中，横截面独立性假设是相当有限的，有些不切实际。因此，第二代面板单位根检验放宽了横截面独立性的假设。为了满足允许横截面相关的面板单位根检验的需要，各种方法被设计出来。例如，横截面相关性被指定为一个公共因素模型。表 5-1 的结果表明，各内生变量都是一阶平稳序列。

表 5-1　面板单位根检验

变量	ADF	HT	Breitung	IPS	Hadri LM
ln*tline*	−0.1367	0.9428	8.5447	−0.5210	69.8109***
Dln*tline*	−11.1829***	−0.0503***	−15.3187***	−5.0519***	−2.0136
clean	0.7050	0.6134	2.9996	−1.3182	37.9601***
D*clean*	−8.0208***	−0.1059***	−11.8102***	−4.9361***	−1.3337
tr	−2.2130**	0.9047	1.8788	−1.3063	63.9234***
D*tr*	−9.9428***	−0.1025***	−10.6760***	−4.4003***	−1.6925
ln*pgdp*	−2.7619***	0.9956	7.9708	−1.3723	81.1120***
Dln*pgdp*	−3.2650***	0.1241***	−2.9135***	−2.6687***	2.9738
ln*ek*	−3.3808***	0.9885	6.7609	−0.9930	79.0417***
Dln*ek*	−7.0522***	0.5983***	−7.6614***	−2.5474***	12.0781
ln*co*	2.4684	0.8146	6.6248	−1.2280	68.1508***
Dln*co*	−5.1119***	0.2013***	−7.9500***	−3.9551***	−0.5084

注：*** 、** 分别表示在 1%、5% 的水平下显著。

表 5-2 展示了使用 Kao、Pedroni 和 Westerlund 检验等对面板数据进行的协整检验结果，其中面板特定均值和面板特定时间趋势可以包括在协整回归模型中。以上所有的协整检验都有一个共同的零假设，即不存在协整。Kao 检验和 Pedroni 检验的备择假设是变量在所有面板中都是协整的，而 Westerlund 检验的备择假设是变量在至少一些面板中是协整的。近年来，面板协整技术在检验时间序列维度和横截面维度的变量之间的长期关系方面取得重要进展。其关键的突破点是，检验技术不仅要考虑时间序列维度，还要考虑横截面维度可能引起的估计结果差异。Westerlund 检验基于结构而非残差，因此不施加任何协因子约束。

表 5-2　面板协整检验

检验方法		统计量	p 值
Kao	Modified Dickey-Fuller t	4.4099	0.0000
	Dickey-Fuller t	3.1041	0.0010
	Augmented Dickey-Fuller t	4.4436	0.0000
	Unadjusted Modified Dickey-Fuller t	3.7180	0.0001
	Unadjusted Dickey-Fuller t	2.8213	0.0024

续表

检验方法		统计量	p 值
Pedroni	Modified Phillips-Perron t	3.9196	0.0000
	Phillips-Perron t	-1.3928	0.0818
	Augmented Dickey-Fuller t	-1.3708	0.0852
Westerlund	Variance Ratio	-1.6686	0.0476

　　表 5-3 报告了 PVAR 模型的滞后阶数选择准则。AIC、BIC 和 HQIC 三种检验方法非常相似，首选模型是这些准则数值最低的模型。它们的模型选择标准是基于上述过度识别限制的 J 检验统计量。可以观察到，滞后 2 期相对应的行基本具有最小值。由于这个原因，最优模型应该包括 t 和 t-2 变量。经过模型估计可以进一步确认，滞后 2 期模型比其他潜在模型更可靠。PVAR 模型与标准 VAR 模型具有相同的逻辑，但增加了横截面。PVAR 模型特别适合研究可再生能源并网消纳与经济增长的关系，因为它可以捕捉静态和动态的相互依赖性，以不受约束的方式处理内生变量之间的关系，且易于将系数和影响方差的时间变化纳入模型，并解释横截面动态不均匀的特征。PVAR 模型也经常用于构建异质单位组的平均效应，并描述其相对于平均值的差异，因此 PVAR 模型可以检验动态异质性和俱乐部趋同的程度。

表 5-3　PVAR 模型的滞后阶数选择准则

滞后阶数	AIC	BIC	HQIC
1	14.6656	16.0858	15.2149
2	8.61258	10.3278 *	9.27741 *
3	8.54267 *	10.575	9.33208
4	11.1419	13.5162	12.0661
5	10.9407	13.6853	12.0115

注：* 表示各准则对应的最优滞后阶数。

　　表 5-4 和表 5-5 报告了 PVAR 模型的估计结果，可以看出可再生能源并网电量、经济增长、电网基础设施、跨省输电量之间具有相互作用的动态效应，从而揭示可再生能源并网电量的冲击对经济增长具有影响。采用两种不同的方法对 PVAR 模型进行参数估计，以进行稳健性检验从

而获得可靠的参数。前者是最小二乘虚拟变量估计法（Least Squares Dummy Variables，LSDV），适用于具有每个因变量本身和所有其他因变量滞后的多元面板回归；后者是广义矩估计法（Generalized Method of Moments，GMM），具有能够有效解决内生性问题的优点。更具体地说，由表 5-5 可以发现，以输电线路长度为代理变量的电网基础设施的估计系数在滞后 2 期为负，这表明中国特高压骨干网架的建设有利于减排。清洁和可再生能源的并网需求促进了电网基础设施的升级，但其促进作用是不可持续的。电网基础设施的升级无助于提高清洁和可再生能源的发电份额，这表明除了改善电网基础设施外，促进能源的清洁转型、大幅提高清洁和可再生能源的发电比例也取决于电网连接机制的改善。在滞后期电网基础设施对跨省输电量基本会产生积极影响。

表 5-4　PVAR 模型估计结果（LSDV 法）

变量	$clean$	tr	$\ln pgdp$	$\ln ek$	$\ln co$	$\ln tline$
$clean_{t-1}$	0.7037 *** (0.0444)	-0.1518 ** (0.0754)	0.0011 * (0.0006)	0.0010 (0.0008)	0.0017 (0.0022)	0.0058 *** (0.0022)
tr_{t-1}	-0.0123 (0.0228)	0.7897 *** (0.0388)	-0.0001 (0.0003)	0.0004 (0.0004)	0.0036 *** (0.0011)	0.0033 *** (0.0011)
$\ln pgdp_{t-1}$	5.6321 *** (2.7814)	-11.0189 ** (4.7203)	1.0781 *** (0.0386)	0.0345 (0.0505)	0.0559 (0.1378)	0.1511 (0.1389)
$\ln ek_{t-1}$	-0.3543 (1.7773)	-11.6136 *** (3.0162)	0.0678 *** (0.0247)	1.4755 *** (0.0322)	0.2960 *** (0.0880)	-0.1420 (0.0887)
$\ln co_{t-1}$	1.1041 *** (0.0476)	0.0629 (0.0480)	-3.1202 *** (0.9605)	0.7712 (1.6301)	0.0240 * (0.0133)	0.0720 *** (0.0174)
$\ln tline_{t-1}$	-0.0802 ** (0.0380)	0.7799 *** (0.0383)	-0.2422 (0.7667)	-3.6498 *** (1.3011)	0.0165 (0.0107)	-0.0125 (0.0139)
$clean_{t-2}$	0.0783 * (0.0451)	0.2301 *** (0.0765)	-0.0011 * (0.0006)	-0.0014 * (0.0008)	-0.0035 (0.0022)	-0.0069 *** (0.0022)
tr_{t-2}	0.0238 (0.0234)	0.0720 * (0.0398)	-0.0005 (0.0003)	-0.0004 (0.0004)	-0.0033 *** (0.0012)	-0.0012 (0.0012)
$\ln pgdp_{t-2}$	-5.7972 ** (2.8287)	14.8367 *** (4.8005)	-0.0990 ** (0.0393)	0.0064 (0.0513)	0.0654 (0.1401)	-0.0631 (0.1412)
$\ln ek_{t-2}$	1.3595 (1.7486)	7.8149 *** (2.9675)	-0.0638 *** (0.0243)	-0.5851 *** (0.0317)	-0.2543 *** (0.0866)	0.2227 *** (0.0873)

变量	clean	tr	lnpgdp	lnek	lnco	lntline
$lnco_{t-2}$	-0.3033 *** (0.0480)	-0.0481 (0.0484)	2.5070 *** (0.9684)	-0.8599 (1.6435)	-0.0232 * (0.0135)	-0.0150 (0.0176)
$lntline_{t-2}$	0.0396 (0.0368)	-0.0470 (0.0370)	0.3201 (0.7420)	4.9313 *** (1.2593)	0.0036 (0.0103)	0.0515 *** (0.0135)

注：***、**、*分别表示在1%、5%、10%的水平下显著，括号内为标准误。

表 5-5　PVAR 模型估计结果（GMM 法）

变量	clean	tr	lnpgdp	lnek	lnco	lntline
$clean_{t-1}$	0.7037 *** (0.0444)	-0.1481 ** (0.0748)	0.0010 * (0.0006)	0.0010 (0.0008)	0.0017 (0.0022)	0.0074 *** (0.0021)
tr_{t-1}	-0.0118 (0.0229)	0.7863 *** (0.0385)	-0.0001 (0.0003)	0.0004 (0.0004)	0.0036 *** (0.0011)	0.0065 *** (0.0011)
$lnpgdp_{t-1}$	5.7785 ** (2.7803)	-11.0862 ** (4.6830)	1.0755 *** (0.0385)	0.0384 (0.0507)	0.0567 (0.1378)	0.2452 ** (0.1342)
$lnek_{t-1}$	-0.3125 (1.7720)	-11.6089 *** (2.9847)	0.0698 *** (0.0245)	1.4818 *** (0.0323)	0.2976 *** (0.0878)	-0.0217 (0.0855)
$lnco_{t-1}$	1.0997 *** (0.0474)	0.1024 ** (0.0462)	-3.1426 *** (0.9572)	0.6629 (1.6123)	0.0229 * (0.0133)	0.0675 *** (0.0175)
$lntline_{t-1}$	0.0502 (0.0390)	0.6332 *** (0.0380)	-0.5866 (0.7868)	-4.2180 *** (1.3253)	0.0316 *** (0.0109)	0.0152 (0.0144)
$clean_{t-2}$	-0.0036 (0.0022)	-0.0077 *** (0.0022)	0.0785 * (0.0451)	0.2211 *** (0.0759)	-0.0011 * (0.0006)	-0.0015 * (0.0008)
tr_{t-2}	-0.0033 *** (0.0012)	-0.0038 *** (0.0011)	0.0253 (0.0236)	0.0663 * (0.0398)	-0.0006 * (0.0003)	-0.0004 (0.0004)
$lnpgdp_{t-2}$	0.0728 (0.1399)	-0.1214 (0.1363)	-5.8677 ** (2.8230)	13.8431 *** (4.7551)	-0.1037 *** (0.0391)	-0.0087 (0.0515)
$lnek_{t-2}$	-0.2549 *** (0.0868)	0.1511 * (0.0845)	1.3923 (1.7514)	7.4566 ** (2.9499)	-0.0700 *** (0.0242)	-0.5958 *** (0.0320)
$lnco_{t-2}$	2.5168 ** (0.9685)	-0.9158 (1.6312)	-0.0252 * (0.0134)	-0.0177 (0.0177)	-0.2998 *** (0.0480)	-0.0561 (0.0468)
$lntline_{t-2}$	0.4957 (0.7579)	6.4333 *** (1.2766)	-0.0058 (0.0105)	0.0285 ** (0.0138)	-0.0853 ** (0.0376)	0.0873 ** (0.0366)

注：***、**、*分别表示在1%、5%、10%的水平下显著，括号内为标准误。

　　脉冲响应函数可以显示各内生变量之间的动态关系。图 5-1 显示了可再生能源并网电量一单位标准差冲击对其自身、人均 GDP、电力资本存量、跨省输电量、输电线路长度、二氧化碳排放量等主要内生变量的影响。由此可见，可再生能源并网电量在初期可以刺激电网基础设施的升级，但随着时间推移这种效应由正转负。这意味着电网投资的特点是依赖长期有效的规划，难以灵活调整。可再生能源并网电量对跨省输电量的促进作用逐渐增强，临界点在第 5 期左右，之后进入正效应轨道。很明显，可再生能源并网电量具有提高人均 GDP 的作用，但这种作用的强度在第 1 期之后逐渐降低，最终失效。相反，电力资本存量会受到可再生能源并网电量冲击持久的负面影响，这是由于在预算限制下，可再生能源对非可再生能源发电投资具有挤出效应。图 5-2 展示了人均 GDP

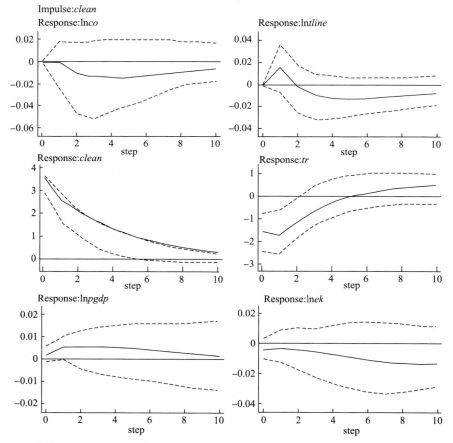

95% lower and upper bounds reported;percentile ci

图 5-1　可再生能源并网电量冲击的脉冲响应

注：step 表示期数。

一单位标准差冲击对可再生能源并网电量、输电线路长度等的影响。无论是可再生能源并网电量，还是输电线路长度、电力资本存量等，人均 GDP 都对它们起到促进作用，尽管对可再生能源并网电量的促进作用呈现下行态势。

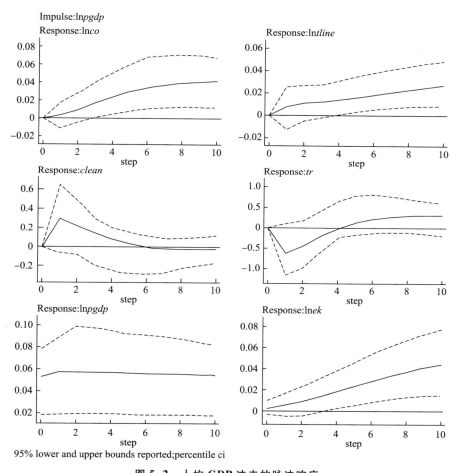

95% lower and upper bounds reported;percentile ci

图 5-2　人均 GDP 冲击的脉冲响应

第三节　经济增长效应Ⅱ：电力高速公路的非线性影响

一　PSTR 模型

（一）计量模型

借鉴 Saunders（2008）和邵帅等（2013）对总生产函数的构建思路，

假设社会再生产过程中的投入要素包括资本、劳动力以及电力消费三种，并假设技术进步为"产出增长型"，即以希克斯中性进入生产函数，则 C-D 形式的总生产函数如下：

$$Y = AK^{\alpha} L^{\beta} E^{1-\alpha-\beta} \tag{5-10}$$

其中，Y 表示总产出水平，K 表示物质资本存量，L 为劳动力总量，E 为电力消费量，A 为技术进步率，即全要素生产率。地区的电力消费量由本地发电量和外购电量组成，这些都依赖地区的电力资本存量规模。考虑电力行业资本密集型特点，可以建立电力消费量与地区电力资本存量之间的函数关系：

$$E = \varphi P^{\xi} \tag{5-11}$$

其中，P 为地区的电力资本存量；ξ 为电力资本存量的电力消费弹性系数；φ 为电力消费的技术效率（电网效率），我们认为电力的输送和分配效率是电力消费技术效率最关键的决定因素，当然内生化的电网效率受到纯技术因素以及电力市场结构、体制改革等多方面影响，但这不是本书关注的主要内容。由此，将式（5-11）代入式（5-10）可得：

$$Y = AK^{\alpha} L^{\beta} (\varphi P^{\xi})^{1-\alpha-\beta} \tag{5-12}$$

因此，在本书的分析框架下地区的总产出水平取决于外生性的物质资本存量、劳动力、电力资本存量以及电网效率和全要素生产率。

对式（5-12）两边取对数，并考虑省份固定效应和时间固定效应，以及对产出波动的不可观测的随机扰动，得到基础计量模型：

$$\ln Y_{it} = \alpha + \beta_1 \ln K_{it} + \beta_2 \ln P_{it} + \beta_3 \ln L_{it} + \beta_4 \varphi_{it} + \sum_{j=1}^{n} \theta_j tfp_{ijt} + \varepsilon_{it} \tag{5-13}$$

式（5-13）中，φ_{it} 为省份 i 在 t 年的电网效率；tfp_{ijt} 表示 t 年省份 i 的第 j 种全要素生产率分解指标，主要包括对外开放度 $open_{it}$、产业结构 $struc_{it}$、金融发展 fir_{it}、市场化 $mark_{it}$ 以及政府支出比重 gov_{it} 等；ε_{it} 为随机误差项。

前文的普通面板计量模型隐含的一个假设前提是，截面异质性可以通过控制个体和时间效应完全捕获，因而自变量的估计系数都是静态不变的。事实上，自变量的估计系数可能将随着个体、时间以及其他外生变量的变动而动态变化。与普通面板计量模型不同，变系数模型能够更好地刻画估计系数的这类非线性特征。例如，Hansen（1999）提出的面板门限模型（Panel Threshold Model，PTR），使得估计系数在外生的转换变量达到门槛值的情况下出现明显的变化，从而可以反映变量关系在跨越门槛值前后所发生的"质变"。但 PTR 模型估计系数在两种体制（阈值）之间的转变是突发和跳跃的，这与多数情况下的经济和社会发展渐进式、连续性特点并不相符。González 等（2005）在假设估计系数是某个可观测变量（即为转换变量）的连续函数的基础上进一步扩展了 Hansen（1999）的面板门限模型，建立了面板平滑转换回归（Panel Smooth Transition Regression，PSTR）模型。PSTR 模型能够更有效地用于描述估计系数随个体和时间变化的异质性特征，其最突出的贡献是实现了两种体制或多体制间从突发、跳跃的转换模式过渡到渐进、连续的转换模式。Destais 等（2007）、Fouquau 等（2008）总结 PSTR 模型具有三个优点：一是允许两种体制或多体制之间连续性地平滑转换，从而可以比较全面地捕捉到截面异质性；二是模型中的位置参数（阈值）不是先验给定的，而是通过网格搜索等方法客观获得的；三是为个体异质性和估计系数动态变化提供了参数化验证方法。设立 PSTR 模型，如下：

$$\ln Y_{it} = \alpha_i + \beta_1 \ln K_{it} + \beta_2 \ln P_{it} + \beta_3 \ln L_{it} + \delta_0 x_{it} +$$

$$\sum_{j=1}^{r} \delta_j g_j(q_{it}^j; \gamma_j, c_j) x_{it} + \theta X_{it} + \varepsilon_{it} \tag{5-14}$$

其中，α_i 是个体固定效应，q_{it} 为转换变量，γ_j 为决定机制转换速度的斜率参数，c_j 为反映门槛值的位置参数。$g_j(\cdot)$ 表示平滑转换函数，它是一个关于转换变量 q_{it} 的取值范围为（0，1）的连续变化的有界函数。$j = 1，2，\cdots，r$ 表示转换机制个数。转换函数 $g_j(\cdot)$ 通常采用如下的 Logistic 函数形式：

$$g_j(q_{it}^j; \gamma_j, c_j) = \{1 + \exp[-\gamma_j \prod_{k=1}^{m_j}(q_{it}^j - c_{j,k})]\}^{-1} \tag{5-15}$$

本书利用 PSTR 模型估计电力高速公路对经济增长贡献的截面异质性。与前文一致，这里选择电网密度和特高压哑变量作为电力高速公路的代理变量。在进行 PSTR 模型估计前，有必要选择可以综合反映研究主题的转换变量。本书选择人均用电量、人均发电量作为转换变量，因为这两个指标既能揭示地区的电力资源禀赋和电力供需特点，也在很大程度上能够描绘地区的经济发展和居民生活的基本图景。例如，2021 年中国人均用电量为 5317 千瓦时，美国、日本、法国和德国等发达国家人均用电量分别为 11730 千瓦时、7519 千瓦时、6644 千瓦时和 6693 千瓦时。虽然中国人均用电量已经超过世界平均水平，但与主要发达国家相比依然存在巨大差距，这与当前中国人均 GDP 在国际中的地位是一致的。

PSTR 模型仅适用于个体异质性的面板数据。若面板数据是同质性的，则会导致 PSTR 模型无法识别。因此，在进行 PSTR 模型估计之前需要对面板数据进行同质性和异质性的假设检验。González 等（2005）使用序贯检验方法验证模型是否存在机制转换效应及选择机制的个数。[①]他们设定机制转换效应的原假设为 H_0：$r=0$。接受原假设表明面板数据是同质性的，原模型应为线性模型，否则原模型为至少存在一个转换函数的 PSTR 模型。通常可以构造渐进服从 $\chi^2(mk)$ 分布的 LM_x 统计量、近似服从 $F[mk, NT-N-m(k+1)]$ 分布的 LM_F 统计量和 LRT 统计量等三类统计量进行同质性和异质性检验，并确定位置参数个数：

$$LM_x = NT(SSR_0 - SSR_1)/SSR_1 \tag{5-16}$$

$$LM_F = \{(SSR_0 - SSR_1)/mk\}/\{SSR_0/[NT-N-m(k+1)]\} \tag{5-17}$$

$$LRT = 2(\ln SSR_0 - \ln SSR_1) \tag{5-18}$$

其中，N 和 T 分别表示面板数据的截面和时间跨度，SSR_0 为线性模型的残差平方和，SSR_1 是辅助回归方程的残差平方和，m 是位置参数的个数，k 是解释变量的个数。

（二）变量选择

变量的具体选择如下。

（1）总产出

本书的总产出指标为各省份的年度地区生产总值。我们通过各省份

---

① 序贯检验主要分三个步骤：第一步是估计线性的平行数据固定效应模型，在显著性水平要求下检验线性假设是否成立；第二步若线性假设被拒绝，则表明存在机制转移效应，这时估计一个转换函数（$r=1$）的 PSTR 模型，并通过辅助回归和序贯检验确定位置参数个数 m 和数值 c；第三步是重复第一步的工作继续对估计的 PSTR 模型进行是否存在"剩余"机制转换效应的检验，直到模型接受无"剩余"机制转换效应的零假设。

历年 GDP 平减指数剔除价格因素，构造不变价的各省份各年 GDP 数据，以确保指标的可比性。

（2）投入要素

由前文可知，投入要素包括物质资本存量、劳动力和电力资本存量，其中劳动力为各省份年末从业人员数，物质资本存量和电力资本存量采用 Goldsmith 在 1951 年提出的永续盘存法，计算公式如下：

$$K_t = (1-\delta)K_{t-1} + I_t / p_t \qquad (5-19)$$

从式（5-19）可知，只要知道前期物质资本存量 K_{t-1}、资本折旧率 δ、当期投资 I_t 及其价格指数 p_t 就可以计算出当期的物质资本存量。由此往前追溯，可以发现估算各期物质资本存量还需要确定初始物质资本存量。本书采用增长率法和计量法相结合的方法估算初始物质资本存量（Reinsdorf and Cover，2005；陈昌兵，2014）。对于非电力资本折旧率，采用张军等（2004）的测算方法设定为 9.6%。对于电力工业资本折旧率，则是依据国家政策规定的各类电力工业专用设备折旧年限，并考虑设备可回收特性设定残值率，通过假设资本品投入比例得到电力工业资本折旧率。由于数据缺失等问题，投资流量数据统一使用固定资产价格指数进行平减，且为 1978 年不变价。

（3）电网基础设施

这是本书所关注的核心解释变量。借鉴 Chakravorty 等（2014）的做法，把电网密度即单位土地面积的输电线路长度作为电网基础设施的代理变量。类似公路密度是交通基础设施的重要衡量指标，不同等级的电网密度能够反映地区电网基础设施状况，超高压和特高压电网密度越高，说明地区拥有越发达的"电力高速公路"，输送和分配电网的效率无疑越高。此外，由于中国特高压电网多数项目正处于在建阶段，仅有少数几条线路近些年处于在运过程，因此通过引入特高压虚拟变量的方法进行处理，将拥有特高压输电线路的省份设置为 1，否则设置为 0，以此评估特高压项目对经济增长的影响。[①]

---

① 特高压项目有交流和直流两类，其中直流为点对点项目，即直接由起点向落点供电，而不向沿途所经地区供电。所以，对于向家坝—上海±800 千伏之类的特高压直流项目，设置虚拟变量时只将起点和落点设置为 1。

（4）其他控制变量

①对外开放度（open）。通过贸易便利化实现内外需联动是支撑经济增长的主要动力，40多年改革开放的经验表明，地区对外开放度与其全要素生产率紧密相关。本书使用各省份的进出口总额占当年地区生产总值的比重表示地区对外开放度。②产业结构（struc）。以各省份第三产业从业人员比重表示。使用从业人员而不是增加值能够更准确地反映第三产业在国内发展的真实情况。③金融发展（fir）。金融约束在中国经济增长中的瓶颈作用日益凸显出来，欠发达地区融资难和信贷资源扭曲配置问题尤甚。本书利用金融机构年末存贷款余额占地区生产总值比重反映各省份的金融发展水平。④政府支出比重（gov），即各省份地方政府财政支出占GDP比重。该指标能够从总体上显示出地方政府的公共产品供给能力。⑤市场化（mark）。良好的制度环境是技术进步的动力源。本书以非国有固定资产投资占全社会固定资产投资比重作为市场化的代理变量。该指标的数值越高说明该省份拥有更宽松、更便利的制度环境，也就更有利于从事创新和取得技术进步。

（三）数据来源说明

本章使用的各类变量，大致可以分为经济和电力两种类型，相应原始数据也主要有两大来源。经济类指标相关数据主要来自历年《中国统计年鉴》《新中国65年统计资料汇编》。电力类指标相关数据参见第四章第二节。高压、超高压输电线路长度和变电设备容量分别由35~220千伏、330~750千伏电网对应数据加总而得。主要变量描述性统计如表5-6所示。

表5-6 主要变量描述性统计

变量	单位	符号	均值	标准差	最小值	最大值	观测值
总产出	亿元	Y	7.16	1.396	2.773	10.32	900
物资资本存量	亿元	$\ln K$	7.951	1.484	3.784	11.25	900
电力资本存量	亿元	$\ln P$	4.69	1.222	1.386	7.438	900
劳动力	万人	$\ln L$	7.455	0.96	4.698	9.671	900
高压电网密度	公里/公里^2	$\ln gymd$	-1.985	1.478	-13.3	0.285	900
超高压电网密度	公里/公里^2	$\ln cgymd$	-2.079	1.506	-14	0.201	900

续表

变量	单位	符号	均值	标准差	最小值	最大值	观测值
特高压哑变量		$tgymd$	0.061	0.240	0	1	900
高压变电设备容量密度	万千瓦/公里²	$lngyrl$	-3.624	2.08	-13.3	1.331	900
超高压变电设备容量密度	万千瓦/公里²	$lncgyrl$	-5.833	2.952	-14.29	0.249	900
人均用电量	千瓦时	$lnrjyd$	-1.628	1.059	-5.432	1.056	900
人均发电量	千瓦时	$lnrjfd$	-1.605	1.027	-4.094	0.873	900
产业结构		$struc$	0.35	0.132	0.105	0.839	900
对外开放度		$open$	0.302	0.387	0.0259	2.173	900
金融发展		fir	2.412	1.009	0.747	9.307	900
市场化		$mark$	0.621	0.2	0.067	1.532	900
政府支出比重		gov	0.204	0.167	0.0492	1.291	900

二　内生性与实证研究

（一）内生性问题

由联立性、遗漏变量或测量误差引起的内生性问题将造成估计偏误。各国的总产出与其基础设施投入之间具有明显的联立性特征，这是引起内生性问题的主要原因（Canning，1999）。本书使用电网密度作为电力基础设施即所谓"电力高速公路"的代理变量，同样会存在电网密度与经济增长的因果倒置带来的内生性问题，使得 $Cov(\varphi_{it}, \varepsilon_{it}) \neq 0$，即 $Cov(\ln gymd_{it}, \varepsilon_{it}) \neq 0$ 和 $Cov(\ln cgymd_{it}, \varepsilon_{it}) \neq 0$。同样地，由于现在正在运行的特高压电网项目都是从经济相对落后且能源富足的省份向经济发达地区远距离输电工程，当前和潜在的经济因素是特高压电网项目区位选择的重要考量指标，不可避免地使得特高压项目与经济增长之间存在明显的联立性，即 $Cov(tgymd_{it}, \varepsilon_{it}) \neq 0$。为确保估计结果的可靠性，首要的任务便是消除模型中由变量因果倒置引起的内生性问题。目前，克服内生性问题的方法主要有工具变量法（IV）、自然实验法以及动态面板模型等。其中，工具变量法是标本兼治的方法，能够从根本上消除双向因果倒置的内生性问题，但寻找恰当的工具变量并不是一件容易的事，因为工具变量必须同时满足与内生解释变量相关、与估计方程的残差项不相关两个条件，即 $Cov(IV, \varphi_{it}) \neq 0$ 且 $Cov(IV, \varepsilon_{it}) = 0$。自然实验法通过一个只影响部分样本的随机事件来消除内生性问题，但在现实中很难保证"事件"的随机性。动态面板的思想是将解释变量和被解释变量的滞后项作为工具变量，可以通过不断尝试滞后项数最终选择合适的工具变量，但往往是以牺牲样本数为代价的。Andersen 和 Dalgaard（2013）认为闪电密度和雷暴日数是与供电质量密切相关的气候现象，它们与地区的经济发展状况无关。与此同时，高电网密度地区的闪电密度越高，电网密度与闪电密度就有着越高的相关性。所以，我们认为闪电密度和雷暴日数是电网密度很好的工具变量，并以此解决模型的内生性问题。

（二）估计结果

鉴于不同电压等级电网之间突出的共线性问题，本书首先通过普通最小二乘法（OLS）分别估计高压电网密度、超高压电网密度以及特高压哑变量对总产出水平的影响，然后以闪电密度、雷暴日数作为工具变量采用两阶段最小二乘法（2SLS）分别得到三种等级电网经济增长效应的无偏估计结果。本书采用 Kleibergen-Paap rk LM、Kleibergen-Paap rk Wald F 和 Sargan 三类统计量分别检验工具变量不可识别、弱识别和过度识别特征。相关估计结果如表 5-7 所示，第（4）~（6）列工具变量法估计前两类统计量分别拒绝了工具变量不可识别、弱识别的零假设，Sargan 统计量的 p 值表明接受了"所有工具变量均有效"的零假设，说明本书的工具变量是合理有效的。第（4）列的估计结果显示，高压电网密度的估计系数为 0.080 且满足 10% 的显著性水平，意味着 1991~2020 年高压电网密度每增加 1% 将引起总产出水平提高 0.08%。高压电网主要起到构架城市主网和连接区域电网的作用，能够实现城市周边的区域性电源联网以保障城镇工业和生活用电，但是高压电网受制于技术性约束，随着输电距离越来越远电力输送能力越来越捉襟见肘，无法满足中国能源基地和负荷中心区域逆向分布对大规模、远距离输电的迫切需求。"西电东送"形成的超高压骨干网架肩负起区域间电源联网的重任。第（5）列的估计结果显示，超高压电网密度在 1% 的显著性水平下的估计系数为 0.017，说明在过去的 30 多年里中国超高压电网密度每增加 1% 将带动总产出提高 0.017%。这几年启动的特高压工程项目促进了西部清洁能源更大范围的跨区输配，构筑了更加高效和坚强的特高压骨干网架。第（6）列特高压哑变量的估计结果表明，平均而言实施特高压工程的地区总产出水平将提高 26%，特高压具有比较突出的经济增长效应。

在本书 C-D 生产函数的三大投入要素中，电力资本存量的产出弹性基本在 0.09 ~ 0.13，并且均满足 1% 的显著性要求。这表明，1991 ~ 2020 年中国包括电源和电网在内的电力基础设施投资每提高 1% 将使总产出增长约 0.1%。电力资本存量对总产出的弹性达到全部物质资本存量的约 20%，显示了电力工业投资为中国经济增长奇迹做出巨大贡献。其他控制变量总体符合预期：产业结构升级对经济增长具有显著的正向影响，估计系数表明第三产业从业人员比重每增加一个单位将使总产出水平提高 0.8 个单位左右；地区对外开放度与经济增长显著正相关，进出口总额占 GDP 比重越高，经济增长越快；金融机构年末存贷款余额占 GDP 比重对总产出具有负面影响，说明信贷供求失衡、金融资源扭曲配置等金融约束对经济增长形成了较大阻碍；以非国有固定资产投资占全社会固定资产投资比重为代理变量的市场化对总产出具有显著正向影响，通过不断的市场化转型增强经济微观活力是中国经济增长奇迹的重要原因；政府财政支出占 GDP 比重对经济增长具有负面影响，可能的原因是财政支出结构不合理、地区间不平衡导致公共服务均等化等问题突出。

表 5-7　分等级电网与地区生产总值的估计结果

变量	OLS 估计			IV（2SLS）估计		
	高压	超高压	特高压	高压	超高压	特高压
	（1）	（2）	（3）	（4）	（5）	（6）
$\ln K$	0.4791*** (30.1826)	0.4930*** (31.5304)	0.4826*** (29.9826)	0.4617*** (20.3826)	0.4670*** (25.1217)	0.5783*** (4.1130)
$\ln P$	0.1235*** (8.8348)	0.0974*** (6.7478)	0.1191*** (8.4957)	0.1313*** (7.9826)	0.1348*** (4.9826)	0.1183*** (4.5826)
$\ln L$	0.1852*** (5.3456)	0.1922*** (5.4577)	0.2096*** (6.4356)	0.1443*** (2.6784)	0.1835*** (7.3457)	0.1183* (1.9578)
struc	0.8696*** (5.9043)	0.7191*** (4.9130)	0.8930*** (5.9913)	0.8461*** (5.4087)	0.8757*** (4.8609)	0.8000*** (4.8435)
open	0.0617*** (2.3826)	0.0939*** (3.6348)	0.0609*** (2.3391)	0.0652*** (2.3913)	0.0774*** (2.4870)	0.0487* (1.8870)
fir	-0.0243** (-2.0609)	-0.0052** (-2.0957)	-0.0252** (-2.1043)	-0.0261** (-2.1043)	-0.0374*** (-2.5739)	0.0124 (0.3126)

变量	OLS 估计			IV （2SLS） 估计		
	高压	超高压	特高压	高压	超高压	特高压
	（1）	（2）	（3）	（4）	（5）	（6）
mark	0.2675 ***	0.2151 ***	0.3081 ***	0.3458 ***	0.3568 ***	0.3236 ***
	（6.4712）	（5.1334）	（6.3667）	（6.2334）	（4.2551）	（2.8747）
gov	−0.2123 ***	−0.2345 ***	−0.1687 ***	−0.4351 ***	−0.1758 ***	−0.1612 ***
	（−3.8212）	（−3.4832）	（−2.5845）	（−2.8233）	（−2.3857）	（−2.4678）
lngymd	0.02137 ***			0.07965 *		
	（4.1239）			（1.8237）		
lncgymd		0.0212 ***			0.017 ***	
		（6.30）			（5.4123）	
tgymd			0.0356 *			0.260 *
			（1.9125）			（1.8776）
常数项	0.1114	0.1657	−0.1367	0.7457	0.3246	−0.5678
	（0.5816）	（0.6443）	（−0.5546）	（1.3782）	（1.6673）	（−0.7355）
Kleibergen-Paap rk LM 统计量（p 值）				414.7	168.9	5.37
				（0.000）	（0.000）	（0.096）
Kleibergen-Paap rk Wald F 统计量（p 值）				1457.8	291.59	4.95
				（0.000）	（0.000）	（0.094）
Sargan				0.5714	0.1445	0.4538
R^2	0.9367	0.9543	0.9647	0.9457	0.9566	0.9128
观测值	900	867	900	900	867	900

注： *** 、 ** 、 * 分别表示在1%、5%、10%的水平下显著，括号内为 t 值。

（三） 稳健性检验

前文利用闪电密度和雷暴日数作为电网密度工具变量进行估计，以便揭示高压、超高压电网基础设施对地区经济增长的影响。然而，电网密度并不是电网基础设施唯一有效的代理变量，地区电网基础设施发展状况还可以通过变电设备容量进行度量。这里我们用变电设备容量密度替代电网密度作为电网基础设施的代理变量，并同样使用闪电密度和雷暴日数两个工具变量进行估计。表 5-8 的估计结果表明，高压和超高压变电设备容量密度对总产出均有显著的正向影响，尽管估计系数的大小略有差异，但估计系数的方向与表 5-7 的 IV 估计结果高度一致，表明使用电网密度估计电网基础设施的经济增长效应是合理的，能够保证估计结果具有稳健性。

表 5-8　稳健性检验 I：以变电设备容量密度作为电网基础设施代理变量

变量	高压		超高压	
	系数	t 值	系数	t 值
ln$gyrl$	0.2567 *	1.8761		
ln$cgyrl$			0.1567 ***	2.8225
ln$K$	0.4765 ***	5.2357	0.6184 ***	5.3239
ln$P$	0.1457	1.5632	0.2240 *	1.7453
ln$L$	0.1012	0.9836	0.2287 ***	6.6796
$struc$	1.2133 ***	4.9627	0.356	0.8375
$open$	0.0385	1.3335	0.1341 ***	3.2116
fir	-0.0348 ***	-2.5171	0.0018	0.0455
$mark$	0.2167	1.4485	0.2652 ***	3.5353
gov	-0.4856 **	-2.1735	-0.2869 ***	-2.8355
常数项	0.1545	0.4535	-0.7945 **	-2.2626
Sargan	0.17245		0.8805	
R^2	0.9235		0.9307	
观测值	900		900	

注：*** 、** 、* 分别表示在 1%、5%、10%的水平下显著。

如前所述，由于目前少数省份有在运的特高压输电工程项目，本书采用引入特高压哑变量的方法研究实施该项目的经济效果，以闪电密度作为特高压哑变量的工具变量，并且 Sargan 检验结果显示无法拒绝工具变量有效的原假设，说明工具变量是有效的。为了进一步验证对特高压估计的可靠性，这里将特高压工程项目视为自然实验，采用对不同年份引入哑变量的双重差分法（DID），估计拥有特高压工程的实验组（Treatment Group）和没有特高压工程的对照组（Control Group）对地区总产出的影响净值。本书的 DID 估计模型如下：

$$\ln Y_{it} = \alpha + \beta_1 \ln K_{it} + \beta_2 \ln P_{it} + \beta_3 \ln L_{it} + \beta_4 tgymd_{it} +$$

$$\sum_{\tau=0}^{3} \delta_\tau 20\tau tgymd_{it} + \sum_{j=1}^{n} \theta_j tfp_{ijt} + \varepsilon_{it} \tag{5-20}$$

其中，20τ 为年度哑变量，$\tau=17$，18，19，20 分别表示 2017~2020 年哑变量，待估系数 δ_τ 实际上反映了特高压工程项目对地区生产总值的年度净效应。

表 5-9 第（1）列估计结果表明，自 2009 年晋东南—南阳—荆门 1000 千伏特高压交流试验示范工程、2010 年向家坝—上海和楚雄—广州 ±800 千伏特高压直流输电示范工程正式运行以来，各年特高压工程项目对地区生产总值都有正向影响，并且各年对地区总产出的净拉动作用强度基本一致，特高压工程项目使地区生产总值提高 0.19% 左右。考虑省际差异对估计准确度的干扰，在模型（5-20）的基础上控制省份固定效应，第（2）列估计结果表明特高压工程项目对地区生产总值仍然具有正向的净效应，各年拉动地区生产总值在 0.12% 左右。尽管估计系数略有差异，但与表 5-7 估计系数的方向一致，说明特高压工程项目对经济增长具有稳健的积极作用，且影响效果自 2010 年以来具有持续性。

表 5-9　稳健性检验 II：特高压工程项目的 DID 估计结果

变量	（1）		（2）	
	系数	t 值	系数	t 值
$\ln K$	0.4190***	13.9201	0.5605***	27.341
$\ln P$	0.1038***	5.1643	0.1379***	9.3812
$\ln L$	0.5376***	16.4402	0.0541	0.9563
$tgymd$	−0.0526*	−1.670	−0.0790***	−4.0934
$tgymd17$	0.1835***	2.7354	0.1018*	1.8611
$tgymd18$	0.1926**	2.0341	0.1270*	1.8382
$tgymd19$	0.1930**	2.4901	0.1255**	1.9671
$tgymd20$	0.1857***	3.2017	0.1209**	2.0571
$struc$	2.2530***	9.1215	1.2095***	6.0602
$open$	0.1295***	3.6518	0.0592**	2.2760
fir	−0.1395***	−6.3720	−0.0229**	−2.0763
$mark$	0.6047***	6.2533	0.3234***	5.1278
gov	0.1464*	1.8842	−0.1380	−1.6234
省份固定效应	—		控制	
常数项	−1.1657	0.1835	0.36435	0.3346

续表

变量	（1）		（2）	
	系数	t 值	系数	t 值
观测值	900		900	
R^2	0.9614		0.9918	

注：***、**、* 分别表示在1%、5%、10%的水平下显著。

三　PSTR 模型实证研究

（一）非线性检验与模型识别

本书利用 RATS 计量软件进行参数估计。首先利用 LM_x、LM_F 和 LRT 三种统计量对模型进行非线性检验。表 5-10 显示了分别以人均用电量和人均发电量为转换变量的高压、超高压和特高压 PSTR 模型各统计量及其显著性水平，结果均拒绝了线性模型的原假设，说明本书的面板数据是异质性的，变量之间的关系是非线性的。在模型通过非线性检验之后，需要对模型的具体形式进行识别，也就是确定 PSTR 模型的转换机制和位置参数个数。转换机制个数可以根据上述三种统计量进行判别，位置参数则采用格点搜索法，分别估计 $m=1$ 和 $m=2$ 的 PSTR 模型，得到对应的 AIC 和 BIC 值，并通过比较 AIC 和 BIC 值的大小进行确定。AIC 和 BIC 值小的模型更为有效。如表 5-11 所示，除以人均发电量为转换变量的超高压模型（PSTR_$cgyfd$）是具有 2 个转换机制的 PSTR 模型外，其他模型都是包括 1 个转换机制和 2 个位置参数的 PSTR 模型。

表 5-10　模型非线性检验

模型	转换变量	LM_x	p 值	LM_F	p 值	LRT	p 值
PSTR_$gyyd$	ln$rjyd$	15.3026	0.001	4.292	0.002	15.5009	0.001
PSTR_$cgyyd$	ln$rjyd$	26.3461	0.000	7.531	0.000	26.9635	0.000
PSTR_$tgyyd$	ln$rjyd$	43.5748	0.000	12.843	0.000	45.2383	0.000
PSTR_$gyfd$	ln$rjfd$	18.7470	0.000	5.290	0.000	19.0461	0.000
PSTR_$cgyfd$	ln$rjfd$	24.1243	0.000	6.868	0.000	24.6400	0.000
PSTR_$tgyfd$	ln$rjfd$	21.9913	0.000	25.073	0.000	22.4043	0.000

注：$gyyd$ 指高压用电，$cgyyd$ 指超高压用电，$tgyyd$ 指特高压用电，$gyfd$ 指高压发电，$cgyfd$ 指超高压发电，$tgyfd$ 指特高压发电。

表 5-11　转换机制和位置参数个数

模型	原假设与备择假设	LM_χ	LM_F	LRT	r	m	AIC	BIC
PSTR_gyyd	$H_0: r=1$	1.5431	0.0167	1.5689	$r=1$	$m=1$	−5.5678	−5.7081
	$H_1: r=2$	(0.1247)	(0.9118)	(0.1921)		$m=2$	−5.8791	−5.7974
PSTR_cgyyd	$H_0: r=1$	0.1054	0.0012	0.097	$r=1$	$m=1$	−5.8583	−5.7706
	$H_1: r=2$	(0.7124)	(1.0024)	(0.5539)		$m=2$	−5.6032	−5.8215
PSTR_tgyyd	$H_0: r=1$	2.4345	0.0534	2.1523	$r=1$	$m=1$	−5.8546	−5.7694
	$H_1: r=2$	(0.1127)	(0.8218)	(0.1213)		$m=2$	−5.9018	−5.8353
PSTR_gyfd	$H_0: r=1$	2.2235	0.0067	2.2598	$r=1$	$m=1$	−5.8059	−5.7194
	$H_1: r=2$	(0.1412)	(1.0012)	(0.1139)		$m=2$	−5.8134	−5.7692
PSTR_cgyfd	$H_0: r=1$	8.1525	1.1118	8.0125	$r=2$	$m=1$	−5.8646	−5.7637
	$H_1: r=2$	(0.0671)	(0.0654)	(0.0118)				
	$H_0: r=2$	0.0167	0.1145	0.0154		$m=2$	−5.8535	−5.7216
	$H_1: r=3$	(0.9678)	(0.9567)	(0.9125)				
PSTR_tgyfd	$H_0: r=1$	3.3715	0.5467	3.5678	$r=1$	$m=1$	−5.8434	−5.8123
	$H_1: r=2$	(0.2679)	(0.3156)	(0.3346)		$m=2$	−5.8571	−5.8354

（二）PSTR 模型估计结果

表 5-12 给出了式（5-14）的 PSTR 模型的参数估计结果。从表中可以看出，首先物质资本存量、电力资本存量以及劳动力等投入要素的产出弹性与前文的普通最小二乘法（OLS）和工具变量法（IV）估计结果基本一致，表明这三类投入要素的经济增长贡献是稳健的。产业结构、金融发展、市场化、对外开放度和政府支出比重等其他全要素生产率控制变量的估计结果也与前文基本保持一致，在此不再赘述。

表 5-12　分等级电网与地区生产总值的 PSTR 模型估计结果

变量	转换变量：lnrjyd			转换变量：lnrjfd		
	高压	超高压	特高压	高压	超高压	特高压
	（1）	（2）	（3）	（4）	（5）	（6）
lnK	0.5123***	0.5456***	0.5678***	0.5345***	0.5678***	0.5542***
	(35.011)	(36.789)	(36.431)	(35.416)	(37.046)	(36.387)
lnP	0.1125***	0.1145***	0.1346***	0.1234***	0.1267***	0.1216***
	(9.075)	(7.855)	(9.670)	(9.105)	(7.700)	(9.667)

续表

变量	转换变量：lnrjyd			转换变量：lnrjfd		
	高压	超高压	特高压	高压	超高压	特高压
	（1）	（2）	（3）	（4）	（5）	（6）
$\ln L$	0.0891 （1.678）	0.05432 （1.768）	0.1256 ** （2.678）	0.0778 （1.454）	0.0565 （1.038）	0.1246 ** （2.569）
struc	1.2412 *** （8.503）	1.1656 *** （7.378）	1.2245 *** （8.693）	1.3248 *** （8.367）	1.1758 *** （7.456）	1.1338 *** （8.357）
fir	−0.0047 （−0.4876）	0.0121 （0.8345）	−0.0113 （−1.1267）	−0.0039 （−0.3845）	0.0058 （0.4643）	−0.0102 （−1.0589）
open	0.0712 *** （3.146）	0.1134 *** （4.487）	0.0654 ** （2.225）	0.0817 *** （3.085）	0.1027 *** （4.126）	0.0628 ** （2.172）
mark	0.305 *** （6.144）	0.251 *** （5.030）	0.319 *** （6.613）	0.298 *** （6.025）	0.241 *** （4.820）	0.317 *** （6.565）
gov	−0.2125 *** （−4.165）	−0.2256 *** （−3.066）	−0.2175 *** （−3.132）	−0.3432 *** （−4.154）	−0.2187 *** （−2.867）	−0.2256 *** （−3.159）
x	−0.0025 （−0.238）	0.0427 *** （4.013）	0.0018 （0.134）	−0.0538 *** （−2.654）	0.0129 *** （5.179）	0.4427 *** （8.127）
$x \times g_1$	0.0178 *** （2.456）	−0.0221 ** （−2.340）	0.4515 *** （7.723）	0.1765 *** （3.746）	−0.7765 *** （−3.351）	−0.4167 *** （−7.702）
$x \times g_2$					0.8615 *** （3.416）	
斜率参数 γ_1	6.341	1.438	243.667	2.735	4.632	527.006
斜率参数 γ_2					4.345	
位置参数 c_1	3.121	5.681	3.221	3.567	3.597	3.316
位置参数 c_2	3.757	3.176	3.856	3.508	3.731	
观测值	900	900	900	900	900	900

注：*** 、** 分别表示在1%、5%的水平下显著，括号内为 t 值。

图 5-3 和图 5-4 分别是以取对数后的人均用电量和人均发电量为转换变量的高压、超高压电网密度以及特高压哑变量的估计系数波动走势。

从图 5-3 可以看出以下三个方面。一是随着人均用电量由低到高，高压电网密度的估计系数呈"U"形变动趋势，对经济增长的弹性系数在 0.005~0.025。一方面，说明在过去 20 多年里高压电网密度起到促进经济增长的作用；另一方面，"U"形的前半段也反映了 20 世纪 90 年代电力基础设施投资，尤其是电网投资跟不上中国快速工业化经济发展对电力的迫切需求，东部多地区大面积"电荒"的实际情况。进入21世纪后，电力基础设施投资的"重发轻送不管用"的问题逐步得到解决，高压电网对经济增长的贡献得到提升。二是超高压电网密度对经济增长的拉动作用呈"S"形增长状态。这意味着随着人均用电量的提高，超高压电网密度对经济增长的贡献不断扩大，且扩大的速度由慢转快，再由快转慢，这在较大程度上是由中国能源基地和负荷中心逆向分布特征决定的。在中国人均用电量持续提高的过程中，以"西电东送"工程为契机逐步构筑的超高压骨干网架为保障跨区电力供应，填补珠三角、长三角和京津冀三大工业集聚区的用电缺口立下汗马功劳。在人均用电量不足315千瓦时的经济发展初始阶段，超高压电网尚未成为骨干网架，其规模经济优势还没能发挥出来，对经济增长的拉动作用偏弱；人均用电量在315~3100千瓦时的经济发展阶段，中国主要省份正处于快速的工业化时期，在此期间，以超高压为骨干网架逐步形成了"西电东送、南北互供、全国联网"的电网格局。三是特高压电网对经济增长的拉动作用呈"凹"形变动态势。特高压对经济增长的贡献集中于人均用电量非常低和非常高的两种"极端"地区，主要原因是人均用电量低的地区通常是工业相对落后但各类能源丰裕的地区，人均用电量高的地区则是东部沿海那些工业发达但能源十分贫乏的地区，特高压工程的目的就是将这两类地区连接起来，实现能源特别是水电、风电等清洁能源大规模、远距离输送。所以，特高压电网哑变量的估计系数随人均用电量变动呈"凹"形也就不足为奇了。

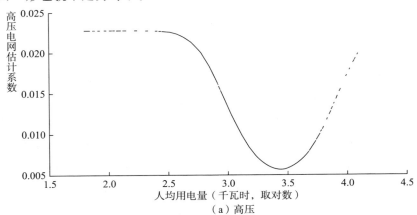

（a）高压

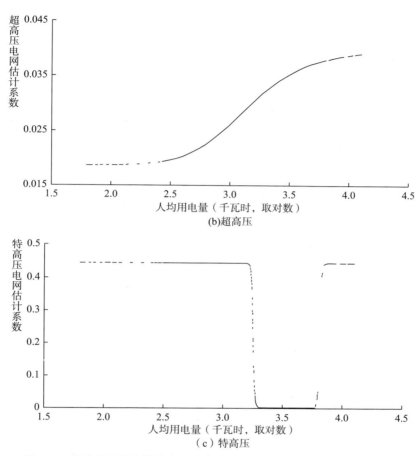

图 5-3 人均用电量为转换变量的高压、超高压和特高压电网估计系数

图 5-4 显示的是以人均发电量为转换变量的高压、超高压和特高压电网估计系数变动情况。可以看出，各类型电网估计系数变动趋势的形状与图 5-3 十分相似，特别是高压电网密度估计系数的 "U" 形波动趋势与图 5-3 完全一致。它们共同反映了中国电力基础设施供给由短缺到总体平衡的历史演进过程。超高压电网密度估计系数呈略显不规则的 "S" 形变动态势。在人均发电量小于 2500 千瓦时的地区，超高压电网对经济增长的拉动作用逐步增强，超高压电网密度每增加 10% 将使经济增长率提高 0.1 个百分点；在人均发电量为 2500~4000 千瓦时的地区，超高压电网对经济增长的拉动作用维持平稳；在人均发电量超过 4000 千瓦时

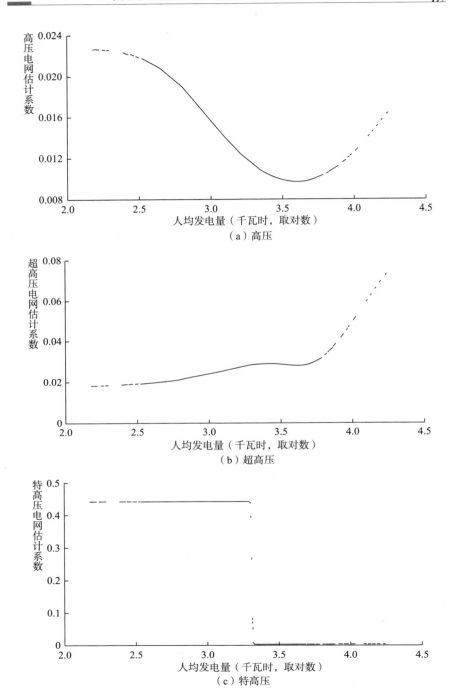

图 5-4　人均发电量为转换变量的高压、超高压和特高压电网估计系数

的电力资源非常丰富的地区，超高压电网对经济增长的拉动作用加速提升，个别地区超高压电网密度每增加10%将使经济增长提高0.7个百分点，远超其他地区。此外，图5-4中特高压哑变量的估计系数呈"Z"形变动趋势，说明特高压项目能够促进电源贫乏地区的经济增长。如前所述，这些地区往往是经济发达的省份，当前运行的"向家坝—上海""楚雄—广州"等几条特高压项目多是从经济落后地区向发达地区供电，自然更有利于这些地方的经济增长。

2002年，"5号文"的出台奠定了中国电力基础设施十几年来跨越式发展的制度基础，推动电力供需最终告别了短缺时代，电力基础设施建设中的"重发轻送"问题也得到大幅缓解，超高压骨干网架实现了全国范围内电力的跨区联网，正在兴起的特高压电网则进一步促进全国能源大范围、远距离配置，中国已经建成全球首屈一指的"电力高速公路"。本书分别实证研究了高压、超高压和特高压电网对地区生产总值的影响，估计结果表明，1991~2000年三类等级电网对地区经济增长均起到积极的促进作用，但"5号文"出台前后的电力基础设施经济增长效应存在显著差异。在厂网分开改革前（1991~2002年），无论是高压电网密度还是超高压电网密度，对地区经济增长的促进作用都是不显著的，这与当时电力短缺的时代背景相符；经过以"5号文"为标志的厂网分开改革后，高压电网密度对地区经济增长促进作用由负转正，全国联网的超高压骨干网架显示出了支撑地区经济增长的强劲作用，特高压电网也有着较大的经济增长效应，尽管由于规模有限这种经济增长效应还不显著。本书研究还发现，三类等级电网对电力受端和送端地区的经济增长有着差异明显的影响，超高压电网明显地促进了电力送端地区经济增长，超高压电网对电力受端地区经济增长有着更为积极的促进作用。此外，面板平滑转换回归模型的估计结果显示，各类等级电网与经济增长之间的关系是非线性的，总体而言，随着人均用电量和人均发电量的变化，高压、超高压和特高压电网对地区经济增长的影响分别呈"U"形、"S"形和"凹"形的变动趋势，充分表明电力需求的日益高涨将使得经济增长越来越依赖现代化的"电力高速公路"。

基于本书的研究结果，可以得出如下几点启示。首先，中国能源基地和负荷中心逆向分布的特征决定了不同等级电网的跨区域能源输送通道在国民经济中具有不可或缺的地位。姑且不论特高压电网本身的投资效益及其仍存在争议的技术可靠性问题，从宏观层面的经济意义上讲，建立超高压骨干网架以及在此基础上不断发展的"五纵五横"特高压"三华"同步电网将积极地促进地区经济增长。其次，不可否认的是，电力基础设施的大发展离不开电力体制改革的政策"松绑效应"。打破过去的行政性垄断后电力市场拥有快速发展的制度环境，尤其是在发电侧引入竞争机制使得电源如雨后春笋般兴起，电力供应格局由"短缺"转为"过剩"。可以预期，依循和坚守"放开两头、监管中间"体制构架的新一轮电力体制改革将是继打破电力市场行政性垄断之后对电网市场性垄断环节的进一步突破，使得电网公司将更多的精力专注于输电业务，而不是庞大的输配售一体化工程，这势必有利于大区域联网的"电力高速公路"的升级和维护。最后，伴随全面建成小康社会目标的逐步实现，中国人均用电量仍将以较快的速度增长，预示着超高压、特高压"电力高速公路"对地区经济增长将有更大的贡献。自1990年以来，中国人均用电量和人均生活用电量均呈现较快增长（见图5-5）。中国电力企业联合会数据显示，2021年，全国人均用电量为5317千瓦时，远超世界平均水平，但仅为美国、加拿大等发达国家的一半左右；居民人均生活用电量为878千瓦时，也仅为美国、加拿大等发达国家的1/5左右。国际经验表明，在迈向发达经济体的过程中中国人均生产和生活用电量持续增长的势头仍将延续，面临着提升全社会电气化水平和防治大气污染的双重任务，"电力高速公路"的清洁能源消纳和经济增长的基石作用将更加突出。

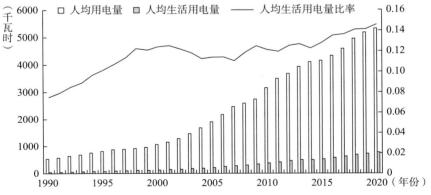

图5-5　1990~2020年中国人均用电量、人均生活用电量及其比率

资料来源：中国电力企业联合会。

第六章 效率提升效应：可再生能源并网消纳的能源效率影响

可再生能源并网消纳的重要障碍是通道阻塞，也就是受限于外送通道不足或调度机制，风电、光伏发电等可再生能源无法并网外送，由此带来严重的弃风和弃光等问题。所以，解决可再生能源并网消纳的首要前提是完善电网基础设施。从根本上说，高比例可再生能源给能源系统带来的影响是全面性和系统性的。那么，高比例可再生能源是能源效率提升的动力还是阻力？从理论上讲，高比例可再生能源伴随着非期望产出，即各类污染物排放的大幅减少，可以提高能源效率。但是，由于风能、太阳能天然的间歇性和波动性特征，高比例可再生能源给系统稳定性带来负面影响，可能冲击能源生产的可能性边界。所以，有必要采取实证方法评估可再生能源并网消纳的能源效率影响，从中找出可能存在的问题，为提出解决之道提供经验证据。

实证研究表明电网基础设施对可再生能源并网消纳具有非线性影响。同样地，将中国电网基础设施划分为三种类型，即高压电网、超高压电网和特高压电网，本章分别估计高压电网和超高压电网对可再生能源并网消纳的影响，并分析两者差异性影响的由来。基于电力产出模型，本章采用的可再生能源并网消纳指标为并网电量，在双对数估计模型中可以估计两者的弹性系数关系。本章充分运用 PSTR 模型，由此能够描绘随着发电量和用电量两个转换变量的变化，不同电网基础设施对可再生能源并网电量的弹性系数的波动形态，有利于解决通道约束问题和评估最佳的通道规模。

本章运用 SBM-DEA 方法测算全要素能源效率，其中期望产出为地区生产总值，而非期望产出为碳排放量，投入要素包括资本存量、劳动力与能源消费总量。然后，将全要素能源效率设置为 PSTR 模型中的被解释变量，而核心解释变量为可再生能源并网电量。可再生能源并网电量包括两个部分：线性部分和非线性部分。其中，线性部分的参数容易估计，而非线性部分以指数函数形式表示，利用网格搜索等算法估计斜率参数和位置参数，由此确定非线性部分的波动轨迹。线性和非线性部分之和构成可再生能源并网消纳对全要素能源效率的综合影响。

此外，为评估可再生能源并网电量与电网基础设施在能源效率提升中的协调机制，本章分别引入可再生能源并网电量与高压、超高压和特高压电网的交互项，并将交互项作为 PSTR 模型非线性部分进行估计。若估计系数显著为正，说明电网基础设施通过扩大可再生能源并网消纳对全要素能源效率产生积极影响，反之则构成能源效率提升的障碍，而这些障碍涵盖通道阻塞的各种原因——通道不足和结构不合理或可再生能源电力交易和调度机制是最根本的症结所在。

第一节　研究基础

一　可再生能源与电网基础设施

目前，中国已经建立体系化的电网基础设施（Power Grid Infrastructure，PGI），其中包括高压（HV）、超高压（EHV）和特高压（UHV）三种电压等级构成的电网体系结构，已经建设成为全球最大的电网系统。中国电力企业联合会的数据显示，截至 2022 年底，中国 35 千伏及以上的输电线路长度和变压器容量分别达到 215.6 万公里和 81.3 亿千伏安。并网可再生能源和分布式发电在电力行业的低碳发展中具有重要作用。然而，地区和部门脱碳进程不仅取决于清洁能源，还取决于区域间输配电能力的支持（Li et al.，2016）。例如，关于可再生能源所带来的环境效益，可再生能源对意大利电力部门碳排放影响的研究表明，光伏发电和风力发电每增加 10% 可以平均地使意大利每年的 CO_2 排放量减少约 2%（Graf and Marcantonini，2016）。该减排效应促使主要国家制定相应的可再生能源发展战略。但是，将新装机的可再生能源发电产能整合到电力系统中往往存在一些问题，客观上需要各类能源在输配电通道中共享服务系统（Hammons，2008）。

虽然可再生能源被视为中国能源革命和能源转型的重中之重，但短期内大量已装机的可再生能源发电容量给中国的电网基础设施带来了前所未有的压力和额外成本（Wang et al.，2018；Lin and Li，2015）。研究发现，对 PGI 的投资对于中国欠发达省份的边际收益更高，而在联结能源负荷和外送区域的中部地区改善 PGI 更为重要（Yang et al.，2016）。因此，由中国国家电网有限公司运营的国内第一条 1000 千伏特高压交流输电线路贯穿山西、河南和湖北三个中部地区。一些研究表明，经济增速下行、监管不确定性以及资金短缺等许多宏观经济因素将限制对可再生能源的投资，尤其是限制新兴市场和发展中国家的可再生能源的投资（Pueyo，2018）。考虑到印度迟早将成为全球能源需求增长的第二大贡献者，该国的可再生能源发展路径具有重要的参考价值。对于印度来说，国家政策、基于总量增加的手段以及私营部门的广泛参与是促进可再生能源发电装机容量增长的关键因素（Schmid，2012）。可再生能源发电被纳入以煤炭为主导的发电计划，这表明分布式可再生能源发电机组的电网整合可能促进通过国家电网的双向电力流动（Thopil et al.，2018）。风电、光伏发电等重要的可再生能源都是间歇性的，这需要大量的能源存储。由于未来大多数可再生能源的输出将是以电力的方式，因此必须对现有电网进行彻底的重新配置，以使间歇性可再生能源顺利地并网消纳（Moriarty and Honnery，2016）。模拟结果表明，为优化日本全国电网的电力结构并实现经济的电力系统运行，可再生能源政策制定者必须大幅提高区域间和区域内输电线路的容量（Komiyama and Fujii，2017）。为实现欧洲能源和气候目标，即到 2030 年可再生能源占最终能源消费的比重达到 27%，不仅需要采取措施增加电力部门的可再生能源，还需要改善电网基础设施并降低基础设施成本。例如，提高现有电网基础设施周围可再生能源的空间集中度，围绕现有电网基础设施增加可再生能源装机容量（Held et al.，2018）。

中国的电力供求空间分布不均匀，其突出特点是沿海地区电力需求超过电力供应，而传统和可再生能源等大量过剩能源则集中在西北地区。有研究指出整个国家电网系统由东北、华北、西北、华中、华东、南方、西藏和台湾等八个电网组成（Wang et al.，2014），它们中的大多数相互协调并相互联系，形成了可再生能源跨区并网消纳的基本框架。中国政府计划到 2020 年实现 16% 的可再生能源占比的目标，在许多积极的措施被广泛采纳的情况下，研究表明中国应该能够在 2030 年达到 26% 的可再生能源占比，到 2050 年甚至能达到 86% 的可再生能源占比（Yang et al.，2016）。无论目前有什么限制，并网消纳的可再生能源所占份额的增长都是不可逆的趋势，这对电网基础设施的可靠性和质量提出了更高的要求。随着并网可再生能源的普及，输电网络应在物理上进行扩展，以实现大范围的跨区输配（Papaefthymiou and Dragoon，2016）。毫无疑问，并网可再生能源将产生一些经济副产品，无论这些副产品是正面的还是负面的。在欧洲，用于可变可再生能源优化配置的电网扩展应该能够部分缓解公用事业收入的重大变动，达到重新配置公共资源的效果（Schaber et al.，2012）。在许多国家，能源基础设施的转型增长在确保能源供应、推动输配电系统现代化、促进经济增长和确保经济社会可持续发展等众多领域中发挥着关键作用（Eren，2018；Mccauley，2018；Bridge et al.，2018；赵新刚等，2019）。

最初并入电网的大量多种可再生能源可能会引起空前的额外成本。自 2010 年以来，随着可再生能源容量在 5 倍以上的增长规模，英国的电网系统运营成本和拥堵管理成本分别增加了 62% 和 74%，而德国的拥堵管理成本更是增长了 14 倍左右（Joos and Staffell，2018）。大型电网是分配间歇性可再生能源所必需的。东南亚国家联盟（ASEAN）成员正在尝试通过 ASEAN 电网整合其大型远距离输电基础设施，以有效并网消纳可再生能源，从而满足因其经济规模不断扩大而导致的持续增长的电力需求（Ahmed et al.，2017）。基于中东和北非资源丰富国家的经验研究表明，脆弱的电网基础设施不仅是部署可再生能源的主要障碍，还会引起其他重要问题，诸如体制转换能力不足、风险和不确定性以及不合理的投资动机（Poudineh et al.，2018）。在包括法律法规、技术政策、减税和产业计划在内的特定激励战略下，风电、太阳能光伏发电、小型和大型水电、生物质能发电、地热能发电等可再生能源在中国经历了急剧增长（Zhao et al.，2016）。整合到电网中的大规模可再生能源给能源传输的运行方式带来了难以想象的变化，并给电力系统的有效运行带来了巨大挑战（Zhang et al.，2017；Cifor et al.，2015；边文越等，2019）。此外，中国可再生能源与电力负荷之间的两极化地理分布增强了区域间输电系统的迫切需求（Yi et al.，2016），这也有助于减少污染物排放（Li et al.，2016；Rahman et al.，2022）。

综上所述，我们不难发现，尽管有大量的研究涉及可变的可再生能源，并且在可再生能源接入电网的技术、经济和环境问题上也有许多探索（Jorge and Hertwich，2014；Lin and Li，2015；Zhang et al.，2017；Cifor et al.，2015；Yi et al.，2016；Li et al.，2016），但很少有文献使用现代计量经济学方法研究国家和地区的异质性电网基础设施在可再生能源并网消纳中所起到的作用，特别是使用可以捕捉各省份和地区之间差异的非线性估计工具，这对于将超高压和特高压制定为国家电网骨干网架的中国能源转型至关重要，对于其他有需求建造超高压和特高压电网以加快可再生能源并网消纳的国家来说也是如此。本章的创新之处在于，对中国不同地区电网升级对可变可再生能源并网消纳的影响进行参数评估。具体而言，首先，本章引入了一种由 González 等（2005）率先提出的被称为面板平滑转换回归（PSTR）的非线性估计方法，以利用可变的转换函数系数来捕获区域异质性。其次，在 PSTR 模型中，可以通过中国各省份的发电量和用电量两个转换变量来揭示能源供给省份与需求省份之间的差异，这对于能源需求与供给之间存在偏差的国家和地区的电网投资建设具有重要意义。最后，鉴于对中国电网并网消纳可再生能源的障碍，本章相关研究可以为优化电网投资提供统计参考。

二　可再生能源与能源效率

为了减少温室气体的排放并实现可持续发展，世界主要国家和地区正在不遗余力地提高水电、风电、光伏发电和核电及其他清洁和可再生能源在终端能源消费中的比例，这被认为是新时代实现经济和社会可持续发展的重要基石。环境问题受多种因素影响，如经济、贸易和能源消费等（Halicioglu and Ketenci，2016；Mathiesen，2015；田其云，2019）。在中国，以资源消耗和环境污染为代价的经济增长奇迹难以持续，这迫使政府越来越重视并扩大对水电、风电、光伏发电和其他清洁能源的投资。2017 年 BP 统计资料显示，作为在 2016 年占全球总发电量 24.8% 的最大电力生产国，中国将清洁发电作为能源革命的核心内容，2016 年可再生能源装机容量就达到了 600 吉瓦（其中并网水电、风电和光伏发电的装机容量分别达到 330 吉瓦、150 吉瓦和 77.4 吉瓦），占全国发电总装机容量的 36.4%。可再生能源成为装机容量增长的引领者。

　　如前所述，大规模并网消纳清洁能源给国家电网基础设施带来了前所未有的压力。跨区域输电线路存在的问题和电网运行机制缺陷可能会加剧弃水、弃风和弃光等可再生能源浪费现象。例如，尽管中国已经建立大规模的电网基础设施，但中国电力企业联合会数据表明，仅在问题比较严重的 2016 年，由"弃水、弃风、弃光"造成的发电总损失就约为 1100 亿千瓦时，比当年三峡大坝总发电量还高出 17 亿千瓦时。为了满足支持性政策鼓励的清洁和可再生能源并网能力日益提升的需求，中国对电网基础设施进行了大量的投资。2002 年，国家发布电力改革"5 号文"，极大地推进了中国电力的市场化改革，"厂网分开"由此开始，推动无论是输电线路还是电网输电容量不断地增加，尤其是在超高压（EHV）和特高压（UHV）等高等级电网上。仅仅经历十余年的改革，超高压和特高压输电线路的长度分别超过了 20 万公里和 1.37 万公里。此外，中国政府还将另外 12 条特高压输电线路的建设作为《大气污染防治行动计划》的重要组成部分，大力扩大可再生能源电力的并网规模，从而提高能源效率和环境绩效。除中国外，东南亚国家联盟正在通过东盟电网（APG）整合其大型跨区输电基础设施，以提高清洁能源的有效利用率，满足其不断增长的电力需求（Das and Ahlgren，2010；Ahmed et al.，2017）。

　　鉴于包含环境因子的全要素能源效率（Total Factor Energy Efficiency，TFEE）是能源利用和环境效益的综合指标，本书将区域 TFEE 作为解释变量，分析可再生能源并网消纳和电网基础设施对它的异质性影响。因此，区域 TFEE 的估算是进行影响估计的前提。关于 TFEE 的测算，以往的研究为其提供了丰富的理论支持和经验基础。测算区域 TFEE 的方法主要有三种：随机前沿分析（SFA）、指数分解分析（IDA）和基于非期望产出的数据包络分析（SBM-DEA）。在本书中，我们采用的是第三种方法[①]，具体指的是 Malmquist-Luenberger（ML）Production Index，该指数是在结合了非期望产出的生产技术的情况下并通过方向距离函数衡量生产率变化的指标（Chambers et al.，1996）。众所周知，作为 TFEE 衡量指标之一的 ML 指数是根据 Malmquist Production（MP）指数发展而来的。此后不

---

　　① 与传统的 DEA 方法相比，由于 SBM（Slacks-Based Measure）-DEA 模型通过将松弛变量引入目标函数测度效率，所以可以更准确地识别无效的决策单元（DMU），这也是本书选择该方法进行效率测度的重要原因。

久，基于方向距离函数（DDF）对 MP 指数进行了修改，以测算对环境敏感的生产率的增长（Chung et al.，1997）。从那时起，越来越多的研究者在考虑减排和能源消耗的情况下使用 ML 指数来测算工业和区域全要素生产率（TFP）的绩效，即总产出与所有生产要素的实际投入之比。例如，Kumar（2006）用 ML 指数测算 41 个发达国家和发展中国家对环境敏感的生产率增长，Nakano 和 Managi（2008）用 ML 指数测算中国各省份的环境生产率以及中国制造业的二氧化碳排放生产率。但是，由于多种原因，并网清洁能源对区域能源效率的冲击仍然不确定。

　　长期以来，像中国这样的新兴市场国家的区域能源效率一直是学者和决策者关注的重要课题，新兴市场国家的能源效率相对于地区间发展较为平衡的发达国家仍处于较低水平（Zhao et al.，2015；Guo et al.，2015）。许多文献研究发现地区间的能源效率趋同，但是，这些研究得出的结论并不完全一致（Meng et al.，2013；Li and Huo，2010；Wang et al.，2012；Delarue and Kenneth，2016）。一项以投入为导向的 DEA 模型对中国三个地区的能源效率的收敛性进行了测算和分析，其结果表明东部和中部地区的 TFEE 表现出稳定的收敛性（Li and Huo，2010）。相反，另一项研究发现，整个中国及其三个主要地区之间的能源效率没有收敛性，而且中国各省份之间能源效率差距扩大的趋势十分明显（Wang et al.，2012）。主要原因之一可能是，在能源结构转型中可再生能源占比不断提高，可再生能源并网消纳的绩效不同带来效率差异。

　　通常，能源效率是全要素生产率（TFP）必不可少的部分，这与可观察到的规律一致，即劳动生产率和 TFP 都在上升时，生产的能源强度会下降（Jorgenson，1984）。一个典型的案例是，20 世纪 70 年代和 80 年代生产率下降的问题，通过对劳动生产率增长、全要素生产率增长和劳动强度比的分析，可以将分解的能源效率成分看作解释生产率下降的主要因素（Hisnanick and Kymn，1992）。当将各国的能源效率差异建模为解释变量的随机函数时，一项实证研究发现，在全要素生产率较高且化石燃料储量较小的国家，能源效率较高（Stern，2012）。另一项研究的结果侧重于使用参数化方向距离函数法估算中国的区域总要素效率和污染物的边际减排成本（MAC），其结果表明，如果所有省份都在生产前沿生产，中国将潜在地节约 29.5% 的能源消耗，并将二氧化碳（CO_2）和二氧化硫（SO_2）的排放量分别减少 28.2% 和 27.4%（Tang et al.，2016）。可再生能源技术通过替代常规能源为减少大气中的温室气体和减少全球变暖提供了巨大潜力（Panwar et al.，2011）。提高清洁和可再生能源的份额以及提高生产和终端使用能源效率的行动通常被纳入区域首要的可持续发展目标，从而带来结构和效率的双重变动（Viholainen et al.，2016）。

但是，可再生能源消费份额的增加并不意味着能源效率的提高。尽管风电、光伏发电等可再生能源的大量使用是节能减排的主要手段，但一些关于可再生能源对全要素生产率影响的研究发现了许多意想不到的结果，那就是可再生能源消费份额的提高并非一定带来效率的提高（Das and Ahlgren，2010；Panwar et al.，2011；Bergmann et al.，2008；Pao et al.，2014；Saidi and Fnaiech，2014；赵立祥等，2020）。一项针对"金砖国家"不同类型能源消费与全要素生产率增长之间因果关系的研究发现，"金砖国家"中可再生能源消费与全要素生产率增长之间并没有显著的因果关系（Tugcu and Tiwari，2016）。在同时考虑经济产出、节能减排的情况下，研究可再生能源使用对全要素生产率的影响，针对 87 个国家样本的研究结果表明，可再生能源消费显著提高了全要素减排效率，略微提高了全要素生产率，显著降低了全要素能源效率（Pang et al.，2015）。

在可再生能源并网消纳方面，由于风电、光伏发电等清洁和可再生能源的间歇性和不稳定性，可再生能源电力所占份额的不断增加对电网基础设施的规模和效率提出了更高的要求。因此，应该对电网系统进行持续升级，以促进更大规模的可再生能源并网消纳，这进一步要求在有效的调度计划、电力交易、需求响应以及先进的电力基础设施方面进行有效的投资（Fakhry，2017）。例如，东南亚国家联盟正在通过东盟电网（APG）整合其大型跨区输电基础设施，以在将来为大规模推动清洁和可再生能源并网消纳奠定基础。由于中国主要的可再生能源基地通常离东部的用能负荷中心很远，因此，输电通道的缺乏和单个输电通道的传输能力不足构成可再生能源并网消纳的主要障碍，有必要建立推动可再生能源跨区输配的电力基础设施（Ahmed et al.，2017）。此外，一系列的文献集中在可再生能源接入电网的机制设计上。主流研究者认为，可再生能源并网消纳将给传统的成本效益分析和成本分配方法带来挑战（Hasan et al.，2014；徐晓亮、许学芬，2020）。中国跨区输电设施容量的扩大在降低总的可变发电成本方面具有明显的经济效益，然而，由于这种规模扩大促使在低燃料价格地区更多地使用廉价但低效的煤炭发电，它在一定程度上造成可再生能源并网消纳的消极影响，由此带来额外的二氧化碳排放量（Li et al.，2016）。

综观上述相关文献，不难发现很少有研究基于电网基础设施的规模差异来探究可再生能源并网消纳对区域能源效率的影响。为了弥补这一领域的不足，本书试图研究可再生能源并网消纳与中国已建成的超高压输电骨干网架和正在努力建设与完善的特高压骨干网架的电网基础设施的联合效应。在研究中涉及随着风电、光伏发电等的电网渗透率的提高，可再生能源并网消纳与电网基础设施之间存在非线性关联（Mathiesen，2015；Kayal and Chanda，2015；Schaber et al.，2012）。首先，本书的重点是通过实证研究可再生能源并网消纳受到电网基础设施的非线性影响，研究可再生能源并网消纳对以 CO_2 排放作为非期望产出地区 TFEE 的影响，在此过程中揭示不同电压等级的电网基础设施接入消纳可再生能源的效益。其次，考虑到电网基础设施的骨干网架结构，我们将中国电网基础设施分为高压（HV）、超高压（EHV）和特高压（UHV）三种类型，介绍了它们与可再生能源并网消纳之间的相互作用，着重研究受到电网结构影响的可再生能源并网消纳问题。最后，使用面板平滑转换回归（PSTR）方法，将阈值设置为用电量和发电量的连续函数来验证三种电网基础设施对地区 TFEE 的异质性影响。为了避免地理因素干扰电网基础设施的测度，本章引入了高压和超高压电网密度作为地区电网基础设施的代理变量，消除了中国各省份之间的地理差异。

第二节　通道约束影响估计

一　实证策略

在本书中，考虑到该部分的研究目的，引入一个与可再生能源并网消纳特征相符的面板数据模型，并将影响地区可再生能源并网消纳的各种因素纳入该模型。遵循已有的相关研究（Arimura et al.，2011；Song et al.，2017；Campbell et al.，2018），并基于可再生能源并网消纳的内生因素，首先将可再生能源的电力生产函数设定如下：

$$E_{it} = f\{X_{it}, G_{it}, \exp(\mu_i, \xi_t, \varepsilon_{it})\} \tag{6-1}$$

其中，E_{it} 表示 t 年 i 省份可再生能源并网电量。X_{it} 表示决定可再生能源并网消纳的各种因素，如降水量、气温、日照时数、地区经济等。G_{it} 是指 t 年第 i 省份的电网基础设施，包括由高压、超高压和特高压三大电压等级的输电线路构成的全国电网基础设施。

式（6-1）生产函数的对数形式可以重写如下：

$$\ln E_{it} = \alpha + \beta \ln X_{it} + \lambda \ln G_{it} + \mu_i + \xi_t + \varepsilon_{it} \tag{6-2}$$

式（6-2）的隐含假设是，可再生能源并网电量与电网基础设施之间是线性关系。或者说，电网基础设施对可再生能源并网电量的弹性是一个常数。显然，在许多情况下，这种弹性是变化的，特别是对于包括传统火电在内的不同规模的电力生产和需求总量，电网基础设施可能会对并网的可再生能源电力产生异质性的影响。因此，存在一个不可忽视的问题，即需要揭示它们之间的非线性机制，以便更准确地估计影响路径。为了揭示这些非线性机制，考虑到以下非线性模型的存在，本章引入了一个面板平滑转换回归（PSTR）模型来重写式（6-2），得到下式：

$$\ln E_{it} = \alpha + \beta \ln X_{it} + \lambda \ln G_{it} + \sum_{j=1}^{r} \delta_j g_j(q_{it}^j; \gamma_j, c_j) \ln G_{it} + \mu_i + \xi_t + \varepsilon_{it} \tag{6-3}$$

在上述公式中，q_{it} 表示转换变量，c_j 是反映门槛值的位置参数，γ_j 是斜率参数，它决定了不同机制之间的转换速度。$g_j(\cdot)$ 表示平滑转换函数，它是关于转换变量的连续且在 $0\sim1$ 的有界函数。$j=1, 2, \cdots, r$ 表示转换机制个数。转换函数 $g_j(\cdot)$ 通常采用 Logistic 函数形式：

$$g_j(q_{it}^j; \gamma_j, c_j) = \{1 + \exp[-\gamma_j \Pi_{k=1}^{m_j}(q_{it}^j - c_{j,k})]\}^{-1} \tag{6-4}$$

在对非线性模型进行估计前，必须对 PSTR 模型的有效性进行检验。遵循 González 等（2005）的研究，有三种检验非线性特征的统计量，分别是 LM_X、LM_F 和 LRT，其公式分别如下：

$$LM_X = TN(SSR_0 - SSR_1)/SSR_0 \tag{6-5}$$

$$LM_F = \{(SSR_0 - SSR_1)/mk\}/\{SSR_0/[TN-N-m(k+1)]\} \tag{6-6}$$

$$LRT = 2(\ln SSR_0 - \ln SSR_1) \tag{6-7}$$

其中，SSR_0 为在个体效应线性模型假设 H_0 下的残差平方和。SSR_1 指的是两个机制的 PSTR 模型假设 H_1 下的残差平方和。N 和 T 为面板数据的截面和时间跨度，m 是位置参数的个数，k 为解释变量的个数。如果原假设被拒绝，下一步将决定 m 以及 r 是否非零。然后，用非线性最小二乘法（NLS）来进行参数估计。

本章使用中国 31 个省级行政区划单位的面板数据进行参数估计，该面板数据的时间跨度覆盖 1997～2020 年，这是中国电网基础设施加快转型的主要阶段。由于数据截至 2020 年，此后各省份特高压电网的发展难以捕捉，所以将电网基础设施分为高压和超高压两类。此处相关变量原始数据主要来源为中国电力企业联合会、历年《中国电力统计年鉴》、国家统计局。变量定义和描述性统计如表 6-1 所示。

表 6-1 变量定义和描述性统计

变量	定义	观测值	均值	标准差	最小值	最大值
Ren	可再生能源并网电量（亿千瓦时）	744	4.414	1.852	0	8.198
rz	日照时数（时）	744	7.609	0.261	6.838	8.057
qw	气温（℃）	744	3.164	0.167	2.639	3.391
jsl	降水量（毫米）	744	6.597	0.643	4.316	7.893
$lnpgdp$	人均 GDP（元，1990 年不变价）	744	8.622	0.873	6.532	10.77
$struc$	产业结构，即第二产业占比（%）	744	0.382	0.124	0.117	0.839
$lnek$	电力资本存量（元，1990 年不变价）	744	4.98	1.111	1.792	7.438
$lngyxl$	高压输电线路长度（公里）	744	10.09	0.884	7.419	11.61
$lncgyxl$	超高压输电线路长度（公里）	744	7.478	1.751	0	9.912
$tgyxl$	特高压哑变量	744	0.0739	0.262	0	1
$lngymd$	高压电网密度（公里/公里²）	744	-1.902	1.198	-6.579	0.201
$lncgymd$	超高压电网密度（公里/公里²）	744	-4.51	1.788	-10.43	-1.955

二 结果分析

线性估计框架下的估计结果见表 6-2。输电线路长度被设定为区域电网基础设施的代理变量，电网基础设施对可再生能源并网电量没有显著正向影响。非但如此，高压输电线路长度的估计系数显著为负，这意味着高压输电线路长度的增加不仅无法促进可再生能源并网消纳，还可能阻碍可再生能源并网消纳。这是因为高压电网主要是配电网设施，负责可再生能源的区内配置，而非远距离跨区配置。

表6-2　固定效应模型线性估计结果

变量	输电线路长度			电网密度	
	高压	超高压	特高压	高压	超高压
ln*gyxl*	−0.176** (0.091)				
ln*cgyxl*		−0.015 (0.057)			
tgyxl			0.002 (0.043)		
ln*gymd*				0.987*** (0.231)	
ln*cgymd*					5.319*** (1.107)
rz	−0.046 (0.421)	−0.060 (0.418)	−0.039 (0.421)	−0.046 (0.421)	−0.060 (0.418)
qw	−0.503 (0.826)	−0.511 (0.819)	−0.493 (0.826)	−0.503 (0.826)	−0.511 (0.819)
jsl	0.008 (0.101)	0.018 (0.100)	0.005 (0.101)	0.008 (0.101)	0.018 (0.100)
ln*pgdp*	0.306** (0.142)	0.216 (0.143)	0.315** (0.141)	0.306** (0.142)	0.216 (0.143)
struc	−1.248 (0.785)	−0.935 (0.786)	−1.263 (0.787)	−1.248 (0.785)	−0.935 (0.786)
ln*ek*	0.341*** (0.091)	0.268*** (0.089)	0.358*** (0.085)	0.341*** (0.091)	0.268*** (0.089)
常数项	0.504 (3.888)	0.576 (3.783)	0.938 (3.810)	1.192 (3.837)	2.932 (3.831)
观测值	744	744	744	744	744
R^2	0.761	0.765	0.761	0.761	0.765

注：***、**分别表示在1%、5%的水平下显著，括号内为标准误。

超高压、特高压输电线路长度的估计系数均没有满足统计显著性要求。无论是超高压还是特高压都不能在线性框架内增加可再生能源并网电量。相反，它们在某种程度上已经成为扩大可再生能源并网规模的障碍，尽管可能不是主要障碍。幸运的是，上述估计结果仅是在没有考虑非线性和异质性的情况下得到的，并没有反映出电网基础设施对可再生能源并网消纳的全貌。在此之前，线性框架中控制变量的估计结果反映了一些特征事实。一个直观的事实是，区域电力资本存量与可再生能源并网电量高度相关。无论是高压、特高压还是超高压，其每增长1%将使可再生能源并网电量提高0.26%~0.36%。至少在过去很长一段时间内，投资驱动型增长模式是中国可再生能源发电的主流发展模式。由此引发的产能过剩和效率低下问题引起了广泛关注。其他因素，包括产业结构、降水量和气温，都没有达到统计显著性，其影响可以忽略不计。此外，一个有趣的发现是，日照时数的估计系数是负的——尽管没有达到统计显著性。也就是说，日照时间越长，可再生能源并网电量就越少，而不是增加。这与常识相反，或者与部分日照时间长的地区火电占比较高以及可再生能源市场进入机制的初步设计有关。

本书还将电网密度设置为地区电网基础设施的代理变量，这样可以避免不同省份土地面积差异的干扰。当用电网密度代替输电线路长度作为电网基础设施的代理变量时，情况发生了巨大变化。以电网密度作为代理变量的高压和超高压电网基础设施分别在促进可再生能源并网消纳方面发挥了积极作用。具体而言，高压电网密度满足统计显著性的估计系数表明，高压电网密度每增加1%，可再生能源并网电量将增加约0.99%。对于超高压而言，其电网密度每增加1%，将使可再生能源并网电量提高5.32%。超高压电网带来的可再生能源渗透效应与中国的能源空间布局密切相关。中国能源基地和电力负荷中心的不平衡分布尤其突出。超过70%的能源消费集中在东部地区，而能源集中在西部地区，导致中国严重依赖超高压电网将可再生能源从西部地区输送到位于东部的负荷中心。由于特高压电网尚处于起步阶段，还没有成为电网系统的骨干网架，其促进可再生能源并网消纳的作用还没能显现出来。

为了保证研究结果的可靠性和稳健性，接下来本书在非线性框架下进行实证研究，利用PSTR模型对上述公式重新进行了估计。在此之前，第一个任务是验证模型是否满足非线性形式，这需要使用LM_X、LM_F和LRT三个统计量。也就是说，在估计PSTR模型的参数之前，首先需要对 PSTR 模型中的非线性假设进行检验，即 PSTR 模型中机制转换是否满足统计学意义。当非线性得到验证时，下一步是确定转换函数的个数。这三个统计量的检验结果如表 6-3 所示。考虑到输电线路长度和电网密度这两个代理变量分别作为高压和超高压电网基础设施的测度指标，同时将发电量和用电量分别设置为转换变量，本书提出了 4 种 PSTR 模型。我们可以看到，在大多数情况下，线性而不是 PSTR 模型的零假设基本在 1% 的显著性水平下被拒绝，这表明无论是输电线路长度还是电网密度，与可再生能源并网消纳的电网基础设施关系都是非线性的。显然，PSTR 模型更灵活，适用于捕捉电网基础设施在可再生能源并网消纳中的异质性特征。此外，从研究结果中还可以发现，无论是发电量和用电量，还是输电线路长度和电网密度，因为 $r=1$ 的假设在 1% 的显著性水平下几乎都被接受，也就是说具有一个转换函数的 PSTR 模型适用于每种模型形式。

表 6-3　线性和无剩余异质性检验

模型	转换变量	H_0：线性（$r=0$）vs. H_1：PSTR 模型（$r=1$）			H_0：无剩余异质性（$r=1$）vs. H_1：剩余异质性（$r=2$）		
		LM_X	LM_F	LRT	LM_X	LM_F	LRT
高压输电线路长度（ln*gyxl*）	发电量	17.438 (0.000)	16.862 (0.000)	17.056 (0.000)	3.153 (0.211)	0.737 (0.235)	0.134 (0.435)
	用电量	4.197 (0.008)	3.955 (0.010)	4.702 (0.005)	4.345 (0.092)	2.044 (0.098)	5.229 (0.059)
超高压输电线路长度（ln*cgyxl*）	发电量	4.683 (0.005)	9.527 (0.004)	2.263 (0.006)	0.619 (0.223)	3.960 (0.076)	1.238 (0.090)
	用电量	2.527 (0.003)	1.183 (0.005)	5.267 (0.006)	3.934 (0.077)	1.230 (0.091)	5.557 (0.101)
高压电网密度（ln*gymd*）	发电量	11.139 (0.000)	1.994 (0.056)	2.127 (0.049)	3.074 (0.067)	1.441 (0.077)	10.493 (0.063)
	用电量	5.076 (0.002)	2.876 (0.003)	5.448 (0.000)	4.311 (0.074)	4.062 (0.075)	9.027 (0.060)
超高压电网密度（ln*cgymd*）	发电量	9.076 (0.002)	2.876 (0.003)	18.815 (0.000)	4.311 (0.141)	4.062 (0.075)	9.027 (0.090)
	用电量	3.913 (0.010)	6.903 (0.023)	3.117 (0.030)	2.781 (0.077)	1.628 (0.361)	1.628 (0.156)

注：括号内为 p 值。

参数估计结果如表 6-4 和表 6-5 所示，分别以输电线路长度和电网密度为核心解释变量，可以看出电网基础设施对可再生能源并网消纳的异质性影响。首先，人均 GDP 和电力资本存量这两个外生变量在促进可再生能源并网消纳方面仍起着关键作用，这与固定效应模型高度一致。对于表 6-4 中的 PSTR 模型，高压输电线路长度的系数为负且满足显著性要求，并且其转换函数的系数显著为正。由于斜率参数（γ_1）也为正，这意味着随着转换变量的不断增加，高压输电线路长度的增加将对可再生能源并网消纳起到更大的促进作用。至少对于高压输电线路而言，无论是在"三华"负荷中心还是在"三北"发电基地，电网基础设施与可再生能源并网消纳的关系都得到了加强。此外，超高压输电线路长度的相似估计参数也对中国电力行业的清洁化转型做出了积极贡献。以用电量为转换变量的超高压 PSTR 模型的斜率参数比以发电量为转换变量的大，这意味着前者的两种机制之间的转换比后者更为尖锐，说明负荷中心而不是能源基地更依赖电网基础设施。

表 6-4 以输电线路长度作为电网基础设施代理变量的 PSTR 模型参数估计

变量	转换变量：发电量		转换变量：用电量	
	高压	超高压	高压	超高压
ln$gyxl$	-1.6424 *** (0.3479)		-0.9025 *** (0.3482)	
$g(\cdot)$ln$gyxl$	4.8027 *** (0.6427)		3.2097 *** (0.6726)	
ln$cgyxl$		-0.5557 *** (0.0874)		-0.5552 *** (0.0987)
$g(\cdot)$ln$cgyxl$		6.5775 *** (0.9077)		3.0409 *** (0.5485)
rz	1.4033 *** (0.4851)	0.6728 *** (0.5154)	1.4645 *** (0.5029)	0.8207 (0.5256)
qw	-4.1162 *** (1.3505)	-4.3987 *** (1.3939)	-3.5071 ** (1.3858)	-4.6963 *** (1.4305)
jsl	-0.4006 (0.3247)	-0.6636 ** (0.3373)	-0.5233 (0.3328)	-0.7515 ** (0.3427)
ln$pgdp$	1.0115 *** (0.2961)	1.1554 *** (0.2937)	0.9566 *** (0.3238)	1.1192 *** (0.3078)

变量	转换变量：发电量		转换变量：用电量	
	高压	超高压	高压	超高压
$struc$	7.6856 *** (0.7836)	7.3871 *** (0.7753)	7.3015 *** (0.8151)	7.1657 *** (0.7929)
$\ln ek$	0.9183 *** (0.3065)	0.0714 *** (0.2687)	0.3145 (0.3021)	0.2149 (0.2710)
γ_1	0.7095 (0.5959)	0.8492 (0.9147)	0.5393 (0.1777)	0.8614 (0.9843)
c_1	4.3975 (3.5503)	5.4597 (9.7268)	26.8585 *** (6.6144)	4.4657 (5.5635)
AIC	−3.7654	−3.8179	−3.8257	−3.8346
BIC	−3.6915	−3.7476	−3.7356	−3.5731
观测值	744	744	744	744

注：*** 、** 分别表示在 1%、5% 的水平下显著，括号内为标准误。

表 6-5　以电网密度作为电网基础设施代理变量的 PSTR 模型参数估计

变量	转换变量：发电量		转换变量：用电量	
	高压	超高压	高压	超高压
$\ln gymd$	−2.2702 *** (0.4628)		−1.6858 *** (0.4366)	
$g(\cdot)\ln gymd$	27.3717 *** (5.9424)		2.8040 *** (0.5834)	
$\ln cgymd$		−19.9539 ** (5.7646)		−6.9600 (1.3556)
$g(\cdot)\ln cgymd$		57.5606 *** (9.8882)		1.1226 *** (0.5047)
rz	0.9251 (0.4936)	0.9556 * (0.4973)	0.8975 * (0.4930)	−2.1992 (1.4618)
qw	0.2925 (1.4601)	−1.8726 (1.4322)	0.0067 (1.4497)	−0.7082 ** (0.3333)
jsl	−0.5875 (0.3274)	−0.6721 ** (0.3270)	−0.6575 (0.3269)	0.0381 (0.1019)
$\ln pgdp$	0.0734 (0.3103)	0.7459 *** (0.3057)	0.0431 *** (0.3063)	0.6671 *** (0.1134)

续表

变量	转换变量：发电量		转换变量：用电量	
	高压	超高压	高压	超高压
struc	7. 0543 ***	6. 9577 ***	6. 8553 ***	6. 4413 ***
	(0. 7873)	(0. 8170)	(0. 7794)	(0. 8271)
lnek	0. 3842 **	0. 4331 ***	0. 5316 ***	0. 6289 ***
	(0. 1877)	(0. 1842)	(0. 1792)	(0. 1823)
γ_1	2. 8473	2. 9389	3. 9084	1. 7721
	(2. 3644)	(1. 9504)	(13. 0712)	(1. 3096)
c_1	4. 2639 ***	3. 1094 ***	3. 5305 ***	12. 2036
	(3. 0351)	(0. 2597)	(0. 0171)	(264. 682)
AIC	−3. 7687	−3. 8457	−3. 7863	−3. 7986
BIC	−3. 8763	−3. 7653	−3. 7036	−3. 6589
观测值	744	744	744	744

注：***、**、*分别表示在1%、5%、10%的水平下显著，括号内为标准误。

图 6-1 显示了以用电量作为转换变量的高压、超高压输电线路长度对可再生能源并网电量的估计系数。高压输电线路长度的倒 L 形估计系数表明，当地区用电量超过阈值时，电网基础设施在促进可再生能源并网消纳方面起着明显的作用。此外，以用电量作为转换变量的超高压输

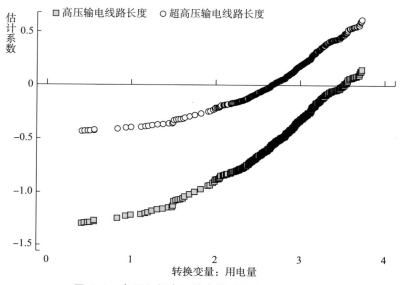

图 6-1　高压和超高压输电线路长度的估计系数

电线路长度的估计系数同样为倒 L 形，且其位置一直处于高压输电线路长度对应的倒 L 形曲线之上，说明超高压输电线路对可再生能源并网消纳的促进作用高于高压输电线路。图 6-1 的两条倒 L 形曲线表明，随着用电量的增加，高压和超高压输电线路促进可再生能源并网消纳的作用不断增强，且超高压具有更强的促进作用。

我们通过用电网密度代替输电线路长度来确保估计结果的稳健性。如表 6-5 所示，除了以用电量作为转换变量的超高压电网密度的系数不显著之外，其他与转换变量相关的系数均满足显著性要求。总的来说，类似于表 6-4 所示的结果，解释变量的系数和斜率参数的显著性与符号表明，电网基础设施的线性部分（包括发电量或用电量为转换变量）对可再生能源并网消纳具有促进作用。与 HV 相比，EHV 的斜率参数在以发电量作为转换变量时更大一些。因此，基于发电量的 EHV 的可再生能源并网消纳促进作用更突出。作为电网基础设施代理变量的电网密度估计参数与输电线路长度对应的估计系数高度一致，这进一步表明，电网基础设施对可再生能源并网消纳的促进作用很强。超高压的斜率参数越大，意味着随着地区发电量和用电量的变化，超高压电网基础设施对可再生能源并网消纳的影响机制将发生更加明显的变化。在发电基地和负荷中心地区，构建跨区输电通道有利于构建基于能源清洁化导向的脱碳。

此外，由于可再生能源大规模接入电网是在 2009 年以后发生的事情，我们用 2010~2015 年的数据重新估算了电网基础设施对可再生能源并网消纳的影响，以进一步确认上述估计参数。具有非线性影响的 PSTR 模型与先前表中估计的系数一致。如图 6-2 所示，高压、超高压电网密度的系数与地区用电量之间的关系呈倒 L 形。两者的系数随着省级用电量的增加而增加，超高压电网密度的系数更大，这意味着超高压电网密度是促进可再生能源并网消纳的关键因素，其所带来可再生能源并网消纳的"规模经济"尽管受到所选的电网基础设施测度指标的影响，但这种影响并没有决定性意义，不影响可再生能源并网消纳的促进作用。

三 总结性评价

为了揭示可再生能源并网消纳的通道约束机制，本书使用面板平滑转换回归（PSTR）的新型计量经济学方法，研究了中国电网系统升级过

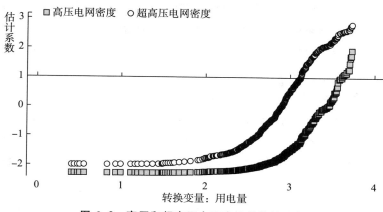

图 6-2　高压和超高压电网密度的估计系数

程中电网基础设施与可再生能源并网消纳的关系，该方法可以捕获不同地区不同电压等级的电网基础设施对可再生能源并网消纳作用的异质性效应。此外，为了进行稳健性检验并确保估算结果的可靠性，使用两种电网基础设施的代理变量来估计升级电网基础设施对可再生能源并网消纳的影响。当然，鉴于省际能源禀赋的差异，有必要检验该方法的适用性，具体的检验方法由前述三个统计量完成。针对 PSTR 模型的非线性检验证明了非线性形式的有效性。总的来说，该部分主要研究结果可以总结如下。

　　显然，不同等级的电网基础设施在促进可再生能源并网消纳方面具有明显的差异。由输电线路长度代理的高压电网基础设施似乎对可再生能源并网消纳没有积极影响，但是当将电网密度设置为高压电网基础设施的代理变量时，结果却相反。此外，以电网密度为代理变量的高压电网基础设施进一步清楚地表明了其对可再生能源并网消纳的益处。转换函数的估计系数和斜率参数都为正，相似的参数估计结果也出现在 EHV 电网中，但在以发电量作为转换变量的模型中它们的估计系数比 HV 电网更高，说明超高压比高压能够带来更多的可再生能源并网消纳。超高压电网仍然是中国当前电网系统的基础，可以想象，它们已成为并网消纳可再生能源的主要力量。由于特高压电网的骨干网架在本书的研究时间范围内尚未建成，因此主要依靠超高压电网来发挥可再生能源并网消纳的作用。

以虚拟变量形式引入的特高压电网的估计系数没有达到统计学意义，这表明特高压电网在促进可再生能源并网消纳中没有明显作用。这项研究的采样截止时间是 2020 年底。在此之前，特高压电网的输电线路规模仍然不够，不足以支持风电、光伏发电以及水电等可再生能源大规模接入电网。由于缺少输电通道，中国可再生能源的削减率屡屡创造纪录。甘肃和新疆的可再生能源装机容量最大，可再生能源削减率最高，在特别年份部分地区的弃风率可以在 40% 以上。2015 年，国家发布的电改"9 号文"指明电力行业改革的方向，并强调了改善跨区电力交易和调度机制，促进可再生能源并网消纳。中国政府已经认识到，可再生能源并网消纳"卡脖子"是向更可持续的能源系统战略转型的重要障碍。为此，国家发改委、国家能源局发布的《清洁能源消纳行动计划（2018—2020 年）》要求到 2020 年可变可再生能源中的弃光率、弃风率不超过5%，在各方有效努力之下该目标总体上已经实现，可再生能源并网消纳问题得到明显缓解。

经济增长和电力部门固定资产投资是可再生能源并网消纳的两个重要驱动。在超高压电网密度的 PSTR 模型中，人均 GDP 每增长 1% 通常会带来 0.6%~0.8% 的可再生能源并网电量的额外增加，而电力资本存量每增长 1% 则可导致可再生能源并网电量增长 0.4%~0.7%。毫无疑问，经济增长推动了可再生能源的并网消纳，但是不同地区之间的推动力存在差异。尽管近年来，随着经济增长的下降和电力行业发展方式的转变，电力行业固定资产投资增速有所减缓，但是可再生能源的投资拉动增长仍然可观，而投资结构亟待优化。重点在于优化调整电网与电源的投资比例和可变可再生能源的内部结构，以充分合理地利用地区能源禀赋。

第三节 能源效率影响估计

一 方法和数据

（一）区域能源效率的测度

考虑到工业生产和其他经济活动不仅创造了国内生产总值（GDP）等

预期产出，而且产生了工业废物、污染物和其他非期望的副产品，我们使用 ML 指数来测算中国各省份的全要素能源效率 TFEE。假设地区 $k(k = 1, 2, \cdots, K)$ 在时期 $t(t = 1, 2, \cdots, T)$ 使用 N 种投入要素 $x = (x_1, x_2, \cdots, x_N) \in R_N^+$ 生产 M 种期望产出 $y = (y_1, y_2, \cdots, y_M) \in R_M^+$ 和 I 种非期望产出 $b = (b_1, b_2, \cdots, b_I) \in R_I^+$。令 $P^t(x^t)$ 表示生产可能性集合。鉴于生产可能性集合是闭合且有界的（Chung et al.，1997），可以通过 SBM-DEA 方法建立生产可能性集合，如下：

$$P^t(x^t) = \{(y^t, b^t): \sum_{k=1}^{K} \lambda_k^t y_{km}^t \geqslant y_{km}^t, m = 1, 2, \cdots, M; \sum_{k=1}^{K} \lambda_k^t b_{ki}^t = b_{ki}^t, i = 1, 2, \cdots, I;$$

$$\sum_{k=1}^{K} \lambda_k^t x_{kn}^t \geqslant x_{kn}^t, n = 1, 2, \cdots, N; \lambda_k^t \geqslant 0, k = 1, 2, \cdots, K\} \qquad (6-8)$$

其中，λ_k^t 指的是地区 k 在时期 t 的权重，非负的权重意味着产出的规模报酬不变。用于测量生产率变化的 ML 指数基于方向距离函数（Chambers et al.，1996），它力求在减少非期望产出的同时尽可能大幅度增加期望产出：

$$\vec{D}_0^t(x^t, y^t, b^t; g) = \sup\{\beta: (y^t, b^t) + \beta g \in P^t(x^t)\} \qquad (6-9)$$

其中，g 指的是设定产出规模扩张的方向向量，方向的选择标准取决于期望和非期望产出的观测值，$g = (g_y, -g_b)$，负值意味着非期望产出。

由此可以计算方向距离产出函数：

$$\vec{D}_0^t(x_{k'}^t, y_{k'}^t, b_{k'}^t; y_{k'}^t, -b_{k'}^t) = \max\beta$$

$$\text{s.t.} \begin{cases} \sum_{k=1}^{K} \lambda_k^t y_{km}^t \geqslant (1 + \beta) y_{k'm}^t, m = 1, 2, \cdots, M \\ \sum_{k=1}^{K} \lambda_k^t b_{ki}^t = (1 - \beta) b_{k'i}^t, i = 1, 2, \cdots, I \\ \sum_{k=1}^{K} \lambda_k^t x_{kn}^t \geqslant x_{kn}^t, n = 1, 2, \cdots, N \\ \lambda_k^t \geqslant 0, k = 1, 2, \cdots, K \end{cases} \qquad (6-10)$$

ML 指数可以分解为 t 期和 $t+1$ 期的效率变化和技术变化：

$$ML_t^{t+1} = \left\{ \frac{1 + \vec{D}_0^t(x^t, y^t, b^t; g^t)}{1 + \vec{D}_0^t(x^{t+1}, y^{t+1}, b^{t+1}; g^{t+1})} \times \frac{1 + \vec{D}_0^{t+1}(x^t, y^t, b^t; g^t)}{1 + \vec{D}_0^{t+1}(x^{t+1}, y^{t+1}, b^{t+1}; g^{t+1})} \right\}^{1/2} \qquad (6-11)$$

ML 指数可分解为技术效率指数（EF）和技术进步指数（TE）：

$$EF_t^{t+1} = \frac{1 + \vec{D}_0^t(x^t, y^t, b^t; g^t)}{1 + \vec{D}_0^{t+1}(x^{t+1}, y^{t+1}, b^{t+1}; g^{t+1})} \tag{6-12}$$

$$TE_t^{t+1} = \left\{ \frac{1 + \vec{D}_0^{t+1}(x^t, y^t, b^t; g^t)}{1 + \vec{D}_0^t(x^t, y^t, b^t; g^t)} \times \frac{1 + \vec{D}_0^{t+1}(x^{t+1}, y^{t+1}, b^{t+1}; g^{t+1})}{1 + \vec{D}_0^t(x^{t+1}, y^{t+1}, b^{t+1}; g^{t+1})} \right\} \tag{6-13}$$

本书的目的是根据电网基础设施的不同电压，即高压、超高压和特高压，分析可再生能源并网消纳对区域 TFEE 的影响，所以以 ML 指数为因变量，分别将区域 GDP 和 CO_2 排放量设定为期望和非期望产出。

（二）计量模型

鉴于我们关注的是可再生能源并网消纳对区域全要素能源效率的影响，首先建立静态面板回归模型，如下：

$$ML_{it} = \alpha + \beta clean_{it} + \lambda grid_{it} + \theta X_{it} + \phi_i + \xi_t + \varepsilon_{it} \tag{6-14}$$

其中 i 和 t 表示截面和时间，ML_{it} 是前文测度的中国各省份的全要素能源效率。$grid_{it}$ 和 $clean_{it}$ 分别表示电网基础设施和可再生能源并网电量。X_{it} 是控制变量集合。ϕ_i 是个体固定效应，ξ_t 是时间固定效应，ε_{it} 是随机误差项。

静态模型没有考虑动态滞后效应和内生性，可能导致参数有偏估计，本书引入了动态面板模型。具体来说，在许多情况下，地方政府对电网基础设施的投资受到区域环境污染和资源保护压力的反向影响，电网作为能源基础设施的重要组成部分，容易产生内生性问题。因此，我们使用 Arellano 和 Bover（1995）、Blundell 和 Bond（1998）提出的动态面板数据（DPD）模型的系统广义矩估计法（SYS-GMM）来估计参数。计量公式如下：

$$ML_{it} = \alpha_0 + \alpha_1 ML_{it-1} + \beta clean_{it} + \lambda grid_{it} + \theta X_{it} + \phi_i + \xi_t + \varepsilon_{it} \tag{6-15}$$

一般来说，这种动态面板估计方法的优点是将水平方程和差分方程结合起来进行参数估计，将解释变量的一阶滞后项作为工具变量，从而解决弱工具变量问题。

（1）动态 PTR 模型

上述计量经济模型基于一个基本假设：电网并网消纳可再生能源和区域全要素能源效率之间的关系是线性的，解释变量的系数对于所有观测值都是相同的，因此，用估计系数的非线性变化来描述截面间的非均质性是不可能的。然而，在许多实证研究中，这一假设可能违背事实（González et al.，2005）。为了解决这个问题，目前已有几种面板数据回归模型发展出来，它们允许估计系数随时间和跨横截面变化，例如面板门槛回归（PTR）模型（Hansen，1999），其中估计系数可以呈现在门槛变量的阈值之间的跳跃。

PTR 模型为估计系数中存在结构突变的情况提供了解决方案。在这个包括个体固定效应的静态 PTR 模型中，通过减去时间均值方程来消除个体固定效应，然后使用普通最小二乘法（OLS）来估计系数。在样本量有限的情况下，使用 Bootstrap 方法重复抽取样本，以提高阈值效应显著性检验的效率。传统的单门槛 PTR 模型如下：

$$ML_{it} = \alpha + \beta_1 x_{it} I(q_{it} \leqslant \gamma) + \beta_2 x_{it} I(q_{it} > \gamma) + \delta X_{it} + \varepsilon_{it} \qquad (6-16)$$

其中，$I(\cdot)$ 是指示函数，q_{it} 是门槛变量，γ 是待估计的斜率参数，X_{it} 是控制变量集合，ε_{it} 是随机误差项。对于门槛值 γ 的参数估计，可以通过最小化误差的平方和 $S(\gamma) = \hat{e}(\gamma)'\hat{e}(\gamma)$ 来获得，$\hat{e}(\gamma)$ 为随机误差项向量。门槛值 γ 的 OLS 估计如下：

$$\hat{\gamma} = \underset{\gamma}{\operatorname{argmin}} S(\gamma) \qquad (6-17)$$

门槛效应能否达到统计显著性是 PTR 模型合理设置的重要前提。因此，以上述等式的单门槛值 PTR 模型为例，没有门槛效应的零假设为 H_0：$\beta_1 = \beta_2$。似然比检验用 F 统计量检验零假设 H_0 的可接受性：$F = [S' - S(\hat{\gamma})]/\hat{\sigma}^2$。其中，$S'$ 表示备择假设下的误差平方之和，该误差由无门槛效应的计量经济模型的估计参数获得的残差计算；$\hat{\sigma}^2$ 是残差方差。由于似然比检验的零渐近分布是非临界的，因此最好使用自举过程来近似样本分布，然后在 H_0 下导出相应 F 值的自举渐近有效 p 值。一旦 p 值小于期望的临界值，将拒绝没有门槛效应的零假设。此外，要构造门槛效应参数的置信区间，然后测试估计的阈值是不是一致估计。检验零假设 H_0：$\hat{\gamma} = \gamma$。似然比（LR）统计量表示为：

$$LR(\gamma) = \frac{S(\gamma) - S(\hat{\gamma})}{\hat{\sigma}^2} \qquad (6-18)$$

当 $LR(\gamma) < c(\varphi) = -2\ln(1-\varphi)$ 时，零假设不能被拒绝，其中 φ 是显著性水平。

具有固定效应回归估计的静态 PTR 模型要求协变量是严格的外生变量。然而，在许多实际应用中，严格的外部要求可能受到限制。因此，Seo 和 Shin（2016）将静态 PTR 模型扩展为动态 PTR 模型。动态 PTR 模型的基本形式如下：

$$ML_{it} = (1, x_{it}')\phi_1 I(q_{it} \leqslant \gamma) + (1, x_{it}')\phi_2 I(q_{it} > \gamma) + \varepsilon_{it} \qquad (6-19)$$

其中，x_{it} 是包括滞后因变量的时变回归向量。ϕ_1 和 ϕ_2 是与这两种状态相关的斜率参数。ε_{it} 由误差分量组成，即 $\varepsilon_{it} = \alpha_i + \upsilon_{it}$，其中 α_i 表示未观察到的个体固定效应，υ_{it} 表示零均值特殊随机扰动。所提出的第一差分广义矩估计方法（GMM）允许门槛值变量和所有回归变量都是内生的。一旦门槛值变量转变为严格内生变量，就引入了两阶段最小二乘法估计，以实现更有效的参数估计。在动态 PTR 模型中，通过网格搜索来估计门槛值 γ，以最小化目标 GMM 函数。

（2）PSTR 模型

本书运用面板平滑转换回归（PSTR）模型来检验可再生能源并网的全要素能源效率提升效应。PSTR 模型的优点是它允许极端机制之间平稳过渡，同时阈值不是先验的，而是在模型中计算，因此更适合转型国家和地区（Destais et al.，2007；Besseca and Fouquaub，2008；Duarte et al.，2012）。本书将 PSTR 模型定义如下：

$$ML_{it} = \alpha + \beta clean_{it} + \lambda grid_{it} + \sum_{j=1}^{r} \delta_j g_j(q_{it}^j; \gamma_j, c_j) grid_{it} + \theta X_{it} + \varepsilon_{it} \qquad (6-20)$$

其中，q_{it}^j 是转换变量，c_j 是反映门槛值的位置参数，γ_j 是决定机制之间转换速度的斜率参数，$g_j(\cdot)$ 是转换函数，它是关于转换变量 q_{it}^j 有界且取值范围在 0 和 1 之间的函数。$j = 1, 2, \cdots, r$ 表示转换机制个数。转换函数 $g_j(\cdot)$ 通常采用 Logistic 函数形式：

$$g_j(q_{it}^j; \gamma_j, c_j) = \{1 + \exp[-\gamma_j \Pi_{k=1}^{m_j}(q_{it}^j - c_{j,k})]\}^{-1} \qquad (6-21)$$

事实上，可再生能源想要进入终端用能市场，就必须接入电网，即与各种电压等级的电网相互作用，由此在区域全要素能源效率的确定中发挥重要作用。考虑到这些相互作用的影响，我们在上述 PSTR 模型中引入电网基础设施和可再生能源并网电量的交互项。公式如下：

$$ML_{it} = \alpha + \beta clean_{it} + \lambda grid_{it} + \sum_{j=1}^{r} \delta_j g_j(q_{it}^j; \gamma_j, c_j) clean_{it} grid_{it} + \theta X_{it} + \varepsilon_{it}$$

$$(6-22)$$

如上所述，除了被解释变量外，本书中的解释变量包括三类。①可再生能源并网电量。并网低碳电力主要包括核电、水电、风电、光伏发电和生物质能发电。为了反映这些清洁和可再生能源的并网规模，我们将其占地区总用电量的份额来表示。②不同电压等级的电网基础设施。根据中国的现状，电网基础设施主要包括高压、超高压和特高压电网。③控制变量。控制变量包括厂网分开（PGS）、产业结构（struc）、外商直接投资（fdi）、金融发展（fd）、制度因素（If）、公共基础设施（Inf）、政府规模（gov）等，这些变量的详细定义将在表 6-6 中介绍。

（三）数据

为了测算各省份的 TFEE，本章选择了三种输入指标，包括物质资本存量、劳动力和能源消费，而输出指标包括期望产出 GDP 和非期望产出 CO_2 排放量。物质资本存量采用永续盘存法（PIM）估算。根据国内生产总值平减指数和固定资产价格指数，我们将所有指标换算成 1978 年的不变价格。此外，根据联合国政府间气候变化专门委员会（IPCC）提供的每种化石燃料的碳排放系数，通过各省份原煤、原油、焦煤、石油和其他化石燃料的总消费量估算它们的二氧化碳排放量。

表 6-6 给出了被解释变量和解释变量的定义和描述性统计。可见，全国可再生能源并网电量比率的均值为 0.291，这表明 1991~2020 年各省份可再生能源并网电量占总发电量的平均比重为 29.1%。由于 20 世纪 90 年代初火电厂的装机容量不足，四川、湖北等省份严重依赖其丰富的水电，水电被称为可再生能源的主流。近 20 年来，厂网分开是中国电力行业最大的一次改革，以 2002 年"5 号文"的颁布为标志，从根本上改变了以政府指令性规划为主的电力体制，逐渐向市场化调节过渡。五大发电集团和两大区域电网公司（国家电网和南方电网）形成并实施了"厂网分开，竞价上网"的政策。所以本书引入厂网分开虚拟变量作为

控制变量之一。虚拟变量的主要缺点是只能反映总体趋势，不能提供具体的效果值，但在具体数据缺失的情况下可以作为政策评估的有效方法。

表6-6　变量定义和描述性统计

变量	定义	观测值	均值	标准差	最小值	最大值
ML	地区全要素能源效率	900	1.175	0.289	0.609	1.971
lngymd	高压电网密度（公里/公里^2）	900	-1.985	1.478	-13.3	0.285
lncgymd	超高压电网密度（公里/公里^2）	900	-2.079	1.506	-14	0.201
tgymd	特高压哑变量	900	0.061	0.240	0	1
Res	可再生能源并网电量比率	900	0.291	0.600	0	1
PGS	厂网分开哑变量	900	0.350	0.132	0	1
struc	第二产业占比（%）	900	2.412	1.009	0.747	9.307
fdi	外商直接投资占比（%）	900	0.057	0.352	0.001	9.252
fd	存款余额占比（%）	900	0.621	0.2	0.067	1.532
If	国有企业投资占比（%）	900	30.17	36.02	2.656	319.1
Inf	高速公路（公里/万人）	900	0.204	0.167	0.0492	1.291
gov	政府支出占GDP比重（%）	900	-1.985	1.478	-13.3	0.285

就电网基础设施而言，高压电网密度（每个省份中每平方公里土地面积的35~220千伏输电线路的长度）和超高压电网密度（每个省份中每平方公里土地面积的300~700千伏输电线路的长度）。取对数之前，高压电网密度的均值和最大值分别为0.243公里/公里^{2}和1.329公里/公里^2。同样，超高压电网密度的均值和最大值分别为0.022公里/公里^{2}和0.141公里/公里^2，低于相应的高压电网密度。此外，只有若干个省份的特高压电网投入运行，这迫使我们引入虚拟变量来代表特高压电网的影响。中国东部、中部、西部地区高压和超高压电网密度呈现从高到低的递减分布。就特高压电网的空间分布而言，由于当时特高压电网示范工程只有3个，即晋东南—南阳—荆门1000千伏特高压交流试验示范工程、向家坝—上海±800千伏特高压直流输电示范工程和云南—广东±800千伏特高压直流输电示范工程，所以设定四川、重庆、广东、山西、江苏、上海等12个省市启用了特高压电网进行可再生能源并网消纳。

二　实证结果

（一）全要素能源效率

中国地区 TFEE 及其分解（包括 ML、TE 和 EF）的测算结果如图 6-3 所示，从中我们可以看出 30 个省区市的相应指标值各不相同。为了清楚地探究地区全要素能源效率的总体情况，可以计算出，中国的全要素能源效率在测算期内的年均增长率为 3.16%，总增长率高达 85.2%。本书的结果与早期全要素能源效率研究的结论一致。例如，一项研究表明，1986~2009 年，中国全要素生产率的年均增长率约为 2.89%（Zhang and Jiang，2014）。ML 指数的分解结果表明，技术进步是中国各省区市 TFEE 提高的主要驱动力，而技术效率变化不大，甚至略有下降。造成这种现象的主要原因是中国的出口导向型发展模式，这给中国东西部地区带来了更大的差距（Sun et al.，2022）。中国西部脱离技术前沿的问题越来越突出。此外，各省区市的 ML 指数的平均增长率表明，TFEE 较高的地区主要集中在中国东部，尤其是京津冀、长三角和珠三角等发达经济圈，其中表现较出色的是北京、江苏、上海和广东这 4 个省市，其地区 TFEE 名列前茅。

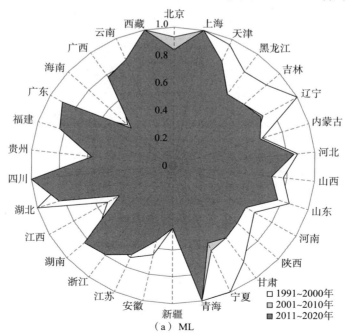

（a）ML

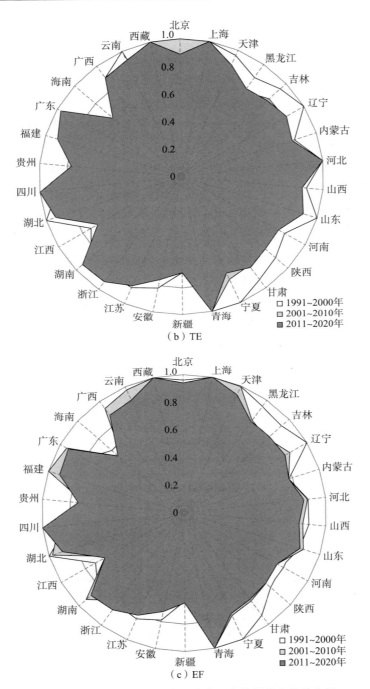

（b）TE

（c）EF

图 6-3　1991~2020 年各省区市全要素能源效率及其分解

注：重庆和四川合并计算。

（二）参数估计结果

（1）面板单位根检验

本书采用 6 种面板单位根检验方法对变量进行平稳性检验。表 6-7 中 LLC 检验、HT 检验、Breitung 检验、IPS 检验和 Fisher 检验的原假设是所有面板都存在单位根。可以看出，除了变量 ML 之外，其他变量零阶条件均接受了原假设，这意味着大多数变量不是平稳的。此外，这些变量的一阶差分完全否定了所有面板都存在单位根的原假设，最终结果表明变量 ML 是零阶平稳的，而其他所有变量都是一阶平稳的。表 6-7 中前 5 个检验统计量的共同特征是，在假设横截面单元彼此独立的前提下创建了检验统计量。相反，表 6-7 中 Hadri LM 检验的原假设是所有面板都是平稳的，但是结果与其他检验统计量一致，这进一步证实了结论的可靠性。

表 6-7　面板单位根检验

变量	LLC	HT	Breitung	IPS	Fisher	Hadri LM
ML	−10. 956 ***	−0. 199 ***	−10. 681 ***	−10. 919 ***	−6. 991 ***	−10. 956 ***
lngymd	4. 030	0. 763	5. 948	7. 458	−0. 006	4. 030 ***
lncgymd	5. 126	0. 811	9. 898	1. 886	1. 367	5. 126 ***
Res	2. 007	0. 624	0. 501	3. 426	−5. 435	2. 007 ***
struc	−1. 623	0. 745	8. 162	2. 495	−1. 858	−1. 623 ***
fdi	−1. 361	0. 713	−1. 870	−0. 106	−6. 998	−1. 361 ***
fd	−2. 203	0. 745	2. 557	2. 162	−6. 236	−2. 203 ***
If	3. 820	0. 806	8. 937	11. 027	0. 920	3. 820 ***
Inf	2. 191	0. 811	4. 918	6. 866	−1. 554	2. 191 ***
gov	2. 799	0. 804	7. 082	10. 542	−1. 073	2. 799 ***
DML	−33. 446 ***	−0. 427 ***	−0. 427 ***	−13. 342 ***	−12. 754 ***	−33. 446
Dlngymd	−6. 139 ***	−0. 172 ***	−0. 172 ***	−9. 694 ***	−9. 490 ***	−6. 139
Dlncgymd	−3. 668 ***	−0. 054 ***	−0. 054 ***	−5. 385 ***	−6. 601 ***	−3. 668
DRes	−4. 538 ***	−0. 090 ***	−0. 090 ***	−7. 817 ***	−7. 887 ***	−4. 538
Dstruc	−7. 948 ***	−0. 041 ***	−0. 041 ***	−10. 370 ***	−9. 586 ***	−7. 948
Dfdi	−15. 334 ***	0. 083 ***	0. 083 ***	−8. 764 ***	−10. 146 ***	−15. 334
Dfd	−9. 524 ***	0. 038 ***	0. 038 ***	−9. 077 ***	−9. 577 ***	−9. 524
DIf	−5. 865 ***	−0. 019 ***	−0. 019 ***	−7. 821 ***	−8. 708 ***	−5. 865

变量	LLC	HT	Breitung	IPS	Fisher	Hadri LM
DInf	-7.608^{***}	0.026^{***}	0.026^{***}	-9.369^{***}	-8.468^{***}	-7.608
Dgov	-7.806^{***}	0.120^{***}	0.120^{***}	-7.785^{***}	-10.182^{***}	-7.806

注：LLC 检验、HT 检验、Breitung 检验、IPS 检验和 Fisher 检验的原假设是所有面板均存在单位根，而 Hadri LM 检验的原假设是所有面板均是平稳的；*** 表示在 1% 的水平下显著；D 表示一阶差分。

（2）动态 PTR 模型参数估计结果

可再生能源并网消纳和全要素能源效率是可持续性的两个主要驱动因素，但可再生能源并网消纳对全要素能源效率的影响没有得到全面研究，尤其是从宏观角度而不是从微观的发电厂角度。与讨论可再生能源渗透导致的电力系统运营和管理成本变化不同，本书在非线性框架下考察了可再生能源并网电量比率对 TFEE 的影响。在 PTR 模型估计之前，本书在线性计量经济框架下捕捉可再生能源并网电量比率对 TFEE 的影响，估计结果如表 6-8 所示。显然，可再生能源并网电量比率可以对 TFEE 的增长做出贡献。具体而言，在控制了个体和时间固定效应后，第（1）列中的估计结果显示，可再生能源并网电量比率每增加 1 个单位将使得 TFEE 平均增加约 0.06 个单位。如上所述，中国西部内陆地区和东部沿海地区在能源供需方面的作用是互补的。作为净能源供应者的西部地区和作为净能源消费者的东部地区，其可再生能源对能源效率的影响可能非常不同。第（2）列和第（3）列中的相应估计系数捕捉这些差异。西部地区可再生能源并网电量比率的估计系数几乎是东部地区的两倍。其中，$\ln h$ 表示年平均发电利用小时数的对数值，$linep$ 表示线损率，$\ln cp$ 表示发电产能的对数值。

表 6-8　线性模型估计结果

变量	（1）全样本	（2）净电量输入地区	（3）净电量输出地区
Res	0.0644^{***} （0.0075）	0.0509^{***} （0.0092）	0.0959^{***} （0.0178）
$\ln h$	0.0948^{***} （0.0263）	0.1063^{***} （0.0283）	-0.0556 （0.0766）
$linep$	0.0696^{***} （0.0057）	0.0704^{***} （0.0054）	0.0071 （0.0345）

续表

变量	（1）全样本	（2）净电量输入地区	（3）净电量输出地区
lncp	−0.0390 *** （0.0091）	0.0548 *** （0.0167）	0.0598 * （0.0330）
常数项	−0.9707 *** （0.2277）	−1.6128 *** （0.2443）	−0.3357 （0.6463）
观测值	900	600	150
R^2	0.2911	0.4623	0.5377

注：***、*分别表示在1%、10%的水平下显著，括号内为标准误。

然而，上述估计是在线性计量经济学框架下获得的，尽管在净电量输出地区和输入地区之间进行了差异分析，但仍无法全面揭示存在门槛变量时估计系数的动态变化。为此，表6-9报告了静态PTR模型的估计结果。首先，以人均GDP为门槛变量的单门槛PTR模型中的门槛效应检验用于确定门槛值在90%置信区间的统计显著性，设置单门槛符合统计规范。由此，获得了低门槛和高门槛下可再生能源并网电量比率对TFEE的异质性估计系数。低门槛下的可再生能源并网电量比率的估计系数大于高门槛下对应的估计系数，这表明其对TFEE的促进作用在西部地区表现更为突出。

表 6-9 静态 PTR 模型估计结果

变量	（1） 单门槛	（2） 双门槛
ln$h$	0.0704 *** （0.0220）	0.0589 *** （0.0220）
$linep$	0.0657 *** （0.0057）	0.0695 *** （0.0057）
lncp	−0.0510 *** （0.0057）	−0.0411 *** （0.0062）
Res（$q_{it} \leq \gamma_1$）	0.0732 *** （0.0076）	0.0742 *** （0.0076）
Res（$\gamma_1 < q_{it} \leq \gamma_2$）		0.0625 *** （0.0081）
Res（$q_{it} > \gamma_2$）	0.0514 *** （0.0075）	0.0385 *** （0.0082）

续表

变量	（1） 单门槛	（2） 双门槛
常数项	−0.7039*** （0.2031）	−0.6703*** （0.2016）
γ_1	9.3492*	9.3492*
γ_2		7.5055
观测值	900	900
R^2	0.2249	0.2384

注：***、*分别表示在1%、10%的水平下显著，括号内为标准误。

在表6-9中，低门槛是指人均GDP较低的时期和地区，高门槛是指人均GDP较高的时期和地区，两者之间的分界线是门槛值。因为两者都是正估计系数，表明可再生能源并网消纳在促进区域TFEE增长方面发挥了作用。在单门槛PTR模型中，在人均GDP低于门槛值的时期和地区，可再生能源并网电量比率可以带来更高的能源效率。对于双门槛PTR模型，尽管在三种情况下估计系数都是显著为正的，反映了可再生能源消纳对能源效率的积极影响，但门槛效应检验拒绝了双门槛的可行性。因此，综合判断单门槛PTR模型是更合适的。

图6-4和图6-5分别显示了单门槛和双门槛PTR模型中LR统计量的趋势。对于单门槛PTR模型，LR统计量表现出平稳和有规律的波动，并在门槛值9.3492处触底，该门槛值小于95%置信区间中的临界值7.35 $[c(0.95) = 7.35]$。相反，在双门槛PTR模型中，第一个门槛与单门

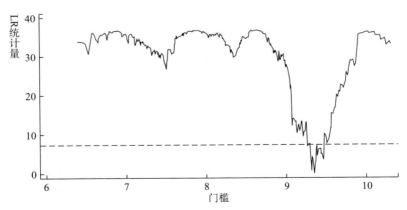

图6-4　单门槛PTR模型的LR统计量

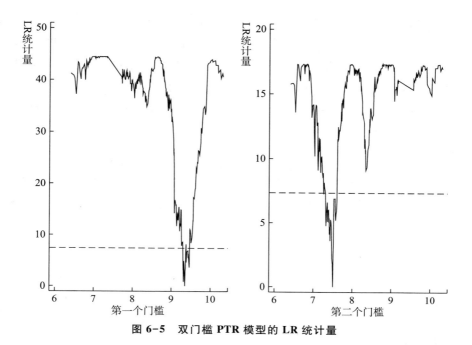

图 6-5　双门槛 PTR 模型的 LR 统计量

槛 PTR 模型一致，并且趋势显示出高度重叠，而第二个门槛的 LR 统计量频繁地小波振荡，并且门槛值不合理地低于第一个门槛值，所以统计检验拒绝了双门槛 PTR 模型。

表 6-10 和表 6-11 展示了分别将发电量和用电量设置为门槛变量的动态 PTR 模型估计结果。除了全样本外，我们还划分了净电量输入地区和净电量输出地区两个子样本进行参数估计。表 6-10 中的结果表明，在低和高门槛下，可再生能源并网电量比率并没有显著提高全样本的TFEE。这与人均 GDP 门槛变量对应的估计结果不一致。两者差异集中在第（2）列和第（3）列子样本的估计结果上。在净电量输入地区的子样本中，尽管估计的参数在低门槛下相似，并在驱动 TFEE 方面发挥着重要作用，但在高门槛下的系数是负的，并且达到统计显著性。可再生能源在中国东部沿海地区的省份和人均 GDP 较低时期提高了能源效率，而在人均 GDP 较高时期和省份则恰恰相反。在净电量输出地区的子样本中，可再生能源并网电量比率在增加 TFEE 方面没有发挥重要作用，无论是处于低门槛还是高门槛。中国的电力负荷中心集中在东部沿海地区，因此将用电量作为门槛变量可以更清楚地表明可再生能源

渗透到高负荷电力系统对区域能源效率的影响。如表 6-11 报告的结果所示，在全样本的低门槛水平下，与同一样本的结果相比，可再生能源并网电量比率对 TFEE 的贡献最高。这意味着，在用电量低的时期和省份，即主要在净电量输出的西部地区，TFEE 可以从可再生能源发电的电网渗透中受益匪浅，表中第（3）列的净电量输出地区的子样本进一步予以证实。

表 6-10　动态 PTR 模型估计结果（门槛变量：发电量）

变量	（1） 全样本	（2） 净电量输入地区	（3） 净电量输出地区
TE_{t-1}（$q_{it} \leq \gamma$）	0.0340 （0.2288）	−0.0096 （0.0845）	−0.2287 （0.6190）
$\ln h$（$q_{it} \leq \gamma$）	1.0930*** （0.4132）	−0.1437 （0.1155）	0.4322 （0.6791）
$linep$（$q_{it} \leq \gamma$）	0.1687*** （0.0550）	0.0854** （0.0411）	0.1534** （0.0606）
$\ln cp$（$q_{it} \leq \gamma$）	−0.0038 （0.0985）	0.0414 （0.0592）	0.1651 （0.2114）
Res（$q_{it} \leq \gamma$）	0.1221 （0.0892）	0.3229*** （0.0642）	−0.5263 （0.5259）
TE_{t-1}（$q_{it} > \gamma$）	−0.3219 （0.2515）	0.1300 （0.2805）	−0.3288 （0.8365）
$\ln h$（$q_{it} > \gamma$）	−1.3576*** （0.4005）	0.2132 （0.2296）	−0.8681 （0.8813）
$linep$（$q_{it} > \gamma$）	−0.3799*** （0.1061）	1.0193*** （0.2986）	−0.1616 （0.2243）
$\ln cp$（$q_{it} > \gamma$）	0.1556 （0.1498）	−0.3836*** （0.1416）	0.0206 （0.2827）
Res（$q_{it} > \gamma$）	−0.0860 （0.0962）	−0.3514*** （0.1065）	0.4373 （0.3280）
常数项	10.5122*** （3.7648）	−0.2078 （1.9982）	5.3527 （9.0599）
γ	5.5641*** （0.5444）	7.0497*** （0.2209）	5.8651*** （1.8101）
观测值	30	24	19

注：***、** 分别表示在 1%、5% 的水平下显著，括号内为标准误。

表 6-11 动态 PTR 模型估计结果（门槛变量：用电量）

变量	（1）全样本	（2）净电量输入地区	（3）净电量输出地区
TE_{t-1}（$q_{it} \leqslant \gamma$）	0.1686 **	0.6256 **	0.6750
	(0.0744)	(0.2687)	(0.7414)
$\ln h$（$q_{it} \leqslant \gamma$）	-0.0439	0.5275 ***	0.4695
	(0.0728)	(0.1938)	(0.7481)
$linep$（$q_{it} \leqslant \gamma$）	0.0601	0.0436 *	0.1129
	(0.0381)	(0.0259)	(0.1778)
$\ln cp$（$q_{it} \leqslant \gamma$）	-0.1011 ***	0.0291	0.0459
	(0.0345)	(0.0767)	(0.2347)
Res（$q_{it} \leqslant \gamma$）	0.1276 ***	0.1256	0.7293 **
	(0.0435)	(0.0862)	(0.3122)
TE_{t-1}（$q_{it} > \gamma$）	-0.1187	-1.0135 ***	-0.8974
	(0.2690)	(0.2279)	(0.9963)
$\ln h$（$q_{it} > \gamma$）	-0.5889 ***	-1.1260 ***	-3.3477 ***
	(0.2156)	(0.1157)	(0.9822)
$linep$（$q_{it} > \gamma$）	-1.2340 ***	-0.0148	0.4131
	(0.2992)	(0.1532)	(1.8358)
$\ln cp$（$q_{it} > \gamma$）	1.1109 ***	-0.0746	-0.7335
	(0.3032)	(0.1087)	(1.3228)
Res（$q_{it} > \gamma$）	0.0660	-0.1368 **	-0.9152 ***
	(0.0658)	(0.0652)	(0.3003)
常数项	-1.3684	10.0743 ***	35.7640 ***
	(2.6253)	(1.0989)	(6.9327)
γ	7.3095 ***	6.2326 ***	6.5702 ***
	(0.1987)	(0.7328)	(0.7132)
观测值	30	24	19

注：***、**、*分别表示在 1%、5%、10%的水平下显著，括号内为标准误。

（3）PSTR 模型参数估计结果

在估计面板平滑转换回归模型之前，本书分别应用 FE-IV 和 SYS-GMM（Arellano and Bover，1995；Blundell and Bond，1998）来估计可再生能源并网电量比率与地区 TFEE 之间的线性关系。众所周知，在许多情况下，由于地区能源效率提升会强化地方政府环境监管面临的压力，反过来将对电网基础设施的投资产生间接影响。电网基础设施作为能源基础设施的重要组成部分，实证研究其对地区能源效率的作用机制很容易产生内生性。因此，借鉴已有的处理方法（Andersen and Dalgaard，2013），本书采用各地区年平均雷电密度，即每平方公里的雷电数量作为工具变量，以防止内生性导致的估计偏误。估计结果如表6-12所示。从FE-IV的估计结果可以看出，可再生能源并网电量比率在推动地区 TFEE方面发挥着重要的积极作用。比较高压、超高压和特高压电网基础设施，可再生能源并网电量比率提高在超高压电网基础设施中促进地区全要素能源效率的作用最为明显，这意味着超高压电网基础设施最有利于提高能源效率；其次是特高压和高压电网基础设施。这是与中国的实际情况相吻合的。由于在本书的研究时间范围内特高压电网尚未形成大规模、远距离输电的骨干网架，超高压电网输电骨干网架承担着最重的可再生能源并网消纳责任。

此外，本书还利用 SYS-GMM 来估计动态面板模型，以进一步解决可能的内生性问题。除了特高压电网的估计结果外，其他模型的 Sargan 检验都无法拒绝过度识别有效的零假设，并且对于高压和超高压电网基础设施，AR 统计量不能拒绝随机误差项的一阶差分序列相关，而拒绝二阶差分序列相关，说明不存在二阶序列相关问题。然而，特高压电网的虚拟变量在统计上并不显著，主要原因是在本书的样本期内，只有部分省份的特高压输电通道完全建成并投入运行。

表 6-12　FE-IV 和 SYS-GMM 估计结果

变量	静态模型（FE-IV）			动态模型（SYS-GMM）		
	HV	EHV	UHV	HV	EHV	UHV
ML_{t-1}				-0.183^{***} (0.075)	-0.207^{***} (0.064)	-0.216^{***} (0.087)
Res	0.178^{***} (0.061)	0.221^{***} (0.064)	0.213^{***} (0.063)	0.019^{**} (0.010)	0.238^{***} (0.087)	0.127^{*} (0.069)
lngymd	0.021^{**} (0.011)			0.301^{*} (0.175)		
lncgymd		1.805^{***} (0.703)			1.317^{*} (0.705)	
tgymd			0.041 (0.068)			0.196 (0.269)
PGS	0.027^{**} (0.015)	0.038^{**} (0.016)	0.039^{**} (0.016)	0.071^{*} (0.039)	0.076^{*} (0.043)	0.137^{**} (0.069)

续表

变量	静态模型（FE-IV）			动态模型（SYS-GMM）		
	HV	EHV	UHV	HV	EHV	UHV
struc	−0.601*	−0.767*	−0.613**	−0.687	−0.491*	−1.828
	（0.348）	（0.447）	（0.301）	（0.494）	（0.270）	（2.551）
fdi	0.674***	0.659***	0.654***	−1.137	−0.879	−1.856
	（0.193）	（0.203）	（0.207）	（5.863）	（6.983）	（5.675）
fd	0.009	0.002	0.007	0.012	0.0018	0.176
	（0.043）	（0.045）	（0.045）	（0.346）	（0.268）	（0.208）
lf	−0.076	−0.083	−0.089	−1.456	−0.857	−1.453
	（0.171）	（0.187）	（0.196）	（2.132）	（1.376）	（1.396）
lnf	−0.002***	−0.002***	−0.002***	−0.001***	−0.001**	−0.003***
	（0.000）	（0.000）	（0.000）	（0.000）	（0.000）	（0.000）
gov	−0.886**	−0.847**	−0.877**	−0.139*	−0.316***	−1.196***
	（0.429）	（0.446）	（0.439）	（0.079）	（0.093）	（0.075）
常数项	1.481***	1.565***	1.512***	1.769***	1.946**	2.133***
	（0.113）	（0.123）	（0.124）	（0.602）	（0.875）	（0.506）
AR（1）				0.000	0.000	0.000
AR（2）				0.767	0.956	0.432
Sargan				0.967	0.346	0.197
R^2	0.796	0.835	0.896			
观测值	817	817	817	788	788	788

注：***、**、*分别表示在1%、5%、10%的水平下显著，括号内为标准误。

考虑到可再生能源起到提高地区TFEE作用的一个重要前提是它们必须有效地接入电力系统，并高效地输送到终端用能市场。所以，本书估计了在非线性框架下可再生能源并网消纳和三大电压等级电网交互项的变动系数，结果如表6-13所示。

表6-13 PSTR模型估计结果

变量	转换变量：GDP（非交互项）			转换变量：GDP（交互项）		
	HV	EHV	UHV	HV	EHV	UHV
clean	0.303**	0.272**	0.202**	0.196*	0.168*	0.196**
	（0.136）	（0.134）	（0.133）	（0.102）	（0.108）	（0.104）
clean×lngymd				17.560***		
				（7.475）		

续表

变量	转换变量：GDP（非交互项）			转换变量：GDP（交互项）		
	HV	EHV	UHV	HV	EHV	UHV
$g(\cdot)clean\times$ lngymd				-18.718*** (7.050)		
$clean\times$lncgymd					-72.798** (37.653)	
$g(\cdot)clean\times$ lncgymd					62.593* (35.711)	
$clean\times$tgymd						-0.054 (0.224)
$g(\cdot)clean\times$ tgymd						-0.693 (0.910)
lngymd	-0.468* (0.259)			0.045*** (0.019)		
$g(\cdot)\times$ lngymd	0.591** (0.265)					
lncgymd		0.463* (0.259)			1.755* (1.176)	
$g(\cdot)\times$ lncgymd		2.550** (1.311)				
tgymd			-0.132 (0.134)			0.091 (0.092)
$g(\cdot)\times$ tgymd			0.215 (0.146)			
控制变量	yes	yes	yes	yes	yes	yes
γ	2.658	17.396	68.017	3.628	7.117	5.846
c_1	8.952	9.233	3.192	6.344	7.498	9.115
c_2			8.497		7.498	
AIC	-2.542	-2.543	-2.535	-2.549	-2.538	-2.532
BIC	-2.448	-2.448	-2.433	-2.448	-2.429	-2.431
LM_χ	2.999*	12.185***	12.242***	7.430***	10.500***	13.641***
LM_F	2.866*	11.608***	11.641***	2.375***	0.998***	12.972***
LRT	3.007*	12.197***	12.243***	7.475***	10.501***	13.642***
观测值	667	667	667	667	667	667

注：***、**、*分别表示在1%、5%、10%的水平下显著，括号内为标准误。

开展 PSTR 模型参数估计的第一步是根据 PSTR 模型测试非线性模型的可行性。因此，为确定非线性模型的具体形式，可以应用 LM_X、LM_F 和 LRT 三个统计量来捕捉 PSTR 模型的非线性特征。表 6-13 的估计结果表明，所有的统计量都显著拒绝了线性模型的原假设，这表明非线性是合理和可识别的，即本书选择的 PSTR 模型是合适的。因此，需要在非线性框架而不是线性框架下进行参数估计。下一步的工作是验证转换函数的数量。本书使用 AIC 和 BIC 准则来确定转换函数个数，研究发现除了超高压电网模型中的交互项和特高压电网模型中的非交互项有两个转换函数外，其他模型只有一个转换函数，即 $m = 1$。最后，应用非线性最小二乘法来确定所有的待估参数。主要的研究发现如下。

首先，高压电网密度和可再生能源并网电量交互项的系数在 1% 的水平下满足显著性要求，但添加转换函数后系数为负，这表明高压电网对地区 TFEE 的促进作用较弱。在中国，可再生能源富集区主要集中在内陆地区，由超高压和特高压输电通道配送到终端用户，而高压电网在此过程中难以发挥有效作用。其次，超高压电网密度与可再生能源并网电量交互项的系数在 5% 的水平下满足显著性要求且为负数，说明超高压电网在使用可再生能源发电的情况下，也没有起到促进区域能源效率提升的作用。超高压电网密度与可再生能源并网电量的互动效应取决于中国能源的独特分布特征。例如，中国风力发电基地集中在北方、西北和东北地区，由于缺乏电网输电通道，弃风问题一度十分严重。据国家能源局统计，2016 年甘肃、新疆两省区弃风率分别达到 43% 和 38%。最后，估算结果还显示，特高压电网与可再生能源并网电量交互项的系数未达到显著性要求，这反映了特高压电网在形成全国骨干网架并大规模消纳可再生能源之前对地区 TFEE 的积极影响不大。

进一步地，本书估计高压、超高压电网密度和特高压电网的转换函数及其与可再生能源并网电量交互项的系数。由线性部分和非线性部分估计结果可以计算出估计系数随转换变量的变化趋势，反映可再生能源接入不同电压等级电网设施对区域 TFEE 的异质性影响。基于估计的转换函数，高压、超高压电网密度和特高压电网与可再生能源并网电量的交互项分别反映了清洁电力接入不同电压电网对地区 TFEE 的联合异质性效应。高压电网密度交互项的系数随着地区对数 GDP 的降低而下降，表明可再生能源发电接入高压电网对地区能源效率的边际效应总体呈下降趋势。相应地，超高压电网密度和特高压电网与可再生能源并网发电交互项的系数也都随区域对数 GDP 的持续增长而呈非线性变化趋势。但值得注意的是，超高压电网密度与特高压电网交互项的系数在统计上要么是正的要么就是不显著的，这反映出可再生能源并网消纳机制有待完善。

三　总结性评价

本节的主要目的是探讨中国建成世界上最大的超高压和特高压电网基础设施后，不同电压等级的电网消纳可再生能源对地区全要素能源效率的异质性影响。为了完成这项研究任务，本书同时采用了静态和动态 PTR 模型，并通过面板固定效应、内生工具变量法（FE-IV）和系统广义矩估计（SYS-GMM）来研究可再生能源并网消纳对地区 TFEE 的影响机制，然后用面板平滑转换回归（PSTR）模型研究高压、超高压和特高压并网消纳可再生能源的异质性影响。

从并网可再生能源对地区 TFEE 的独立效应来看，可再生能源并网电量比率越高，总体上对地区能源效率的促进作用就越大。首先，高压电网是中国规模最大的电网设施，但其对可再生能源并网消纳的能源效率提升作用并不明显，因为高压电网主要负责的是能源的就近配送，而可再生能源更多地依赖跨区输电的大规模、远距离配置；其次，特高压电网与可再生能源并网电量比率的估计结果表明，两者在共同促进能源效率提升上所发挥的作用也不明显，究其原因是特高压骨干网架在 2020 年前尚未建成，还没有起到大规模、远距离配置可再生能源的作用；最后，超高压电网对地区 TFEE 产生最为显著的积极影响，这与样本期内超高压电网构成跨区配置电力的骨干网架的实际情况总体一致。

从并网可再生能源对地区 TFEE 的联合效应来看，高压、超高压和特高压电网所发挥的异质性作用非常突出，但随着转换变量数值的持续提高，估计系数呈现不同的变动态势。可再生能源并网消纳与高压、超高压、特高压电网之间交互项的门槛效应同样也具有明显的异质性。特别是，交互项的估计系数随着地区 GDP 变化与全要素能源效率的关系呈现非线性的动态变化，这意味着在地区 GDP 跨越临界值的情况下，超高压电网并网消纳可再生能源将以更快的速度推动 TFEE 增长。

尽管 PSTR 模型的估计结果表明存在连续的机制转换效应，但有必要认识到可再生能源并网消纳与高压和特高压电网之间交互项的估计系数均为负值。这表明当前可再生能源接入电网的地区 TFEE 增强效应尚未发挥作用。这也反映出中国可再生能源并网消纳仍然存在一些问题，例如可再生能源跨区输配中的电价生成机制，调节负荷峰值的水电、风电和光伏发电之间的多能互补机制等。此外，必须指出的是，本节的研究难免还存在一些局限性。首先，采用 Malmquist-Luenberger 指数来测度地区 TFEE 可能存在偏差。该指数的测度精度直接影响参数估计结果。其次，由于一些指标数据的缺乏，估计可再生能源并网电量的系数中并没有考虑到电网的线损问题。在不考虑供电线损的情况下，即使可再生能源发电的厂用电率远低于燃煤发电，估计结果也可能存在一定偏差。最后，将每平方公里输电线路长度作为高压和超高压电网的代理变量是否可靠的问题，这也将影响估计结果的准确性，尽管在数据可获得性的局限下采取该代理变量是最可行的实证策略。

第七章 环境优化效应：可再生能源并网消纳的环境绩效

党的二十大报告明确提出要"立足我国能源资源禀赋，坚持先立后破，有计划分步骤实施碳达峰行动"。深入推进能源革命，建立安全清洁高效的现代能源体系是实现"双碳"目标的根本途径。可再生能源并网消纳的减排效应被广泛认知，也在众多的实证文献中得到支持，但多数研究并没有从并网消纳和跨区配置的视角进行评估。事实上，由于中国可再生能源集中分布于远离负荷中心的内陆地区，可再生能源需要通过输电通道外送到东部终端市场，所以跨区电力交易所产生的减排效应需要进行评估。在具体实证策略中，鉴于跨区电力交易特别是清洁能源发电的跨区交易无法获得，所以引入净电量输入等指标进行测度，这些指标可以总体上反映地区对外部电力的依赖度。在电源结构中火电占据主导地位的情况之下，对外部电力依赖度越高，理论上本地产生的污染物就越少。也就是说，实施跨区电力交易有利于本地碳减排。

基于此，本章利用多种空间计量模型实证研究跨区电力交易对碳减排的作用，以便在分析中纳入省际碳排放的空间溢出效应。空间自回归（Spatial Autoregressive，SAR）模型、空间自相关（Spatial Autocorrelation，SAC）模型、空间误差模型（Spatial Error Model，SEM）及空间杜宾模型（Spatial Dubin Model，SDM）均被纳入实证框架，此外，为确保稳健性还引入空间两阶段最小二乘法进行参数估计。空间依赖主要有空间滞后依赖和空间误差依赖两类。空间自回归模型通常也可称为空间滞后模型，该模型考虑空间自相关性，也就是空间上相邻地理单元之间的相互影响，因此能够更准确地刻画变量的空间统计特征。空间误差模型主要用于处理由于忽略一些变量或通过误差项测量误差而带来的空间依赖性。空间杜宾模型可以视作空间滞后模型和空间误差模型的一种组合扩展，它是通过对空间自回归模型和空间误差模型增加相应的约束条件而设立的。此外，动态空间杜宾模型还被引入以便估计短期和长期的直接和间接效应，反映由跨区电力输配引发的碳减排的多重效应。

在跨区电力交易的碳减排效应被证实之后，有必要进一步分析跨区电力交易的电源结构所带来的碳减排效应。然而，受限于已有的统计口径和指标数据，无法区分跨区电力交易中的可再生能源并网电量份额。为此，将可再生能源并网电量作为被解释变量引入面板分位数回归模型进行参数估计。如此可以细分不同的可再生能源并网电量份额中的清洁化电力的减排异质性。此外，鉴于中国电力体制改革的发展路径，以2002 年启动的以"厂网分开"为核心的电力体制改革为分水岭，分别估计改革前和改革后的各分位数对应的估计参数的差异，以便甄别市场化改革带来的减排效果。

第一节　现状描述

国家能源局数据显示，中国的电力需求在过去 20 多年里呈现持续快速增长态势，特别是从 1991 年的 6697 亿千瓦时到 2022 年的 86372 亿千瓦时。不幸的是，由于中国以煤炭为主体的能源禀赋，火力发电在电力结构中占据主导地位，这使得减少电力部门二氧化碳排放量被视为中国环境治理和改善的关键（Liu et al.，2017）。为解决煤电带来的环境恶化，进一步优化电源结构，中国政府着力解决煤电产能过剩问题，出台了一系列监管措施。例如，国家发改委、财政部、国家能源局等16 个部委在 2017 年联合发布了《关于推进供给侧结构性改革防范化解煤电产能过剩风险的意见》，要求到 2020 年，全国煤电装机容量控制在 11 亿千瓦以内，平均供电煤耗降至 310 克/千瓦时，实现 2020 年二氧化碳排放强度比 2005 年下降 40% 的目标。而实现这些目标最直接的方式就是增加可再生能源并网电量份额。改革开放以来由于对电力需求的大幅度增加，在一段时间内燃煤火电占比提升而其他电源占比下降，但近些年来环境约束不断收紧，包括风力发电和光伏发电等多种可再生能源兴起，可再生能源所占份额进入上升期，引起电力部门二氧化碳排放量增速的下降。

对于电力部门二氧化碳排放量而言，其准确估算通常采用两种方法。一是通过能源平衡表进行估算，该表中包括电力部门每种燃料的消耗量，然后根据 IPCC 碳排放清单中每种燃料的标准碳排放系数计算电力部门的二氧化碳排放总量（Li et al.，2015；Wang et al.，2017；Chen et al.，2016）。二是根据电力部门的标准碳排放量或单位产出能耗计算碳排放总量（Wang et al.，2018；Shen et al.，2014），计算过程中通常还需要结合 IPCC 碳排放清单来获得二氧化碳排放系数。然而，也有一些研究根据电网排放系数（GEF）估算与电力部门相关的碳排放量，即单位净发电量的平均二氧化碳排放量（Ali et al.，2017）。

鉴于《中国能源统计年鉴》提供的各省份能源平衡表有限，而研究涵盖 1991~2020 年，本章采用的是上述第二种方法估算电力部门二氧化碳排放量。特别之处在于，本章根据各发电厂供电年耗煤率计算各省份电力部门二氧化碳排放量。图 7-1 展示了 1970~2020 年电力部门二氧化碳排放量及其占全国总排放量比重。可以看出，自 2000 年以来中国电力部门二氧化碳排放量总体在增长，占比总体也呈上升态势，2020 年在 40% 以上。从总量的省份分布角度来看，位列电力部门二氧化碳排放量第一梯队的省区是内蒙古、河南、山东、江苏和广东，它们要么是中国富煤的能源基地，要么是经济发达地区；其次是山西、河北、浙江等富煤和高电力需求地区。党的十八大以后，全国的总碳排放量开始下降，其中电力部门碳排放量占比也有所下降，但就长期趋势而言，中国电力部门碳排放量占比将维持在 35% 以上，仍然是最重要的碳排放来源部门。

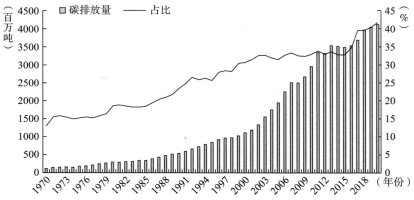

图 7-1　1970~2020 年电力部门二氧化碳排放量及其占全国总排放量比重

第二节 研究基础

中国的能源空间分布极为不平衡，集中分布于几个经济相对不发达的西部省份，而东部经济发达省份能源相对稀缺，这使得跨省能源输送成为消除电力供应和需求不平衡的必然措施。以往，西部省份的富煤大部分通过铁路系统被运往东部沿海地区的火电厂，用来发电以满足这些地区工业主导的电力消费，但由此带来的副作用逐渐暴露出来。一方面，这种方法的经济性不是最高的。铁路和公路运输的煤炭增加了发电成本，这也是火电厂效率低、线损率高的一个重要原因。另一方面，东部地区密集的火力发电厂每天排放大量的污染物，这是东部城市环境恶化的根源所在。

针对这一点，中国不断优化完善电网基础设施，通过远距离大型超高压和特高压输电线路，不仅能快速实现跨区域的能源配置，确保地区间能源供应和需求的总体平衡，也可防止排放的污染物过度集中在个别地区，造成对地区环境的系统性损害。建设特高压输电通道已被普遍认定为实现有效环境治理的解决方案。远距离、大规模的跨区输电不仅解决了发电资源与负荷中心的空间逆向分布问题，也有益于缓解东部地区日益严重的空气污染问题。

为了积极响应国家提出的《大气污染防治行动计划》，国家能源局牵头提出建设12条特高压输电线路快速增加"西电东送"的规模，以减轻京津冀、长三角和珠三角等城市群的环境压力。《人民日报》题为《国家大气污染防治行动计划特高压交直流工程全面竣工》的报道显示，8个国家电网有限公司承建的特高压输电线路项目可以增加8000万千瓦跨区域输电能力，相当于每年可使东中部地区减少1.8亿吨煤炭消耗量和3.2亿吨二氧化碳排放量，为提高该地区的空气质量奠定了基础。超高压和特高压电网跨省输电的益处是双重的。跨省输电降低了东部地区对燃煤电厂的依赖，无疑也降低了这些污染严重地区的环境治理成本。中国各类可再生能源大幅增加，其中风电、光伏发电集中在西部地区。这些并网的可再生能源源源不断地输送到东部的负荷中心，不仅减少了东部地区的污染排放，也降低了国家对火电的过度依赖。

区域电网互联可以带来许多环境效益，如避免建设分散的火力发电厂，发电侧可与电力负荷中心分离，减少污染物和温室气体的排放（Zhu et al.，2005；Wang et al.，2018）。然而，跨省输电能在多大程度上减少电力输入地区的环境污染还缺乏有力的经验证据支持。因此，本节的主要目的是，利用中国30个省级行政区划单位的面板样本数据来揭示跨省输电的环境影响。由于排放到大气中的污染物种类繁多，因此选择二氧化碳排放作为代表，对跨省输电的异质性影响进行实证分析。本章的研究内容主要涉及以下几个方面。首先，构建净电量输入率（Net Power Input Rate，NPIR）指标，以反映该省份对来自其他省份的电力输送的依赖度。虽然这一指标并不能完全反映各省份的电力分布状况，但由于各省份之间的电力交易是复杂的，无论是电力输出还是电力输入，或者只是作为跨省电力输送通道，都很难细分统计，这里构建的指标只是对地区电力消费的供给侧和需求侧进行一般的度量和划分。其次，综合运用主流的空间计量方法代替传统的计量模型，可以将污染排放的空间溢出效应纳入实证框架。本章设置不同的地理距离阈值，以保证充分反映空间溢出效应。最后，本章还利用空间面板计量模型来保证无偏估计，并用面板分位数回归模型估计异质性影响。事实上，目前很少有文献致力于跨省输电的环境影响研究，尽管此处并没有使用能源结构细分的跨区输电数据，无法区别不同能源类型的差异作用，但通过实证研究揭示的环境效应可以用于跨省输电通道建设的政策参考，而且对环境综合治理也十分有益。

一　跨区输电

随着电力基础设施的不断完善，中国电力供需的主要矛盾已不再是电力短缺，而是以清洁化为导向的电力供应结构的优化问题，以应对日益难以承受的环境污染。城市和农村地区的电气化使电力部门成为二氧化碳和其他空气污染物的主要排放源（Mcmenamin et al.，1997；Sugiyama，2012；Vlachou et al.，1996；Karmellos et al.，2016）。在中国，这种情况更加严重，因为中国的燃煤火电比大多数国家占有的份额更高，快速的城市化也导致了电力消费迅速增加。作为一个幅员辽阔、区域发展不平衡的大国，中国还面临着人口和经济过度集中在东部沿海地区的问题，这使得沿海城市和地区的交通成本和环境污染已经居高不下。由于大气污染物具有区域间碳泄漏和碳转移等空间溢出效应（Xie et al.，2017；Zhang，2017），在分析跨区输电的碳减排效应中应该考虑地区之间的空间关联性。

彻底改变以煤炭为主的能源消费结构现状，是中国解决环境污染的根本途径。在"双碳"目标约束下，落实中国碳减排各项政策被认为是降低化石能源份额的关键，尽管这种转换是一个长期的过程，面临着许多技术和投资障碍（Yu et al.，2018；Qi et al.，2014）。由于中国最终能源消费结构中电力占比提升的碳减排效果被证明是显著的，因此应该鼓励和大力提倡以电代煤和以电代油（Zhao et al.，2018）。近年来出台和全面实施的电能替代政策是用电力替代煤炭、石油等化石能源，其对二氧化碳排放量的影响备受关注。

电力供应能力不足往往成为提高电力在总能源消耗中所占份额的障碍，无论是技术因素限制还是市场机制缺陷。这一现象的主要表现为许多可再生能源，如风力发电、水力发电和光伏发电在并网方面面临困难（Zeng et al.，2015；Wang et al.，2018）。关键地区的输电通道受限成为提高电力在能源消费中所占比例的棘手问题。2018 年，弃风电量为 277 亿千瓦时，平均弃风率为 7%，远高于合理水平。中国风电利用率的降低似乎是由风电技术特性的波动引起的。然而，在更深的层次上，统一规划、上网管理和调度策略起着至关重要的作用（Luo et al.，2016；Song et al.，2019）。我国不仅存在弃风问题，弃水问题更为严重。水电与火电之间的争端引发大量能源的配置扭曲和资源浪费（Wang et al.，2019）。这就得加强东西联网、南北联网的电网基础设施建设，优化完善电力空间布局，提高可再生能源消纳能力，最终建设和发展多级电网协调的特高压骨干网架，促进电力跨区输配。

然而，电网对大气环境的影响主要体现在两方面：一是电网本身就排放二氧化碳，二是电网是污染物的传输通道。至于电网本身的碳排放，虽然其碳排放比例并不高，但减少电网碳排放也是协调低碳与电气化的重要举措。Wei 等（2017）对京津冀城市群城市电网的碳排放进行了估算，发现 2002 年电力体制改革后，城市电网碳排放与区域经济发展的相关性更加显著。Wang 等（2019）以特高压变电站容量作为电网基础设施的代理变量，发现估计参数不满足显著性要求。由于特高压并没有完全建成骨干网架，研究发现其对碳排放没有明显影响。

通过跨区域输电实现电力转移是实现跨区域电力平衡和减轻污染的另一个选择。Li 和 Lin（2017）将中国跨区域输电线路（Interregional Electricity Transmission，IRET）作为准自然实验，评价了电力重新配置对环境的影响。IRET 有利于减排，主要体现在二氧化硫（SO_2）排放总体增长率下降。利用特高压输电来提升电力输入地区的空气质量，可能会导致大气污染物转移到发电量增加的地区。因此，有必要从全国范围评估特高压电网的环境影响，以便将污染转移纳入评估。Wang 等（2020）基于特高压跨区输电目标，评估了特高压输电在空气污染控制方面的有效性，并估计了未来特高压输电在减少中国污染方面的潜力。结果表明，2017 年特高压输电使全国空气污染物减少了 55%。根据规划目标，到2020 年，该措施使全国污染物减排 34%。然而，并非所有研究都表明跨区输电的环境效益是确定的。由于中国北方空气污染相对严重，通过跨区输电来缓解污染的同时解决电力平衡是一个很好的策略。如 Yi 等（2016）发现，区域间电力输配是促进内蒙古和西北地区可再生能源利用的有效途径。它在控制中部和东部地区的氮氧化物等排放方面发挥着重要作用，但对全国总排放量的影响有限。因为，东部地区是重要的电力输入地区，在跨省输电的推动下，它们的污染物被转移到西部电力输出省份。Li 等（2018）研究发现，长三角地区约 13% 的电力消费来自中部和西部地区的电力输入，由此分别给陕西和四川两省带来 34% 和 31% 的额外污染排放。

综合相关文献的研究，跨区输电不仅可以实现区域间的电力再分配，还可以实现大气污染物的空间重置。即使少数的文献已经开始专注于研究跨区输电对大气污染物空间布局的影响，如 Yi 等（2016）和 Li 等（2018）分别研究了内蒙古和长三角跨区输电的环境收益，但仍然缺乏系统的经验证据。究其原因，主要是省际电力调度具有交互性和复杂性，由于缺乏估算实际污染排放所需的数据，学者们很难估算出中国 30 多个省份之间的跨边界输入和输出的电量。为此，本书忽略了双边电量交易的具体估计，而引入省际净电量输入率来反映该地区对从其他地区输入电力的依赖度。总的来说，通过对跨省输电与中国污染减排之间的回归分析进行污染效应的估算，NPIR 与跨省输电规模是一致的。

二 能源清洁化转型

在减少与能源有关的二氧化碳排放的措施方面，综合相关文献的研究，可以发现调整能源需求、提升能源效率和优化能源结构是有效和必要的措施，尽管不同的措施和各国能源禀赋结合所产生的减排效果呈现出非常明显的差异（Wang et al.，2018；Lima et al.，2016）。发达国家的经验表明，非可再生能源消费毫无疑问增加了二氧化碳排放量，可再生能源消费减少了二氧化碳排放量（Shafiei and Salim，2014）。然而，以清洁化为导向的能源结构优化路径从根本上讲就是扩大可再生能源在能源消费总量中的份额，被视为基于能源需求和能源效率治理而减少二氧化碳排放量的关键（Diakoulaki et al.，2006；Mirasgedis et al.，2002；Sheinbaum et al.，2011）。对于新兴经济体而言，尽管仍处于中等收入阶段，但其能源需求增长迅速，而能源效率的提高面临着技术和体制机制方面的瓶颈，大量使用可再生能源并加速替代化石能源是实现二氧化碳减排跨越式转型的捷径。Salim 和 Rafiq（2012）在一个由 6 个主要新兴经济体组成的样本中分析了可再生能源消费的决定因素，这些经济体包括巴西、中国、印度、印度尼西亚、菲律宾和土耳其，它们正在积极地加速采用可再生能源。从两位学者的研究中可以发现，在巴西、中国、印度和印度尼西亚，可再生能源消费量主要由收入和污染物排放量决定，而在菲律宾和土耳其，则主要由收入决定，由此他们建议制定政策组合，以实现收入和能源消费总量中可再生能源份额的有效协调。

关于电力部门的二氧化碳减排，大多数文献首要考虑的是发电所产生的二氧化碳排放的驱动因素，主要使用各种分解技术对驱动因素的构成进行分析（Ang and Goh，2016；Steenhof，2006）。总体而言，经济增长是导致亚太地区主要国家二氧化碳排放量增加的主要因素，如澳大利亚、中国、印度、日本、马来西亚、巴基斯坦、韩国、新加坡、泰国和越南，只有斯里兰卡和新西兰的电力结构变化被发现是导致发电二氧化碳排放量变化的主要因素（Shrestha et al.，2009）。Zhou 等（2014）利用对数平均迪氏指数（LMDI）方法分解了中国电力行业二氧化碳排放的主要驱动因素，发现能源结构效应占二氧化碳减排的 10.41%。Ang 和 Su（2016）采用新的 LMDI 方法分析了 1990~2013 年 12 个电力生产大国的电力总碳强度，研究发现中国、韩国和日本的电源结构对二氧化碳减排的贡献为负，而美国、英国、法国、德国和巴西的电源结构对电力部门的二氧化碳减排做出了重要贡献。

电力部门实现脱碳的一些更为全球性的驱动因素是结构分解难以准确估计的，因此一些其他评估方法或许更具适用性，特别是对于可再生能源并网消纳的驱动因素。在某种程度上，可再生能源并网消纳有助于减少电力部门的二氧化碳排放量，尽管需要使用经济计量和其他分析技术不断评估这种减排效应的程度。在此之前，有一些文献利用风力发电厂和太阳能光伏发电厂等可再生能源发电厂的微观数据，研究一个或多个与电力系统并网的可再生能源发电厂对温室气体排放的影响。从可再生能源发电厂的角度来看，其生命周期中的二氧化碳排放量比化石能源发电厂要少得多，能够为减少二氧化碳排放量做出巨大贡献。例如，Wang 和 Chen（2012）估计了中国风力发电厂在其生命周期中的二氧化碳排放量，发现目前的风力发电厂的生命周期排放量为 5.0~8.2 克/千瓦时，如果到 2030 年修订后的风能开发目标能够实现，每年可减少约 7.8 亿吨的二氧化碳排放量。然而，可再生能源发电不仅直接影响二氧化碳排放量，而且能够通过对传统火力发电主导的电力系统的冲击间接影响二氧化碳排放量。Vithayasrichareon 和 Macgill（2012）使用澳大利亚东南部每半小时电力需求、风力发电以及新建电厂成本数据进行估计，发现风力发电可以降低相关的成本不确定性和二氧化碳排放量，尽管风力发电通常会增加整个电力行业的成本。Fell 和 Kaffine（2014）利用日频度的美国天然气价格、风电和煤炭发电量以及对应二氧化碳排放量面板数据，对天然气丰富度和风力发电装机容量对燃煤电厂的综合影响进行了实证研究，与相关研究的结果基本保持一致（Cullen，2013；Graf and Marcantonini，2017；Novan，2013）。他们的分位数回归和 Heckman 两步法的估计结果都表明，增加风力发电减少了燃煤发电量和二氧化碳排放量。

本章梳理国内外文献发现，一系列通过不同国家和各种清洁与可再生能源发电评估提高可再生能源发电份额以减少二氧化碳排放量的实证研究，揭示了以清洁化为导向的能源结构的减排效应（Fell and Kaffine，2014）。由于风力发电等清洁和可再生能源的大容量装机、大规模并网，许多文献对其环境效应进行了广泛的研究。例如，Graf 和 Marcantonini（2017）利用面板计量分析技术研究发现，平均而言，光伏发电量和风力发电量每增加 10% 将使火力发电的二氧化碳排放量每年减少约 2%，而电厂总体单位发电量的二氧化碳排放量减少约 0.3%。Cullen（2013）通过美国面板数据对风力发电的环境影响进行了实证研究，发现每增加 1 兆瓦时的风力发电量将抵消半吨左右的二氧化碳，同时也能减少一定的氮氧化物和二氧化硫排放量。Onafowora 和 Owoye（2015）研究了中国、日本和印度可再生能源发电量在总发电量中所占份额的变动对二氧化碳排放量的影响，结果表明，可再生能源发电量的增加确实减少了二氧化碳排放量。

此外，许多研究比较全面地揭示了可再生能源发电对二氧化碳排放量的整体影响。Berghmans 等（2014）利用国家层面的面板数据对欧盟排放权交易计划（ETS）涵盖的发电厂的二氧化碳排放量进行了计量分析，发现可再生能源在电力生产中的占比增加对电力部门二氧化碳排放量的减少起到了主导作用，并入电网的 1 吉瓦时可再生能源发电量在单个电厂中平均就能减少 10.18 吨二氧化碳。Liddle 和 Sadorsky（2017）使用了一组由 93 个国家组成的面板数据，对电源中可再生能源的增加如何减少二氧化碳排放量进行了估算，通过最新开发的面板估算技术得出的经验结果显示，可再生能源发电量份额每提高 1% 将使人均发电二氧化碳排放量减少约 0.82%。另外，非经合组织国家的可再生能源减排弹性显著高于经合组织国家，这意味着发展中国家推广清洁和可再生能源的环境效应更加明显。但是，以往的文献大多数侧重于碳排放的规模和强度测度，着重从发电侧的电源结构探究其碳减排贡献，较少涉及可再生能源的并网消纳问题，特别是也很少考虑到中国各省份清洁能源发展的异质性。为针对中国各省份的不同特点提供对策工具，本书对此做出了有益的补充，采用了空间计量模型和面板分位数回归模型，其优点是可以挖掘出空间溢出效应和不同分位数的异质性影响。

第三节　跨区电力交易的碳减排效果估计

一　模型与变量

（一）空间计量模型

与前文一致，由于几乎所有大气污染物在区域间都具有显著的空间集聚现象和外部性（Wang and Chen，2012）、空间溢出效应，因此必须在传统计量模型中加以考虑。以空间关联的形式为基础的区域经济发展、能源和电力负荷的密度分布等区域特征也处于不断演化的过程中，空间关联性有待探究。鉴于空间计量模型能够揭示内生变量和外生变量之间的空间关联性，进而提供短期和长期的空间溢出效应，它是计量分析工具中最合适的选择。根据 LeSage 和 Sheng（2014），本书空间计量模型的一般公式为：

$$co_{it} = \tau co_{it-1} + \rho \sum_{j=1}^{n} w_{ij} co_{it} + \eta \sum_{j=1}^{n} w_{ij} co_{it-1} + \beta X_{it} + \theta \sum_{j=1}^{n} w_{ij} X_{jt} + \mu_i + r_t + \varepsilon_{it}; i \neq j$$

$$\varepsilon_{it} = \lambda \sum_{j=1}^{n} w_{ij} v_{it} + \epsilon_{it} \qquad (7-1)$$

其中，co_{it} 指的是第 i 省份在第 t 年的二氧化碳排放量；X_{it} 是一个解释变量矩阵，包括净电量输入率（$NPIR$）、电力行业的物质资本存量（$PCSP$）、单位国土面积上的电网密度（$grid$）、人均国内生产总值（$pgdp$）、产业结构（IS，第三产业占 GDP 的比重）、人口密度（PD）和外商直接投资（FDI）等；$w_{ij} X_{jt}$ 矩阵表示与解释变量相关的空间滞后效应；u_i 和 r_t 分别表示省份固定效应和时间固定效应；ε_{it} 表示随机误差项，该随机误差项与跨省份和随时间变化的解释变量不相关，假设其符合正态分布。

（二）变量 NPIR

作为本书的核心变量，$NPIR$ 取决于各省份电力消费量和发电量之差，虽然这只是一个用来衡量区域依赖外部电力输入程度的基本指标，但因为该指标不考虑电厂本身的功耗（厂用电率）和输电过程中的损失（线损率）等问题，总的来说它可以反映对外部电力的依赖性。中国各省份的

NPIR 分布特征表明，*NPIR* 较高的省份集中在东部沿海地区，这些地区都是负荷中心和经济中心，如京津冀、长三角和珠三角是中国的主要能源流入地区。此外，根据净电量输出和净电量输入的正负值，可以将中国各省份分为两类：净电量输出（NPO）省份和净电量输入（NPI）省份。就两个指标的平均值而言，除西藏和青海外，NPI 省份主要集中在上述三个负荷中心和经济中心及周边辐射区域。图 7-2 和图 7-3 分别为中国东部、中部和西部地区与净电量输出省份和净电量输入省份对应的 *NPIR* 平均值的变化趋势。在三大区域之中，*NPIR* 值最高的是东部地区，自 1991年以来总体呈上升趋势。中部和西部地区的 *NPIR* 值为负，说明这两个地区一般属于净电量输出区域，要么是能源生产基地，要么是能源跨区输配通道。如果按照 2020 年的 *NPIR* 值将各省份划分为 NPI 和 NPO 两类省份，则自 1991 年以来，这两类省份呈现分化变动趋势。明显的差异是，NPO 省份一直处于负值范围，NPI 省份在 2002 年前后进入正值，此后数值波动上升。究其根本原因，是工业化的快速发展导致中国东部沿海地区电力需求急剧上升。

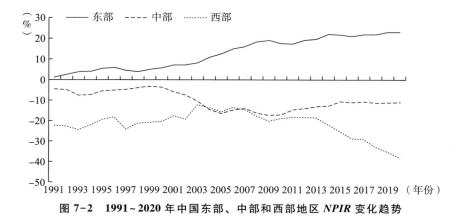

图 7-2   **1991~2020 年中国东部、中部和西部地区 *NPIR* 变化趋势**

二　估计结果

（一）非动态空间计量结果

NPIR 是本书的核心解释变量，是指全省电力净输入量占其全社会用电量的比重，该省份电力净输入量是该省份全社会用电量与发电量的差额。因此，净电量输入率可以是正的，也可以是负的。我们可以定义，

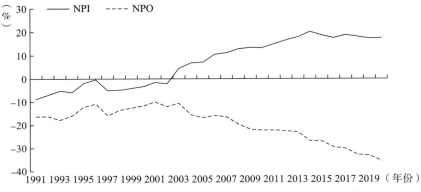

图 7-3   1991~2020 年 NPO 与 NPI 省份的 *NPIR* 变化趋势

NPIR 为正值表示该省份为电力受端省份，负值表示该省份为电力送端省份。表 7-1 的参数估计结果表明，*NPIR* 与地区碳排放之间的弹性系数为负，尽管该系数较小。平均而言，每单位 *NPIR* 提高，将使得对应的碳排放量减少 0.0013 个单位。从表 7-1 中可以看出，在空间计量模型考虑不同的空间溢出效应的引入方法后，*NPIR* 在 SAR、SAC 和 SEM 模型中的估计系数并没有显著差异，反映出 *NPIR* 对碳排放的影响是稳健的。在碳排放的空间计量模型中，SAR 模型适用于某一区域空间单元的碳排放依赖相邻空间单元碳排放的情况。相应的空间权重矩阵是对不同地点之间距离的度量，空间相关的参数为溢出效应提供了依据。该空间自回归项的参数（ρ）为 0.1483，满足显著性要求，即跨省碳排放具有正空间相关性，且一个省份的碳排放受其他邻近省份碳排放的影响显著。与 SAR 模型不同，SAC 模型假设误差项也存在空间自相关。因变量和误差项的空间相关矩阵可以是相同的，也可以是不同的，尽管在大多数情况下它们被认为是相同的。同样地，SAC 模型的参数也显著为正，进一步证明了空间自回归效应的合理性。但是，空间误差项的参数（λ）不满足显著性要求，这与 SEM 模型中相应的参数估计是一致的。

表 7-1   逆地理距离权重矩阵的非动态空间计量结果

变量	SAR	SAC	SEM
NPIR	-0.0013 *** (0.0003)	-0.0013 *** (0.0003)	-0.0014 *** (0.0003)

续表

变量	SAR	SAC	SEM
PCSP	0.4394 *** (0.0470)	0.4040 *** (0.0472)	0.4614 *** (0.0480)
grid	0.4244 *** (0.0466)	0.4299 *** (0.0478)	0.4545 *** (0.0475)
pgdp	−0.0765 (0.0565)	−0.0696 (0.0551)	−0.0482 (0.0582)
IS	−0.8331 *** (0.1216)	−0.8188 *** (0.1172)	−0.7937 *** (0.1260)
PD	−0.0218 (0.0351)	−0.0129 (0.0346)	−0.0027 (0.0359)
FDI	−0.0750 *** (0.0159)	−0.0717 *** (0.0157)	−0.0939 *** (0.0157)
常数项	3.5696 *** (0.2876)		3.9143 *** (0.2890)
空间溢出效应			
ρ	0.1483 *** (0.0303)	0.1852 *** (0.0346)	
λ		−0.0552 (0.0541)	0.0500 (0.0512)
R^2	0.6646	0.6591	0.6843
观测值	900	900	900

注：*** 表示在1%的水平下显著，括号内为标准误。

空间权重矩阵的影响程度由地理距离阈值决定。地理距离阈值主要是根据国家的大小和污染物特征设置的。地理距离阈值也可以加入经济、市场潜力等权重因素。虽然经济和社会因素作为控制变量被引入各种空间计量模型中，但我们认为有必要将这些额外的因素引入权重矩阵中。对于中国具体的地理距离阈值，根据 Wang 和 Chen（2012）的方法本书以 1500 公里为地理距离阈值，这是基于中国省会城市的平均地理距离设定的。如前所述，表 7-1 给出了逆地理距离权重矩阵的空间计量模型的估计结果，表 7-2 和表 7-3 分别给出了地理邻接权重矩阵和经济距离权重矩阵的参数估计。首先，空间自回归项和空间误差项的参数（ρ 和 λ）在不同的空间加权矩阵下发生了明显的变化，说明空间异质性在不同省份碳排放的空间联系中具有重要意义。在经济距离权重矩阵下，空间自回归项的参数最大，明显高于其他空间加权矩阵。同样，空间误差项的参数在 1500 公里的地理距离阈值下最大。其次，这里关注的是该省份的净电量输入率对二氧化碳排放的影响程度。可以看出，$NPIR$ 的估计系数保持了较强的鲁棒性。净电量输入率的估计系数表明，跨区域输电规模与净电量收入省份的二氧化碳排放呈负相关，但负相关程度仍较低。跨省输电在某种程度上可以减少电力受端省份污染排放，但大多数的环境污染可能转移到电力送端省份，而不是绝对量的减少，所以总体减排效果是有限的。跨区输电只对部分区域的环境污染减少有利，而对整个国家的环境污染减少不利（Yi et al.，2016；Li et al.，2018）。因此，区域间的电力输配更多地表现出大气污染物的空间再分配效应，而非减排效应。此外，本书采用的空间计量方法的优势在于控制污染的空间溢出，从而揭示区域间电力输配的净效应。最后，可以发现，在选择地理距离阈值后，区域间电力输配的两个效应并没有随着各省份之间的地理距离变化而发生显著变化。

表 7-2　地理邻接权重矩阵的非动态空间计量结果

变量	SAR	SAC	SEM
$NPIR$	-0.0012 *** (0.0003)	-0.0014 *** (0.0003)	-0.0015 *** (0.0003)
$PCSP$	0.4562 *** (0.0468)	0.4192 *** (0.0486)	0.4569 *** (0.0487)
$grid$	0.4323 *** (0.0466)	0.4554 *** (0.0502)	0.4606 *** (0.0491)
$pgdp$	-0.1346 ** (0.0597)	-0.1304 ** (0.0629)	-0.0601 (0.0600)
IS	-0.7967 *** (0.1221)	-0.7893 *** (0.1245)	-0.7894 *** (0.1306)
PD	-0.0236 (0.0354)	-0.0047 (0.0362)	0.0022 (0.0367)
FDI	-0.0769 *** (0.0160)	-0.0775 *** (0.0158)	-0.0933 *** (0.0156)
常数项	3.6187 *** (0.2877)		3.9634 *** (0.3031)

续表

变量	SAR	SAC	SEM
空间溢出效应			
ρ	0.1788*** (0.0412)	0.1905*** (0.0502)	
λ		0.1039 (0.0894)	0.2130** (0.0833)
R^2	0.6833	0.6713	0.6841
观测值	900	900	900

注：***、**分别表示在1%、5%的水平下显著，括号内为标准误。

表 7-3　经济距离权重矩阵的非动态空间计量结果

变量	SAR	SAC	SEM
NPIR	−0.0015*** (0.0003)	−0.0015*** (0.0003)	−0.0013*** (0.0003)
PCSP	0.4301*** (0.0469)	0.4128*** (0.0487)	0.4682*** (0.0481)
grid	0.4300*** (0.0467)	0.4221*** (0.0513)	0.4673*** (0.0495)
pgdp	−0.2002*** (0.0651)	−0.1795*** (0.0661)	−0.0784 (0.0598)
IS	−0.7698*** (0.1220)	−0.7501*** (0.1264)	−0.8009*** (0.1357)
PD	−0.0290 (0.0353)	−0.0238 (0.0359)	−0.0096 (0.0363)
FDI	−0.0734*** (0.0160)	−0.0705*** (0.0160)	−0.0845*** (0.0161)
常数项	3.4358*** (0.2981)		4.0489*** (0.3045)
空间溢出效应			
ρ	0.2958*** (0.0630)	0.2961*** (0.0763)	
λ		0.0379 (0.1258)	0.3005*** (0.0916)
R^2	0.6844	0.6793	0.6880
观测值	900	900	900

注：***表示在1%的水平下显著，括号内为标准误。

由于 SDM 模型将包含空间滞后的空间计量模型嵌套在因变量和自变量中，而 SAR 模型没有，SEM 模型中对应的参数甚至被设置为零，因此 SDM 模型更能全面地描述空间溢出效应，并且将其进一步细分为直接效应和间接效应以及长期效应和短期效应的四种组合（Beer and Riedl，2012）。表 7-4 给出了 SDM 模型的估计结果。首先，结合之前模型的结果，从估计系数可以看出，虽然系数都满足 1% 的显著性水平，但 NPIR 的估计系数仍然较小，说明区域间电力输配对碳减排的影响较弱。其次，除了逆地理距离权重矩阵的 SDM 模型外，地理邻接权重矩阵和经济距离权重矩阵的 SDM 模型中因变量的空间自回归项的参数具有统计学意义。中国各省份的碳排放在空间单元上密切相关。最后，对于本书自变量的空间溢出效应，大部分自变量，包括核心变量 NPIR，没有达到显著性，说明这些变量不具有空间依赖性。不同的是，在逆地理距离模型中电网密度的空间溢出效应为正，说明电网基础设施在促进碳排放方面存在跨省空间关联。电网基础设施是中西部地区向东部地区输送能源的前提，通过区域间电网输送的可再生能源将越来越多。

表 7-4　SDM 模型估计结果

变量	空间权重矩阵（w_{ij}）					
	逆地理距离		地理邻接		经济距离	
	系数	标准误	系数	标准误	系数	标准误
NPIR	-0.0012***	0.0003	-0.0013***	0.0004	-0.0017***	0.0004
PCSP	0.4397***	0.0492	0.4417***	0.0507	0.4128***	0.0494
grid	0.4267***	0.0463	0.4433***	0.0482	0.4073***	0.0532
pgdp	-0.1740***	0.0612	-0.1701**	0.0690	-0.3722***	0.0818
IS	-0.9380***	0.1440	-0.9044***	0.1617	-1.1925***	0.1769
PD	-0.0212	0.0367	0.0125	0.0388	-0.0429	0.0373
FDI	-0.0578***	0.0161	-0.0691***	0.0163	-0.0628***	0.0169
常数项	4.1267***	0.3249	3.9594***	0.3837	2.6337***	0.7189
w×NPIR	0.0024***	0.0007	0.0053***	0.0015	-0.0018	0.0013
w×PCSP	0.1562**	0.0703	0.1711	0.1272	-0.1301	0.1710
w×grid	0.0691	0.0479	-0.0292	0.0682	-0.0925	0.1010

续表

| 变量 | 空间权重矩阵（w_{ij}） | | | | | |
| | 逆地理距离 | | 地理邻接 | | 经济距离 | |
	系数	标准误	系数	标准误	系数	标准误
$w×pgdp$	0.0150	0.0725	−0.0722	0.1581	0.2494	0.2466
$w×IS$	−0.0212	0.1848	−0.1029	0.3529	1.093 ***	0.3638
$w×PD$	0.0104	0.0464	−0.1096	0.0989	0.1280 *	0.0737
$w×FDI$	0.5857	0.3016	0.0584	0.2467	−0.4041 ***	0.1130
空间溢出效应						
ρ	0.0199	0.0462	0.1477 *	0.0759	0.3371 ***	0.0867
R^2	0.7898		0.7826		0.7829	
观测值	900		900		900	

注：*** 、** 、* 分别表示在1%、5%、10%的水平下显著。

　　事实上，周边环境的恶化反过来会影响发电厂的布局和电网结构，因此碳排放对净电量输入率具有反向影响，这在理论上是无法避免的。无论内生性是来自反向因果关系还是测量误差，在稳健的系数估计中都必须考虑到这一点，在空间计量模型中也是如此。本章采用空间两阶段最小二乘法（2SLS）的估计结果如表7-5所示。总体而言，跨省输电对全国碳排放总量的减排效果并不明显。电力通过输电线路从发电厂输送到终端消费市场，除了从传统火力发电厂输送能源外，输电线路还允许当地电力市场从偏远地区进口清洁和可再生能源。

表7-5　空间两阶段最小二乘法（2SLS）估计结果

| 变量 | 空间权重矩阵（w_{ij}） | | |
	逆地理距离	地理邻接	经济距离
L.co	0.0175 ***	0.0115 ***	0.0081 ***
	（0.0051）	（0.0022）	（0.0018）
$NPIR$	−0.0013 ***	−0.0011 ***	−0.0011 ***
	（0.0003）	（0.0003）	（0.0003）
$PCSP$	0.4905 ***	0.5065 ***	0.4900 ***
	（0.0448）	（0.0448）	（0.0448）
$grid$	0.4174 ***	0.4114 ***	0.4211 ***
	（0.0462）	（0.0455）	（0.0453）

续表

变量	空间权重矩阵（w_{ij}）		
	逆地理距离	地理邻接	经济距离
$pgdp$	−0.0863	−0.1402 **	−0.1562 ***
	(0.0565)	(0.0578)	(0.0592)
IS	−0.8040 ***	−0.7891 ***	−0.7798 ***
	(0.1228)	(0.1227)	(0.1234)
PD	−0.0214	−0.0325	−0.0313
	(0.0348)	(0.0349)	(0.0350)
FDI	−0.0852 ***	−0.0806 ***	−0.0803 ***
	(0.0158)	(0.0158)	(0.0159)
常数项	3.7117 ***	3.6857 ***	3.6779 ***
	(0.2858)	(0.2804)	(0.2831)
空间溢出效应			
ρ	0.0175 ***	0.0115 ***	0.0081 ***
	(11.942)	(26.055)	(21.413)
R^2	0.6733	0.6648	0.6735
观测值	900	900	900

注：*** 、 ** 分别表示在1%、5%的水平下显著，括号内为标准误，L表示滞后项。

此外，在控制变量方面，对碳排放影响最大的是电力行业的物质资本存量。目前，中国能源结构仍是燃煤发电占主导地位，大部分电厂仍是火力发电，具有较高的碳排放强度。人均GDP也是碳排放的一个重要决定因素，尽管在计入电力资本存量后，其重要性似乎有所下降。在本章中，产业结构变量指的是第三产业占GDP的比重，而不是第二产业占GDP的比重，由于第一产业总体保持稳定，该变量的数值越大，意味着高碳排放的第二产业所占比重越低，因此产业结构的估计系数显著为负，与预期保持一致。人口密度的估计系数为负，但没有满足显著性要求。外商直接投资对碳排放的影响显著为负，这与一些研究不一致。近年来，政府提高了外商对能源密集型产业的直接投资壁垒，外商直接投资的重点已转向信息通信技术（ICT）等服务业。电网密度的估计系数均达到统计显著性且数值为正，说明电网基础设施总体上仍是碳排放的主要驱动者，这与并网电量仍以传统煤电为主、可再生能源为辅具有较大关联。

（二）动态空间计量结果

正如 Lee 和 Yu（2010）、Elhorst（2014）所提到的，在空间计量学文献中，不包含协调效应的动态空间面板模型在参数估计和具体应用中受到了广泛关注。动态空间面板模型的应用始于 Elhorst 等（2010）研究多个地区的经济收敛，Parent 和 LeSage（2010）研究公路运力增加对邻近地点和未来时间段出行时间的空间溢出效应及其他通勤问题，Brady（2014）研究一个地区房价变动对周边地区的影响。但是，这些研究没有考虑到对直接和间接效应的估计。某一特定解释变量在某一特定空间单元内的变化，不仅影响该特定解释变量所在空间单元内的因变量，也影响其他空间单元内的因变量。也就是说，前者被估计为直接效应，后者被估计为间接效应。在动态空间杜宾模型中，直接和间接效应的大小可以进一步分解为两个不同的时间尺度，即短期和长期效应。区分当期与滞后因变量和自变量，有利于估计自变量变化时因变量对所在区域及其邻近区域的影响。顾名思义，短期效应与自变量的短暂变化有关，而长期效应是指自变量的持续变化。因此，结合上述直接影响和间接影响，可以估计出四种不同的效应：短期直接效应、短期间接效应、长期直接效应和长期间接效应。

表 7-6 给出了基于中国省级面板数据的动态 SDM 模型的估计结果。它充分反映了式（7-1）中的估计系数，包括有空间加权和没有空间加权的当前项和滞后项。与非动态空间计量模型的估计结果不同，动态 SDM 模型中 NPIR 的系数在两种空间权重情景（逆地理距离权重矩阵和经济距离权重矩阵）下为正。在动态框架下，由于充分考虑了碳排放的时间滞后和空间溢出效应，跨区域电力配置可能导致碳排放略有增加而非减少。一般来说，碳排放的时滞不跨年，这里使用的是年度碳排放数据。但不可否认的是，碳排放滞后项的估计系数具有统计学意义，说明惯性特征在很大程度上决定了区域碳排放的现状。在空间溢出效应方面，因变量仅满足特定权重矩阵下的统计显著性。具体来说，经济距离权重矩阵下的碳排放量空间滞后项的参数（η）为 -0.4182，而其他权重矩阵下的碳排放量空间滞后项的参数不具有统计学意义。相反，碳排放的空间自回归项的参数（ρ）具有统计显著性，即碳排放的空间溢出效应明显，这与非动态空间计量结果一致。

表 7-6　动态 SDM 模型估计结果

变量	空间权重矩阵（w_{ij}）					
	逆地理距离		地理邻接		经济距离	
	系数	t 值	系数	t 值	系数	t 值
$L.co$	0.9487***	49.4529	0.9467***	49.9377	0.9576***	49.6547
$NPIR$	0.0003	1.3270	-0.0001	-0.2244	0.0004**	1.9660
$PCSP$	-0.0368	-1.1885	-0.0545*	-1.8245	-0.0201	-0.6817
$grid$	0.0086	0.2561	-0.0371	-1.0671	0.0104	0.3155
$pgdp$	0.0213	0.4335	0.0289	0.5939	0.0022	0.0440
IS	-0.0206	-0.1995	-0.0959	-0.9246	0.1566	1.4506
PD	0.0121	0.5690	0.0339	1.5569	0.0155	0.7245
FDI	0.0023	0.2474	0.0018	0.1941	0.0080	0.8512
$w×NPIR$	0.0004	1.0221	0.0036***	3.9668	-0.0007	-0.7949
$w×PCSP$	0.0088	0.2003	-0.0807	-0.9529	-0.3549***	-2.6427
$w×grid$	-0.0432	-0.8786	-0.5694***	-5.6071	-0.1815	-1.2858
$w×pgdp$	-0.0481	-0.6720	0.2039	1.5015	-1.1482***	-4.4058
$w×IS$	0.1324	0.9399	1.2601***	4.1921	2.5148***	3.8622
$w×PD$	0.0146	0.5051	0.2710***	3.6692	0.0012	0.0233
$w×FDI$	0.1414	0.7502	0.0870	0.5783	0.1470**	2.0742
空间溢出效应						
ρ	0.1758**	2.0858	0.5934***	5.0881	0.6428***	3.6178
η	-0.1388	-1.4123	0.2098	1.2064	-0.4182**	-2.1196
R^2	0.9887		0.9891		0.9892	
观测值	900		900		900	

注：***、**、*分别表示在 1%、5%、10%的水平下显著，L 表示滞后项。

　　动态空间杜宾模型的特点之一是能够估计解释变量的短期和长期空间溢出效应。表 7-7 给出了每个解释变量的四种效应，从中我们可以探究其各自对碳排放异质性的影响。$NPIR$ 的长期和短期效应是完全相反的，短期效应是负的而长期效应是正的，也就是说，跨区域电力配置中的净电量输入区域具有短期的碳减排效应，而长期碳减排效果并不显著，甚至可能增加碳排放。作为能源空间重构的一个重要组成部分，跨区域电力配置确实有利于减少碳排放，但在大多数情况下，它更多的是空气污染的空间重置而不是绝对减少，只要能源结构不进行脱碳的变换，总体的碳减排效应就还是有限的。

表 7-7　溢出效应分解

变量	短期效应			长期效应		
	直接效应	间接效应	总效应	直接效应	间接效应	总效应
NPIR	−0.0039 (−0.9478)	−0.0855 (−0.9632)	−0.0894 (−0.9627)	0.0233 (0.1720)	0.0225 (0.1672)	0.0458 (1.0708)
PCSP	−0.0561* (−1.8109)	−0.0130 (−0.0942)	−0.0691 (−0.4518)	−0.5943 (−0.1005)	0.5404 (0.0915)	−0.0539 (−0.4796)
grid	−0.0497 (−1.2793)	−0.2832 (−0.9183)	−0.3329 (−1.0093)	−0.2825 (−0.1143)	0.3853 (0.1554)	0.1029 (0.6804)
pgdp	0.0364 (0.7042)	0.1227 (1.0240)	0.1592 (0.9698)	0.3502 (0.0712)	−0.3817 (−0.0776)	−0.0315 (−0.4461)
IS	−0.0991 (−0.8812)	−0.1440 (−0.6633)	−0.2432 (−0.7765)	−1.0032 (−0.1009)	0.9904 (0.0997)	−0.0129 (−0.0793)
PD	0.0368 (1.6041)	0.0584 (1.2176)	0.0952 (1.4469)	0.3296 (0.1376)	−0.3262 (−0.1363)	0.0034 (0.0824)
FDI	−0.0060 (−0.3962)	−0.1671 (−0.6965)	−0.1731 (−0.6871)	0.0750 (0.1724)	0.0179 (0.0416)	0.0929 (0.8496)

注：系数是基于经济距离权重矩阵估计的结果，* 表示在 10% 的水平下显著，括号内为 t 值。

　　鉴于中国能源基地和电力负荷的区域逆向分布，东部和西部地区能源供需严重失衡。跨区电力输配被认为是平衡国家资源配置和满足各区域长期发展的关键战略措施。由于地方经济的快速发展，东部沿海省份前所未有的工业化和城市化带来了市场的繁荣，但也造成了日益严重的环境污染。为防止大气污染加剧，降低东部沿海地区对当地燃煤电厂的能源依赖，西部地区的远距离输电已进入环境监管部门的视野。《大气污染防治行动计划》已经提出建设多条特高压输电线路，通过特高压输电通道将西部地区的能源输送到京津冀、长三角、珠三角等东部发达地区。然而，这些措施对环境治理的效果还不确定。本节的主要目的就是利用更全面的数据来评估跨省输电的环境影响。基于中国 30 个省份的面板数据，这里采用空间计量方法来估计净电量输入率对二氧化碳排放的影响。从实证结果可以看出，总体上跨省输电对中国二氧化碳减排的促进作用并不十分明显。即使具有特定地理距离阈值的空间计量模型的估计系数满足显著性要求，其估计系数也非常小，甚至可以忽略不计。二氧化碳排放的主要来源仍然是燃煤发电机组的大量投资。中国电力行业积累的物质资本存量已经成为碳排放的驱动力，甚至超过其对经济增长的拉动。

由于跨省输电带来的是污染的再分配效应，而非减排效应，依靠跨省输电来缓解东部沿海地区的污染并不是问题的全部，关键还在于输送的是煤电还是清洁电源。环境规制者需要改善政策组合，而不是简单地采取跨区域的传导政策，因为后者不能在很大程度上降低污染排放总量，只能实现碳排放总量的空间再配置。虽然相关数据认为建立特高压输电网有利于实现减排目标，但这可能更多的是局部观察的结论，而不是全局的观点。事实上，近年来减排的成果大多是控制了污染源的排放，即发电等高耗能制造业的节能减排。控制变量的估计结果证明了产业结构调整的重要性，因为它的指标实际上是第三产业在国内生产总值（GDP）中的比重，其估计系数显著为负，这说明降低经济增长对高耗能行业投入的依赖也是减排的稳定动力。

解决环境污染的最佳方案是跨区域输配清洁和可再生能源，而不是高污染的化石能源。动态 SDM 模型对短期和长期直接效应与间接效应的分解表明，跨区域电力配置并不能绝对减少碳排放，只会导致跨区域碳排放空间格局的再置换。从长远来看，实现减排目标的最有效途径是增加可再生能源发电的比重。因此，当处理东部地区不断恶化的环境污染时，中国不仅要强调跨区域输电通道的建设，大力建设"西电东送"投资项目，也要注意电力输送通道配置的是清洁能源而不是非可再生能源，由此才能达到对污染症状的根治。当然，这里并没有深入分析可再生能源跨区域传输的环境效应，因为在估算跨区域可再生能源配置环境效应之前，需要准确掌握中国当前跨区输电总体环境效应。

第四节　可再生能源并网消纳的碳减排效应

由于经济高速发展所带来的能源消耗急剧增长，中国自 2006 年以来已成为世界上最大的二氧化碳排放国（World Bank，2017），承受着越来越严重的温室气体减排压力。根据生态环境部发布的数据，2016年中国空气质量达标的城市只有84个，仅占城市总数的24.9%。2005年8月15日，时任浙江省委书记的习近平同志在浙江省安吉县余村考察时首次提出"绿水青山就是金山银山"理念。党的二十大报告进一步提出"必须牢固树立和践行绿水青山就是金山银山的理念，站在人与自然和谐共生的高度谋划发展"。就二氧化碳排放的来源而言，仅电力部门就占中国能源相关二氧化碳排放总量的40%以上（Hu et al.，2012；Liu et al.，2017；Yang and Lin，2016），促使中国政府将建设清洁能源主导型电力供需结构作为能源革命的必然要求。由于一系列激励政策的颁布，清洁和可再生能源发电的装机容量，如水电、核电、风电、太阳能光伏发电和生物质能发电等，实现了前所未有的快速增长，可再生能源发电量达到2.7万亿千瓦时，占全社会用电量的比重达到31.6%，这意味着过度依赖火力发电的电源结构情况将会发生重大变化（Bi et al.，2018）。

因此，该部分试图在异质性的实证框架下，对比分析可再生并网电量对二氧化碳减排的影响。首先，对中国发电部门的二氧化碳排放量的总体状况以及省级电力部门碳排放量的分布情况进行初步分析。然后，采用面板分位数回归模型（PQRM）对清洁和可再生能源并网消纳的减排效果进行验证，并且为防止出现估计偏差，本书应用面板固定效应的PQRM和MM估计方法对清洁和可再生能源并网消纳的污染防治效果进行验证，从中探究可再生能源并网消纳的异质性减排效应。

如前文所述，虽然相关文献做了大量的研究，但可再生能源减排效应的具体情况有待厘清。本书采用固定效应和MM估计双重方法进行面板分位数回归模型估计，并考虑电力体制改革的重大影响。首先，针对中国各五年规划时期各省份根据其独特的能源禀赋制定的清洁和可再生能源发展目标，本章以火力发电以外的可再生能源并网电量为研究对象，采用面板数据对中国30个省份1991～2020年的可再生能源并网消纳的减排效应进行了实证分析，以确保样本覆盖的全面性。另外，将2002年"5号文"作为中国电力体制改革和市场化转型的分水岭，将样本分为"5号文"颁布前（1991～2001年）和"5号文"颁布后（2002～2020年）两个电力体制改革阶段，以控制电力体制改革的影响。其次，本书采用了Machado和Silva（2019）提出的面板分位MM估计方法，检验了不同份额的可再生能源并网电量对电力部门 CO_2 排放影响的异质性。最后，本书应用固定效应的面板分位数回归模型，比较了电力体制改革前后不同分位数下的系数差异，并进一步检验了低分位数和高分位数下的不同效应。

一　面板分位数回归模型

传统的面板数据计量方法需要对误差项的分布进行基本假设，特别是对于依赖误差项独立同分布（IID）的标准固定效应 OLS 方法，通常要假设误差项符合正态分布。不幸的是，在因变量呈现高度偏态和重尾分布（Heavy-Tailed Distribution）的情况下，OLS 估计的基本假设可能不成立（Koenker and Hallock，2001；Binder and Coad，2011）。为了避免由此产生的有偏估计，Koenker 和 Bassett（1978）最早提出了分位数回归思路，该方法明显的优点是估计量对高度偏态和重尾分布具有稳健性。此外，分位数回归技术使估计各分位数处的斜率效应成为可能，通过放宽条件分布中所有误差项的独立同分布假设，可以观察到估计系数的异质性（Dimelis et al.，2017）。面板分位数回归模型的一般公式如下：

$$Q_{y_{it}} = (\tau_k \mid \alpha_i + x_{it}) = \alpha_i + \beta(\tau_k) x_{it} \qquad (7-2)$$

其中，下标 i 和 t 分别表示省份和时间；α_i 表示不可观测的个体固定效应；τ_k 表示分位数；$\beta(\tau_k)$ 表示分位数 τ_k 上的估计参数；Q_y 表示被解释变量；x 表示解释变量集合。

式（7-2）可以按照 Koenker（2004）提出的方法进行估计。该方法来源于经典随机效应估计量的惩罚最小二乘法（Penalized Least Squares）估计思想。遵循 Keonker（2004）的估计方法，通过求解最小值问题得到几个分位数的估计参数：

$$\min_{(\alpha,\beta)} = \sum_{k=1}^{K} \sum_{t=1}^{T} \sum_{i=1}^{N} w_k \rho_{\tau_k} [y_{it} - \alpha_i - x_{it}^{\mathsf{T}} \beta(\tau_k)] \qquad (7-3)$$

本章中 K、T 和 N 分别代表分位数、时间和截面个数。w_k 为第 k 个分位数的权重，很多研究采用等权分位数 $w_k = 1/K$ 的权重形式（Alexander et al.，2011；Lamarche，2011）。ρ_{τ_k} 为分段线性分位数损失函数。

截面个数 N 相对于时间 T 较大意味着存在较大数量的固定效应，其他估计系数的可变性将被它们夸大。特别是考虑到一个省份的未观测异质性，本章采用固定效应的面板分位数回归模型对可再生能源并网电量的条件非同质协方差效应和控制变量对电力部门 CO_2 排放的影响进行了一般估计。此外，面板数据的可用性可能允许研究者通过控制一些未观察到的协变量来获得固定效应（Canay，2011）。对于具有固定效应的面板分位数回归模型的估计，Koenker（2004）建议通过考虑惩罚最小二乘法将这些个体效应正则化为一个公共值。将个体效应 α_i 设为回归参数，则从下式可得待估参数：

$$\min_{(\alpha,\beta)} = \sum_{k=1}^{K} \sum_{t=1}^{T} \sum_{i=1}^{N} w_k \rho_{\tau_k} \left[y_{it} - \alpha_i - x_{it}^{\mathrm{T}} \beta(\tau_k) \right] + \lambda \sum_{i}^{N} \alpha_i \qquad (7\text{-}4)$$

其中，λ 是调整参数，它可以将单个影响减至零，从而提高待估参数的精度和稳健性。遵照 Lee 和 Yu（2012）、Damette 和 Delacote（2012），本章设置 $\lambda = 1$。

由于本章的重点是可再生能源并网消纳对电力部门二氧化碳减排的贡献，特别是分位数 τ 的条件分位数函数设置如下：

$$Q_{y_{it}}(\tau | \alpha_i, \xi_t, x_{it}) = \alpha_i + \xi_t + \beta_{1\tau} nfossil_{it} + \beta_{2\tau} pgdp_{it} + \beta_{3\tau} PCSP_{it} +$$
$$\beta_{4\tau} util_{it} + \beta_{5\tau} import_{it} + \beta_{6\tau} aux_{it} + \beta_{7\tau} grid_{it} + \beta_{8\tau} indus_{it} \qquad (7\text{-}5)$$

其中，i 表示省份，t 是时间。ξ_t 是时间固定效应。y_{it} 表示被解释变量，准确地说它表示省份 i 在 t 年的电力部门二氧化碳排放量（co）。$nfossil$ 指的是可再生能源并网电量占总发电量的比例，这是本章的核心解释变量。$pgdp$ 是人均 GDP。$PCSP$ 是指电力行业的物质资本存量。$util$ 是指发电设备平均年利用小时数，反映发电设备的产能利用率。$import$ 表示跨区输电依存度。aux 为厂用电率，是反映区域内电厂管理技术综合效率的重要指标。$grid$ 用来控制电网基础设施（用超高压变电设备容量密度衡量）对核心解释变量的影响。$indus$ 是高耗能工业用电量占全社会用电量比重。由表 7-8 可知，尽管本章各变量的标准差处于中等水平，但中国各省份电力部门 CO_2 排放量（co）这个因变量呈负偏态分布，且峰度相当大。变量 $nfossil$ 的标准差较大，说明中国各省份之间可再生能源并网电量具有较大的差距。此外，由于在 21 世纪初的天津、上海等一些省市没有可再生能源发电厂（该时期的可再生能源发电主要是水电），$nfossil$ 的数值在 10% 的分位数上为 0.008，就是说几乎没有可再生能源发电。*nfossil* 的数值在 90% 的分位数上为 0.617，这表明可再生能源并网电量占总发电量的比例在一些省份甚至超过 60%，远高于全国平均水平（根据中国电力企业联合会统计，2020 年全国可再生能源并网电量占总发电量的比例是 30% 左右，与此同时西藏自治区该指标是 97%，云南和广西则分别是 59.1% 和 85.7%，两者都是水能富集地区）。此外，变量 *pgdp* 和 *PCSP* 的偏度接近于零，而峰度相对适中，所以这两个变量基本符合正态分布。产能利用率变量 *util* 的均值为 4480（取对数后约为 8.386），它是发电设备平均年利用小时数，相对于一年 365 天的 8760 小时，发电设备的平均产能利用率可视为 51.1%。但这是所有类型发电设备的总体利用情况。跨区输电依存度 *import* 的均值为负，中间值（50% 分位数上的值）也为负，这是因为除了西部能源基地外，中国其他大多数省份，特别是经济高度集聚的沿海省份，依赖外送电。高耗能产业主要集中在沿海省份，导致变量 *indus* 的峰度较高。另外，变量 *grid* 在 10% 分位数上的值为 0.192，其原因是在 2009 年才开始建设首个特高压输电示范工程项目。

表 7-8　变量的描述性统计

变量	均值	标准差	偏度	峰度	分位数（%）			观测值
					10	50	90	
co	8.198	1.624	-2.394	11.77	6.88	8.451	9.850	900
nfossil	0.241	0.247	1.055	3.155	0.008	0.157	0.617	900
pgdp	8.318	1.006	0.084	2.181	6.984	8.325	9.649	900
PCSP	4.691	1.222	-0.15	2.584	3.135	4.766	6.183	900
util	8.386	0.212	-0.432	2.906	3.355	5.970	7.985	900
import	-0.0601	0.288	-1.207	6.935	-0.449	-0.009	0.218	900
aux	8.386	0.213	-0.93	4.893	8.145	8.400	8.628	900
grid	0.35	0.132	0.74	3.595	0.192	0.326	0.518	900
indus	10.03	1.145	-3.284	25.74	8.673	10.24	11.1	900

二　估计结果

（一）非分位数估计结果

在这一部分，本书主要报告并讨论了非分位数估计结果。在采用面板分位数回归模型方法之前，本章首先采用混合效应（Pooling Effects，PE）、随机效应（Random Effects，RE）和固定效应（Fixed Effects，FE）的常规非分位数面板数据回归方法来研究可再生能源并网消纳的 CO_2 减排效应，估计结果如表 7-9 所示。在全样本下不难发现，核心解释变量（nfossil）的估计系数相对稳定，满足 1% 的显著性，且为负，这意味着可再生能源并网电量占总发电量的比例提高确实明显有利于减少电力部门的二氧化碳排放量。特别是，对于混合效应估计结果，系数显著为负且绝对值最高，表明可再生能源并网电量占总发电量的比例提高将导致电力部门二氧化碳排放量减少。除了变量 pgdp 和 import 之外，大多数控制变量的估计值与期望值保持一致。在混合效应估计下，pgdp 的估计系数显著为负，这意味着电力部门的二氧化碳排放量将随着人均 GDP 的增长而减少。这似乎不合理，但在专门研究中需要引入二次项来验证环境库兹涅茨曲线（EKC）假说。因为本章重点关注的并不是这个问题，所以没有采取进一步的措施。

豪斯曼检验结果表明，固定效应模型是适合 1991~2020 年全样本回归的模型。幸运的是，nfossil 的估计系数基本没有发生变化，这意味着可再生能源并网电量占总发电量的比例提高对减少二氧化碳排放具有稳定的积极影响。需要强调的是，跨区输电依存度的估计系数显著为负，表明跨省输电将有助于减少电力输入省份的二氧化碳排放。

表 7-9　非分位数估计结果

变量	全样本 1991~2020 年			市场化改革 1991~2001 年	厂网分开改革 2002~2014 年	售电侧改革 2015~2020 年
	PE	RE	FE	FE	FE	FE
nfossil	-4.1869*** (0.2023)	-3.3070*** (0.1802)	-3.1666*** (0.1816)	-4.2207*** (0.3103)	-4.6488*** (0.4288)	-1.8262*** (0.2895)
pgdp	-0.3168*** (0.0566)	0.0850* (0.0457)	0.2065*** (0.0438)	0.1698 (0.1110)	-0.1143 (0.0961)	1.1258*** (0.3168)
PSCP	0.7505*** (0.0399)	0.6877*** (0.0355)	0.5902*** (0.0347)	0.2367*** (0.0802)	0.3890*** (0.0854)	-0.3421 (0.4275)
util	0.4177*** (0.1515)	-0.0063 (0.0886)	-0.0081 (0.0816)	0.0399 (0.1336)	-0.1089 (0.1875)	0.4531*** (0.1413)
import	-0.2397*** (0.0903)	-0.2095*** (0.0725)	-0.1574** (0.0681)	-1.0640*** (0.1811)	-0.4627** (0.2096)	0.0110 (0.1449)

变量	全样本 1991~2020 年			市场化改革 1991~2001 年	厂网分开改革 2002~2014 年	售电侧改革 2015~2020 年
	PE	RE	FE	FE	FE	FE
aux	-0.1846 *** (0.0239)	-0.0410 *** (0.0153)	-0.0224 (0.0142)	-0.2283 *** (0.0231)	-0.0479 * (0.0287)	-0.0257 (0.0226)
$grid$	0.3691 *** (0.0285)	-0.0519 ** (0.0211)	-0.1007 *** (0.0200)	-0.1333 *** (0.0188)	1.1174 *** (0.1769)	0.6029 *** (0.1026)
$indus$	-0.6126 * (0.3700)	-0.4068 (0.2830)	-0.1485 (0.2675)	0.2075 (0.7563)	0.3643 (0.5081)	-0.8168 (0.5526)
常数项	2.3848 (1.4782)	6.0021 *** (0.8458)	5.7238 *** (0.7764)	8.6554 *** (1.4143)	-1.9237 (2.3935)	-8.8161 *** (1.5743)
观测值	900	900	900	330	390	180
R^2	0.847	0.846	0.843	0.704	0.6882	0.6825

注：***、**、*分别表示在1%、5%、10%的水平下显著，括号内为标准误。

回顾中国电力行业的发展历程，2002 年是电力体制改革的关键一年。以 2002 年电力改革"5 号文"的发布为标志，市场化改革对电力系统的供需双方都起到了至关重要的作用，在很大程度上为最终解决电力短缺问题奠定了基础（Zeng et al.，2015；Wang and Chen，2012）。为此，本书将样本划分为市场化改革（1991~2001 年）、厂网分开改革（2002~2014 年）和售电侧改革（2015~2020 年）三个子样本，以便控制改革带来的不必要的干扰。结果表明，厂网分开改革子样本下 nfossil 的 CO_2 减排效果比改革前明显。特别是，厂网分开改革后子样本下 nfossil 的估计系数比改革前子样本小很多；但与厂网分开改革前子样本相比，售电侧改革后 nfossil 的估计系数大幅提高，表明可再生能源并网消纳的功能没有发挥出来。

（二）面板分位数估计结果

（1）全样本估计结果

固定效应和 MM 估计的面板分位数结果用于控制分布异质性，其估计结果见表 7-10。可以看出，表 7-10 分别报告了 10%~90%分位数上电力部门二氧化碳排放条件分布的估计结果。显然，重要的统计数据和估计系数表明，核心解释变量和控制变量对二氧化碳排放的影响在各分位数上是不同的。面板分位数回归模型的应用可以更全面、更准确地反映中国跨省可再生能源并网消纳的不同环境效应。

特别地，表 7-10 上半部分（面板 A）是根据 Koenker（2004）提出的等式（8-9）的估计方法得出的具有固定效应的面板分位数估计结果。在面板 A 中，*nfossil* 的估计系数显著为负。每个分位数的估计系数都满足显著性要求，这表明可再生能源并网电量份额在各个情况下对碳排放都有着显著的抑制作用。比较不同分位数对环境的影响，发现可再生能源并网电量份额在各个分位数上的电力部门二氧化碳减排效果基本一致。忽略个体效应将导致参数估计的偏差，但因为豪斯曼检验统计量已经验证固定效应的稳健性，该结果可以反映可再生能源并网消纳的减排效应。

表 7-10 下半部分（面板 B）报告了根据等式（7-4）并基于 MM 估计方法获得的面板分位数估计结果。面板 B 表明，可再生能源并网电量份额的减排效应在 20%、30% 和 40% 分位数上表现得更为稳健，对应的估计系数反映的减排效应要高于面板 A 的结果。面板 A 和面板 B 都显示，可再生能源并网电量占总发电量比例的提高对减少电力部门二氧化碳排放的作用从第 10% 分位数到第 90% 分位数呈现逐渐降低的态势。

图 7-4 显示了 1991~2020 年全样本的面板分位数回归系数的变化。从低分位数到高分位数，可再生能源并网电量占总发电量比例的系数总是负的，但随着分位数的增加，系数变得更大。

关于控制变量，可以发现，在面板 A 中电力行业的物质资本存量表现出显著的正向影响，以 1% 的水平满足了显著性要求。电力部门固定资产投资的增加作为反映装机容量不断增加的指标，与电力部门的碳排放正相关，这符合中国电力结构现状的常规情况。进一步的研究表明，电力行业物质资本存量的估计系数随着分位数的增加而降低，这意味着电力行业固定资产投资的边际碳排放量呈下降趋势。就发电设备平均年利用小时数而言，它在各个分位数上都没有满足统计显著性，说明发电设备的产能利用率没有显著影响。此外，*aux*、*import*、*indus* 对二氧化碳排放没有显著影响，这意味着这些控制变量没有满足异质性的条件。此外，变量 *grid* 在低分位数和中分位数（即第 20%、30% 和 40% 分位数）上的估计系数满足显著性要求，而在高分位数上的估计系数都不显著。

表 7-10　面板分位数估计结果

变量	分位数（%）								
	10	20	30	40	50	60	70	80	90
面板 A：固定效应估计									
nfossil	-3.205***	-3.193***	-3.184***	-3.175***	-3.167***	-3.156***	-3.151***	-3.143***	-3.135***
	(0.626)	(0.495)	(0.407)	(0.326)	(0.276)	(0.256)	(0.270)	(0.318)	(0.382)
pgdp	0.183	0.191	0.196*	0.201**	0.206**	0.211***	0.216***	0.221**	0.225**
	(0.181)	(0.143)	(0.117)	(0.094)	(0.080)	(0.074)	(0.078)	(0.092)	(0.110)
PCSP	0.729***	0.686***	0.654***	0.620***	0.592***	0.564***	0.535***	0.505***	0.477***
	(0.148)	(0.117)	(0.096)	(0.077)	(0.066)	(0.061)	(0.064)	(0.075)	(0.090)
aux	-0.035	-0.031	-0.028	-0.025	-0.023	-0.020	-0.017	-0.014	-0.012
	(0.083)	(0.065)	(0.054)	(0.043)	(0.037)	(0.034)	(0.036)	(0.042)	(0.050)
import	0.170	0.067	-0.007	-0.086	-0.154	-0.220	-0.288	-0.358	-0.424
	(0.427)	(0.337)	(0.278)	(0.223)	(0.189)	(0.175)	(0.185)	(0.217)	(0.260)
util	0.142	0.095	0.061	0.024	-0.007	-0.037	-0.068	-0.100	-0.130
	(0.356)	(0.281)	(0.231)	(0.185)	(0.157)	(0.145)	(0.154)	(0.181)	(0.217)
indus	-0.493	-0.385	-0.306	-0.223	-0.152	-0.083	-0.011	0.063	0.132
	(0.675)	(0.534)	(0.439)	(0.352)	(0.298)	(0.276)	(0.291)	(0.343)	(0.412)
grid	-0.235	-0.193*	-0.163*	-0.130*	-0.102	-0.075	-0.047	-0.018	0.009
	(0.149)	(0.117)	(0.097)	(0.078)	(0.066)	(0.061)	(0.065)	(0.076)	(0.090)
面板 B：MM 估计									
nfossil	-8.992	-6.120***	-4.848**	-4.258*	-3.819	-3.528	-3.304	-3.068	-2.675
	(5.985)	(2.109)	(1.869)	(2.398)	(2.923)	(3.304)	(3.608)	(3.938)	(4.503)
pgdp	-0.799	-0.511	-0.383	-0.324	-0.280	-0.251	-0.228	-0.205	-0.165
	(1.629)	(0.566)	(0.510)	(0.659)	(0.805)	(0.911)	(0.995)	(1.086)	(1.241)
PCSP	1.050	0.871*	0.792*	0.755	0.728	0.709	0.695	0.681	0.656
	(1.340)	(0.464)	(0.420)	(0.543)	(0.664)	(0.751)	(0.820)	(0.895)	(1.023)
aux	-0.538	-0.327	-0.233	-0.190	-0.158	-0.136	-0.120	-0.102	-0.073
	(0.737)	(0.257)	(0.231)	(0.297)	(0.363)	(0.410)	(0.448)	(0.489)	(0.559)
import	0.372	0.006	-0.156	-0.231	-0.286	-0.324	-0.352	-0.382	-0.432
	(2.361)	(0.820)	(0.739)	(0.956)	(1.167)	(1.320)	(1.442)	(1.574)	(1.799)
util	0.190	0.326	0.386	0.414	0.435	0.449	0.460	0.471	0.489
	(4.171)	(1.444)	(1.306)	(1.692)	(2.067)	(2.338)	(2.554)	(2.787)	(3.185)
indus	-2.687	-1.447	-0.898	-0.643	-0.454	-0.328	-0.231	-0.130	0.040
	(8.126)	(2.812)	(2.545)	(3.299)	(4.029)	(4.558)	(4.980)	(5.434)	(6.210)
grid	0.484	0.415	0.385	0.371	0.360	0.353	0.348	0.342	0.333
	(1.354)	(0.469)	(0.424)	(0.549)	(0.671)	(0.759)	(0.829)	(0.905)	(1.034)

注：***、**、*分别表示在1%、5%、10%的水平下显著，括号内为标准误。

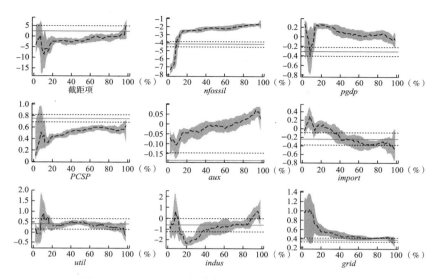

图 7-4　1991~2020 年全样本的面板分位数回归系数

注：回归系数是采用 OLS 估计方法得出的。

（2）子样本估计结果

为评估电力体制改革所带来的影响，以 2002 年"5 号文"发布为分水岭研究其对可再生能源并网消纳减排效应的异质性作用，本书将全样本分为两个子样本，即改革前的子样本（1991~2001 年）和改革后的子样本（2002~2020 年）。两个子样本的所有估计结果见表 7-11。总的来说，改革前和改革后的结果都表明，电力部门的二氧化碳排放受清洁电力结构的影响很大，因为 nfossil 的估计系数均显著为负，并且基本在各分位数的 1% 显著性水平下具有统计学意义。可再生能源并网消纳与电力部门二氧化碳排放之间的负向关系再次得到证实。

表 7-11　厂网分开改革前后的面板分位数估计结果

变量	分位数（%）								
	10	20	30	40	50	60	70	80	90
面板 C：厂网分开改革前（1991~2001 年）									
nfossil	-3.388***	-3.468***	-3.526***	-3.575***	-3.648***	-3.714***	-3.778***	-3.842***	-3.942***
	(0.709)	(0.567)	(0.481)	(0.429)	(0.399)	(0.430)	(0.504)	(0.606)	(0.792)
pgdp	0.295	0.278*	0.265**	0.255**	0.239**	0.225**	0.211	0.197	0.175
	(0.182)	(0.145)	(0.123)	(0.110)	(0.102)	(0.110)	(0.129)	(0.155)	(0.203)

变量	分位数（%）								
	10	20	30	40	50	60	70	80	90
面板 C：厂网分开改革前（1991~2001 年）									
PCSP	0.409 ***	0.401 ***	0.395 ***	0.390 ***	0.383 ***	0.377 ***	0.371 ***	0.365 ***	0.355 **
	(0.155)	(0.124)	(0.105)	(0.094)	(0.087)	(0.094)	(0.110)	(0.133)	(0.174)
aux	0.022	0.023	0.024	0.025	0.027	0.028	0.030	0.031	0.033
	(0.052)	(0.041)	(0.035)	(0.031)	(0.029)	(0.031)	(0.037)	(0.044)	(0.058)
import	−0.026	−0.048	−0.064	−0.077	−0.097	−0.116	−0.134	−0.151	−0.179
	(0.346)	(0.276)	(0.234)	(0.209)	(0.194)	(0.210)	(0.246)	(0.295)	(0.386)
util	0.016	−0.008	−0.025	−0.039	−0.060	−0.080	−0.098	−0.117	−0.147
	(0.339)	(0.271)	(0.230)	(0.205)	(0.191)	(0.206)	(0.241)	(0.289)	(0.379)
indus	−0.626	−0.398	−0.233	−0.095	0.112	0.301	0.482	0.665	0.949
	(0.667)	(0.533)	(0.453)	(0.405)	(0.378)	(0.407)	(0.475)	(0.570)	(0.744)
grid	0.571	0.538 *	0.514 **	0.493 **	0.463 **	0.435 *	0.409	0.382	0.340
	(0.380)	(0.304)	(0.258)	(0.230)	(0.214)	(0.231)	(0.270)	(0.325)	(0.425)
面板 D：厂网分开改革后（2002~2020 年）									
nfossil	−3.920 **	−3.999 ***	−4.056 ***	−4.098 ***	−4.154 ***	−4.218 ***	−4.279 ***	−4.318 ***	−4.387 ***
	(1.948)	(1.522)	(1.243)	(1.067)	(0.902)	(0.867)	(0.996)	(1.143)	(1.466)
pgdp	0.348	0.306	0.275	0.252	0.221	0.186	0.153	0.132	0.094
	(0.483)	(0.377)	(0.308)	(0.265)	(0.224)	(0.215)	(0.247)	(0.283)	(0.363)
PCSP	0.311	0.301	0.294 *	0.289 **	0.282 **	0.274 **	0.266 **	0.261 *	0.253
	(0.252)	(0.197)	(0.161)	(0.138)	(0.117)	(0.112)	(0.129)	(0.148)	(0.189)
aux	−0.173	−0.178	−0.182	−0.184	−0.188 *	−0.192 *	−0.195	−0.198	−0.202
	(0.244)	(0.191)	(0.156)	(0.134)	(0.113)	(0.109)	(0.125)	(0.143)	(0.183)
import	−0.227	−0.441	−0.598	−0.713	−0.868	−1.043 *	−1.209 *	−1.318 *	−1.507 *
	(1.211)	(0.945)	(0.772)	(0.665)	(0.564)	(0.542)	(0.620)	(0.711)	(0.909)
util	0.359	0.248	0.167	0.108	0.028	−0.063	−0.149	−0.205	−0.302
	(0.968)	(0.756)	(0.618)	(0.531)	(0.450)	(0.433)	(0.496)	(0.568)	(0.727)
indus	−1.380	−1.043	−0.798	−0.617	−0.374	−0.100	0.161	0.332	0.628
	(2.150)	(1.678)	(1.371)	(1.179)	(0.999)	(0.960)	(1.100)	(1.261)	(1.615)
grid	−0.332 *	−0.277 *	−0.238 **	−0.209 **	−0.170 *	−0.125	−0.083	−0.056	−0.008
	(0.183)	(0.141)	(0.116)	(0.101)	(0.087)	(0.084)	(0.095)	(0.107)	(0.135)

注：*** 、** 、* 分别表示在 1%、5%、10% 的水平下显著，括号内为标准误。

　　考虑到两个子样本背景的差异性，本书可以观察到可再生能源并网消纳对改革前和改革后二氧化碳排放的影响无疑是不同的。然而，进一步比较两个子样本（即面板 C 和面板 D）的结果，一个值得注意的发现是，改革后子样本中可再生能源并网电量占总发电量比例的估计系数绝对值大于改革前子样本中相应的估计系数绝对值。这充分证明了由于近年来清洁和可再生能源并网消纳规模扩大，可再生能源发电的电力部门二氧化碳减排效应逐渐显著。例如，自 2010 年酒泉第一座风力发电厂建成以来，中国风电进入了快速发展的轨道，酒泉是中国第一个也是最大的 10 吉瓦级风电基地。在此之前，风电装机容量的规模经济性尚未显现。因此，改革后核心解释变量的估计系数绝对值要比改革前的估计系数绝对值更大。从图 7-5 可以看出两者减排系数的差异。

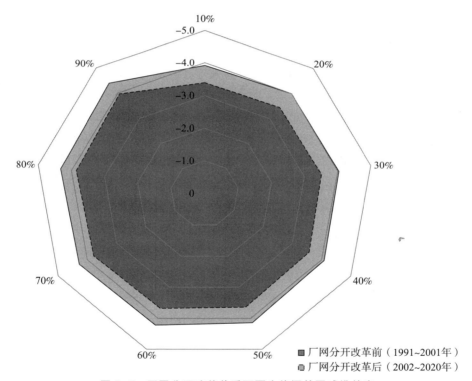

图 7-5　厂网分开改革前后可再生能源并网减排效应

　　类似地，如图 7-6 和图 7-7 所示，两个子样本的相应面板分位数估计结果分别显示了系数从低分位数到高分位数的变化。虽然每幅图中的曲线是 OLS 估计的结果，但 OLS 估计也可以指示核心解释变量和控制变量的异质效应。对于核心解释变量 *nfossil*，图 7-6 和图 7-7 在分位数上的估计系数变化相对平缓。对于控制变量，可以看出 *pgdp* 的估计系数在高分位数处于上升态势，这意味着当人均 GDP 增加到一定水平时，电力的 CO_2 排放量将显著增加。相比之下，图 7-7 中电力行业的物质资本存量、发电设备的产能利用率、跨区输电依存度等控制变量的波动性强于图 7-6，说明它们对改革后二氧化碳排放的影响更大。

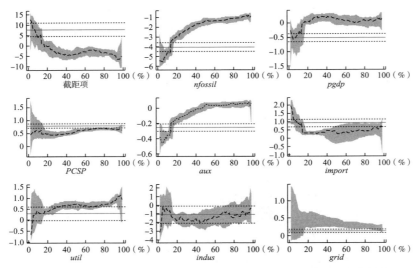

图 7-6　厂网分开改革前（1991~2001 年）可再生能源并网减排效应

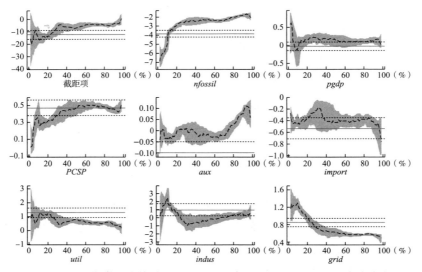

图 7-7　厂网分开改革后（2002~2020 年）可再生能源并网减排效应

一般来说，从实证结果可以最终推断出可再生能源并网消纳对电力部门二氧化碳减排的贡献是非常有效的。清洁和可再生能源与二氧化碳排放之间的负相关关系在许多文献中被发现（Liddle and Sadorsky，2017；Jaforullah and King，2015；Baek，2015），即使负相关关系的波动性仍然有待进一步验证。根据 117 个国家的大型面板数据集，Liddle 和 Sadorsky（2017）研究发现，可再生能源发电量每增加 1% 可减少 0.75% 的二氧化碳排放。然而，本章的主要区别在于估计系数的不同。本章中大多分位数的可再生能源并网电量占总发电量比例的估计系数为负数且绝对值较大，表明可再生能源并网消纳的电力部门二氧化碳排放抑制作用十分突出。由此可知，我国的能源结构优化战略在电力体制改革后有着突出的环境绩效。

三　总结性评价

鉴于在研究可再生能源并网消纳的异质性环境影响方面只有少数文献涉及，即使大量文献将其重点放在电源侧，而较少将电网侧的因素纳入研究范畴，本章仍尝试利用面板分位数回归模型揭示二氧化碳排放与可再生能源并网消纳之间的关系，研究可再生能源并网电量占总发电量的比例对电力部门二氧化碳排放的抑制作用。本章所使用的数据由中国 30 个省份的平衡面板数据组成，涵盖 1991~2020 年电力体制改革前后中国"三纵三横"电网基础设施建设的主要时期。为保证实证结果的可靠性和稳健性，并考虑到 2002 年以"5 号文"的发布为标志的中国电力体制改革，本书将全样本分为两个子样本，即改革前子样本和改革后子样本，分析这两个阶段可再生能源并网消纳碳减排的不同效果。

以清洁化为导向的电源结构转型显然有利于中国环境优化和减排目标的实现。一般来说，可再生能源并网消纳对电力部门的二氧化碳排放量减少存在促进效应。尽管可再生能源并网电量占总发电量的比例对电力部门二氧化碳排放的贡献在各分位数之间存在差异，这意味着可再生能源并网发电的不同比例将带来不同的减排绩效。此外，从低到高的分位数中的估计系数显示出相对的差异性，尽管这些估计系数之间没有特别突出的差别。然而，两个子样本的实证结果更清晰地描述了不同比例可再生能源并网电量的异质性减排效应。核心解释变量的估计系数不仅在统计学上满足了每个分位数的显著性要求，从而证明了该异质性的存在，也显示出可再生能源并网消纳对改革后时期电力部门二氧化碳减排的突出贡献。

各分位数电力行业的物质资本存量对碳排放有一定的贡献，这是由当前发电能源结构决定的。在中国，尽管当前的产能治理政策日趋收紧，燃煤发电仍然是主流，燃煤发电的装机容量占绝对主导地位，短期内难以扭转。由于煤炭发电对中国电力资本存量的贡献最大，电力资本存量与碳排放之间的高度正相关也就不言而喻了。此外，高分位数电力行业物质资本存量的估计系数相应降低，这也是中国能源市场清洁化战略转型的结果。

大多数控制变量在大多分位数上不满足显著性要求。对于发电设备平均年利用小时数（用来反映发电设备的产能利用率），在各分位数上并不显著，表明它目前的环境效应并不明显。问题的根源不是增长的产能，而是现有的能源结构。跨区输电依存度也与电力部门的碳排放无关，这表明细分各分位数的情况下区域外购电量对当地碳排放的影响较弱。

从研究结果可知，在本章研究涉及的范围之内，首先，通过跨区输配通道实现以清洁和可再生能源替换燃煤发电的替代战略为导向的监管措施是减少温室气体排放的有效工具。《2022年我国可再生能源发展情况》显示，虽然截至2022年底，可再生能源发电装机容量达到12.13亿千瓦，占全国发电总装机容量的47.3%，但火力发电仍是主要的电能来源。并且，可再生能源发电机组的利用率普遍较低，必须建立有效机制，提高可再生能源发电设备的利用率。其次，东部地区计划从中西部地区购买更多电量，以尽量减少该地区对火力发电的依赖，但这并不能减少整体碳排放，而只能作为调控污染区域布局的临时措施。最后，解决煤电产能过剩可能对扭转发电资源配置扭曲的局面起到一定作用，但改善环境的作用有限。改善电力资本存量结构是一个长期的战略，不仅需要增加装机容量，更需要提高清洁和可再生能源的利用率。

此外，尽管本章的研究为决策者和研究者提供了值得关注的结论和启示，但仍有一些细节需要在后续研究中改进。首先，用供电煤耗率来估算电力部门二氧化碳排放量，但由于数据的有效性和可获得性的限制，不得不忽略发电厂的厂用电量和电网企业的线损率，这在一定程度上可能容易造成电力部门二氧化碳排放量被低估的问题。其次，调整参数（λ）被设置为1，尽管这是一种常见的策略，但应进一步与其他值进行比较，以确保捕捉到个体效应。这些局限性应在进一步的研究中得到解决，特别是随着有关地区线损电量等数据的获得性得到解决，有必要更准确地估算电力部门的二氧化碳排放量，以此为基础深化减排效应研究。

第八章　可再生能源优化配置的政策选择

可再生能源并网消纳能够带来经济增长效应、效率提升效应和环境优化效应，所以建立高比例可再生能源的电力系统事关经济增长和"双碳"目标的顺利实现。然而，基于中国可再生能源禀赋和需求的特征事实，促进中国可再生能源并网消纳面临经济性和技术性的关键因素和障碍，需要采取多重手段强化有利因素，消除主要障碍。早期受制于输电通道不足，"三北"和西南地区的可再生能源外送的主要障碍是电网基础设施问题。随着特高压骨干网架的建设和不断完善，输电通道不足问题得到极大的缓解，使得可再生能源并网消纳的主要矛盾转向电力交易制度及可再生能源天然的技术缺陷。这需要国家和有关监管机构采取有效措施和制度工具，不断完善高比例可再生能源渗透的电力交易制度，不断促进可再生能源相关的技术创新和市场化应用，保障可再生能源配置效率，充分发挥其所带来的经济、效率和环境效应。

西方发达国家和地区率先发展可再生能源，针对可再生能源的并网消纳具有丰富的治理经验。首先，具备完善的法律体系。无论是联邦层级还是地区层级的法律法规体系，都是推动可再生能源并网消纳的根本性制度保障。联邦层级的法律体系着眼于构造高比例可再生能源电力系统的生产侧和消费侧行动导向，地区层级的法律体系则倾向于针对本地可再生能源禀赋提供清洁能源生产和消费的激励措施和惩治规定。欧盟立足于国家间协调行动推动可再生能源并网消纳。这集中体现在建立统一的法律规范和可再生能源在终端能源消费占比的强制性指标。其次，具备成熟的市场配置工具。强制性和激励性配额制在欧盟、美国、英国等都有执行，在可再生能源发展早期起到促进作用，此后更多的是可再生能源义务证书制度及其交易市场的建设，加之与排污权和碳市场以及碳价格下限等工具协调配合，形成推动可再生能源并网消纳的政策体系。最后，高效的可再生能源技术创新应用政策体系。针对不同类型可再生能源及不同容量机组制定差异化政策，推动分布式布局和规模化应用，采用补贴、税收减免等多举措减少可再生能源开发成本，强化企业创新动力。

本章重点探讨促进可再生能源跨区配置的政策工具，着重分析中国推动可再生能源并网消纳的政策选择，包括建立全国统一开放的电力市场体系，加快弥补输配电基础设施短板，强化可再生能源发电并网激励机制，消除可再生能源消纳的机制障碍，完善能源价格生成和传导机制，推动技术创新和行业有序监管，等等。综合前文研究成果，可以发现中国可再生能源并网消纳的经济增长、效率提升和环境优化效应需要破除其发展过程中存在的通道规模和结构、市场机制以及创新体系等方面的主要障碍，进一步优化促进可再生能源并网消纳的制度框架和政策体系。围绕着新型电力系统建设，本书提出高比例可再生能源渗透的输电通道建设的优化路径，弥补全国范围内可再生能源最优配置的特高压骨干网架的短板；提出全国统一电力市场体系建设中的市场层级、交易机制优化以及电力现货市场和辅助服务市场完善等；提出可再生能源电力成本核算和价格生成机制及价格信号传递的政策体系；提出适应新发展背景的技术创新路径及支持政策等。

第一节　主要发达国家治理经验

一　美国

美国作为全球最大的经济体，其长期保持着全球最大能源市场的地位，因此对于能源市场制度的探索具有丰富的历史和经验。追溯到20世纪80年代，美国就将发展可再生能源作为一个重大课题进行研究，并将其上升到国家战略的高度。经过30多年的发展，美国建成一套比较完整的可再生能源发展政策体系，其中最为突出的是美国可再生能源技术开发和投资政策。EIA数据显示，自1980年以来，美国对可再生能源直接财政补贴持续增加，从最初的每年13亿美元提高到2004年的30亿美元，并计划到2025年增加到1100亿美元。其中，美国加州政府在可再生能源发展上表现最为积极，对于符合新能源储存系统条件的供应商加州政府将提供每瓦2美元的补贴。总结美国促进可再生能源并网消纳的政策体系，可以概括为如下几点。

第一，建立完善的可再生能源法律体系。1978 年，卡特总统签署了《国家能源法》（National Energy Act，NEA），美国实施了第一种形式的上网电价。该法律包括五项单独的法案，其中一项是《公共事业管理政策法案》（PURPA）。《国家能源法》的目的是鼓励节能和开发新能源，包括风能、太阳能和地热能等可再生能源。PURPA 中有一项规定，要求公用事业公司以不超过其避免成本的价格从合格的独立发电商处购买电力。避免成本旨在反映公用事业公司提供相同发电量的成本。20 世纪 80 年代，对 PURPA 的不同解释盛行：一些公用事业和州公用事业委员会狭义地将避免成本解释为避免燃料成本，而另一些委员会则选择将"避免成本"定义为发电的"避免长期边际成本"。长期成本指的是未来几年的预期电力成本。最后一种方法是加州在第 4 号标准要约合同中采用的。PURPA 中的另一项规定是，为了鼓励新进入者，公用事业公司不得拥有超过 50% 的项目。

为了遵守 PURPA，一些州开始向生产商提供标准要约合同。加州公用事业委员会（California Public Utilities Commission）制定了一系列标准要约合同，包括基于预期长期发电成本的固定价格的第 4 号标准要约（Standard Offer No.4，SO4）。电力成本的长期估计是基于这样一种信念（当时人们普遍认为），即石油和天然气价格将继续上涨。这导致固定购买价格的时间表不断累加，旨在反映新发电的长期避免成本。到 1992年，私人发电商在加州安装了大约 1700 兆瓦的风力发电容量，其中一些至今仍在使用。PURPA 的采用也促使了佛罗里达州和缅因州等州使用大量的可再生能源发电。尽管如此，PURPA 在美国电力行业仍保留着负面的影响。20 世纪 80 年代末，当石油和天然气价格暴跌时，为鼓励新可再生能源开发而签订的标准要约合同相比之下具有优惠条件。因此，PURPA 合同被视为电费缴纳人的昂贵负担。PURPA 的另一个反对来源是，认为它旨在鼓励非公用事业发电。许多大型公用事业公司，尤其是垄断供应商，认为这是一种威胁。由于鼓励非公用事业发电，PURPA 也被视为朝着增加竞争而迈出的重要一步。

第二，供给和需求"双侧"投资激励和补贴。美国不断加大可再生能源投资力度，直接划拨资金用于陆上和海上风能、太阳能等可再生能源的开发和利用。为了进一步推动发展，美国联邦政府为符合国家政策的可再生能源投资项目提供 30% 的建设成本补贴。除了生产侧，美国还出台了很多可再生能源消费侧的激励政策。美国 2005 年设立绿色汽车采购专项基金，开始向新能源汽车用户提供各种现金补贴。为了进一步提高新能源汽车普及率，美国政府提供 6 亿美元基金用于补贴购买节能汽车的消费者。美国法律规定，作为终端市场的重要消费者，政府机构必须购买绿色产品。

美国不仅重视可再生能源技术研发和生产投资，还特别倾向于鼓励可再生能源产品的推广利用。自 1992 年以来，美国着手直接减税的刺激作用，逐步出台一系列政策来减免可再生能源的税收。2005 年颁布的新版《国家能源政策法案》本质上是另一项重要的可再生能源减税法案，对于相关企业给予财产税和产品税等减免优惠。2009 年，美国政府又发布一项政策，提出在 10 年内向可再生能源企业提供总额达到 450 亿美元的税收减免。美国的许多法规还对可再生能源企业的加速折旧提出不同程度的规定，由此加速资本折旧，这也是美国鼓励增加可再生能源投资的重要政策措施。对于从事风能、太阳能等新能源发电技术开发和研究的企业，美国还规定这些企业可以从当年企业所得税中扣除总投资的 25%。2013 年，美国国会又通过一项法案延长风能税收抵免。该投资税收抵免（ITC）的额度为可再生能源相关设备制造、安装等成本的 30%。除此之外，美国还利用税收抵免促进消费者加大可再生能源产品的消费需求。对于在屋顶安装和使用光伏系统的家庭以及购买混合动力汽车等新能源汽车的家庭，美国政府将提供最高 3400 美元的补贴。这些形形色色的减税和补贴方式，最终目标就是鼓励更多的可再生能源生产和消费。

第三，建立完善的电网基础设施。美国没有全国统一的电网系统，各地方电力系统的运行规模和效率差异明显。作为美国第一个开放电力市场零售侧竞争的州，也作为美国电力零售市场中最成功的案例，得克萨斯州（简称"得州"）电网是一个自成体系的独立电力系统，它不与其他电网互联，对大电网的影响较小。更为甚者，全美只有得州的电力市场不受联邦政府的监管，从而客观上提升了得州开发可再生能源的政策自由度，推动风能和太阳能发电能力在得州持续增长，其中仅风能就提供了该州 15% 的电力消费。2017 年 3 月，得州风电负荷一度超过 50%，创下新纪录。当年得州风力发电装机容量达到 1800 万千瓦，如果将其视为一个国家，它将成为世界第六大风力发电国。当然，得州风力发电发展过程中也曾出现弃风问题，这也促使得州采取一系列改革措施，有效减少弃风电量，为建立灵活可靠的风力发电市场提供了宝贵经验。

其中的一项重要经验就是投资建设输电线路。在得州弃风率居高不下的情况下，作为应对措施，得州政府加大了输电容量的扩张力度。这一经验表明在可再生能源项目建设中，首先应该提前设计和建设输电线路，确保发电量及时外送到终端用户。2011 年，得州政府投资 68 亿美元建造高压输电线路，实现得州东西部电力网的互联。此外，为保障稳定的电力供应，得州还建造了一个超级大容量的传输系统，从而实现足够的风能并网发电，大大缓解了弃风问题。一系列的措施使得得州弃风率从 2015 年的 7%~8% 下降到 1.5% 的正常水平。尽管某些年份弃风率有所上升，但弃风率的小幅波动是由于一些线路维护对输电的影响，并且保持在正常范围内。在有效措施的激励下，得州有十几个大型输电项目等待州政府和联邦政府的批准，其中许多属于专门为风能和太阳能发电设计和建造的，如计划于 2021 年建设完成和投入使用的南十字星座的直流电网、2020 年建设完成投资规模达 30 亿美元的"西方快速输电线路项目"以及全长 1000 多公里的"大平原东段清洁输电线路工程"等。为了促进风电发展，风电参与电力市场采用节点电价。美国风力发电享受每兆瓦 23 美元的联邦补贴，即生产税收抵免（PTC），而得州电力可靠性委员会（Electric Reliability Council of Texas，ERCOT）规定，风能和太阳能公司可以以负价格参与投标。所谓负价格，就是在某些时段（通常是深夜）价格可以出现负值。风电参与市场竞争中，由于价格低廉，特别是负价格的出现，风力发电可以争取优先调度，促进风电消费。一般而言，统一价格无法从根本上解决输电通道拥挤的问题。因为通道拥堵问题的频繁出现，得州提出从 15 分钟的区域市场转为 5 分钟的节点调度市场的设计方案，希望由此能够缓解区域输电通道拥堵的问题，同时也引发风电出力削减计划问题。得州通过优化改进风电预测，实施更加高效集中的调度策略，不断完善市场设计，最终形成一系列有效的可再生能源制度体系。

第四，健全可再生能源并网消纳的保障机制。可再生能源组合标准

（RPS）和补贴为可再生能源创造了受保护的市场。RPS 要求公用事业公司从可再生能源中获得最低比例的能源。在一些州，公用事业公司可以购买可再生能源证书来满足这一要求。这些证书是根据可再生能源生产商向电网输送的能源量颁发的。出售证书是可再生能源生产商补充收入的另一种方式。证书价格根据总体能源需求和可再生能源生产商之间的竞争而波动。如果可再生能源的产量超过要求，证书价格可能会崩溃，就像欧洲的碳交易价格一样。这可能会损害可再生能源生产商的经济生存能力。配额制有利于大型垂直一体化发电机和跨国电力公司的发展，哪怕只是因为证书通常以 1 兆瓦时为单位，它也比 FiT 更难设计和实施。为客户发起的电表升级（包括分布式能源吸收）规定动态电价可能是加速可再生能源开发的更具成本效益的方式。

　　可再生能源配额制也是重要的制度选择。得州是美国第一个实施可再生能源配额制的州，也是其中实施效果最佳的州。相关制度的实践经验表明，配额制在与可再生能源证书交易市场制度一并实施时效果最佳。从 1999 年开始可再生能源配额制就在得州实施。此后可再生能源证书交易市场制度不断优化完善，在促进得州可再生能源发展上发挥重要作用。最重要的是，政策的制定针对性强、适用性高且灵活高效，从而形成统一规范的绿证制度。

二　德国

　　欧盟 1997 年发布的《可再生能源战略和行动白皮书》中明确提出，到 2010 年可再生能源消费量占能源总消费量比重要提高到 12% 左右，到 2050 年欧盟的能源消费结构中可再生能源占比要达到 50%，为此必须采取有效措施。为了这些战略目标的落实，欧盟还制定风电、光伏发电等不同类型可再生能源的发展目标以及落实这些目标的基本路线图。国际能源署（IEA）研究表明，为实现可再生能源发电量占总发电量比重达到 21% 的目标，风电和太阳能发电装机容量分别要达到 4000 吉瓦和 3000 吉瓦。此外，生物质能的总利用量也要至少达到 2 亿吨标煤，生物燃料占总的燃料供应比例要在 5.8% 左右，这意味着总生物能源使用量要达到 2000 年水平的两倍以上。所以，要实现欧盟能源政策设定的总体目标，从根本上讲，大规模开发利用可再生能源是必由之路。尽管欧盟各国的国情不同,但不断地增强本国可再生能源市场的总体竞争力,在确保能源供应总体安全的前提下发挥提高可再生能源渗透率的减排作用,是欧盟各国的一致目标。此外,欧盟的一项重要优势是集体行动所带来的规模效应。2001年,欧盟部长理事会发布《促进可再生能源电力生产指令》,要求欧盟国家电力总消费的22.1%到2010年要来自可再生能源发电的绿色电力。由此进一步履行欧盟在《京都议定书》中有关减少温室气体排放的承诺,同时助力2010年和2050年发展目标的顺利实现。2006年3月8日,欧盟委员会发布《欧盟能源战略:稳定、竞争和安全》,这被称为"欧盟能源战略绿皮书"。油气价格攀升、气候变暖、欧洲能源投资需求增加、进口依存度不断上升、资源分布过度集中以及全球能源需求持续增长等是该绿皮书关注的重点。该绿皮书进一步呼吁欧盟各国政府和国民要切实重视欧盟整体的能源安全问题,要求成员国共同行动,通力合作,有效实现有竞争力、可持续性和供应安全稳定的能源发展目标。为此,2018年,欧盟又发布了新的促进可再生能源使用指令,对2009年的指令进行了修订,主要是规定整个欧盟的能源消耗中来自可再生能源的比例从20%上升到32%,以应对可持续发展新形势。

作为欧盟发展的"火车头",德国拥有欧洲最大的国家电力市场,也是全球历史上主要的环境技术创新国。在可再生能源生产方面,德国在大型工业化国家中也处于领先地位。1982年,德国应用生态学研究所出版了题为《能源转型:没有石油和铀的增长与繁荣》的著作,该书中列出向没有核能或化石燃料的能源体系过渡的主要原则。在可再生能源制度建设方面,德国率先使用了上网电价补贴(FiT)政策。1998~2005年执政的红绿联盟的直接公共政策促使可再生能源部门实现显著扩张。截至2007年,德国拥有欧盟最大的风电装机容量以及仅次于意大利的光伏发电装机容量。2007年,德国设定的目标是到2050年实现发电量的50%以上来自可再生能源。在环境问题日益突出的情况下,虽然能源部门的既得利益者仍持怀疑态度,但德国可再生能源政策得到公众的大力支持。大力发展可再生能源,到2010年德国温室气体排放量比1990年水平低了约23%。德国政府制定了宏伟的温室气体排放目标以及指导行业和社会的标准,并通过支持可再生能源行业为国家创造了约37万个新就业机会。2014年8月修订的《可再生能源法案》中制定了更加前瞻的远景目标，也就是到 2025 年，实现德国可再生能源占能源总量的比例为 40%～45%，到 2035 年为 55%～65%，到 2050 年进一步提高到 80%。

受环境政策等因素影响，20 世纪 90 年代初，能源总需求增速不断放缓，但发电量却稳步增长。2008 年，由于经济危机，能源消费明显下降。2014 年前的总发电量没能回到危机前的水平，尽管德国经济处于欧盟的"领头羊"地位，能源需求增长仍慢于经济增长。在这一情况下，德国仍然是欧盟风力发电的领导者，并且地位越来越稳固。早在福岛核事故之前，德国的核能就已逐步淘汰，这被视为德国能源转型计划的核心内容。就政策的实施而言，首要的步骤是在 2000 年德国政府通过《可再生能源法案》（Renewable Energy Act，REA），明确宣布将逐步淘汰核能。直到 2009 年德国执政联盟都仍坚持这一决定，然而在保守党和自由民主党上台后，他们屈服于核游说压力，延长了核电站的保留期限。2010 年，德国政府提出其利用可再生能源和减少二氧化碳排放的目标，也就是让德国成为第一批以电力生产、新通信为基础的最先进的工业化国家。

2011 年 6 月，德国联邦参议院通过《可再生能源法案》的第三次新的修正案。该法案于 2012 年 1 月 1 日生效，旨在提高可再生能源的竞争力。它保持了可再生能源在德国能源市场中的现有位置，但增加了市场溢价，也就是允许生产商在电力市场上出售可再生能源电力。修正案还改变了其他占比较少的可再生能源的电价结构，主要包括生物质能发电、地热能发电和海上风力发电等。在光伏发电方面，基于自 2010 年开始就存在容量增加的动态税收递减，2011 年 5 月，《可再生能源供热法》也进行了修订，以实现《促进可再生能源使用指令》（2009/28/EC）的目标。该指令引入了严格的"对正在进行大翻修的现有公共建筑的供暖和制冷规范"，同时允许私人建筑的标准放宽。

1990 年，德国通过了《电力上网法》（德语：Stromeinspeisungsgesetz，StrEG）或《电力输送法》。StrEG 要求公用事业公司按现行电力零售价格的百分比从可再生能源供应商处购买电力。太阳能和风力发电的价格设定为住宅电价的 90%，而水力发电和生物质能发电等其他技术发电的价格设定为住宅电价的 65%～80%。其中包括 5 兆瓦的项目上限。虽然德国的 StrEG 不足以鼓励光伏发电等成本较高的技术，但事实证明，它在鼓励风电等成本较低的技术方面相对有效，因为该方案使得德国在 1991～

1999 年部署了 4400 兆瓦的新风电容量，约占当时全球容量的 1/3。解决的另一个挑战是与电网互联的权利，即 StrEG 保证了可再生能源发电商进入电网。20 世纪 90 年代，西班牙和丹麦也采用了类似的基于电力零售价格百分比的可再生能源并网消纳的促进机制。

德国的补贴法在 2000 年经历了重大调整，成为《可再生能源法》（德语：Erneuerbare Energien Gesetz，EEG）。该法是一项关于优先使用可再生能源的法案。在新形势下，该法案被证明是加速可再生能源部署的一个高效政策框架。重要的变化包括：购买价格基于发电成本——这导致不同技术和不同规模的可再生能源项目的价格不同。允许公用事业参与的项目，根据预期成本降低，费率设计为每年下降，称为"电价递减"。

上网电价政策通常以 5%~10%的回报率为目标。在德国，光伏发电的成功使电力价格在峰值输出时间下降了 40%，为消费者节省了 5.2 亿~8.4 亿欧元。消费者的节约反过来意味着大型电力公司利润率的降低，这些公司的反应是游说德国政府，后者在 2012 年减少了补贴。德国太阳能发电份额的增加也导致了燃气和燃煤发电厂的关闭。通常情况下，所有生产的电力都被输送到电网，这使得系统的工作方式与消除歧义的购电协议（Power Purchase Agreement，PPA）类似，然而，虽不需要与公用事业公司签订购买协议，但上网电价由国家管理，因此通常使用术语"上网电价"（德语：Einspeistarif）。自 2012 年以来，其他类型的合同变得更加常见，因为 PPA 得到了支持。对于小型太阳能项目，当上网电价低于购买电价时，直接使用电力变得更具吸引力。2014 年 8 月 1 日，从地面安装的太阳能发电厂开始，修订后的《可再生能源法》生效。具体的部署走廊限定了未来可再生能源的扩展范围，新产能的融资率（上网电价）将逐渐不再由政府设定，而是由拍卖市场决定。

在德国，上网电价补贴一直是促进可再生能源发电的主要政策工具，不仅得到《可再生能源法案》的支持，还得到其他财税措施的支持。从具体操作来看，监测和实施的责任由联邦环境部和联邦电网局分担。除了那些涉及的传统发电厂，所有合格的技术都可以与财政支持相结合。上网电价补贴推动达到 25%的可再生能源发电占比、持续的技术创新、万吨左右的二氧化碳减排以及增加数十万个就业岗位。德国约有 2000 万居民生活在所谓的 100% 可再生能源地区，这些地区的目标就是 100% 能源消费来源于电力，并且通过可再生能源来满足电力需求。这些地区通过节省高成本的进口能源、创造本土就业机会和创造税收收入来开发本地的经济潜能。

2014 年 4 月，德国内阁批准了对《可再生能源法案》的改革，这一改革又被称为上网电价补贴 2.0（FiT 2.0）。该法案的主要内容包括以下方面。一是扩大风电和光伏发电产能。试图通过扩大可再生能源电力的产能规模促进能源转型。主要可再生能源电力的产能规模提升情况是，到 2020 年海上风电约 2.5 吉瓦/年，光伏发电约 2.5 吉瓦/年，生物质能发电约 1 吉瓦/年和陆上风电约 6.5 吉瓦/年。此次改革给可再生能源留下广阔的调控余地，但也给之前微量、灵活、分散和社区主导的可再生能源开发方式带来了一定程度的约束。二是对能源密集型产业的豁免。德国电价上涨的主要原因是免除了能源密集型产业的可再生能源附加费，之前要增加消费者平均每千瓦时 6.3 欧分的负担。三是太阳能光伏发电的自我消耗征税。这项改革提出，对太阳能光伏发电系统容量超过 10 千瓦的用户的自产电力收取适当的附加费。能源合作社和区域能源供应商通过两种方式降低其经济可行性，从而妨碍能源转型。首先，这增加了相关能源的生产和消费成本。其次，改革加深来自能源密集型产业更激烈的竞争。在正常的能源生产方式下，能源密集型产业只需要支付 15%的附加费。由于化石燃料的能源相对便宜，这将导致普遍性逃避可再生能源的使用。四是直接市场化。市场化改革旨在取消国家支持、保护和所有其他妨碍能源供应商市场竞争的行为。此前，在 REA 的有效保障下，可再生能源保持了 20 年的强劲增势。这种情况将会改变。因为根据改革方案，从 2014 年 8 月起，可再生能源装机容量超过 500 千瓦的电厂将实行强制直销。从 2016 年起这也适用于超过 250 千瓦的可再生能源发电机组，以及从 2017 年起超过 100 千瓦的机组。五是配额制，而不是上网电价补贴。2017 年，德国成功的 FiT 将被投标或配额制所取代，从而免除 FiT 中嵌入的可再生能源的购买义务。那些经济能力有限和在投标过程中缺乏管理经验和能力的生产商将很容易被淘汰，这在一定程度上能够起到提升可再生能源市场整体竞争力和效率的作用。

三　英国

英国是全球最早实行电力市场化改革的国家。20 世纪 70~80 年代，英国撒切尔政府倡导新自由主义经济，大规模推进国有企业私有化，其中电力行业是体制改革的重点之一。当时对电力行业市场化和私有化改革的主要目的是，引入竞争、提高效率、降低电价和改善政府财政状况。1989 年，英国政府在英格兰和威尔士两个地区实施厂网分开改革，进而对发电和配电环节实施私有化重组，最终组建 12 家发电公司和售电公司，同时又建立强制电力库（Power Pool），并在苏格兰地区保留垂直一体化的电力企业。从 1997 年开始，英国推动发电和售电企业进行大规模的兼并重组，逐步建成 6 家发、配、售垂直一体化的电力企业。2001 年，在强制电力库逐渐暴露定价机制不合理、存在市场操作现象等问题的情况下，英国政府决定取消电力库模式，建立以双边交易为主的尼塔模式（New Electricity Trading Arrangements，NETA）。2005 年，将苏格兰地区纳入电力市场，建立全国电力市场（British Electricity Trading and Transmission Arrangements，BETTA）。苏格兰地区保留两家垂直一体化的电力企业，其中电网调度权由英国国家电网公司统一管理。2012 年，英国发布新《能源法案》草案，制订新一轮电力改革计划，优化完善市场竞争机制和电力监管方式，落实促进低碳发展目标。

这次改革是自 1989 年电力私有化改革后，英国进行的最大规模的电力市场机制改革。推进英国加快改革的主要因素包括：已有的市场机制并不完善，难以吸引足够的电力投资，对长期电力供应安全的保障力不够。英国政府评估发现，由于到达使用年限或环境标准提高等原因，2020 年前英国将有超过 25% 的火电机组面临关停，这将导致电力系统的安全裕度下降到 5% 以下。所以基于保障电力供应安全的迫切需求，英国需要新建超过 20 吉瓦的低碳电源，还必须新建北海风电输送通道和跨国输电线路，并对国内老旧的输配电设备进行升级改造，以满足不断提高的可再生能源渗透率。为此，英国政府计划到 2020 年，在低碳电源和电网建设与升级改造上投资 1100 亿英镑，其中 220 亿英镑由英国国家电网公司在 2010~2015 年用于输电网的建设和升级。然而，英国政府发现本国现有的市场机制难以为低碳电源和输电网的建设提供行之有效的价格信号。因此改革的目标就是通过完善市场机制，通过传递长期稳定有效的价格信号促进低碳电源和输电网建设，吸引国内外的投资，为本国的电力供应安全提供有力保障。与此同时，研究表明英国可再生能源配额制在促进大规模可再生能源的发展上是低效的，致使落实低碳发展目标困难重重。英国从 2002 年开始实施可再生能源配额制，出售配额证书、在批发市场销售电力成为可再生能源投资者两大收益来源。可再生能源配额制的引入在一定程度上促进了英国可再生能源发展，到 2009 年可再生能源发电装机容量占比已经从 5% 提高到 10%，实现了翻倍。问题在于可再生能源配额制使得可再生能源项目的收入由市场决定，在市场波动下投资者形成稳定的收入预期比较困难，从而提高吸引足够的资金用于大规模可再生能源投资的难度，造成英国政府所提出的可再生能源发电量占总用电量比重在 20% 以上的发展目标难以实现。

英国政府与英国天燃气和电力市场办公室（Office of Gas and Electricity Markets，OFGEM）一直坚持竞争性电力市场的"英国模式"，认为这种模式是向消费者提供廉价、可靠且可持续的电力的最佳方式。然而，在 2010 年 2 月，英国能源部部长和 OFGEM 都表示，市场解决方案并非完美无瑕。OFGEM 提出针对电力市场中的消费者、行业和政府监管进行优化改革。不断叠加的全球危机、不断提高的环境目标、持续提高的对天然气进口的依赖以及不断增加的老旧发电站的关停退役，众多前所未有的因素结合在一起，对英国提供安全可靠和可持续性的能源提出了严峻挑战。越来越多英国能源政策制定者逐渐认识到，必须对英国现有的市场安排和其他激励机制进行优化完善。相对于过往单一依赖自由市场机制，英国需要引入一种更加具有干预性的能源政策。特别是碳中和目标以及由此需要的低碳投资规模也要求对英国市场安排进行重大改革，以最经济的方式提供供应安全。这些判断导致了英国能源部门启动电力市场化改革计划，其最显著的标志是 2013 年 12 月通过的《2013 年能源法案》（Energy Act 2013）。与计划实施的核电项目一样，英国电力市场化改革是各党派的基本共识，2010 年 5 月上台的联合政府完全相信英国 OFGEM，支持其着手优化英国电力市场的制度设计。这使得英国成为第一个按照竞争性路线重组电力系统的欧洲国家，为欧洲乃至全球其他国家的电力市场化改革提供参考。

相对而言，欧洲其他国家促进低碳发展是最终目标，路径是改变能源结构、推进能源转型。很多国家采用的主要工具是上网电价补贴。就长远的发展趋势而言，可再生能源占比不断提高是不可逆的基本趋势，传统能源市场面临不断萎缩的局面。欧盟委员会在逐渐强化实施的新能源国家援助指导方针中，要求从 2016 年起逐步淘汰不符合欧盟标准的能源，代之以"与市场相关"的条款，保障 2020 年以后可再生能源具备有力的"电网竞争力"。欧盟其他国家通常实施促进低碳能源发展的单一政策，而不强调政策多元化。与它们不同的是，英国选择采用三个完全独立的计划来推进可再生能源的占比提高。在 20 世纪 90 年代，英国主要是在化石燃料税（FFL）的资助之下实施容量拍卖，依据相关机制安排，政府发出特定容量的投标，并选择最低价格的投标。虽然容量拍卖降低了成本，但由于规划不完善和资金保障问题，大部分的标案没有得到成功落实。因此 2002 年容量拍卖被可再生能源义务（Renewable Obligations，ROs）所取代。根据 ROs 的机制设计，电力零售商必须增加可再生能源供应的比例，具体比例由政府规定。

英国《能源法案》有六个主要条款，包括：①引入长期合同（差价合同的上网电价补贴），为投资各种形式的可再生能源提供稳定的财政激励；②市场容量；③碳排放价格下限机制（Carbon Price Floor，CPF），以减少投资者的不确定性，为碳设定一个公平合理的价格，并为已有的低碳发电投资提供更强的激励；④流动性措施，促使政府能够采取一致行动，改善电力市场的流动性；⑤排放性能标准（Emissions Performance Standards，EPS），限制新化石燃料发电站的二氧化碳排放，有效地阻止新的燃煤电厂的建立，除非这些电厂安装碳捕捉和储存装置；⑥限制向国内消费者征收能源关税的数量，规定企业自动将客户从低价值的封闭关税转向更便宜的交易，供应商有义务向消费者提供他们可获得的最佳替代交易的信息。

这六大条款形成低碳高效能源发展的有效屏障。一方面能够保障英国未来的电力供应安全，为电源和电网建设提供准确的投资和价格信号，确保充足的发电裕度和灵活接入的输电系统；另一方面也有利于推动电源低碳发展，到 2020 年，英国可再生能源占能源消费比重达 15%，占电力消费比重达 30%，从而确保英国可再生能源发展目标的顺利实现，并力争在 2030 年之前完成去碳化工作。此外，电力用户成本的最小化也能够在政策措施的保障下最终达成。英国电力市场化改革的特点在于进行合理的机制设计，有助于推动电力用户承担的成本最小化，确保电价控制在用户可负担的范围内。总之，英国电力市场化改革提供了重要经验，重点包括以下方面。一是建立容量机制。英国国家电网公司负责集中招标容量，包括电源、需求侧资源、储能等，由此可以保障英国长期发电容量的充裕度。二是建立可再生能源固定电价机制，并引入差价合同机制与竞争市场衔接。在批发价格低于固定电价的情况下，由政府补偿差价；在批发价格高于固定电价的情况下，高出部分返回政府。该政策为低碳电源提供稳定的财政激励措施，促进包括风电和核电在内的低碳电源投资增加。三是设立低碳机组碳交易价格下限机制。若碳成交价格低于价格下限，则由政府补偿两者的差价部分。四是制定新建机组碳排放绩效标准。新建机组碳排放标准被设定为 450 克/千瓦时，要求所有新建燃煤机组必须安装碳捕捉与储存装置。五是改革电网企业 RIIO① 监管模式。通过将 5 年监管期延长至 8 年、鼓励研发创新、加强产出绩效监管等措施，保障电网长期投资和支撑低碳发展。

四　日本

政府主导型可再生能源发展模式是日本的主要特点，由政府牵头的重点计划推动可再生能源技术进步，并将可再生能源技术列为重点扶持对象。早在 1974 年，日本政府就已经着手实施所谓的"阳光计划"，大力促进太阳能技术推广应用。1978 年，为推动燃料电池发电技术发展，日本政府推出"月光计划"。1993 年，为了促进太阳能技术推广应用，日本政府将"阳光计划"和"月光计划"合并为"新阳光计划"。该新型计划持续至 2020 年，总支付费用高达 1.6 万亿日元。1994 年，日本政府正式宣布在全国推广发展新能源和可再生能源，颁布的针对性文件是《新能源推广大纲》。该大纲明确提出，到 2010 年新能源和可再生能源占全国能源供应量的比重在 3% 以上，并为实现该目标对供需双方进行补

---

① RIIO 强调输配电企业的收入（Revenue）应该是依据激励机制（Incentives）、创新机制（Innovation）以及产出绩效（Outputs）综合确定，即"Revenue = Incentives + Innovation + Outputs"。

贴。从 1994 年到 2000 年，日本政府共计支付了大约 7 亿美元的补贴。"新阳光计划"有效推动了日本可再生能源的发展，促成该国光热利用和光电技术成为全球顶尖的可再生能源技术。

在日本，波浪能发电、地热能发电及燃料电池逐渐成熟，已进入商业化发展阶段。1997 年，日本开始实施《环境保护与新商业活动发展》计划，明确把新能源和可再生能源产业列为 15 个新兴产业之一。2004 年，日本政府又发布《新能源产业化远景构想》，提出了明确的产业发展目标，即到 2030 年将太阳能和风力发电等新能源技术发展成为日本支柱产业，实现年产值 3 万亿日元的规模。为推动可再生能源发展，日本坚定实行上网电价补贴（FiT）制度。2003 年，日本开始实施可再生能源配额制，可后续由于市场化程度低、政策效果不佳而取消。自 2009 年起，在日本发展多年的 FiT 系统被引入光伏发电领域。2012 年日本全面实施可再生能源固定价格体系，2015 年又进一步调整了固定价格水平和电力附加费。为保障能源供应安全，实现低碳发展目标，2016 年日本政府发布了《能源革新战略》，明确提出了 2030 年实现能源结构优化目标，即可再生能源占比 22%~24%，同时也提出了减排目标，也就是到 2030 年温室气体排放较 2013 年减少 26% 左右。围绕节能减排、可再生能源和能源供应体系三大主题，日本强调规划节能标准化，加速推进新能源上网电价补贴改革，并且非常重视物联网远程控制技术发展等。

五　其他发达国家的治理经验

（一）配额制

配额制可以在很大程度上促进可再生能源的发展。随着电力市场化改革的推进，配额制逐渐完善，这一制度的重点在于无论是电力生产商还是供应商，都要确保可再生能源的发电量在相应的电力生产和供应总量中占到规定的比例，"绿色电力证书"和"绿色电力证书交易制度"是配额制能够顺利实施的重要保障。"绿色电力证书"指的是可再生能源发电商通过可再生能源进行发电，将生产的绿色电力供应到市场中，并得到该证书，这也是供电商并非使用化石能源发电的证据。"绿色电力证书交易制度"的定义是，有资质的供电商可以将"绿色电力证书"在市场中进行买卖的制度。当电力生产商或供应商无法利用可再生能源进行发电或者绿色电力没有达到规定的额度，它们可以在市场中与有资质的可再生能源电力的生产商或供应商进行交易来购买"绿色电力证书"，这些可再生能源电力生产商或供应商由于卖出"绿色电力证书"而得到了一定的收益，这笔收益又能够更好地促进可再生能源的持续发展与利用。强制配额和"绿色电力证书交易制度"促使电力市场能够有效发挥自身的调节作用，与此同时也能够提高可再生能源产品的价格。平均上网电价补贴加上绿色交易证书的价格便等于可再生能源发电价格。绿色证书计划是荷兰在1998年新的电力法案中提出的，该计划规定了用户有义务购买一定量的绿色电力。该计划提出，当荷兰发电厂商每次将100万千瓦时的可再生能源电量输入电网中，便可以获得一份绿色证书，相反的是，如果发电厂商没有达到100万千瓦时的可再生能源的发电量，就将被处以每千瓦时5分荷兰盾的罚金，绿色证书的价格是每千瓦时3~5分荷兰盾。在绿色电力的市场化机制改革中荷兰政府起到了至关重要的作用，政府和事业单位不仅能够在税收和贷款等方面给绿色电力开发商一些优惠，还能够带头购买绿色电力，起到模范作用。荷兰绿色电力最大的两个用户分别是国有铁路公司和自来水公司。

　　欧盟通过设立特定的法律法规来保证强制性配额制的有效实施，从而达到指令性计划和市场机制有效结合的目的。欧盟可再生能源的发展往往是通过市场机制这一"无形的手"来推动的。固定价格法和配额制是欧盟各国主要使用的方法。其中，固定价格法的定义是通过国家决定一个可再生能源发电的较为便宜的上网价格，由市场的供需均衡来确定发电量。法国等国家都实行了固定价格法。固定产量比例法是指电力生产商或者供应商都要确保可再生能源的发电量在相应的电力生产和供应总量中占到规定的比例，该比例由国家确定，并且可再生能源发电的价格是通过市场的竞争性来决定的，采用这一制度的国家主要有意大利、瑞典、英国等。固定产量比例法能够有效降低发电企业的发电成本。当然"可交易绿色证书"也是配额制发挥作用的重要因素。如前所述，"可交易绿色证书"市场是指那些无法达到可再生能源发电量指标的发电商或者配电商，可以按照当时的市场价格从那些已经超标的发电商和配电商手中购入清洁电力。强制配额制被欧洲的很多国家所采用，这些国家根据这一制度来要求国内的能源公司利用并购买一定份额的可再生能源。比如，法国、西班牙、德国等国家通过固定电价政策来收购价格较为优惠的可再生能源发电量，英国采取的则是强制配额制。瑞典通过采用绿色电力交易证书制度，将绿色电力在总发电量中的占比提高到15.1%，并且鼓励有多余生产能力的企业提供更多的绿色电力，将多余的绿色电力通过市场来进行交易。配额制不仅能够激励企业对可再生能源进行开发利用，还可以让市场进行定价，减少可再生能源过度开发的风险。

（二）税收和补贴政策

税收和补贴政策是一项推动可再生能源发展的重要政策工具，广泛应用于各国电力市场。这一政策的具体做法是，首先要重新制定一套电力税收机制，使得绿色电力能够以最低的价格卖给消费者；然后要保证市场中销售的绿色电力来源于可再生能源。现在很多国家通过绿色证书机制来保障市场中用户所购买的绿色电力总量等于全部绿色电力发电量。为了让用户知道绿色电力的重要性，推进更加透明的绿色电力机制的运作方式，政府不断强化绿色电力的生产者和消费者激励措施。在政府推动下，整个荷兰已经有70多万户家庭开始购买绿色电力，占到了荷兰家庭总数的20%。但是用户购买绿色电力需要每千瓦时多交付2~4欧分，所以政府对传统能源多征一部分税收，从而达到减少传统电力与绿色能源之间差价的目的。不仅如此，政府还与能源公司进行合作，能源公司建立新的可再生能源发电厂，而政府帮助其寻找新的客户，并从税收和补贴方面提供相应的优惠。欧盟为了激励可再生能源的利用与发展，采取了对于可再生能源项目的开发者进行税收补贴这一重要措施。税收补贴政策在一些没有明确定价政策的国家中是非常盛行的，并且涵盖了多种可再生能源。

比如，丹麦从1996年就开始设立相关法案，规定了对于可再生能源开发利用的项目进行税收补贴的事项，建设成本的15%~30%都可以由税收补贴进行覆盖。其中，某些试点示范类项目的开发者能够获得高达50%的税收补贴。对生物质热电联产项目的补贴能够覆盖成本的16%，对沼气发电厂的税收补贴更高，能够达到30%。芬兰在1999年也开始实行对于可再生能源开发利用进行支持性补贴的政策，其中对于生物质作物的补贴达到30%，并且规定了拥有创新技术的可再生能源开发项目才可以得到最大数额的补贴。芬兰早在 1997 年就颁布了《能源投资减让法》，其中对可再生能源投资的补贴政策有明确说明。可再生能源的先进技术推广和更高的能源利用效率都可以达到节能减排的目标，并且可以减少一些可再生能源技术研发第一年的投资收益的应纳所得税，对于收入税的减免能达到 99 欧分每千瓦时。同时，此法案也设立了每个项目的最大补贴额度，2004 年的数据为 1060 万欧元，同时对补贴的项目和技术列出清单，并每年更新一次。政府只对投资高于规定门槛的非营利组织和私营部门进行补贴，对于非营利组织的税收补贴可以覆盖成本的 18.5%，个体家庭农场主的税收补贴更高，达到了 20%。

（三）产品和用户补贴政策

产品补贴是指对于可再生能源设备的产品产量进行的补贴。这种补贴最为突出的优点是在提高产量的同时也能够降低生产成本，实现规模经济递增。荷兰、丹麦等国家都在实行这种鼓励政策。丹麦政府除了提供一部分风力发电机的安装费和制定可再生能源最低价格之外，还给每一度绿色电力一些补贴，借此来促进可再生能源的发展。当然，这一制度如今已逐步取消。荷兰颁布的《电力生产环境质量控制法》中规定可再生能源的发电商最多可得到长达 10 年的持续补贴，并且可再生能源技术进步也会影响补贴的金额。对于海上风电和太阳能发电等设备的补贴最高达到了每度 6.8 欧分。其中补贴的资金主要来自对所有入网电力（主要是火电厂）的征税收入。荷兰能源部提出，补贴金额在 2005 年为 2500 万欧元，到 2006 年更是增加到了 3160 万欧元。《挪威工业节能网络规划》指出，要重点支持大型工业企业和重工行业的节能减排和效率优化改进项目，其中补贴最高的更是可以抵免企业能源管理费和监控费的 20%。

用户补贴的定义是对使用绿色电力的消费者给予一定的补贴。比如，德国《可再生能源法》中提到联邦政府需要向"市场激励计划"加大资金投入力度，才能确保可再生能源的开发利用与发展。联邦政府每年最多会投入 5 亿欧元的资金用来支持该计划的实施。与此同时，现有建筑物供热项目也得到了联邦政府特别关注，在 2005 年对于现有建筑物供热项目的投入就达到 1.3 亿欧元，到 2008 年更是提升到 3.5 亿欧元。安装了太阳能热水器的用户会得到德国联邦政府 40% 的补贴，并且联邦政府愿意投入 400 亿欧元来促进可再生能源的发展。2010 年 4 月 1 日起，英国实行新的《可再生能源电力强制收购补助计划》，该计划会给予愿意使用小于 500 万瓦的小型太阳能发电系统的家庭用户每年 900 英镑的补贴，且持续补贴 10~20 年。英国为了在可再生能源发展领域超过其他欧盟国家，便逐步提出了一系列可再生能源的补贴政策。英国在 2008 年实施的《能源法案》中提出，要通过补贴的方式来激励可再生能源的发展。英国在 2010 年实行了"可再生能源供暖补贴"政策，这也是全球第一次以近似于补贴电价的形式来激励可再生能源供暖的举措，该计划指出使用可再生能源来进行供暖的家庭可以得到一定的现金补贴。减少税收同样也能够起到推动可再生能源发展的重要作用，例如欧盟国家会对生物质液体燃料免征燃料税。欧盟汽油价格中燃料税占到了 2/3，如果利用的是生物燃料乙醇则可以免收燃料税。虽然欧盟汽油价格比乙醇燃料低很多，但由于实行了燃料税的减免，生物质液体燃料得到了更广泛的应用，促进了可再生能源的发展。

（四）信贷融资政策

低息或贴息贷款等金融政策能够减轻可再生能源企业还本期利息的负担，推动降低企业生产成本。由于政府提供相应的金融支持，它们必须筹集资金用来支持贴息或减息，并且数目越大的贷款数量意味着所需支付的利息越多，自然所需筹集的资金也就越多。因此，在西方国家信贷融资政策可以持续推进的关键因素是资金的供应状况。在德国，这些扶持性政策由德国政策性银行——复兴信贷银行负责，它主要为太阳能、风能、水能、沼气能、生物质能、地热能及其他可再生能源提供优惠贷款。德国开发银行又提出《太阳能发电计划》，明确发展目标，促进政策落实的法律法规和配套政策。既要落实对于欧盟总体要达到的目标要求，又要提出对于各成员国实现目标的具体规定，这是欧盟可再生能源政策目标设定的一个特点。欧盟国家总体目标及成员国各自目标先后在 1997 年《可再生能源战略和行动白皮书》和 2001 年《促进可再生能源电力生产指令》以及后续的法律法规中都有所规定，还包括实现这些目标的信贷融资政策框架。

欧洲各国充分发挥绿色金融促进可再生能源发展的杠杆作用，采取控制和收紧化石能源行业的融投资和运用绿色信贷、绿色基金等方式支持可再生能源发展的双重手段，致力于达成远期减排目标。2018 年，爱尔兰众议院通过了一项《化石燃料撤资法案》，要求爱尔兰主权基金出售其在诸如煤炭、石油、天然气等化石燃料领域的投资。2019 年，挪威议会通过决议，要求该国养老基金从化石燃料领域撤资，并转投可再生能源项目。德意志银行、法国巴黎银行、荷兰国际集团等欧洲金融机构，先后宣布不再为煤炭开采和煤电项目提供融资。欧洲突破性能源投资基金由欧洲委员会、欧洲投资银行和突破性能源风险投资公司联合成立，其宗旨在于协助欧洲公司开发清洁能源技术。为了实现 2030 年 55% 的减排目标，欧盟重新修订可再生能源融资机制，将清洁技术和可再生能源作为资金投入的第一优先领域。

第二节　中国政策优化选择

一　夯实新型电力系统支撑平台

党的二十大报告明确指出要"加快规划建设新型能源体系"。鉴于可再生能源主要是以电能的方式进入消费端，新型电力系统是新型能源体系的重要组成和支撑。因此，新型电力系统决定新型能源体系的清洁化成色，依托新型电力系统促进可再生能源大规模、远距离并网消纳是迈向"双碳"目标的必然选择。基于可再生能源大量替代传统化石能源的发展背景，分布式能源、电动汽车、储能等交互式用能设备广泛应用，高比例、波动性可再生能源大规模并网对电力系统高效、安全和优化运行提出更高要求。本质上要求不断强化连接电力生产和消费的关键平台——电网基础设施和输电通道，推动电网前沿技术布局，保障电网安全稳定运行。

（一）强化输配电平台建设，完善跨区输电通道基础设施

由于经济新常态下电力需求增速有所放缓，全国电力供需保持总体平衡。从地区来看，西北、东北等资源密集地区电力供应呈富余状态，但可再生能源发电外送通道不足，"窝电"问题比较严重；与此同时，东中部负荷中心地区由于工业和人口集聚，经常出现区域性、时段性电力供应紧张的局面。随着可再生能源装机容量占比的不断提高，并且西

北、东北地区在建和投产装机容量增速大幅超过本地用电负荷增速，在跨区输电通道短缺和调度机制不健全的情况下，"窝电"规模将进一步扩大，因此电力送出通道建设的需求越发迫切，以避免不时出现电源项目面临"投产之日即要限产"的局面。解决西北、东北电力送出困境的根本途径在于加快跨区输送通道建设，并且建立优先机制将西北、东北电能，特别是可再生能源发电输送到需求旺盛的东中部负荷中心地区。首先要加快西北电力外送通道建设。近期西北地区的富余电力迫切需要外送，远期西北地区大规模的风电、太阳能发电也需要合理的外送通道和消纳机制。国家电网有限公司推进哈郑直流工程、新疆与西北主网联网第二通道工程以及陕甘输电联络线建设，着力提高西北向华北、华中电网的送电能力，不断扩大西北富余电力外送规模。此外，在宁东—浙江特高压直流输电工程、靖边—潍坊特高压交流工程的基础上采取措施以进一步提升输电效率。其次是加快东北电力外送通道建设。东北四个地区（黑龙江、吉林、辽宁、蒙东地区）均是风电富集地区，而本区域消纳风电能力十分有限，若不加大外送力度将难以实现国家的风电发展规划目标。

完善跨区输电通道基础设施，优化电力调度机制，提高可再生能源跨区配置效率。一方面，大力推进可再生能源资源富集地区骨干网架建设，为清洁能源资源在全国范围优化配置奠定坚实的"硬件"基础。另一方面，要优化调度机制，建立行之有效的奖惩制度以促进可再生能源并网消纳，提升通道利用效率。在送端通过优化可再生能源提升它与其他电源匹配的比例，加速将停建、缓建电源项目移出禁建名单，有效推动配套协同电源项目落地。同步强化送端和受端配套电网建设，提升跨省跨区输电工程的协同输电能力。加强可再生能源发电精细化运行和电力优化调度。提升可再生能源功率预测精准度，优化实行可再生能源统一调度，充分发挥区域间电网协调优化电力配置能力，最大限度地发挥联络线之间跨省调峰相互支援潜力。此外，强化云计算和大数据等新兴和先进技术运用，大力挖掘大电网的资源配置优势，促进调度优化和科学性，推进跨区、跨流域风光水火协同资源供给，提高发电的安全性和稳定性，促进与用户响应之间的协调平衡。

（二）构建面向新型电力系统的输电通道管理制度

可再生能源发展是实现"双碳"战略目标的必要保障，所以必须加快推动可再生能源的发展进程，扩大发展规模，树立可再生能源在能源结构中的主体地位。可再生能源具有随机性和波动性等特征是因为可再生能源发电出力主要依靠风力与光伏等自然资源，容易受到客观条件的限制，不利于电力系统的稳定运行。可再生能源出力的波动性会引起输电通道中的电力阻塞。引起问题的原因主要有以下几点。首先，可再生能源出力在时间层面上较为一致，这就导致多种可再生能源在同一时间段对于通道的使用需求急剧增加。其次，与传统能源不同，由于可再生能源是反调峰出力，原本只考虑在本地负荷消纳后的规划送出能力在负荷低谷时将不能满足送出需求。最后，因为近年来资源丰富地区在可再生能源领域的发展过于迅猛，负荷的实际增长过快，已经超出预期，这无疑使得送出难度大幅度提升。但是，可再生能源发电与传统电源相比较，利用时长相对较低。如果再设计涵盖本地负荷消纳的输送通道，则会导致其大部分时间将处于闲置状态。所以，为了解决以上问题就需要重新进行规划，调整输电通道的运行策略。

输电通道潮流阻塞的双向性特征明显。新型电力系统中，随着可再生能源比例的逐渐增加，常规机组的可控性大大降低，输送通道潮流方向开始失去控制。由于可再生能源出力的波动性，在部分地区逐步提高可再生能源接入比例之后，输电通道负荷输入性阻塞发生在可再生能源出力无法满足负荷的高峰时期。而可再生能源送出又常常在负荷低谷时期受到制约。这会导致输电通道潮流阻塞的双向性。

通过实时改变源荷对于电网的注入功率可以消除输电通道运行时阻塞的问题。需要对调节资源的配置重新进行合理规划，同时加强输电通道建设。输电通道在新型电力系统中有着重要地位，不仅要维护电网安全稳定运行，还肩负着输电通道使用低碳化发展的任务。

第一，提升阻塞消除的效率与灵活性。为了消除输电阻塞，要重视灵活调节资源的重要性，提高输电通道使用管理中调节资源的比例；同时提高与可再生能源机组配套的调节能力。在运行阶段，增加调节资源去除阻塞的需求。目前有两种方法可以用于提高用电侧和发电侧在输电通道上的低碳化投资：首先是在实时调度中根据输送能力的情况合理制订出力计划；其次是运用二次调度，当发生输电阻塞的情况后，为了消除阻塞可以加入增量计划。

第二，将分时均衡性和源荷曲线匹配性引入输电通道。当可再生能源机组自然出力水平较低时会引起输电通道低负载率的问题。相对应地，当发生输电阻塞时说明送端和受端都有存在问题的可能性，需要从设计和运营两方面对源网荷储进行提升。输电通道的规划，需要实现相同地区灵活调节电源和出力曲线互补电源同步建设的目标。还需要变更源荷两侧的功率曲线，在低谷时段提高输电通道利用率的同时，解决高峰时段输电通道阻塞的问题。

第三，加快"源网荷储一体化"发展进程。新型电力系统的建设离不开"源网荷储一体化"发展，这有利于形成电力系统集中式和分布式的协同发展模式。可再生能源发电存在机型种类多，并网特征具有较强差异性等一系列问题，这些问题可以通过发电侧多种能源之间的相互补充、利用、转换以及联合控制进行克服，从而促进多种能源的协同发展与优化配置。需求侧可以通过市场激励机制，不断改变消费者的消费模式，引导用户向低碳化、清洁化方向消费。为了进一步提高可再生能源消纳能力，则需要对负荷侧的调峰能力进行优化，最后实现供需平衡以及协同发展。

第四，加快推进数字化转型和构建能源互联网。如今数字化的发展已经深入我国经济发展的各个领域，与新型电力系统的结合能够实现数据实时监测，从而提升数据的时效性、真实性以及可靠性。把数据作为一种生产要素加入新型电力系统中，能够提升预测源侧、荷侧功率的能力，推动"源网荷储"互联互通。

（三）健全新型电力系统中的"电-碳"联动机制

实现电力生产要素优化配置和自由流动，降低用电成本，增加社会效益都是建设电力市场的目标。而碳市场的建立能够在节能减排的过程中不断降低经济成本。虽然电力市场和碳市场的作用机制不同，但是都可以实现电力结构的转型，使得电力行业向着低碳化、清洁化的方向发展，并且两个市场的互联互通可以产生协同效应。

通过对国外成熟的电力体系的学习，可以发现电力市场和碳市场的融合发展不仅能够实现生态环境的改善以及资源配置的合理调整，还可以扩大可再生能源的发展规模与应用范围，提高可再生能源在能源结构中的比例。想要实现电力行业的清洁低碳化发展，那么以新能源为基础建设新型电力系统则是转型的必由之路。为了建设电力市场和碳市场共同发展的新型电力市场体系，推动能源生产，促进绿色消费，最终实现"双碳"战略目标，可以从政策支持和市场机制两个层面加强建设。

首先是从政策支持方面，对于电力市场和碳市场的制度进行不断完善和改进，实现不同政策工具之间的相互配合与衔接。电力市场与碳市场的有效融合、联合发展是政策制定的首要前提。其中，在电力市场政策制定方面，充分考虑新能源的特性以及运行特点，相关部门在顶层设计中提高新能源的比重，并建立健全电力市场发展体系和交易机制，加快推进以新能源发电技术为基础的新型电力系统。在碳市场的政策制定方面，局部、盲目的低碳化发展无法大幅度降低减排成本。想要实现全社会层面的减排成本最小化，就必须同时推动电力行业上下游企业的低碳化发展进程。积极推动电力市场和碳市场的融合，构建一个有序发展、公平竞争的"电碳协同"的市场体系。

其次是从市场机制方面，在市场机制和交易机制建立和完善的过程中，要及时发现不足之处并改进。之后要将电力行业的低碳发展作为首要目标，促进"电－碳"联动机制的建立。为了实时传导碳价、电价，必须在电价放开之后再考虑解决间接排放问题。在不背离电力市场化发展方向的基础上，视电量放开稳定情况来逐渐推出配额拍卖手段。

二　完善全国统一电力市场体系

回溯全球主要国家电力市场建设的基本经验，可以发现放松发电侧、售电侧管制，酌情扩大用户的购电选择权，促进售电企业公平竞争，研究设计发电企业与用户、售电企业之间电力交易的市场机制，建设电力交易平台，最终形成全国统一开放的电力市场体系，是各国电力市场建设和完善的主要目标。基于电力部门发、输、配、售不同环节业务的技术经济特性，输电和配电环节自然垄断属性是难以扭转的客观事实，过度强调和引入竞争常常适得其反，造成重复建设和社会福利的总体损失。发电和售电可竞争性属性更为明显，电力市场化改革的重点应该落脚于构建发电企业、售电企业和用户之间自由交易的市场机制，充分发挥市场机制的价格发现功能。这是中国电力市场化改革的重点方向和根本遵循。从过往的改革经验可知，自 2002 年开始中国逐步实现发电和电网的分开，众多发电主体兴起，建立起多卖方的市场结构。在此基础上，电力市场化改革需要进一步构建多买方市场主体，以改革试点等方式逐步放开用户选择权，加快培育多售电主体，建设由多卖方的发电企业、多买方的售电企业和终端用户组成的"多买方-多卖方"的有序竞争市场格局。为更有效地凸显电力市场的结构特征，不同于将配电企业转型为买方主体，应该加速售电企业的多买方主体的转型，由此更好地发挥竞争效益。因为配电企业市场化存在诸多效率损失的问题，例如配电业务为受监管业务并不能扭转参与市场竞争的售电业务和配电业务分离的局面，难以获得售电业务市场化收益。在用户没有选择权的情况下，即便放开配电企业的购售电业务仍不能消除其垄断属性，也就难以减少由垄断所带来的福利损失。此外，各种分布式能源、智能电网的持续发展和兴起，客观上需要放开和扩大用户选择权、引入售电侧竞争，最终实现效率提升和福利增进的动态有效平衡。

（一）优化完善各层级电力市场，增强省级市场协调和联动

鉴于中国资源禀赋空间分布特征，实现可再生能源大规模跨区输配，必然要求构建以国家和省级电力市场为主的全国统一电力市场体系。各省份作为地方经济和能源发展的主体，异质性的地方经济和能源发展形成了以省份为基础的电力供应格局，促使以省份为主导的能源和电力发展规划、电价形成和核定，电力交易的主要份额在省内完成。建立省级电力市场，只有将市场机制引入省区内的电力交易，才能为地方经济更好发展提供有效电力保障，从而保障全国稳定的电力供应格局。由于受电力资源配置规模、配置范围以及内部发供电资源互补性差等因素制约，目前区域电力市场优化资源配置的作用不明显，无法充分挖掘电力资源配置潜力。在中国具有比较强的区域间电力资源互补性，可以挖掘出潜力巨大的跨区资源优化配置。比如华北和华东地区主导型煤电与华中地区主导型水电可以实现空间可观的水火互济。华北、华东及华东等电力受端与西北和东北等电力送端之间可以实现大范围的电力供需平衡和调剂余缺。此外，构建国家统一电力市场，还有助于促进中国西北地区大型可再生能源基地向东中部地区远距离输电，解决能源和环境双重紧张

的局面。只有通过国家统一电力市场，"三北"地区丰富的风电资源才能在全国范围内消纳，从而实现能源安全高效地开发利用和清洁化转型。大规模输配电的全国统一电力市场不仅能获得规模效益，还能利用区域之间的互补性，获得错峰避峰、跨流域补偿、水火互济、减少备用等多重综合效益。

就层级划分而言，中国电力市场体系主要由国家电力市场和省级电力市场两部分组成，并且以国家和省级统一电力交易平台为核心。国家电力市场的主要职责是承担跨区跨省电力交易，满足在全国范围内促进电力资源优化配置的需要；省级电力市场的主要职责是承担省内电力交易，是基础性的电力交易市场。发电侧竞争通过国家和各省份电力交易平台组织发电侧、售电侧共同参与，售电侧竞争主要是通过放开和扩大用户的购电选择权，推动开展省内竞争。①国家电力市场。国家电力市场的功能是优化配置全国范围内的电力资源，业务上主要从事电力批发交易。在国家电力市场进行的发电批发交易主要采用场外双边交易的方式，辅之以场内集中交易，具体主要从事电能交易、输电容量交易、辅助服务交易、电力绿色证书交易、期货期权交易等电力金融衍生品交易。参与主体主要有发电企业、电网公司、售电公司、大用户、电力经纪人（或中间商）等，而在电力金融衍生品出现后，期货公司、投资银行等金融机构也会参与批发电力交易。②省级电力市场。省级电力市场的主要功能是优化配置省内电力资源，具体业务主要是开展电力批发竞争和零售竞争。省级市场开展电力批发竞争的主要目标是实时平衡交易，并根据安全控制区来确定参与实时交易的发电企业范围；电力零售竞争主要是依据政府制定的制度规范，以市场主体之间的自由协商为主，不设统一的交易平台。

（二）培育电力现货和辅助服务市场，完善可再生能源发展的多元市场支撑

可再生能源在中国的电源结构中已经初具规模，但多元电力市场尚处于发展中期，远没有达到成熟的阶段。因此，为进一步促进可再生能源并网消纳，就需要加快建立全国统一的电力交易市场，强化市场化自由交易机制，构建可再生能源消纳长效机制和制度安排。在设计和完善中国电力市场的过程中，有必要充分考虑新时期能源转型和高比例可再生能源接入电网系统的市场机制安排，在全国统一市场架构下强化多级市场的协调配合，有效落实可再生能源并网消纳市场激励。应积极探索建立包含现货交易和中长期交易的容量市场、涉及灵活调节服务的辅助服务市场、跨区跨省交易市场和绿证交易市场等在内的多元化统一的市场体系，建立常规能源为可再生能源调峰的辅助服务和补偿机制，为常规能源和可再生能源盈利提供一定的市场选择空间，强调有效发挥市场自发调节功能，形成高比例可再生能源并网消纳的电力转型优化路径。

依托三大市场推进电力市场转型。一是度电市场，即能量市场，其所发挥的是能量提供的作用；二是电力市场，即非能量市场，其所发挥的是电力支撑能力和运行灵活性等辅助服务的价值；三是政策性市场，具体包括碳交易市场、绿证交易市场以及能效市场等，其所起到的是绿色环保等作用。三大市场协调组合，共同构成统一完整的能源电力市场体系。可再生能源电力获利主要通过能量市场实现，其优势在于运行成本低，边际成本趋近于零，因而适合在能量市场中获取价值；在能源供需形势紧张的时段煤电机组等传统电源在能量市场中发挥作用，但其主要的功能应该是以可调度和灵活的方式提供辅助服务，由此从市场中获取投资回报。所以，常规能源提供商肩负着由"单纯电能量提供者"转型为"电能量与灵活调节服务供应商"的历史使命。除了能够在能量市场上获利之外，可再生能源还可以在政策性市场上体现其绿色低碳的环保价值。当然，这需要国家出台明确且严格的绿色低碳发展政策目标和要求，包括建立和完善可再生能源配额制、绿色证书交易制度等。多元化的可再生能源市场体现了不同能源品种所能提供的多样化能源电力服务的市场价值。为了充分发挥市场体系的功能，需要进一步加快推动全国统一电力市场建设，完善可再生能源跨省区电力现货市场，优化辅助服务补偿机制和分摊机制，加快实现调频、备用等辅助服务补偿机制市场化以及进一步有效实施绿证机制，切实落实消费侧消纳责任等。

（三）推动商业模式创新，增强源网荷三侧储能市场的电力资源优化配置功能

可再生能源的间歇性和波动性使其难以提供稳定可靠的电力，由此催生了储能市场。作为电力市场化改革的先行者，欧美经过20年左右的改革使得其电力市场化程度达到相当高的水平，其重点表现在储能市场的发展和完善。欧洲储能协会（European Association for Storage of Energy,

EASE）的研究报告指出，到 2030 年，欧洲为实现最新的减排目标需要部署至少 67 吉瓦的电池储能。在各国资金支持和各类激励措施的推动下，欧洲是全球最大的储能市场。欧美储能市场制度较为完善，建立储能参与电能量批发市场、辅助服务市场和容量市场的协调机制，并不断创新储能市场商业模式。欧盟主要通过向电网运营商提供调频服务等辅助服务的模式引入储能市场并从中获取收益。美国储能市场的商业模式主要包括代理需求响应资源（Proxy Demand Resource，PDR）、分布式能源（Distributed Energy Resources，DER）和非发电资源（Non-Generation Resource，NGR）等。这些储能的市场参与方式及其实践经验为完善储能市场制度提供了重要参考。

因为发展相对滞后，中国储能市场的商业模式尚不成熟，但政府积极采取措施推动储能市场发展。2022 年 5 月，国家发改委办公厅、国家能源局综合司联合发布《关于进一步推动新型储能参与电力市场和调度运用的通知》，为新型储能参与市场和调度运行指明了方向。更为重要的是，该通知中明确规定了新型储能在参与市场中的主体地位、电价、交易机制以及调度运营机制等。各地方积极响应政策号召，2022 年山东率先推动新型储能参与现货市场交易。但由于储能市场仍处于发展早期，电源侧、用户侧储能（电源侧储能指在发电企业计量关口内并网的储能，而用户侧储能是在电力用户计量关口内并网的储能）市场主体和运行机制差异较大，配套的制度安排仍不到位。因此，需要针对可再生能源配储、电网侧独立共享储能以及用户侧储能，细化市场收益来源，依托中长期电能量市场、现货电能量市场、辅助服务市场以及容量补偿机制建立储能市场融合的制度安排和市场规范，重点是发挥价格机制作用，优化储能市场收益机制。

2021 年，国家发改委发布的《关于"十四五"时期深化价格机制改革行动方案的通知》明确要求建立新型储能价格机制。同年国家发改委发布的《关于进一步完善抽水蓄能价格形成机制的意见》提出，要以竞争性方式形成电量电价，并强调把容量电价纳入输配电价回收。当前，国家已经出台针对抽水蓄能的容量电价机制，但受到新型储能电源和负荷双重市场身份的界定问题等影响，新型储能无法享受同等容量电价政策。此外，国家要求进一步完善峰谷电价机制，合理确定峰谷电价价差。

具体是要求上年或当年预计最大系统峰谷差率超过 40% 的地方，设置原则上不低于 4∶1 的峰谷电价价差，其他地方原则上不低于 3∶1，且尖峰电价在峰段电价基础上上浮比例原则上不低于 20%。随着各地均在不同程度上拉大峰谷电价价差，价格机制将决定储能市场的发展状况，有必要对其效果进行评估并采取动态价格的方式及时调整。调峰和调频辅助服务、峰谷电价套利是中国电化学储能最主要的收益来源。尽管目前已有 20 余个省市启动电力辅助服务市场，但市场机制并不完善，交易品种较为单一，以调峰为主，辅之以调频。其中，储能参与调峰辅助服务主要集中在山东和东北等地，储能参与调频辅助服务则主要集中在山西、内蒙古、江苏、浙江以及宁夏等省区。在辅助服务市场机制不健全的情况下，新型储能等优质调节资源从中获得的相应补偿与其投入成本并不匹配，这将成为提升可再生能源渗透率的重要障碍。此外，对于用户侧储能来说，其商业模式主要是峰谷电价差套利，具体市场实践主要集中在江苏、浙江和广东等省份，推广到其他地方还存在众多障碍，需要适当调节峰谷电价差，以推动各地积极发展用户侧储能市场。

三　协调并网消纳价格和数量政策

中国发展可再生能源电力的基本措施是，省级经济主管部门和电网公司根据装机容量份额在发电公司之间分配电力生产配额，即发电权。由于这些按比例分配的发电权和固定的上网电价，电力公司无法通过市场竞争获得发电权。并且，每个风力发电机组和太阳能光伏发电机组的装机容量分配了相同数量的发电权。这样的制度最终将导致"公地悲剧"问题（Auffhammer et al.，2021）。由于一个省份的电力需求有限，任何新增可再生能源装机容量将获得与现有容量相同的平均发电权。这使得只要投资新装机容量有高回报率，可再生能源公司将继续增加投资，直到新项目的经济利润降至零，由此导致产能过剩和竞争上网问题。

中国的可再生能源政策是固定上网电价的价格政策和以电网公司强制购买可再生电量的数量政策的结合，旨在保证可再生能源电力价格和并网。然而，当价格和数量都得到保证时，企业就并非在市场竞争的情况下做出决策，利润最大化的动机就是扩大生产能力。此外，由于可再生能源电力在固定上网电价政策下获得了超额补贴，可再生能源投资者仍然有可能在电力输出大幅缩减的情况下获取利润。加之省际电力市场存在壁垒和发电时间的行政分配，过度投资将提高风电和太阳能光伏发电的弃风率和弃光率。

2015年，我国启动了新一轮电力体制改革。这项改革的重点是放开电力销售，推动供电企业按规定的电价收取输电和配电费，并允许工业用户通过直接谈判或省级批发市场的集中拍卖，直接从电力交易市场的发电商那里购买电力。行业用户和发电商之间的大用户直接交易意味着电力生产的价格和产量在一定程度上是由竞争市场决定的。通过减少省级政府的规划权力，2015年的改革提高了电力生产的效率。然而，改革只适用于省内电力交易，跨省电力交易仍需得到省级政府的批准。"9号文"将促进更多省份通过长期合同或现货电力交易推动风能和太阳能光伏发电的直接交易。风能和太阳能光伏发电商将获得具有竞争力的市场交易价格和固定补贴。风能和太阳能光伏发电的固定上网电价补贴极大地刺激了中国可再生能源电力的发展，但是高额的固定上网电价补贴是不可持续的。补贴加剧政府债务负担，导致可再生能源发电的过度投资，以及由此产生过高的弃风率和弃光率。为此，2018年5月，政府将固定上网电价补贴改为通过拍卖设定价格。虽然设定风能和太阳能光伏发电的固定上网电价，但补贴被用作拍卖的指导价，即最高限价。因此，拍卖基本上成为补贴计划的定价机制。

国家发改委和国家能源局于2016年联合发布了《关于完善光伏发电规模管理和实行竞争方式配置项目的指导意见》，鼓励省级能源部门通过拍卖分配补贴资源，并扩大补贴水平显著较低省份的配额。国家发改委和国家能源局于2017年9月初步实施了一项名为"领跑者"计划的光伏发电拍卖试点项目。第二轮"领跑者"计划的电价大幅下降，一般降幅在15%~35%，最低电价达到每千瓦时0.45元。在第三轮"领跑者"计划中，许多地区的投标价格接近甚至低于当地脱硫煤电的基准价格，并实现了可再生能源的电网平价，也就是风能和太阳能光伏发电的平准化成本低于或等于电网的平均电价。

2017年6月，中国进行了风电试点第一套项目的拍卖。2018年5月，国家能源局发布了《关于2018年度风电建设管理有关要求的通知》，要求对新的陆上和海上风电项目实施竞价拍卖。风力发电的最低投标价格仍比当地燃煤火力发电的基准价格高出很多，在成本上仍然没有竞争力。2019 年 11 月，浙江省宁波市和温州市发改委公布了其海上风电项目 2019 年的招标结果，可以看出海上风电仍然是最昂贵的可再生能源。总体而言，与煤电相比，中国大部分省份目前的可再生能源发电成本仍然相对较高。

2018 年，国家发改委、国家能源局和财政部联合发布了《关于 2018 年光伏发电有关事项说明的通知》，在全国范围内启动了光伏发电厂的一般性拍卖。这进一步增强了国家补贴项目的竞争力，减少了太阳能光伏发电对国家补贴的依赖。2019 年 7 月，国家能源局宣布，2019 年太阳能光伏发电的平均每千瓦时竞价比拍卖指导价（或最高限价）低 0.08 元，这表明竞争性市场更能有效地揭示可再生能源电力的成本（Auffhammer et al.，2021）。2020 年，拍卖项目的容量增至 26 吉瓦，平均投标价格从 2019 年的每千瓦时 0.436 元降至 0.372 元。

此外，国家发改委和国家能源局发布了可再生能源投资组合标准，旨在解决可再生能源电力交易的省际壁垒。2020 年 6 月发布了各省份非水电可再生能源电力在全社会电量中所占份额的最低目标，到 2020 年底目标范围为 3.5%~20%。根据该政策规定，省级政府负责为其管辖范围内的电力销售商（包括电网公司和独立电力零售公司）和工业用户制订可再生能源电力消纳计划。无法满足最低可再生能源电力消纳要求的电力卖家和工业用户可以购买绿色证书，或直接从满足最低要求且有剩余配额的公司购买可再生能源消纳配额。该政策推动可再生能源优先用于发电，促进开展直接电力交易，对鼓励各省份消纳可再生能源发挥了重要作用。

（一）激励性可再生能源消纳责任分配和保障机制

国家能源局和国家发改委在 2019 年共同发布了《关于建立健全可再生能源电力消纳保障机制的通知》（以下简称《通知》）。为了制定各区域的可再生能源电力消纳责任权重指标，《通知》中强调要按省级行政区域来设计一套强制性的消纳责任机制，推进可再生能源电力消费引领氛围的形成，建立电源供应侧促进和用电消费侧责任双轨并行、共同发力的可再生能源电力发展机制。同时，在风电、光伏发电等可再生能源电力全面实现电价补贴退出后，过渡到以消纳可再生能源电力、消费侧责任为主、市场化运行为基础的发展机制。

虽然《通知》中提出可再生能源电力消纳保障机制的有效期限只有5年，但不代表短期机制就能够解决可再生能源电力消纳问题。2019年，国家发改委表示，风电和光伏发电已经拥有在无国家补贴条件下平价上网的条件，这将是提高能源消费和电力消费中可再生能源比重的重要保障，推动非化石能源的近期、中期和长期发展进程，同时为促进相关产业健康发展的政策建议的实施创造条件。

可再生能源电力消纳保障机制实行的第一年就有效提高了可再生能源电力的消纳能力，优化了电力资源配置。在为各省份制定可再生能源和非水可再生能源电力消纳责任权重指标的基础上，消纳保障机制通过以下两条路径来产生影响：首先是新项目的增设，可再生能源电力需求会随着各省份总用电量和消纳电量占比的不断提高而增加；其次是将消纳保障和电力收购提供给已经建成和运营的可再生能源发电项目。

2020年9月，我国提出要在2030年前实现碳达峰、2060年前实现碳中和的目标。可再生能源电力消纳保障机制是实现能源新布局和"双碳"战略目标的重要保障，对我国可再生能源顶层设计的落实具有积极影响。对于可再生能源来说，"自上而下"的逻辑链条可以分为三步。第一步，制定顶层设计，其中包含碳达峰、碳中和以及能源安全新战略总目标；第二步，确定五年规划和近期、中期、长期目标；第三步，设定消纳责任权重指标，以省份和年度为划分标准并且遵循逐年提升（至少不降低）的原则。

以现有电力系统的能力来规划新增消纳空间是不符合实际情况的，必须将未来消纳保障机制中不断提升的责任权重指标纳入考虑范围。当某一地区消纳能力欠缺时必须未雨绸缪，在问题发生前谋划，例如建立健全电力市场化运行机制，在电力结构中提高灵活性资源的比例，建设跨区域输电线路，以及提高需求侧响应能力和储能配置能力，弥补消纳空间不足的劣势。

绿证交易机制是提高区域消纳能力的又一方式，将其与消纳保障机制积极融合可以产生强大的协同效应。2020年，随着《关于促进非水可再生能源发电健康发展的若干意见》（财建〔2020〕4号）的发布，配额制下的绿证交易开始实行，并且成为实现消纳责任权重达标的有效方法。2019~2020年，风光平价项目和无补贴项目可以根据相关政策得到绿色证书，并且能够在市场中进行交易。随着绿证交易活力的逐渐增加，可以预测绿证供应在以后的市场中会越来越多。将绿色证书与交易机制有效结合并不断细分完善，实现消纳责任权重均衡。例如，我国东北、华北、西北以及西部地区作为电力输出地，可以借助绿色证书交易来创造更多利润，从而缩减成本并最终提高其在电力市场中的竞争力。而作为电力输入地的东中部和南部地区也可以通过消纳外来电力和绿色证书交易来提高消纳能力。

在我国，电力体制改革还有很长的路要走，很多自备电厂不具有承担电力调峰的能力，一系列辅助服务也仍需完善。虽然《可再生能源法》中要求优先调度可再生能源发电，但是在实行的过程中面临两大困境。第一，最初的电力运行和非黏性价格机制阻碍了可再生能源优先调度。第二，电网企业的主导地位不利于市场主体间的自由公平交易。它不仅拥有电网的所有权和经营、输电权，还拥有电力系统运行的组织和协调权，并且是以电力调度机构为媒介。

在2018年文件撰写过程中，各方三次意见稿中均建议在消纳保障机制中使用"配额"这一名称且相关机构的有关文件中也使用该名称。但之后"配额"还是被"可再生能源消纳责任权重"所替代。究其原因，是其充分体现了可再生能源消纳责任应由市场主体和电力消费者共同承担的政策愿景。

在全世界范围内，各国主要采用三种方法来促进可再生能源发展。第一，在为各地区设定可再生能源消纳责任权重的同时，保证其执行力和强制性。第二，强调可再生能源在能源转型中的重要性，将可再生能源发展上升到国家发展战略层面的高度，为其设定中长期目标。第三，实行招标、减税和补贴等激励政策，充分激发相关企业生产积极性，促进可再生能源产业科学、有序发展。

强制性可再生能源市场份额是一项行之有效的长期政策，从1990年到2020年共计有100多个国家和地区采用了该政策。例如，美国、澳大利亚、日本等发达国家都在可再生能源领域实行强制性市场份额政策。电力系统发展成熟的国家往往是在电力市场的基础上建立市场份额政策体系，市场中的电力供应商必须承担相应的市场份额，同时以绿证交易制度为媒介对于市场份额完成量进行流转。在这一过程中，电力供应商不仅可以通过出售电力获得正常的销售利润，还可以交易绿色证书，再获得一笔额外收入。综合世界各国的政策实施效果来看，可再生能源在强制性市场份额政策的推动下迅速发展，成了可再生能源持续发展的重要保障。

相比于国外，我国建立消纳保障机制的目的是解决可再生能源电力消纳问题而非降低可再生能源发展的经济成本。为了真正实现可再生能源优先利用，首先需要规范市场行为。通过划分省级行政区域，可以对那些满足可再生能源消纳责任权重的电网企业、售电公司的市场行为进行监管。除此以外，还需要对直接在电力市场中购买电力的用电企业的购电交易进行引导，在鼓励可再生能源电力供给的同时增加其需求量。建立一套可行的并且能够充分保障可再生能源优先利用的政策措施，将电力输送物理通道与管理机制深度结合。从消纳保障机制的发展目标和运行思路来看这都符合当下电力体制改革的发展方向，与电力市场化建设相辅相成。市场化是实施可再生能源电力消纳保障机制的重要手段，可再生能源通过电力市场化交易不仅可以实现在本地范围内的能源消纳，还能实现大范围的优化配置。以可再生能源消纳责任权重达标为目标逐渐提高电力系统的运行效率，合理调节资源配置。用强制性制度保障市场消纳可再生能源电力，推动持续性发展。

为了降低可再生能源电力的用电成本，提高市场竞争力并使之快速进入平价阶段，就必须采取可再生能源电力消纳保障制度。如今在法律和政策层面已经不断完善，这为消纳保障机制的实施提供了必要条件。消纳保障机制通过以下三点成为贯彻落实能源生产和消费革命战略，构建新型低碳能源体系和推进可再生能源开发利用的重要手段。首先是为了扩大可再生能源电力的开发规模，各省份有关部门需要把消纳责任权重作为限制，减少化石能源电力生产，引导用户进行可再生能源电力消费，切实推动能源生产和消费结构的转型。其次是为了扩大可再生能源电力的消纳范围，可以把可再生能源电力的接入和消纳加入电网运行和建设中。最后在可再生能源电力领域要促进集中和分布统一结合的新型发展方式的形成，尤其是我国东部作为电力消耗重点地区，更需要推动可再生能源分布式发展。

　　可再生能源电力消纳政策在执行的过程中充分发挥方案的灵活性，能够结合不同地区政治、经济、文化以及生态环境等综合因素履行各自的消纳责任，有效地推动了各地区本地可再生能源的发展进程。抓住各地主要矛盾，因地制宜地制定配套政策，杜绝"一刀切"的发展方式才是科学合理的。并且在可再生能源电力消纳的过程中，电网企业要起到组织作用，并积极建设输配电等一系列基础设施。

　　市场主体为了使得各自消纳责任权重达标，可以采取以下两种替代方法来完成。首先是电力交易中心，在一些市场主体超额完成一年的规定消纳量后，可以通过电力交易中心向其他市场主体出售超额消纳量，价格由买卖双方协同商定。其次是绿色证书交易平台，绿色证书作为一种可以交易的凭证，能对可再生能源发电方式予以确认。市场主体也可以购买绿色证书来完成消纳任务。无论是消纳量转让还是绿证购买都是完成消纳任务的有效方法，水电消纳量不能作为非水电可再生能源消纳量进行考核。市场主体可以结合自身情况自由选择两种方法来完成可再生能源电力消纳责任权重考核。但是绿色证书交易相较于消纳量转让的优势之处在于，可同时运用于可再生能源电力总量和非水电可再生能源电力消纳责任权重考核。为了将绿证交易和消纳保障机制统一结合起来，需要在实行的过程中不断调整核发范围，完善价格体系。

　　消纳责任权重的完成情况可以作为衡量地区可再生能源发展状况的指标，各省级能源部门应予以重视。在国家能源主管部门所制定的最低消纳责任权重的基础上，各省级能源部门可以制定比最低消纳标准更高的责任权重，提高可再生能源电力的消纳能力。并且在年末根据消纳责任权重的完成情况，国家能源主管部门可以对各省份的可再生能源发展状况进行有效评估。

　　在制定消纳责任权重时要结合各省份实际情况，使得各省份可以量力而行实现可再生能源消纳。要遵循以下基本原则：首先是针对本地而言，在做到充分合理开发资源的同时实现本地消纳；其次是针对跨省传输而言，要做到优先输送可再生能源电力；然后是针对可再生能源电力净输出地区，重视本地消纳水平，争取达到全国前列；最后是针对电力净输入地区，要确保本地可再生能源电力消纳，在充分消纳本地可再生能源之后，再尽力消纳外地可再生能源电力。以上指导思想可以科学引领可再生能源发展，确保消纳保障机制发挥关键作用。始终坚持尽力而为的原则来制定消纳责任权重测算方法符合客观发展规律。

消纳保障机制制定的第一步是要为各省份及电网公司等市场主体设定统一的消纳责任权重测算方法，并且方法要兼具科学性和统一性的原则。科学性表现在经过科学且深入的研究之后，充分探讨并征求多方意见才能最终设定测算方法。统一性表现在全社会都要根据公布的公式来计算总量和非水、最低、激励性消纳责任权重。科学的测算方法的制定需要采取客观的测算边界条件。设定边界条件要严格遵循可再生能源"十三五"规划，其中包括各省份全社会用电量、可再生能源发电装机和发电量等边界条件。为了科学建设可再生能源重大项目，提高跨区送电能力，需要各省份及相关部门进行沟通交流，保障测算边界条件的客观性。

在制定消纳责任权重的衔接流程时要遵循客观性和透明性原则。国务院能源主管部门与省级能源主管部门共同交流，对各省份可再生能源消纳能力深入了解后再计算消纳责任权重。在通过第三方机构收集省级能源部门的参考意见后再向各省份发布当年的可再生能源电力消纳责任权重。综合来看，统一的测算方法、客观的边界条件以及公开透明的衔接流程能够保障可再生能源消纳权重制定的客观性和合理性。

（二）发电分类成本核算和疏导

（1）风电成本

风电成本主要由风电初始投资、风电场运行维护费用、风电场资源状况以及风机技术特性等因素决定。全球风能协会（GWEC）数据显示，2017年，全球平均的风电度电成本为0.095美元/千瓦时，折合为0.6元/千瓦时。其中，印度、中国等发展中国家的风电度电成本最低，平均约为0.075美元/千瓦时，折合为0.48元/千瓦时；加拿大、美国等风电度电成本较高，平均约为0.077美元/千瓦时，折合为0.49元/千瓦时；欧洲发达国家风电度电成本最高，平均约为0.127美元/千瓦时，折合为0.81元/千瓦时。

风电的初始投资成本是决定风电度电成本的关键因素，它主要由风电设备、电网接入、建设安装以及其他投资成本组成。其中风电设备成本占比最高，通常占风电初始投资成本的64%~84%（见表8-1）。随着风电设备价格的持续下降、单机容量的不断提高以及风电场规模的持续扩大，全球风电初始投资成本也在不断下降。GWEC 数据显示，2017年，全球风电初始投资成本平均约为 1682 美元/千瓦，折合为 10687元/千瓦，其中美国风电初始投资成本约为 1500~1750 美元/千瓦，折合为 9525~11113 元/千瓦，比 2009 年下降 18%；中国风电初始投资成本依靠本地制造优势处于全球最低地位，约为 1000~1546 美元/千瓦，折合为 6350~9813 元/千瓦。

表 8-1　风电初始投资成本构成

项目	占比
风电设备	64%~84%
电网接入（升压站、变压器及与当地电网间的接入线路）	9%~14%
建设安装（风电场安装所需的基础设施及道路）	4%~10%
其他（规划、咨询、审批、SCADA）	4%~10%

虽然风电设备价格持续下降有效拉低风电初始投资成本，风电场建设安装和电网接入投资成本却有所增加，导致风电设备价格降幅并不能带来同等的风电初始投资成本降幅。由于风电场建设安装和电网接入投资成本的持续上升，风电成本的持续下降将难以为继。来自全球风能协会和欧洲风能协会等机构的研究结果都表明，全球风电成本下降速度将趋缓，2021~2030 年降幅将不超过 20%。从电网相关费用角度来看，风电涉及的成本主要包括电网接入成本和系统运行成本两部分。其中，电网接入成本包括升压站、变压器及接入当地输配电网的线路成本，这些已经体现在度电成本中，是构成风电度电成本的直接成本。考虑风电的随机性、波动性等属性特征，风电大规模接入电力系统难免将增加系统调峰、调频和备用等辅助服务需求，也对现有电网输电能力提出更高要求，由此产生系统运行成本，而该部分成本没有体现在度电成本中，是风电发展的间接成本。风电占比持续增加将使电网接入成本和系统运行成本显著提高。

风电场在国外以分散开发为主，如丹麦等国家风电并网工程电缆化率较高，这也将推高电网接入成本。平均而言，发达国家电网接入成本约占其风电初始投资成本的 9%~14%。由于人工费用低、电网设备价格相对便宜，中国风电建设以基地规模化开发为主，汇集后统一接入输电网，故而中国电网接入工程规模效益突出；此外，采用标准化设计的电网建设也起到一定的降低接入成本的作用。国网能源研究院研究发现，风电的电网接入成本在中国约占风电场初始投资成本的 7%~9%，明显低于国外水平。但优质风能资源已经逐步开发完成，后续风电场位置更加偏远，电网接入工程难度提升，这将直接造成电网接入成本上升。风电的大规模开发不仅带来电网接入成本增加，也将引起系统运行成本显著增加。随着变动性电源接入比例的提高，单位输电成本显著上升。研究表明，当风电比例达到 20% 时，将使得满足系统调峰、调频、备用等辅助服务需求的平衡成本增加 1~7 美元/兆瓦时，同时风电引起的容量充裕性成本将达到 4~5 美元/兆瓦时。

风能资源和负荷逆向分布的特征在中国特别突出，客观上要求以大规模风电基地开发和远距离输送为主，这就导致中国的输电成本远高于国外的平均水平。在辅助服务方面，由于风能基地多处于西北、东北等水能资源匮乏的地区，同时缺乏气电和抽水蓄能等调峰电源，仅仅依靠风火打捆外送也使得平衡成本远大于国外。国外在核定输电成本时将风电输送因素考虑在内，明确规定一定比例的合理收益，一般通过电力市场中的辅助服务市场解决辅助服务等系统成本；相比而言，在中国风电输电成本和系统平衡成本尚缺少必要的疏导机制，势必导致系统运行成本随风电装机规模的快速扩张而进一步增加。国网能源研究院的研究表明，假若风电装机总规模从 1 亿千瓦提高到 1.5 亿千瓦，将使得电力系统的总体运行成本提高 1.1% 左右。其中需要增加 4.8% 的电网投资，还将增加 8.5%~11.4% 的抽水蓄能和燃气发电等电源投资，以便提高系统调峰能力及运行灵活性。

风电设备价格下降是风电度电成本下降的主要驱动力，但优质风能资源减少和电网接入投资成本增加，风电成本降幅将越来越小。尽管风电成本下降，但风电的电网接入成本和系统运行成本呈现明显的上升态势，由此使得电网建设、运行和成本控制面临巨大挑战，迫切需要建立合理的疏导机制及相应的支持政策。

（2）光伏发电成本

明确光伏发电成本构成是制定合理的光伏发电电价的前提。国家监管部门执行三类资源区的差异性电价政策，并多次调整光伏电站标杆上网电价。由于超过80%的全国光伏电站装机容量集中于西北地区，电价调整方案对该地区光伏电站的持续投资影响巨大，其带来的收益差距直接决定光伏发电企业市场的进入和退出意愿。为明确国家对光伏发电发展的政策支持方向，必须研究制定合理的光伏电站上网电价政策，形成光伏电站投资建设的稳定预期收益。为此，国家研究执行分资源区标杆电价制度，实现与现行风电上网电价的有效接轨；将全国分为三类太阳能资源区，不同类型光伏电站标杆上网电价由此得以确定（见表8-2）。其中一类地区为光照资源优越地区，主要包括蒙西和西北大部分地区；二类地区为光照资源较好地区，主要包括华北、西北和东北地区等；三类地区为除一类、二类资源区以外的其他地区。根据太阳能资源条件和建设成本确定三类资源区光伏电站上网电价，执行期限为20年。全国统一光伏电站标杆上网电价为1.00元/千瓦时。与之相比，其中一类和二类电价略有下调，然而，即便是最低档价格也达到0.90元/千瓦时，已明显高出此前提出的价格水平。光伏电站有序发展依赖光伏电站上网电价联动调整，由此可以避免补贴过度问题。类似于德国实施的光伏发电规模和电价联动的政策，中国的政策也偏重于根据光伏发电成本及发展规模等因素动态变化，国家采取逐步调减光伏电站标杆上网电价的政策。

表8-2　全国光伏电站标杆上网电价

单位：元/千瓦时

资源区	光伏电站标杆上网电价	资源区所包括的地区
一类	0.90	宁夏，青海海西，甘肃嘉峪关、武威、张掖、酒泉、敦煌、金昌，新疆哈密、塔城、阿勒泰、克拉玛依，内蒙古除赤峰、通辽、兴安盟、呼伦贝尔以外地区
二类	0.95	北京，天津，黑龙江，吉林，辽宁，四川，云南，内蒙古赤峰、通辽、兴安盟、呼伦贝尔，河北承德、张家口、唐山、秦皇岛，山西大同、朔州、忻州，陕西榆林、延安，青海、甘肃、新疆除一类外其他地区
三类	1.00	除一类、二类资源区以外的其他地区

注：西藏自治区光伏电站标杆电价另行制定。

在上述光伏电站上网电价制度的有效激励下，那些一类资源区光伏电站在西北地区展现出巨大的发展潜力。由于一类资源区集中于西北大部分地区，该地区投资建设光伏电站的流量和规模普遍高于全国其他地区。国家放松光伏电站投资建设备案/核准政策，前期投运的光伏电站仍然执行 1.00 元/千瓦时，这构成西北光伏电站抢装的有效政策背景。就内部收益率而言，青海海西和宁夏地区投资建设光伏电站的该指标超过 10%，而甘肃金昌、酒泉和敦煌以及新疆哈密等地区也达 9% 左右，均超过了 8% 的基准内部收益率。所以，在西北地区建设光伏电站的平均投资回收期在 10 年之内。在现行光伏电价政策的保障下，加之西北地区光伏电站投资建设和运行的其他政策扶持，预计宁夏、青海海西以及甘肃和新疆大部分位于一类资源区的光伏电站仍有较大发展潜力。

但是光伏发电也面临一些不利因素，包括运行限电、电价调整等，这使得部分地区光伏电站面临相对有限的中远期发展空间。尽管光伏电站的盈利水平在其整体造价下降的推动下有望进一步提高，但受运行限电、标杆上网电价调整等因素限制，其提高幅度有限，这使得盈利预期仍面临不确定性。就市场消纳空间而言，光伏电站的并网容量已经初具规模，远远超过其他国家和地区，预示着未来市场空间将逐渐趋于饱和。并且随着风电装机规模不断扩大，光伏电站市场空间必然进一步受限，预计将出现突出的光伏电站运行限电问题，客观上要求加强成本核算。当前国家大力扶持和优化光伏产业发展，需要针对短期内光伏电站屡屡出现的抢装热潮进行有效管控，避免重复建设，尤其是加强一类资源区光伏电站并网运行管理，通过通道疏导和机制完善全力保障光伏发电上网消纳。此外，有必要加强风光水火联合互补运行相关问题的研究，特别是研究制定其可持续组合方案，部署科学的外送方式，促使光伏发电产能利用率运行在合理区间。尽管国家采取了众多措施解决可再生能源送出受限问题，但光伏电站电力送出等多重障碍短期内难以根除，客观上要求持续探索风光水火联合互补运行的新技术、新模式，在全国统一市场建设基础上推进跨区域大规模消纳，持续增强西北光伏发电等可再生能源跨区输送能力，完善相应的体制机制。

（三）电价体系及其生成和传导机制

党的十八大之后，中国主要经济领域的改革步伐将进一步加快，特别是石油、天然气、电力等资源性产品的价格形成机制改革将持续深化，以实现价格在调节资源性产品供需中的杠杆作用。深入研究中国电价市场化改革的基本规律、风险和实施效果，为中国电价市场化改革乃至电力体制改革积累丰富的经验，有利于降低改革失败的风险，有助于中国加快转变经济发展方式，形成科学规范、运行有序和保障有力的电力市场。

自 1997 年开始，中国电力行业实施公司化经营和政企分开的体制改革，打破以往完全依赖政府计划的传统电力市场运行模式。2002 年 3 月，国务院批准《电力体制改革方案》，国家计委牵头组建电力体制改革小组，着手组织电力体制改革方案实施。12 月，国家电力公司被拆分为国家电网、南方电网、国电、华电、华能、大唐和国家电投，即两家电网运行公司和五家发电集团。2003 年 3 月，扮演政府和企业之间市场监督者角色的国家电监会挂牌成立。至此，中国形成了政府、企业、市场和监管机构"四位一体"的电力市场模式，从而为深化电力体制改革和电价生成机制改革营造了良好的内外部环境，也打下了坚实的政策基础。

电价改革是电力体制改革的关键。2003 年 7 月，国务院出台了《电价改革方案》，确定电价改革的目标、原则和主要措施。2006 年 9 月，国务院发布《国务院办公厅转发发展改革委关于完善差别电价政策意见的通知》，增强了电价在调节电力供需中的基础性作用。2009 年 3 月，第十一届全国人民代表大会第二次会议通过的《2009 年国务院政府工作报告》明确提出"继续深化电价改革，逐步完善上网电价、输配电价和销售电价形成机制，适时理顺煤电价格关系"。2009 年 10 月，国家发改委和国家电监会联合发布《关于加快推进电价改革的若干意见（征求意见稿）》，提出电价改革的七个重点任务。

一般而言，电价体系包括上网电价、输配电价和销售电价三个环节，电价市场化改革主要是在上网电价和销售电价环节引入市场竞争机制，达到通过市场的价格调节优化电力资源配置的目的。

（1）上网电价改革

上网电价改革分两阶段实施。竞价上网前，上网电价主要由政府价格部门按照成本加成定价法确定上网价格，并且为补偿煤炭价格和上网电价波动时引起的火电企业严重亏损问题，政府制定煤电价格联动机制，协调上网电价和煤炭价格。2005 年 5 月，第一次煤炭联动，电价上调 0.0252 元/千瓦时；2006 年 6 月，第二次煤电联动，各区域火电企业电价实现 1.5%~5% 的上调；2011 年 4 月，上调部分亏损严重的火电企业的上网电价，11 个省份上调价格超过 0.01 元/千瓦时。竞价上网后，发电企业主要通过两部分制定上网电价，即政府价格主管部门制定的容量电价和由市场竞争形成的电量电价。在实现竞价上网之后，将建立上网电价和销售电价联动机制，以保持电力市场的平稳运行。此外，政府还针对可再生能源发电企业制定了优惠上网电价，采取保护措施，鼓励可再生能源发展。

（2）输配电价改革

所谓输配电价，是指电网运营机构提供接入电力系统、联网、电能输送和销售服务的价格总称。目前，中国输配电价仍由政府价格部门制定，短期内市场化的倾向并不明显，这主要是为了保证中国电网安全运行，避免过度市场化波动引起电力供需失衡。2012 年 7 月 30 日，印度发生大面积停电事故，波及全国 6 亿多人口，经济损失达数十亿美元。此外，2003 年美加大停电、2005 年美国洛杉矶停电、2006 年欧洲大停电等，这些大面积停电事故发生在欧美发达国家，原因不在于电力技术，而在于电力市场体制。具体就是，输配完全分离和价格不恰当的市场化引起投资激励和监督机制缺失，兼之缺乏调度一体化的制度保障，最终导致电力系统易受冲击的脆弱性。

（3）销售电价改革

销售电价改革的首要前提是各类用电客户的划分。中国销售电价分类改革的目标是将原有的八类销售电价简化为农业生产用电、居民生活用电和工商业用电。依据"政府定价、统一政策、分级管理"的原则，通过销售电价的科学分类、计价方式的合理划分、价格波动的灵活调整，消弭供求矛盾，实现电网经营企业和电力用户的利益协调，以提高电网运行效率和社会总福利的有序增进。2009 年 11 月，除居民用电外，全国销售电价平均提高 0.028 元/千瓦时；2011 年 6 月，上调山西、四川等 15 个省市非居民销售电价 0.0167 元/千瓦时。

在销售电价中，与广大普通消费者日常生活联系最密切的是居民电价改革问题。2010 年 10 月，国家发改委出台了《关于居民生活用电实行阶梯电价的指导意见（征求意见稿）》，将用电需求划分三个档次，并确定第一档，即基本用电需求的居民用户覆盖率为 80% 左右的原则。2012 年 7 月 1 日，居民阶梯电价在全国范围内施行，除新疆和西藏外，

29 个省区市陆续制定了居民阶梯电价各档范围，其中第一档中最低的是青海省，为 150 度/月，最高的是上海、广东两省市，为 260 度/月；各省市平均第一档用电量划分标准为 190 度/月，第二档和第三档用电量平均划分标准为 330 度/月。至此，居民生活用电实行阶梯电价的改革任务基本完成，部分省市还根据用电的峰谷和季节性差异制定了不同峰谷和季节的居民阶梯电价，以便尽量保障居民群众的用电权益。

明确电价市场化改革的必要性。电价改革是中国电力体制改革和经济体制改革的重要组成部分，正如李克强在全国综合配套改革试点工作座谈会上指出，"改革是中国最大的红利"。中国电力市场绩效增进的主要路径就是电力体制改革，尤其是经过十多年的快速发展，中国已经拥有建设以特高压为骨干网架的坚强智能电网的技术储备和能力，电网基础设施取得卓越进步，接下来就需要不断放松电力市场的价格、交易和管理等制度约束，加强针对电力市场的制度激励，促进电力行业的健康、稳定和持续发展。

把握电价市场化改革的客观规律。在中国经济建设的过程中电力市场形成了有别于其他市场的特点，这是由中国传统的计划经济体制决定的。市场化改革的任务之一就是消除计划经济体制电力市场的种种弊端，逐步发挥市场竞争机制、激励机制的作用。与此同时，电价改革还应该遵循中国经济社会发展的基本情况，注重电力供应关系到国计民生的战略性地位。总的来说，电价改革应该依据电力市场的技术、经济和社会三方面的属性，稳步有序地向前推进。

首先是技术规律。电力商品是一种生产和消费同时进行的商品，它的再生产过程涉及电力的生产、输送、分配和销售四个环节，供应的持续性和消费的瞬时性对电力行业的调度和交易提出了很高的技术要求，尤其是跨区域的电力交易，不仅需要跨区域大规模电力调度的能力，还需要良好的价格发现机制。因为，基于信息的非对称性，价格信号不能在交易双方之间得到有效的传导，造成的价格扭曲严重影响电力市场的供需、调度和交易。完善电力市场价格发现机制是以信息技术和电网技术的发展为前提的，有必要充分考虑电力交易的技术特性，以及构建智能电网的发展趋势，形成基于智能电网的价格发现、传导和甄别机制。

其次是经济规律。电力市场最重要的经济属性是电力行业的自然垄断特征。自然垄断行业高度的规模经济要求、较高的沉没成本和资产专用性，决定了完全依赖市场操作将造成极大的资源浪费，同时，电力行业属于网络型产业，这意味着电力行业的投资成本高、投资周期长、回报率低，从而决定了在电价改革过程中应该充分考虑电力企业的利润率，适当强化政府的政策引导，避免完全市场化造成的企业大面积亏损。

根据 1998 年施行的《中华人民共和国价格法》，对于资源稀缺、自然垄断、重要的公益性服务和公用事业的商品价格以及与国民经济发展和人民生活关系重大的商品价格，必要时可以实行政府指导价格或政府定价。无疑，电力商品是具有自然垄断属性的商品，其价格的制定不能完全依靠市场的供需和企业的谈判决定，有必要引入政府的政策引导，克服由自然垄断引起的市场与计划、竞争与垄断之间的矛盾和弊端。

最后是社会规律。电力行业不仅是具有自然垄断属性的网络型产业，而且也是具有社会公共服务事业特性的部门，承担着保障国家能源战略安全的重任。电力企业肩负着为全社会所有用户提供持续、高质电能的责任，这些电力用户不仅分布在经济密度较高的城市地区，还分布于经济密度较低的乡村，即使偏远乡村的输配电成本较高，销售电价难以抵偿边际成本，也要保证持续、优质的电能供应。这就是电力系统，尤其是电网企业的社会普遍服务责任。显然，企业的社会普遍服务责任与其在电力市场中的竞争参与者的角色相左。

此外，电力行业还承担着保证供电安全和能源安全的额外成本。在全国大电网体系下，供电安全不是单一区域和供电单位的问题，各地区和各级供电单位协调一致、统一调度，在输配分离的基础上推进输电价格和配电价格的合理分离，以便在电力行业各环节垂直分离背景下，价格机制充分调动电力生产、输送、分配和销售各方的积极性，从而激励产业链上各环节开发出提供优质服务的潜力。总之，依据电力行业社会普遍服务的公共属性，电价改革的路径应该从激发电力企业生产和服务积极性出发，最终实现为全社会提供高质量的标准化发电和供电服务的目标，并确保电能供应的持续性、安全性和清洁性。电价改革具体还存在以下问题。

一是价格机制的自然缺陷和"市场失灵"问题。市场化是电价改革的主攻方向，电价改革的最终目标是实现电力市场绩效增进，在全国范围内优化配置电力资源。虽然价格机制在调节市场供需关系、促进资源合理调配过程中发挥着核心作用，但价格机制并非完美无缺。由于信息不对称、存在外部性和交易效率低等问题，竞争性的市场经常出现"市场失灵"现象，电力市场的价格机制也难免存在这样的缺陷。

二是跨区电力交易制度不健全，缺少内部交易的外部化制度。中国区域间能源分布极不平衡，电能中西部产地远离东部负荷中心的特征突出，依赖西煤东送和北煤南运，在负荷中心附近大力发展煤电的模式，会随着运输成本不断上涨面临巨大的成本压力，同时，也面临污染加剧和环境保护的障碍。因此，建设特高压输电线路，实现大规模、远距离输电成为中国电力需求发展的客观要求。目前，中国跨区电力交易制度尚不完善。首先，所谓的输配分离仍存在诸多技术难题，其中最关键的是输配分离对全国电力统一调度机制的影响难以确定，输配分离存在巨大的系统风险。其次，输配一体化的体系建设也没有完成，尤其是在输配一体化之后的区域之间内部交易外部化问题，要解决跨区电力交易制度不健全的问题，需要政府设计合适的内部交易要解决外部化制度。

三是输配电成本核算有待细化，需要科学的动态监控体系。建立健全合理的输配电电价机制首先需要一个完善的输配电成本核算体系。在中国建设特高压骨干网架过程中，输电线路的线损率及其他投资成本将与以往不同；中国电力市场向国际领先水平看齐，加强提供优质服务能力也改变了配电的成本结构，但整个输配电过程的成本核算、成本补偿机制没有有效跟进，这显然将严重妨碍跨区跨省电力交易市场的顺畅运行。2005年7月，国家电监会发布了《输配电成本核算办法（试行）》，为输配电成本核算建立了统一的标准；2011年11月，国家电监会发布了《输配电成本监管暂行办法》，加强了输配电成本的监督管理力度，但成本核算体系的客观性、科学性和公正性有待进一步考察和检验，使其准确反映电网运行成本的变化。

四是价格传导机制阻碍电源结构优化，可再生能源并网受阻。电价体系的深化改革将触及电源结构的优化问题。市场化的价格传导机制将促使资源向收益率高的部门流动，而不考虑对社会和环境造成的外部性影响。国家能源局数据显示，截至2012年11月底，全国风力发电装机容量达3997万千瓦，同比增长52.9%。显然，电价改革之后通过价格传导路径风电等可再生能源将面临并网的难题，只有依靠国家的政策补贴才能消弭可再生能源高昂的并网成本，市场化的电价体制改革需要克服电源结构优化进程放慢的风险。

五是电源灵活的进入和退出机制，加剧电力系统的安全风险。电价改革预示着电力体制的深化改革，两者相辅相成，对电网安全产生深层影响。以价格机制为中心的资源配置方式的变革，预示着通过调节电价来调控电力需求的规模和结构，电力需求的变动将更加频繁和灵活，从而提高了跨区调度的频率和难度。电价生成机制的深入改革客观上要求电力市场形成完善的进入和退出机制，增强各类电源进入和退出电网的灵活性，尤其是随着一系列风能、太阳能等清洁能源接入电网激励政策的出台，从"供给端"的电源结构影响"客户端"的电力需求，也使得电网面临着各类电源并网和退出的技术与市场风险。

六是以电力系统安全运行为政策前提。基于电力行业在国民经济中的特殊地位，电价市场化改革必须将电力系统安全运行作为首要的政策前提。"改革不是请客吃饭"，只有触及体制的"深水区"，才能达到必要的政策效果，但在改革过程中必须做好出现过多"双刃剑"情况的准备，避免出现过高的制度成本和沉没成本。就电力系统而言，其网络产业特性决定了某个节点的损坏或许有全局性的伤害力，最近的印度大停电深刻地说明了这一问题。

七是完善市场交易和环境成本分摊机制。电力市场的交易成本不仅包括一般市场交易中产生的"账簿成本"，还包括电能从电源中心到负荷中心的输送与配送调度过程中造成的能量损耗，电力交易过程中对环境造成负面影响而引起的成本，尤其是在跨区电力交易过程中，市场交易和环境成本由谁承担，以及各自分摊的比例，这些均需要加以标准化和有效确定。在建设完善的电力供需价格机制之前，必须就交易过程中的成本分摊做出明确的规定，排除外部性的干扰和"搭便车"现象的出现。为此，政府应该发挥指导作用，避免单纯依赖市场势力造成的效率损失，损害部分市场主体的利益。

八是加快电力交易信息披露制度建设。电价改革的目标不单是建立完善的电价形成机制，使价格起到调节电能供需的核心作用，还应该伴随着电力交易信息披露制度的改革、建设和完善，以防止非对称信息下价格扭曲造成的电力资源配置不当。2009 年 10 月，国家发改委、国家电监会、国家能源局三部门联合发布了《关于规范电能交易价格管理等有关问题的通知》，虽然对电能交易价格行为进行了规范化管理，明确了电价生成的标准，但电价改革的配套措施还没有彻底、有效地补充完毕，信息披露制度不跟进使得价格调节作用受到较大的削弱。

九是加强部分政府控制价格的动态调整。根据中国政府提出的电价改革基本精神，电价市场化改革将侧重于提高上网电价和销售电价的市场化程度，而且在竞价上网前后政府始终掌握一定电价的制定权，并将加强煤电价格联动、上网电价和销售电价联动，以提高价格对市场供需变化的反应和调节力度。此外，政府还应该增加输配电价调整的灵活性，准确反映跨区域电力交易过程中输配电成本和市场供需的动态变化，增强电力企业适应市场价格波动的能力，为深化电价市场化改革做好充分的准备。

此外，电价市场化改革之后，价格杠杆在一定程度上反而弱化了可再生能源并网的积极性，风电企业等将长期处于盈利能力低下，甚至亏损的局面，因为，从根本上说那些可再生能源尚不具备规模经济和价格竞争力。这样，在推行电价市场化改革的过程中，需要增强可再生能源并网的财税激励，通过税收减免和财政补贴培育风电等行业的发展，使其平稳进入行业发展的成熟期，能够应对市场激烈的价格竞争，推动中国电源结构的优化。输配一体化或输配分离是国际上关于输电网和配电网改革的两种不同的趋向，这两种政策趋向直接决定了输配电价改革的基本环境。从国际经验来看，英国、瑞典和意大利等国家采取了输配分离的电力市场化改革政策，在一定程度上提高了电力行业的市场化水平，但日本、韩国、加拿大和美国大部分州等国家和地区均实行输配一体化政策，以提高输配环节的协同效应，降低电网运行的系统风险。目前，对于中国的输配一体化或输配分离而言，有必要深入研究国内外的行业特征和国情背景，循序渐进、先易后难地推进输配电领域各项改革，在市场化和协同化之间做好利弊的权衡，避免承担不必要的政策成本，为输配电价改革营造良好的政策环境。

需要制定与促进清洁能源发展、优化能源结构相适应的能源电力价格改革措施。实现电价促进清洁能源发展、优化能源结构的目标，主要需要对各环节电价按系统性、协调性、引导性的原则进行完善。第一，在发电电源投资布局方面，重点是促进电源结构优化。一是随电源机组造价下降及时滚动调整标杆电价；二是水电按流域实行峰谷标杆上网电价；三是建立分布式电源和微电网相关价格机制。第二，在电力运行环节，重点是促进电力系统吸纳更多的清洁能源。一是除可再生能源和综合利用发电外，水电、核电、燃气、燃煤和供热电厂均实行峰谷标杆上网电价；二是抽水蓄能电站推行两部制上网电价，其中，容量电价形成的费用纳入电网成本，电量实行峰谷电价，价格高于当地燃煤电厂峰谷标杆上网电价的部分，纳入可再生能源发电价格补贴；三是将可再生能源配额交易市场化。第三，在电力输送环节，重点是提高清洁能源基地大规模送电的竞争力和资源优化的配置能力。一是对跨省区电网按联网安全和输电功能以省份为价区统一定价；二是扩大电力送出省份可再生能源的补贴范围，提高可再生能源发电接入电力系统的补贴额度，弥补因大规模可再生能源发电配套送出而投资网架加强工程所增加的额外费用。第四，重点提高清洁能源利用效率。建立和完善智能用电电价体系，将峰谷电价或季节性电价的实施拓展到全部用户，形成合理的峰谷或季节性电价差，实行和完善居民电价峰谷分时阶梯电价。此外，还应该在电网成本中纳入电动汽车充换电服务费用，在政府目录电价中纳入充换电价格。

（四）可再生能源发电差价补贴机制

中国可再生能源发电以标杆电价政策为基础，定价时计算出不同企业而非个别企业的平均成本作为参考，在计算出成本后加上收益作为售电价格。由于在全国范围内各省份地理环境和经济发展的差异导致可再生能源禀赋不同，所以标杆电价要根据不同种类的可再生能源进行细化分类。例如，风电和光伏发电分别实行四类资源区和三类资源区的标杆电价，而非实行全国统一的标杆电价。可再生能源发电标杆电价退坡机制能够在一定程度上改变可再生能源产业结构，提高产业技术水平。标杆电价水平与发电成本同步，随着成本的下降而降低。为了加快集中式光伏电站以及风电的发展，需要引入市场竞争。上网电价逐渐在市场竞争中形成并趋于稳定，且低于国家确定的分资源区标杆电价水平。

可再生能源发电与火力发电相比，发电成本会高很多。各省份火力发电的标杆电价也低于各种类型可再生能源标杆电价。同时电网企业要付出相较于燃煤发电更高的成本来收购可再生能源电力。鉴于可再生能源电力在价格中的劣势，国家可再生能源发展基金会决定对电网企业进行补贴。因为我国对于农业用电免征可再生能源电价附加，对于居民用电减征可再生能源电价附加，所以可再生能源发展基金的资金主要来自对我国工商业用电征收 1.9 分/千瓦时的可再生能源电价附加补偿。现在，风电、光伏发电等可再生能源产业发展随着其装机规模不断扩大而逐渐走向成熟。但是现在实行的电价以及补贴机制开始出现以下问题：首先在深化市场化改革时发现无法抑制日益扩大的补贴缺口，其次没有清晰的市场化交易项目补贴标准，最后是标杆电价不能与可再生能源产业发展进程相匹配。

无法抑制日益扩大的补贴缺口问题。为了推动可再生能源发展，国家可再生能源发展基金会对其标杆电价超出当地燃煤标杆电价的部分进行为期最高 20 年的补贴。但当可再生能源发展规模不断扩大，可再生能源发展基金已经无法满足补贴资金需求。从 2006 年开始，可再生能源电价附加征收标准已经提高 5 次，最初为 1 厘/千瓦时，而现行补贴标准为 1.9 分/千瓦时。但是可再生能源相关企业获得补贴的难度却越来越大，可再生能源投资企业逐渐面临资金周转失灵的困境。市场化交易项目补贴标准尚不清晰。随着电力体制改革的推进，我国电力的市场化程度有了明显的提升，省级电力交易中心已经增加到 29 个。但是部分地区的市场交易中对于风电和光伏发电缺少清晰的补贴标准。

在各省份电力交易的过程中，可再生能源电力的标杆电价被拆分为两部分，分别是燃煤标杆电价和差价补贴。风电和光伏发电项目在燃煤标杆电价的基础上进行定价。国家可再生能源发展基金会对超出燃煤电价那一部分进行补贴。这种交易的实质是将差价补贴机制变为固定标准补贴机制。虽然目前在市场中交易的可再生能源电力占比较小，但是随着市场化交易不断完善以及电力体制改革的深入推进，可再生能源电力在电力交易中的占比会逐渐增加。所以，为了增加可再生能源电力的交易量，就需要完善可再生能源电价补贴机制，制定更加明确的补贴标准。标杆电价机制的建立就是为了大力推广可再生能源电力，并且是以全社会平均成本作为基础进行计算。在可再生能源发展初期，追求发展规模的高速增长。随着相关技术的研发，可再生能源开始逐渐步入高质量发展阶段。然而，标杆电价并没有随之做出相应改变。当不能控制可再生能源发展规模时，仍旧在社会平均成本的基础上设定标杆电价会阻碍高质量发展格局的构建，无法达到可再生能源高质量发展的要求，并且会与相关产业发展阶段脱节。

为了推动电力市场化发展，本书建议对现行的可再生能源发电差价补贴机制进行改革，具体可以参考以下三点。第一，实行"市场竞价+固定补贴"的机制来代替标杆电价机制，并且制定合理的固定补贴准则，降低可再生能源电力的边际成本，提高价格竞争力并最终提升可再生能源电力在电力市场中的比例。第二，科学制定燃煤标杆电价和差价补贴降低的比例，以此来明确可再生能源发电参与市场竞价降价的空间分配关系。第三，为了鼓励可再生能源发电，地方政府可以与发电企业签订差价合约。这在提高发电企业积极性的同时保障了它们的合理收益，使得可再生能源电力在参与电力市场竞价时可以减少一部分由市场价格波动带来的风险。可再生能源电力的价格是影响相关产业发展的核心因素，所以需要以可再生能源产业不同的发展阶段为基础，建立一套可以实现动态调整可再生能源电价定价规则的机制，从而实现能源战略转型，推动可再生能源相关产业高质量发展。以社会平均成本为基础测算出的行业标杆电价可以运用于产业发展初期，在推动产业规模扩大和技术进步的同时保障项目合理收益。当产业步入成熟期，社会平均成本不再是制定标杆电价的基础，而是结合行业准入条件等客观因素，以行业技术进步和产业升级为目标，来完善电价定价规则。

四 强化制度保障和行业有序监管

要进一步强化促进可再生能源发展相关的立法工作，强调相关法律法规的有效执行，完善相关配套措施和实施细则。国际社会推动和促进可再生能源发展的一项重要经验就是，各国都不遗余力地加强立法及完善相关配套措施细则，并且特别强调根据本国国情因地制宜地制定相关法律制度。明确率先发展可再生能源的战略地位需要激励和约束制度的双重作用，认真贯彻落实和不断完善《可再生能源法》，实现可再生能源开发利用和经济社会协调发展的目标。各级政府分别制定本地可再生能源发展目标，并研究制定适应本地区的可再生能源行动方案，以推进国家提出的可再生能源优先发展的总体战略。可再生能源发展相关法规已经在国家发改委和国家能源局的主导下得以合理制定，各种配套方法和标准也不断完善。各类市场主体在可再生能源开发利用中的权利和义务得到明确规定，相关的政策支持在国家顶层设计和地方细化实施中得以不断强化，特别强调要科学制定促进可再生能源发展的税收、财政、投资、信贷、价格和补贴等相关措施及法律法规，以这些法律文件为统领，提高执法部门开展具体工作的准确度和有效度，强调灵活运用法律法规手段促进可再生能源开发利用，推进可再生能源的有序竞争，切实保障中国能源供需持续平衡和能源安全。强化法律法规体系的协调配合，通过《电力法》《节约能源法》《可再生能源法》等相关法律的协调，巩固可再生能源的战略地位。着力研究当前法律法规制度体系的缺陷和漏洞，政府的有关部门按照法律上的相关规定，强化研究实施方案的科学性和有效性，抓紧制定实施细则，制定享受国家优惠政策的具体标准，明确具体主体应该具备的条件，严格规定和要求享受优惠条件的主体必须达到的经济技术标准。在国家统一战略目标的前提下根据各地条件制定不同的发展目标。

在可再生能源法律法规制度体系中应该着重强化市场制度的重要性。制定可再生能源发展整体规划及相应的配套措施和实施细则后，切实可行的举措应该在政府主导下有效落实，特别要明确激励可再生能源开发利用的细化行动方案，而其中最切实可行的举措是市场制度应该起到基础作用。在可再生能源发展的初期阶段需要克服成本高企、市场竞争力较弱等不利因素，这就要求制定强有力的规划部署和明确可行的行动方案。例如，欧盟颁布的《可再生能源电力生产指令》，细化的指标使得在具体行动上能够促进可再生能源电力开发利用，从中可以看出，欧盟内部制定的配额制和固定电价制都起到了确立和落实可再生能源总量目标的作用。欧盟各国可再生能源发展的实践证明，其强制性收费政策对优化调整能源产业结构、提升生产管理效率都起到了有效的引导作用。其中比较典型的案例是，为保证市场中绿色能源价格竞争力，提升绿色能源生存力，20世纪80年代后期丹麦政府就曾尝试采取征收能源环境税的办法，有效提高了化石燃料在丹麦市场的价格。此外，绿色能源技术开发及其推广应用的资金来源于税款部分专项，从而大幅刺激了可再生能源的发展。中国可再生能源开发利用的制度体系尚待完善，有效的强行市场监管机制尚不健全，可以充分借鉴英美的可再生能源法律法规制度体系建设经验，例如抓紧推行强制性市场配额和交易政策，由此为可再生能源的规模化发展奠定市场基础。

在强调法律制度约束作用的同时还应该加强各项激励政策的构建。首先应该构建和完善可再生能源发电的定价机制。虽然中国支持鼓励可再生能源发电的价格政策体系已经初步形成，但价格信号的市场调节作用较弱，仍有很大的完善空间。价格主管部门按照招标形式确定的电价标准无法反映市场供需的实际情况，常常出现由招标导致的定价过高和过低并存的现象，引发资源扭曲配置。在各地的可再生能源市场中也存在盲目招标问题，批准下来的中小型风电项目效益低下，竞争力不足。针对这些问题，本书建议适当放松价格管制力度，发挥价格机制促进风电场进入退出的作用。此外，还可以推动制定区域差异化的电价政策，即以区域划分为准则的固定电价政策。其次为促进生物质能发电的进一步发展，应该重点采取统一的固定价格补贴政策。由于生物质能发电类别众多，在其市场规模持续扩大的过程中应该加强分类管理，针对不同发电技术制定合理的上网电价补贴标准。太阳能发电作为可再生能源的重要组成部分，其电价政策仍需进一步完善。由于当下出台的一系列政策缺乏较强的可操作性，难以起到壮大国内并网光伏发电市场的作用，因此需要坚持市场导向的政策优化路径。最后应该有区别地制定优惠财税政策。伴随着市场的不断壮大，根据法律法规研究财政贴息和税收优惠政策的范围，建立灵活的政策进入和退出机制。严格按照《可再生能源法》推动可再生能源市场发展。发挥税收政策在推进可再生能源发展的配套措施中的突出作用，并应该逐渐将政策重点从培育市场向推进技术创新转移，以技术创新驱动成本降低和市场壮大。总的来说，合理完善的财税政策组合是推动可再生能源市场健康有序发展的重要保障。为支持可再生能源研究开发和应用推广应该设立和不断壮大专门的发展基金，重点扶持那些技术先进的可再生能源发电企业，以减免增值税和所得税等多种方式推动建立技术驱动型的可再生能源增长路径。

强化政府和市场两只手的协调作用，进一步划清政府、市场和企业的职能边界，强调可以由市场调节的领域放手交给市场调节，最大化发挥市场配置资源的作用，而容易引发市场失灵的领域则交由政府进行调控和监管。这就需要转变政府的行政管理方式。首先要改革政府的定价机制，采取措施渐进地弱化电价的宏观调控政策工具功能，从而使市场决定的电价能够有效反映供求关系；尽量避免政府对电力企业经营活动的直接干预，转而强化政府在安全、环保等方面的社会性监管角色。其次要简化和优化投资项目核准程序。为此政府需要不断增强科学规划制定及审批功能，增进政府规划宏观调控与市场机制微观调节之间的高效协调性。此外，新建电源项目的市场准入门槛还应该降低到合理区间。除继续实施重大发电项目示范工程核准制外，进入规划的电力项目都应该由核准制改为备案制，其他事项则由市场投资主体自行决策和自担风险。最后要强化行业协会作为政府和企业之间的桥梁作用。明确行业协会的角色，主要是制定、执行行规行约和各类标准，协调行业企业间的经营行为等，与此同时，还要强化行业协会协助政府制定、监督和实施行业发展规划、产业政策以及行政法规的作用。

　　遵循"国家统一组织、各级政府主导、多方参与、民主决策、公开透明、动态调整"的基本原则制定电力统一规划。首先，要强调市场的基础性作用，而国家统一规划起到的是指导、约束和顶层设计作用。为保障规划和监管的有效性，首要的任务就是制定科学完整的规划管理程序。着重于规划全过程管理，建立规划方案实施评估、检查、监督、考核及后期再评估工作机制。其次，要构建统一衔接的规划体系，实现国家层级的电力发展规划和专项规划、省区层级规划、电源规划、电网规划和环保规划等的相互协调和有序推进。再次，还应该加强规划实施的监督和评估工作。依据国家和地区特征建立科学规划实施评估体系，监督对象不仅包括电力市场和各投资主体，还应包括各级电力主管部门。最后，完善基于供需和技术演进规划的动态调整机制。按照规定程序评估需要调整修订的规划。每年滚动修订五年规划落实细项，每三年修订一次中期规划，每五年修订一次长期规划，并在外部环境发生重大变化的情况下做出规划的及时修订和调整。

　　根据电力行业发展的可观前景，中国应该在今后一段时期内进一步完善和强化电力监管机制，建立健全监管的具体内容，规范监管工具和手段，提升监管治理效率。首先应统筹协调各级电力管理部门治理资源。明确国家发改委、国资委、国家能源局等各级监管部门的职责划分，完善电力监管体制机制；有效协调电网投资核准、电价生成和制定以及电网安全和质量监管之间的关系；建立健全国有企业监管和电网业务监管的协调机制，确保主导型电力市场主体做优做强，确保以电网为核心的能源交易平台公平开放，有效降低市场进入门槛。其次应优化调整监管内容。进一步放松发电环节经济监管，强化环境管制、健康管理等社会性监管，在此过程中注重发挥市场竞争机制作用，提高整体效率。有序放松对上网电价的严格管制，着重采取价格上限等间接监管手段和工具。简化投资核准程序、优化投资核准机制，尝试建立包括发电容量招标在内的市场化投资准入机制。采取更加严苛的污染物排放监管措施，积极鼓励加速替代传统化石能源，建立健全清洁能源价格生成和投资准入等方面的激励机制。重点强化电网环节投资、价格和成本等领域的监管，避免低效率投入和重复建设。一是逐步建立以成本加收益方式为主导的输配电定价机制。二是明确划分发电企业、供电企业和用户接入市场的责任和义务，制定科学合理的技术标准和服务标准，推动电网为发电企业和用户提供更加公平和无歧视的供电服务，不断增强电网、电源和用户市场之间的协调性。三是强化电力安全应急管理，制定明晰的安全责任界限，增强发电、电网和各级用户之间的协调互动机制，确保电力系统安全稳定运行。四是保障普遍服务责任和实施主体分工明确、制定和完善普遍服务资金补偿机制，不断提高普遍服务的质量标准。最后应进一步规范和丰富监管手段。制定和优化各项监管规则，强调依法依规实施监管，确保监管工作以科学为依据、以法律为准绳。在全国范围内建立统一的电力监管标准，科学制定各项监管标准，合法合规制定监管评价指标。明确政府外部监管和企业内部管理的划分界限，采取措施增强企业内部管理自主性和积极性，依规对需要监管的内容进行有效监管。

中国各省区市可再生能源发电配额总体在提高（见图8-1）。总的来说，考虑到可再生能源渗透率不断提高，中国电力监管的主要转型优化方向包括：一是进一步推进售电侧市场开放，加快推进以大用户与发电企业直接交易为主、以发电权交易和跨省区电力交易等为辅的电力市场化建设；二是强化跨区输电定价和跨省区交易监管，依据评估结果优化跨区价格制定方式，考虑放松按照价格主管部门核定的上网电价，执行跨省区交易送端上网电价，考虑改由送出端和受电端标杆电价差确定跨区输电价，强调市场手段的同时强化跨省区电力交易监管力度；三是加强成本监管，制定和落实《输配电定价成本监审办法》，加强电网企业输配电成本核算，注重支出范围、投融资和资产处置等重大变更事项监管。进一步强化电网企业投资效率监管力度，强化体系化和常态化分析输电资产利用率，组织构建输电网运营评价指标体系并定期开展评估分析。进一步强化电网"三公"调度信息披露，加速从年度、月度信息监控提升到实时信息监管，实现调度信息系统和监管信息系统无缝对接。

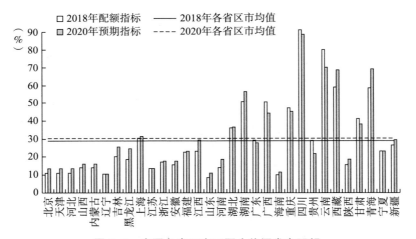

图 8-1　中国各省区市可再生能源发电配额

资料来源：《可再生能源电力配额及考核办法（征求意见稿）》。

五　推动可再生能源关键技术创新

2021 年，国家能源局、科学技术部印发了《"十四五"能源领域科技创新规划》（以下简称《规划》）。《规划》作为一份具有重要意义的指导性文件，为我国在能源技术方面的改革创新发展提供了方向。电网科技革新不仅有助于新型电力系统的发展，还能带动新能源产业结构优化升级，对我国能源科技创新有着重要意义。《规划》中明确要求重视清洁能源友好并网的发展进程，进一步提高电力系统模拟分析的精确性，攻破电网系统数字化、智能化等发展中的技术难题，积极开展远海风电送出、新型柔性交直流输电等创新性实验，进一步提高可再生能源的并网比例。

推进关键技术创新，加速需求侧技术创新与应用。切实加大研发投入，加快推动技术进步，不断降低可再生能源发电、用电成本，加快推进大型储能、光热、智能电网等新技术研究应用，积极引进可再生能源消费新模式、新业态。重点落实和推进电网、装备和零部件等重点技术攻关与国产化进程。推动大规模"源–网–荷"友好互动系统研究开发及大面积推广应用，采取措施研究和推广应用适应高比例可再生能源的虚拟同步技术和安全稳定控制技术，加速实现微电网、虚拟同步发电机、"互联网+"智慧能源等关键技术突破，科学保障电网安全运行。着力支持各类储能技术开发利用，开展抽水蓄能技术规模化应用，强化压缩空气储能、电池储能及储热等前沿技术开发与示范应用。加强物联网、人工智能在电力系统应用的研究，提升配电网智能化水平和做好技术支撑，进一步增强电网资源配置平台作用，全面打造不同层级的智能电网示范区。开展以可再生能源和智能电网为核心的新一轮能源技术革命，推动电网在新型能源体系中的地位提升。现代电网作为能源输送和配置的平台，被不断健全的能源科技创新发展赋予新的功能和作用。一是具备更大范围的跨区资源优化配置功能。随着特高压交直流输电技术和建成工程的发展，电网具备大范围、大规模的能源优化配置的功能。二是具备高比例的可再生能源并网运行功能。在大容量储能技术和电网智能调度技术不断取得突破性进展的情况下，在确保安全的前提下实现可再生能源高渗透率的有序并网运行。三是具备多样化的供用电服务功能。物联网技术、电动汽车技术和智能家电等新型用电技术的兴起和广泛应用，可以更好地满足电力用户和电网的双向互动要求，更有效地贴合大量小型、用户侧分布式电源接入的需求。四是具备更高的供电可靠性和电能质量。智能电网技术为电网提高供电质量夯实技术基础，能够大幅提高各级电网供电可靠性，增强多层级多区域电网协调性，显著降低大面积停电的风险。

（1）电网技术

新型电网技术主要包括以下几个层面。①可再生能源并网和主动支撑技术。随着新能源接入的比重不断提高，机组出力不再稳定，系统惯量逐渐降低，同时无功支撑能力减弱都成了在建设新型电力系统的过程中无法逃避的问题。这无疑对电网的安全运行造成威胁，给系统稳定供电带来隐患。所以，为了解决以上问题需要突破新能源发电参与电网频率/电压/惯量调节的主动支撑控制、自同步控制、宽频带振荡抑制等一系列核心技术。在"十四五"时期的电力系统规划中，我国将建成一批跨区域输电通道，并且这些输电通道会得到大型新能源基地的有力支持，能够将全国范围内的可再生能源进行优化配置。但是，新能源基地也会出现一些系统性的问题。例如，没有稳定电源作为支撑，以及在电网架构方面还有待加强。因此，未来需要突破在没有常规电源保障下的新能源直流外送基地主动支撑技术，并解决新能源孤岛直流接入的现代化协调控制问题等。②交直流混合配电网灵活规划运行技术。交直流混合配电网成了配电网发展的主要方向，除了多种电源以外，还为多元用户提供更加灵活的接入条件。多项示范工程已经在北京、江苏等地区开展，目的是探索配电网的拓扑结构，以及出现故障时的分析能力和修复技术。从总体上来看，目前交直流混合配电网的发展还不成熟。如果想要优化配电网的运行效率，实现多种能源的优化调度，就需要对中低压配电网"源网荷储"协同运行进行深入研究，并且在多电压等级交直流混合配电网的规划中提高灵活应变的能力。③新型交直流输电装备技术。我国高压电网经过多年运营，现已在华东、华南等广大区域完成30多条高压直流输电工程，并且多回直流馈入成为主要的网架结构。但是受端电网的运行会受到多馈入直流连续换相的影响，一旦发生换相失败将造成运行波动。所以需要加强对于新型直流换流装备的研发，并且推进综合防治技术发展确保系统连续换相能够顺利进行。当新能源发生故障时，就会导致大规模脱网。为了有效解决这个问题就要积极研发无功补偿装备，进一步提升新能源无功电压支撑能力。此外，还需要研究有源滤波、混合滤波等新型柔性交流装备以降低选址难度。④大容量远海风电友好送出技术。目前我国海上风电装机规模已经成为世界第一，累计总量已达26吉瓦，发电增量占全世界的80%。我国海上发电主要以柔直技术作为支撑，为了向轻型紧凑化和高压大容量一体化的方向不断迈进，海上柔直技术必须深入研究轻型紧凑化海上柔直拓扑及主回路参数设计、大容量直流海缆及附件材料制造等关键技术。此外，为了更好地发挥低频输电技术的作用，尤其是运用于海上风电送出的研究领域，需要在低频系统方案构建及控制保护技术、低频系统过电压保护和绝缘配合技术、低频系统短路开断技术等方面开展深入研究。⑤电力系统仿真分析及安全高效运行技术。在电力系统设计中需要参考仿真分析的结果来进行规划，同时仿真分析在电力系统的运行控制中又有着至关重要的作用。电力电子设备的数量会随着新能源在电力结构中比例的提高而不断增加，且增长速度逐渐加快。这就导致了仿真难度急剧增加，仿真精确性面临极大的考验。所以必须加强电力电子设备/集群精细化建模与高效仿真技术的研究。由于新型电力系统的设备数量众多，分布范围很广泛，所以在运行控制方面需要将具有自我感知能力并且能够保持安全稳定的"源网荷储"多元接入的多级调度融入社会的经济运行中。在信息通信网络的支持下，新型电力系统的运行控制能力才得以提高。在依赖信息通信网络的同时，网络安全也必须受到重视。这与国家能源电力安全息息相关，所以必须提高面对例如电网遭受网络攻击等情况下的风险预警能力以及进行后续的防范技术研究。研究国产自主工控芯片的控制保护系统，进一步提高在紧急状态下的防御能力。

（2）储能技术

预计储能技术的大幅突破和大规模应用将在 2030 年前后给电力系统带来颠覆性的影响。一是将引起电力系统电源出力和负荷实时平衡的运行特点大幅转变。客观上，储能电站的大规模应用能够改变瞬时平衡的电力系统过往持久沿袭的"以电源出力实时调整来跟踪且平抑负荷的波动性"的电力供应模式，从根本上改变电网调度计划安排和运行控制。二是将推动大规模变动性可再生能源发电发展。大规模储能能够实现变动性可再生能源发电功率的平滑输出，改善和优化电能输出品质，实现变动性电源具备与常规电源相近的发电特性和功能，使得变动性电源大规模并网对电力系统安全稳定运行的冲击大幅下降，并有可能推动可再生能源成为未来电力系统不可或缺的主力电源。三是将开拓新的供电服务业务领域。具体包括支撑电动汽车产业发展的服务业务、建设和运营储能电站的新型业务、分布式电源和微电网发展业务等。

（3）物联网技术

物联网技术快速兴起及其在电力系统中的广泛应用势必将引起电力

系统运行控制的变革。一是随着物联网和云计算技术的快速发展和广泛应用，电力系统运行的灵活性将得到大幅提升。智能电网的资源整合将通过物联网和云计算得到进一步优化，推动智能电网演变成互联"超级电网"的结构，不断累积成为庞大的电力和信息资源池。在发电环节，物联网技术存在多种应用场景，包括风电场预测、机组运行监控以及大坝监测和水情预报等；在输电环节，物联网技术主要可以用于输配电线路现场作业管理、监测、巡检以及状态检修，还可以用于安全预警和输电走廊保护等；在变电环节，物联网技术可用于局部放电在线监测、油色谱在线监测和状态检修等；在配电环节，物联网技术可用于智能故障预警、停电管理和抢修以及配网线路监测等；在用电环节，物联网技术可用于电能质量监测、智能用电设备监管、电力用户信息采集以及电动汽车充放电管理等。二是物联网使得电网和其他网络的互动性大幅提升，或将给电网自身的信息安全带来不利影响。物联网技术带来电网先进调度运行手段，但也开放电网和外界网络的接口，从而导致电网越来越受外界信息的影响和干扰，在特定情况下或将极大地冲击电网信息安全和运行安全。

（4）数字化技术

数据的准确性、真实性以及对于意外情况的防范措施是电力交易需求和监管的重要参考指标。未来可以依托云平台建立一个统一的电力交易平台，进一步拓展新型电力系统的业务。为了保证平台内外部之间实现业务信息和数据共享，需要在交易系统中融入大数据、区块链、人工智能等技术来实现系统安全、稳定、高效运行。对于传统电网的革新需要依赖现代数字化和智能化技术作为基础，进行数字赋能与智能升级。数字系统对于数据信息的开发和分析能力更强，有利于管理水平的提升。在电网物理系统的分析和决策的过程中提供数据支持，能够提高预测的精确性。为了降低新型电力系统的复杂性和随机性，就需要在电力调度、市场交易等多个场景中提升智能化技术水平。将人工智能技术、电力智能传感以及大数据云计算等最新前沿科技与新型电力系统融合起来，实现未来电网在智能化方向上的长远发展。

第九章　总结与展望

一　总结性评述

改革开放以来，中国取得了举世瞩目的工业化成就，世界工厂的地位得到不断巩固，但与之相伴也产生了众多的工业化副产品——环境污染，突出的表现就是中国已经成为全球最大的碳排放国。为此，党中央战略性地提出 2030 年前实现碳达峰、2060 年前实现碳中和的"双碳"目标。由于能源部门是碳排放的主要来源，因此迫切需要全面转向以可再生能源为主的能源结构。按照 BP 统计，自 2005 年起，中国包括水电在内的可再生能源消费量超过美国，已成为世界上最大的可再生能源消费国和生产国。为实现"双碳"目标，中国采取一系列措施坚定不移地提高非化石燃料在终端能源消费中的比重。据中国电力企业联合会发布的统计报告，截至 2021 年底，全国可再生能源发电装机容量占比已经达到 43.1%，可再生能源发电量占比也达到 27.7%，开始动摇火电在电源结构中的统治地位。

本书围绕可再生能源跨区配置的核心问题，从影响因素和外溢效应的视角探讨了可再生能源跨区配置的必然性、可行性和有效性，并总结了当前促进可再生能源跨区配置的政策措施及其优化方向。研究发现，确保可再生能源充分消纳是新能源持续健康发展的重要前提。可再生能源消纳与各地区电源结构、市场空间、电网资源配置能力等因素密切相关，是一项系统工程。在全球范围内丹麦的风电消纳被认为是最高效的，它通过 14 条联络线实现与周边国家互联，如挪威、瑞典和德国，设计容量超过 500 万千瓦，并通过采取灵活电价响应、风电供热等一系列措施，有力支撑其在欧洲大电网实现风电消纳。借鉴世界先进国家的经验并结合中国实际，解决新能源市场消纳问题，应从本地市场和外部市场两个方面共同着手，解决好新能源辅助服务经济补偿机制和新能源外送能力建设两大关键问题。一是出台配套政策措施，挖掘本地新能源消纳的潜力。建立常规火电、燃气机组、抽水蓄能机组等常规电源为新能源消纳提供调峰、调频支撑等辅助服务的补偿机制，适时开展风电与火电的发电权交易，保障常规电源的合理生产规模；建立风电消纳的需求侧管理响应机制，强化出台用户侧峰谷电价和分时电价的激励作用，运用价格政策优化电网负荷特性、提高负荷侧调峰能力，最大限度地提高新能源发电在本地电源中的实际发电比重，提升消纳水平。二是加快特高压等跨区电网建设，扩大新能源消纳范围。"三北"地区新能源消纳空间趋于饱和而中东部地区拥有较大消纳市场，通过建设大容量跨区输电通道，将"三北"地区的风电扩大到全国范围进行消纳，是解决新能源消纳问题的根本措施。研究表明，通过发展特高压电网，建设西北、东北大容量电力输出通道，并构建作为坚强受端的"三华"同步电网，全国风电消纳能力可提高一倍以上，能够实现风电 2020 年 2 亿千瓦的发展目标，解决"三北"地区的弃风问题。目前，张北—赣州、锡盟—南京、蒙西—长沙、呼伦贝尔—山东、酒泉—湖南等一批特高压跨区工程前期工作正在推进，需加快前期和核准建设进度，尽早为解决新能源送出消纳问题发挥作用。

本书首先引入环境污染和土地价格问题并建立一个扩展的 Krugman 核心边缘模型，用以分析环境污染和土地价格差异在包括能源在内的生产要素流动中发挥的作用。能源基地和负荷中心的空间逆向分布是中国能源跨区配置的客观基础。在核心边缘的新经济地理理论分析框架下对能源负荷中心形成和演进进行理论探讨，劳动力流动和厂商区位选择是促成能源负荷中心在东部沿海地区逐渐形成的微观经济基础。依据安特韦勒跨区电力交易模型，研究地区之间电力供应商进行跨区电力交易的利益驱动机制，分析跨区电力交易的基础条件以及行为边界。基于规划约束原则，给出清洁在实现供需平衡中的配置优化目标及其关键约束。中国"三华"（华北、华东和华中）受端市场是能源消费的主要负荷中心，它们承接和消纳"三北"（东北、西北和华北）能源基地外送的大部分能源。对"三华"受端市场空间潜力进行分析，并依据对数平均迪氏指数方法对工业主导的能源需求结构进行测算，以实现对"三华"能源负荷中心的消费需求构成的能源跨区配置进行动力分解。区域间产业转移并没有对制造业用电强度产生决定性影响，以"三华"为中心的受端市场格局短期内仍难扭转，中东部地区仍是中国主导的能源流方向。中国

"三北"能源基地的能源供应存在的主要问题是可再生能源如何跨区输配，全国范围的大型电源基地开发及外送能力制约着可再生能源发展。火电主导型电源结构形成的内生因素也是制约可再生能源发展的重要原因，以高耗能行业的电力消费为中心构成对电力供应格局的主要贡献。通过空间面板计量模型实证研究火电产能扩张造成的污染和环境问题，由此引申出火电主导型的供给结构倒逼清洁能源跨区配置的内生机制。

本书对电力部门资本存量进行估算，建立一套电力资本存量省级面板数据集合，在面板平滑转换回归模型框架下实证分析了跨区配置清洁能源的"电力高速公路"对地区经济增长的贡献。清洁能源跨区配置依赖的是以特高压电网为骨干网架的"电力高速公路"所构建的能源输电通道和交易平台。本书重点研究了不同电压等级电网建设所引发的经济增长效应，结果显示，全国联网的超高压骨干网架对地区经济增长具有强劲的支撑作用，特高压电网也有着较强的经济增长效应，尽管由于规模有限这种经济增长效应还不显著。电力基础设施的大发展离不开电力体制改革的政策"松绑效应"。由于可再生能源跨区配置受到输电通道约束较为突出，本书在 PSTR 模型框架下分析三种等级电网基础设施对可再生能源并网消纳的影响，采取的实证策略是引入可再生能源并网电量和三种等级电网基础设施交互项，研究可再生能源并网给全要素能源效率带来的影响。结果显示，不同层次的电网基础设施在促进可再生能源并网方面具有明显的差异，其中作用最突出的是超高压电网。在其他变量不变的情况下，可再生能源并网电量规模越大，对区域能源效率的总体提升作用就越大。在不同电压电网对地区全要素能源效率的阈值效应方面，高压电网、超高压电网和特高压电网的系数呈现异质性波动，说明超高压和特高压电网的地区全要素能源效率增强效果随着地区经济增长而增强。实证研究发现，尽管可再生能源并网电量份额对电力部门二氧化碳排放的贡献在各分位数之间存在特殊的差异，但通过跨区输配通道实现以清洁和可再生能源替换燃煤发电的战略措施仍是减少温室气体排放的有效工具。为减少对本地火电依赖度高的地区从中西部地区购买更多电量，在减排层面只可以作为权宜之计，因为它并不能带来碳排放总量的减少，而只是改变了污染排放的区域分布。减排的根本路径还是在于建立可再生能源主导的能源供应和消费结构。

本书总结研究中国可再生能源跨区配置存在的主要约束因素，具体概括为技术与基础设施约束、电力供需结构约束、市场交易机制约束以及财税制度约束等。可再生能源跨区电力交易指的是将可再生能源富集地区本地消纳后剩余的风电、光电等各类可再生能源电力和火电打捆后通过各种等级的电力输送通道外送到存在电力缺口的地区进行消纳。随着可再生能源规模的进一步扩大，受端电网安全运行压力日渐凸显。仍然存在的输电渠道缺乏和各省份之间的壁垒也使得可再生能源出力受限。可再生能源跨区电力交易需要考虑众多的协调因素，尚待完善的交易制度制约着可再生能源的进一步发展。

基于研究结果，本书提出如下对策建议。一是建立统一开放的电力市场体系，即建立由国家电力市场和省级电力市场两部分组成，并且以国家和省级统一电力交易平台为核心的统一开放电力市场体系。大规模输配电的全国统一电力市场能够强化区域之间的互补性，在错峰避峰、跨流域补偿、水火互济、减少备用等方面获得多重综合效益。二是弥补输配电通道建设短板。完善跨区输电通道基础设施，优化电力调度机制，加强送出通道建设和管理，提升新能源跨区配置效率。三是完善激励和约束制度。要进一步强化促进可再生能源发展相关的立法工作，强调相关法律法规的有效执行，完善相关配套措施和实施细则。切实可行的举措应该在政府主导下有效落实，特别是要细化激励可再生能源开发利用的行动方案，在最切实可行的举措中市场制度应该起到基础作用。四是消除可再生能源消纳障碍。具体措施包括：制定科学完善的系统规划和顶层设计，统筹源网荷储协调平衡发展；培育电力现货和辅助服务市场，建立可再生能源发展的多元市场支撑；增强上网价格调整的动态性和灵活性，完善清洁能源消纳体制机制；加快推进火电灵活改造，努力增强电力系统输送能力；实施需求侧响应和电能替代，拓展可再生能源消纳空间；推进关键技术创新，加速需求侧技术创新与应用。五是加强分类成本核算和疏导，完善价格传导和生成机制。完善市场交易和环境成本分摊机制，加快电力交易信息披露制度建设，加强部分政府控制价格的动态调整，等等。六是推动关键技术创新突破。开展以可再生能源和智能电网为核心的新一轮能源技术革命，推动以电网为核心的新型能源技术的标志性突破，强化更大范围的跨区资源优化配置功能、高比例的可再生能源并网运行功能、多样化的供用电服务功能，重点关注储能技术及物联网技术的突破与推广应用。七是稳步推进行业有序监管。以保障市场基础性调节作用为核心、以国家能源供应安全为底线优化监管体系。在全国范围内建立统一的电力监管标准，科学制定各项监管标准，合法合规制定监管评价指标。

总的来说，除了在生产侧促进可再生能源发展之外还应该制定促进可再生能源并网消纳的多种措施。可再生能源消纳涉及电源、电网、技术、负荷、政策、管理和市场机制等多个方面，是一项十分复杂的系统工程，要求从规划管理、调度运行、政策与市场和技术创新等多个层面综合施策，从根本上扫清可再生能源并网消纳的障碍。

第一，制定科学完善的系统规划和顶层设计，统筹源网荷储协调平衡发展。可再生能源并网消纳受到电源企业、电网公司、送受端地区等多个利益相关方的影响，不可避免地触及能源大范围配置和就地消纳的协调与冲突问题，因此需要在全国范围内强化"源网荷储"统一规划，不断增强系统规划的统一性、协调性和科学性。综合考虑各地资源禀赋、电网基础、负荷走势等影响因素，科学制定可再生能源开发利用时序，合理调整可再生能源项目规模分布和空间布局，加强可再生能源和电网协调规划。立足于可再生能源开发和消纳的中长期需求，研究和制定与之协调配合的中长期电网布局规划，强化推进可再生能源富集省份的电网规划建设，形成超前可再生能源消纳路径。统筹协调可再生能源消纳和电网建设方案，强调相关规划建设方案的全国统一协调，加快提升跨区调度和协同互济能力。加强现有发电机组的存量管理，避免"边建边弃"。建立和完善风电、光伏发电投资监测和预警机制，实施煤电监测和预警机制，有节奏地把控弃水、弃风和弃光严重地区的新增发电机组建设规模，研究将可再生能源重大项目重点转移到电力负荷潜力较大的中东部和南方地区。

第二，增强上网价格调整的动态性和灵活性，完善清洁能源消纳体制机制。2019年5月，《关于建立健全可再生能源电力消纳保障机制的通知》由国家发改委和国家能源局正式发布。该文件的重点是把可再生能源配额制改为消纳保障机制。同时，该文件明确规定各省级区域可再生能源发电在全社会电力消费中应有的比例，明确省级可再生能源电力消纳责任权重，清晰划分政府部门、电网公司及其他各类市场主体的责任，有效保障可再生能源并网消纳，为可再生能源的持续性发展提供总体性的制度保障。在与碳排放权配额等制度有效协调的基础上，该文件进一步加强各省份风光电消纳比例指标的约束性和强制性；明确全社会承担可再生能源发展的责任与义务，增强各地区接纳外来可再生能源电力的有效激励。切实落实《可再生能源发电全额保障性收购管理办法》，基于大数据技术建立统一数据信息平台，进一步强化全额保障性收购制度监管，保障可再生能源发电全额收购。有效实施可再生能源优先发电制度，预留可再生能源优先发电空间，强调优先消纳政府间协议水电跨省跨区输电电量，完善中国非水可再生能源电价政策，提升产能利用率，保障可再生能源发电机组平均利用小时数。积极开展风电、光伏发电等已经实现规模化发展的可再生能源发电，积极开展上网侧平价上网示范。进一步开展和扩大上网侧峰谷分时电价试点，推进各类用户积极消纳可再生能源电量，加速开展可再生能源就近消纳输配电价试点。加大可再生能源上网电价补贴退坡力度，研究制订和逐年落实补贴退坡计划，加快做到补贴资金彻底退出，形成产业技术进步和成本降低倒逼机制。

第三，加快推进火电灵活改造，努力增强电力系统输送能力。采取措施优化调整电源结构，研究制定电源装机中可调节电源的合理比例，为配合可再生能源并网消纳提供更多调峰容量。科学合理地配置调峰电源，在"三北"地区有条件的省域建设抽水蓄能电站等灵活性调节电源以及储能电站。抓紧具有灵活调节能力的光热与地热发电示范工程建设和进行运行经验总结，增强燃煤机组参与系统调峰的能力，提高电力系统中各种电源的调节能力。优先解决"三北"地区可再生能源消纳问题，强调省区热电机组的灵活性改造，有序推动现役煤电机组灵活性改造工程建设。深入挖掘常规机组的调峰潜力，其中重点关注自备电厂和供暖期供热机组调节能力，为可再生能源提供有效的快速爬坡和容量备用服务，缓解可再生能源消纳中屡屡出现的弃风、弃光问题。此外，还要建立调峰辅助服务补偿机制。作为推动灵活性改造的重要市场机制，调峰辅助服务发挥并网消纳可再生能源的关键作用。应该制定区分电量和电力价值的顶层设计，研究制定科学合理的价值标准，通过市场激励释放更多的灵活性资源，引导相关电源企业加速优化转型。抓紧对中国东北、山东、山西、新疆、宁夏、甘肃、福建、广东等地电力辅助服务市场改革试点的经验进行总结归纳，完善可再生能源消纳补偿机制。依据"谁受益，谁承担"的基本原则，建立和落实电力用户参与承担辅助服务费用的机制，解决辅助服务成本在发电企业之间过度分摊、可再生能源企业经营压力不断增加的问题。在全国建成完善的电力现货市场之前，落实将辅助服务费用纳入电网购电费用的机制。

第四，实施需求侧响应和电能替代，拓展可再生能源消纳空间。在碳达峰、碳中和的"双碳"目标推动下，中国可再生能源开发利用规模在可预期的将来仍有较大的发展空间，可再生能源并网消纳仍将是困扰其持续发展的关键难题，需要进一步将负荷侧和本地就近消纳相结合，促进可再生能源系统消纳。在需求侧积极倡导绿色电力消费理念，推行优先利用可再生能源的绿色消费模式，制定和完善可再生能源用电套餐等激励措施，引导终端用户优先选用可再生能源电力。加快推动需求侧参与调峰。紧随电动汽车参与的多元电力市场建设，完善市场补偿机制，引导电动汽车参与系统调峰。建立和完善需求响应价格引导机制，通过市场价格机制的调节作用提高负荷灵活性，扩大可中断负荷规模，推进风电、光伏发电等可再生能源企业参与大用户直购电和电力直接交易，采取优惠电价等措施引导用电量大的工业企业积极使用可再生能源电力。因地制宜推广电能替代技术，实施灵活的电能替代价格政策，推广以电代煤、以电代油等可再生能源替代工程，加强可再生能源在工业、交通、建筑等领域的应用。在具备可再生能源大规模开发条件的地区开展风电制氢示范工程，实现可再生能源多途径消纳和高效利用。

二 后续研究展望

本书尝试运用能源经济、经济地理和计量经济等学科的理论和实证方法，研究中国可再生能源跨区配置的影响、效应和政策三大关键问题。并网消纳是可再生能源跨区配置的唯一方式。首先，构造能源负荷中心形成、跨区电力交易和清洁能源配置约束的理论基础，解决中国进行大规模可再生能源并网消纳的客观障碍。其次，着眼于"三华"受端市场的需求规模、结构和布局以及"三北"送端市场的实证视角分析了构成可再生能源优化配置的动力机制。再次，采用多重计量经济模型和方法集中研究了可再生能源并网消纳的经济增长、效率提升和环境优化三大外溢效应，夯实可再生能源并网消纳正外部性的经验证据。在此基础上，本书对促进可再生能源跨区配置的政策工具进行概括，总结配额制、上网电价补贴、排放权交易、容量拍卖、碳价格下限和可再生能源义务证书制度等政策工具在美国、德国、英国和日本等发达国家的政策实施情况，以此分析这些政策工具在中国的适用性。最后，本书提出中国促进可再生能源跨区配置的可行政策选择。总的来说，本书首次对可再生能源跨区配置的影响因素和外溢效应进行系统分析和研究，并构建一套动力、效应和政策联动的分析框架，全面概括相关政策和制度安排。但是，受制于数据可获得性和技术条件，本书仍存在一些缺陷，这也为后续研究提供了方向，具体包括以下几点。

第一，不同类型可再生能源并网消纳的外溢效应研究。本书在涉及可再生能源并网消纳的外溢效应实证研究方面，所使用的数据是可再生能源并网电量及其占总发电量的比例，而受限于获得数据不足，没有探讨不同可再生能源类型（如风电、光伏发电、水电等）的渗透率在经济增长、效率提升和环境优化等方面的作用。这就使得无法就不同类型可再生能源制定有针对性的政策安排。第二，可再生能源跨区配置的驱动机制深化研究。因为本书从"三北"送端市场和"三华"受端市场的供需两端探讨驱动机制的内在问题，缺少从更细化的微观视角或风电场和光伏电场及其竞争上网的微观机制研究其优化配置的内生机制。在后续研究中，应该考虑借助产业组织、博弈论等理论方法和工具，研究可再生能源优化配置的动力机制。第三，可再生能源并网消纳的成本核算以及价格生成和传导机制研究。价格机制是市场资源配置最核心的机制安排。虽然电力市场尤其是供电侧的电力市场具有突出的自然垄断特性，而且中国电价监管比较严格，较难通过灵活的价格机制优化配置电力资源，但是随着电力体制改革的不断深化，电力价格生成和传导机制持续健全，通过电价机制优化配置可再生能源就具备了制度基础。有必要以研究国际电价机制配置可再生能源的经验为起点，深化相关电价机制和政策研究。另外，后续还应该加强配额制、上网电价补贴、排放权交易等政策工具的效果评估研究。尽管本书对上述政策工具进行了集中探讨，但是并没有进行政策评估，后续研究应该借助双重差分法、合成控制法、倾向得分匹配等计量方法对政策效果进行评估，挖掘试点政策的平均处理效应，从而分析这些政策对可再生能源优化配置及其对经济、环境和空间外部性的影响。

附　录

附表 1　可再生能源法律和规划汇总

发布时间	文件名称	核心内容
2005 年 2 月	《中华人民共和国可再生能源法》	构建了总量目标制度、强制上网制度、分类电价制度、费用分摊制度和专项资金制度等五项制度，确立了可再生能源发展的基本法律和政策框架体系
2009 年 12 月	《中华人民共和国可再生能源法修正案》	进一步强调了统筹规划的原则；提出全额保障性收购制度；设立可再生能源发展基金
2012 年 7 月	《可再生能源发展"十二五"规划》（发改能源〔2012〕1207 号）	"十二五"时期，风电新增 7000 万千瓦，太阳能发电新增 2000 万千瓦；2015 年底，风电、太阳能发电总装机容量分别为 1 亿千瓦和 2100 万千瓦。2015 年可再生能源发电量取达到总发电量的 20% 以上
2012 年 7 月	《风电发展"十二五"规划》（国能新能〔2012〕195 号）	2015 年风电总装机容量将达到 1 亿千瓦，风电年发电量达到 1900 亿千瓦时，风电发电量在全部发电量中的比重超过 3%。2020 年风电装机容量达到 2 亿千瓦
2012 年 7 月	《太阳能发电发展"十二五"规划》（国能新能〔2012〕194 号）	到 2015 年底，太阳能发电装机容量达到 2100 万千瓦以上，年发电量达到 250 亿千瓦时
2013 年 1 月	《能源发展"十二五"规划》（国发〔2013〕2 号）	非化石能源消费比重提高到 11.4%，可再生能源发电装机比重达到 30%。天然气占一次能源消费比重提高到 7.5%，煤炭消费比重降低到 65% 左右
2013 年 7 月	《关于促进光伏产业健康发展的若干意见》（国发〔2013〕24 号）	调高了光伏发电"十二五"发展规模目标；大力开拓分布式光伏发电市场，有序推进光伏电站建设，巩固和拓展国际市场；加强规划和产业政策指导，推进标准化和检测认证体系建设；加强配套电网建设，完善光伏发电并网运行服务；完善电价和补贴政策，改进补贴资金管理，加大财税政策支持力度

续表

发布时间	文件名称	核心内容
2013 年 9 月	《大气污染防治行动计划》（国发〔2013〕37 号）	到 2017 年，运行核电机组装机容量达到 5000 万千瓦，非化石能源消费比重提高到 13%
2014 年 6 月	《能源发展战略行动计划（2014—2020 年）》（国办发〔2014〕31 号）	加快构建清洁、高效、安全、可持续的现代能源体系。到 2020 年，非化石能源占一次能源消费比重达到 15%
2014 年 11 月	《中美气候变化联合声明》	中国计划 2030 年左右二氧化碳排放达到峰值且将努力早日达峰，并计划到 2030 年非化石能源占一次能源消费比重提高到 20% 左右
2015 年 6 月	《强化应对气候变化行动——中国国家自主贡献》	中国确定了到 2030 年的自主行动目标：二氧化碳排放 2030 年左右达到峰值并争取尽早达峰；单位国内生产总值二氧化碳排放比 2005 年下降 60%~65%，非化石能源占一次能源消费比重达到 20% 左右，森林蓄积量比 2005 年增加 45 亿立方米左右
2016 年 2 月	《关于建立可再生能源开发利用目标引导制度的指导意见》（国能新能〔2016〕54 号）	建立可再生能源开发利用目标，国家能源局根据各地区可再生能源资源状况和能源消费水平，依据全国可再生能源开发利用中长期总量目标，制定各省（区、市）能源消费总量中的可再生能源比重目标，鼓励各省（区、市）能源主管部门制定本地区可再生能源利用目标
2017 年 4 月	《关于促进可再生能源供热的意见》（征求意见稿）》	到 2020 年，力争全国可再生能源取暖面积达到 35 亿平方米左右，比 2015 年增加 28 亿平方米左右，可再生能源供热热总计达到 1.5 亿吨标准煤。京津冀及周边地区可再生能源供暖面积为 10 亿平方米，长三角地区的可再生能源供暖（制冷）面积为 5 亿平方米
2018 年 3 月	《可再生能源电力配额及考核办法（征求意见稿）》	跨省跨区输送通道受端地区通过政府间送受电协议或市场交易促进可再生能源跨省跨区消纳，省级人民政府签订的送受电协议应明确其中可再生能源最低送受电量，并纳入本省电力电量平衡
2018 年 4 月	《关于进一步促进发电权交易有关工作的通知》（国能发监管〔2018〕36 号）	在水电、风电、光伏发电和核电等清洁能源并网消纳空间有限的地区，鼓励清洁能源发电机组之间相互替代发电，通过进一步推进跨省区发电权交易等方式，加大清洁能源并网消纳力度

续表

发布时间	文件名称	核心内容
2019 年 5 月	《关于建立健全可再生能源电力消纳保障机制的通知》（发改能源〔2019〕807 号）	对电力消费设定可再生能源电力消纳责任权重；按省级行政区域确定消纳责任权重
2020 年 1 月	《关于促进非水可再生能源发电健康发展的若干意见》（财建〔2020〕4 号）	完善现行补贴方式：以收定支，合理确定新增补贴项目规模；充分保障政策延续性和存量项目合理收益；全面推行绿色电力证书交易。完善市场配置资源和补贴退坡机制
2021 年 10 月	《"十四五"可再生能源发展规划》	到 2025 年，可再生能源消费总量达到 10 亿吨标准煤左右，占一次能源消费增量的 50% 左右；可再生能源年发电量达到 3.3 万亿千瓦时左右，风电和太阳能发电量实现翻倍；全国可再生能源电力总量和可再生能源电力非水电消纳责任权重分别达到 33% 和 18% 左右，利用率保持在合理水平

附表 2　可再生能源项目开发和建设主要政策汇总

发布时间	文件名称	核心内容
2011 年 8 月	《风电开发建设管理暂行办法》（国能新能〔2011〕285 号）	提出对风电项目建设实行年度开发计划管理
2013 年 8 月	《光伏电站项目管理暂行办法》（国能新能〔2013〕329 号）	规范对光伏电站项目管理，对电站建设实行年度计划管理制度；实行光伏电站备案管理制度，对电网接入和运行提出相应要求
2014 年 7 月	《关于加强风电项目开发建设管理有关要求的通知》（国能新能〔2014〕357 号）	国家能源局负责调整全国风电年度开发的规模和布局，各省区能源主管部门负责落实各省年度开发的具体项目，列入年度实施方案的项目，需重新申报纳入年度实施方案
2014 年 12 月	《全国海上风电开发建设方案（2014—2016）》（国能新能〔2014〕530 号）	列入全国海上风电开发建设方案（2014—2016）项目共 44 个，总容量 1053 万千瓦，明确各省海上风电开发建设计划

续表

发布时间	文件名称	核心内容
2016 年 3 月	《关于下达 2016 年全国风电开发建设方案的通知》（国能新能〔2016〕84 号）	2016 年全国风电开发建设总规模 3083 万千瓦，吉林、黑龙江、内蒙古、甘肃、宁夏、新疆等弃风限电地区暂不安排项目。同时要求"十二五"期间已经安排的风电项目核准计划，仍未完成项目核准工作的一律予以废止，经协调入年底开发建设方案核准后核准的项目，可纳入年底开发建设方案后核准

附表 3 可再生能源电价补贴主要政策汇总

发布时间	文件名称	核心内容
2006 年 1 月	《可再生能源发电价格和费用分摊管理试行办法》（发改价格〔2006〕7 号）	明确可再生能源发电价格实行政府定价和政府指导价两种形式，明确可再生能源发电上网电价超出部分由全体电力用户分摊的原则，确定分摊水平和征收、支出管理办法
2006 年 5 月	《可再生能源发展专项资金管理暂行办法》（财建〔2006〕237 号）	旨在加强对可再生能源发展专项资金的管理，提高资金使用效益
2009 年 8 月	《关于完善风力发电上网电价政策的通知》（发改价格〔2009〕1906 号）	规范风电价格管理，分资源区制定陆上风电标杆上网电价。将全国分为四类风能资源区，相应制定风电标杆上网电价，分别为 0.51 元/千瓦时、0.54 元/千瓦时、0.58 元/千瓦时、0.61 元/千瓦时
2011 年 7 月	《国家发展改革委关于完善太阳能光伏发电上网电价政策的通知》（发改价格〔2011〕1594 号）	按项目核准批准期限的差别，光伏发电含税标杆上网电价分别为 1.15 元/千瓦时和 1 元/千瓦时，特许权招标项目上网电价按中标价格执行
2011 年 11 月	《可再生能源发展基金征收使用管理暂行办法》（财综〔2011〕115 号）	可再生能源电价附加和可再生能源发展专项资金被纳入国家可再生能源基金集中使用和统一调配，可再生能源电价附加进入基金管理时代
2012 年 3 月	《可再生能源电价附加补助资金管理暂行办法》（财建〔2012〕102 号）	国家能源局负责可再生能源电价附加项目的审核认工作，国家发展改革委负责对项目投产情况及电价也实情况进行核对并发布补贴目录；财政部负责资金管理和资金拨付的发布以及预算管理工作

续表

发布时间	文件名称	核心内容
2013年7月	《关于分布式光伏发电实行按照电量补贴政策等有关问题的通知》（财建〔2013〕390号）	在补贴资金拨付对象和流程上，调整为由中央财政按季直接预拨给国家电网公司。在补贴结算方式上，改为电网企业按照光伏发电上网电价与发电企业按月全额结算。并用《通知》提出进一步将全额结算范围扩展到大型风力发电、地热能、海洋能、生物质能等可再生能源发电
2013年8月	《关于调整可再生能源电价附加标准与环保电价有关事项的通知》（发改价格〔2013〕1651号）	将可再生能源电价附加征收标准提高至1.5分钱/千瓦时（可再生能源电价附加标准历经四次上调，从每千瓦时1厘钱提高到目前的1.5分钱）
2013年8月	《关于发挥价格杠杆作用促进光伏产业健康发展的通知》（发改价格〔2013〕1638号）	对光伏电站实行分区域标杆上网电价，将全国分为三类资源区，分别执行每千瓦时0.9元、0.95元、1元的电价标准
2014年6月	《关于海上风电上网电价政策的通知》（发改价格〔2014〕1216号）	对非招标的海上风电项目，区分潮间带风电和近海风电两种类型确定上网电价。2017年以前（不含2017年）投运的近海风电项目上网电价为每千瓦时0.85元，潮间带风电项目上网电价为每千瓦时0.75元
2014年12月	《关于适当调整陆上风电上网电价的通知》（发改价格〔2014〕3008号）	将第Ⅰ类、Ⅱ类和Ⅲ类资源区风电标杆上网电价每千瓦时降低2分线，调整后的标杆上网电价分别为每千瓦时0.49元、0.52元、0.56元；第Ⅳ类资源区风电标杆上网电价维持现行每千瓦时0.61元不变
2015年12月	《关于完善陆上风电光伏发电上网标杆电价政策的通知》（发改价格〔2015〕3044号）	实行陆上风电、光伏电站上网标杆电价随发展规模逐步降低的价格政策。风电四类资源区2016年标杆电价分别为0.47元/千瓦时、0.50元/千瓦时、0.54元/千瓦时、0.60元/千瓦时，2018年分别为0.44元/千瓦时、0.47元/千瓦时、0.51元/千瓦时、0.58元/千瓦时；光伏三类资源区2016年起标杆电价分别为0.80元/千瓦时、0.88元/千瓦时、0.98元/千瓦时
2019年4月	《关于推进风电、光伏发电无补贴平价上网项目建设的工作方案（征求意见稿）》	两家中央直属电网公司及有关省级政府做好有关平价上网项目的电力送出和消纳落实工作，规范签订长期固定的电价购售电合同（不少于20年）

续表

发布时间	文件名称	核心内容
2020 年 4 月	《国家发展改革委关于 2020 年光伏发电上网电价政策有关事项的通知》（发改价格〔2020〕511 号）	将纳入国家财政补贴范围的 I ~ Ⅲ类资源区集中式光伏电站指导价，分别确定为每千瓦时 0.35 元（含税，下同）、0.4 元、0.49 元。新增集中式光伏电站上网电价原则上通过市场竞争方式确定，不得超过所在资源区指导价
2021 年 6 月	《国家发展改革委关于 2021 年新能源上网电价政策有关事项的通知》（发改价格〔2021〕833 号）	对新备案集中式光伏电站、工商业分布式光伏电项目和新核准核准陆上风电项目（以下简称"新建项目"），中央财政不再补贴，按当地燃煤发电基准价执行；新建项目可自愿通过参与市场化交易形成上网电价，风电的绿色电力价值

附表 4　可再生能源财税金融主要政策汇总

发布时间	文件名称	核心内容
2007 年 11 月	《中华人民共和国企业所得税法实施条例》（中华人民共和国国务院令第 512 号）	企业从事前款规定的符合条件的环境保护、节能节水项目的所得，自项目取得第一笔生产经营收入所属纳税年度起，第一年至第三年免征企业所得税，第四年至第六年减半征收企业所得税
2008 年 11 月	《中华人民共和国增值税暂行条例》（中华人民共和国国务院令第 538 号）	纳税人购进货物或者接受应税劳务，准予从销项税额中抵扣，从销售方取得增值税专用发票上注明的增值税额，当期进项税额小于当期销项税额不足抵扣时，其不足部分可以结转下期继续抵扣
2008 年 12 月	《关于资源综合利用及其他产品增值税政策的通知》（财税〔2008〕156 号）	利用风力生产的电力，增值税实行即征即退 50%的政策
2013 年 9 月	《关于光伏发电增值税政策的通知》（财税〔2013〕66 号）	规定自 2013 年 10 月 1 日至 2015 年 12 月 31 日，对纳税人销售自产的利用太阳能生产的电力产品，实行增值税即征即退 50%的政策
2015 年 1 月	《关于鼓励社会资本投资水电站的指导意见》（国能新能〔2015〕8 号）	鼓励银行业等金融机构加大金融创新力度，探索通过发电预期收益权或项目的整体资产作为抵押的贷款的抵（质）押担保物，并允许利用水电项目开展股权债权和债权融资，开拓融资渠道，鼓励和支持水电建设的信贷支持力度

续表

发布时间	文件名称	核心内容
2015年4月	《可再生能源发展专项资金管理暂行办法》（财建〔2015〕87号）	可再生能源发展专项资金，是指通过中央财政预算安排，用于支持可再生能源和新能源开发利用的专项资金，重点支持范围：可再生能源和新能源能力建设、公共平台建设等和产业化示范、规模化开发利用及重点关键技术示范推广
2015年6月	《关于风力发电增值税政策的通知》（财税〔2015〕74号）	自2015年7月1日起，对纳税人销售自产的利用风力生产的电力产品，实行增值税即征即退50%的政策
2020年3月	《关于开展可再生能源发电补贴项目清单审核有关工作的通知》（财办建〔2020〕6号）	国家发布可再生能源电价附加补助目录，而由电网企业确定并定期公布符合条件的可再生能源发电补贴项目清单

附表5　各国和地区上网电价补贴政策

国家和地区	FIT 实施情况
英国	2008年10月，英国宣布，除现行可再生能源配额计划（ROCs）外，英国将在2010年实施一项计划。2009年7月，时任英国能源和气候变化大臣埃德·米利班德·米利班德介绍了该计划的细节，该计划于2010年4月初开始实施。在该计划实施不到一年的时间里，2011年3月，新的联合政府宣布将削减对大规模光伏发电机组（大于50千瓦）的支持。这是对欧洲投机投资者排队在这个西方国家建立大型太阳能发电厂的回应，这些发电厂本可以吸收未成比例的资金。2011年6月9日，DECC确认在2011年8月1日之后对50千瓦以上的太阳能光伏系统削减补贴。许多人对DECC的决定感到失望。太阳能光伏产业的补贴将被削减，以使小型系统受益。快速通道审查基于2020年达到1.9吉瓦年装机容量的长期计划。2011年10月，DECC宣布大幅削减约55%的补贴，并对社区或团体计划进行额外削减。削减措施将于2011年12月12日生效，咨询工作将于2011年12月23日结束。环境保护组织地球之友（FoE）和两家太阳能公司Solarcentury与HomeSun联合提出本后做出，被绿色环保人士和太阳能行业誉为一次重大胜利。能源和气候变化部们律师立即提出上诉。最高法院一致驳回了上诉，允许在2012年3月3日之前安装的任何系统，因此没有建造更大的系统。在英国，上网电价是免税的。这一点提出了质疑。这一判决由米特家庭大法官任为期两天的法庭听证会后，被绿色环保人士和太阳能行业誉为一次重大胜利。允许在2012年3月3日之前安装的任何系统可用于5兆瓦以下用于太阳能的速率可用于太阳能获得43.3 p/kWh的更高高费率。30.7 p/kWh

续表

国家和地区	FIT 实施情况
澳大利亚	2008 年在南澳大利亚和昆士兰州引入了上网电价，2009 年在澳大利亚首都领地和维多利亚州引入了上网电价，2010 年在新南威尔士州、塔斯马尼亚州和西澳大利亚州引入了上网电价。北领地只提供本地上网电价方案。塔斯马尼亚州绿党党参议员克里斯蒂娜·米尔恩提出了一项统一的联邦计划，以取代所有州计划，但该计划尚未颁布。到 2011 年中，新南威尔士和 ACT 的上网电价已对新发电机关闭，因为已达到装机容量上限。在新南威尔士州，由于过于慷慨的上网概念的原始设置，上网电价和上限都被削减。在维多利亚州发电与效率竞争与能量委员会的调查结果出来之前，保守的维多利亚州新政府将原有的上网电价改为每千瓦时 25 美分的过渡上网电价，支付任何千瓦信用，而不是正常的滚动用于发电量超出出来的任何发电量使用电机发电量的滚动。2013 年的价格表将太阳能价格下调至 28~38 美分/千瓦时
加拿大	安大略省在 2006 年引入了上网电价，并在 2009 年和 2010 年进行了修订，从 42 美分/千瓦时提高到了 80.2 美分/千瓦时，价格降低至 64.2 美分/千瓦时。在此之前收到的小规模上网电价（≤10 千瓦）并网光伏项目，对于 2010 年 7 月 2 日之前的申请的接收率。安大略省的 FIT 计划包括一个较大项目的电价表，该项目申请必须在 2011 年 5 月 31 日之前的安装系统，才能获得较高的接收率。截至 2010 年 4 月，已有数百个项目获得批准，包括 184 个大型项目，最高可达 10 兆瓦（含 10 兆瓦）太阳能发电厂，价值 80 亿美元。截至 2012 年 4 月，已安装 12000 个系统，对于 2011 年 9 月 1 日之后收到的申请，安装价格降至 54.9 美分/千瓦时
德国	《可再生能源法》（Renewable Energies Act，德语：Erneuerbare Energien Gesetz）于 2000 年首次引入，并定期进行审查。它的前身是 1991 年的 Stromeinspeisegesetz。截至 2008 年 5 月，该项目的成本为每个月的住宅电费增加了约 1.01 欧元（1.69 美元）。2012 年，成本上升至每千瓦时 0.03592 欧元。光伏发电向电网供电的大小取决于系统的大小位置。2009 年，如果超过 30% 的总产量在现场消耗，则提高了立即消耗的电价，而不是向电网供电的电价，并带来了越来越越高的回报。这是为了激励系统收益时生效的电价。自 2004 年 8 月 1 日起生效的上网电价在 2008 年进行了修改。补贴期限通常为 20 个日历年加上安装年份。在整个安装期间，系统收益时安装的电价。鉴于出人意料的高增长率，贬值速度加快，并以更低的补贴创建了一个新类别（>1000 kWp）。门面溢价被取消。2010 年 7 月，《可再生能源法》再次修订，在正常年度折旧的基础上再降低 16% 的补贴，因为光伏板的价格在 2009 年大幅下降。合同期限为 20 年

续表

国家和地区	FiT实施情况
法国	地面安装光伏系统的管理程序在2009年末进行了重大修改，部门之间的区别主要基于装机容量，这决定了行政程序的复杂性。2011年9月15日启动了250千瓦以上光伏项目的招标。这些项目将根据多个标准进行分析，包括申请人要求的税率
瑞士	瑞士于2008年5月1日推出了所谓的"电网上网费用补偿"（CRF）。CRF适用于水能（最高10兆瓦）、光伏、风能、地热能、生物质和生物质废料发电，适用期为20年和25年，具体取决于技术。通过国家电网运营商SWISSGRID实施，虽然从外观上看CRF很高，但收效甚微，因为该系统的"额外"成本总额受到了限制。大约从2009年开始，再也没有项目可以融资了。大约15000个项目等待资金分配。如果这些项目都得到实施，瑞士可以封存所有核电站，这些核电站目前供应其40%的电力。2011年，福岛核泄漏事故后，一些主要由村庄和州/省所有的地方电力公司选择性地开始提供自己的电价，从而创造了一个小繁荣。截至2012年3月，太阳能光伏的KEV-FiT已多次降低至0.30~0.40瑞士法郎/千瓦时（0.33~0.44美元/千瓦时），具体取决于大小，但高于德国和世界大部分地区
荷兰	荷兰内阁于2009年3月27日同意实施部分上网电价，以应对全球金融危机。拟议法规可能会调整配额激励制度。截至2009年夏天，荷兰实行补贴制度，补贴预算对不同类型的能源设定了数千万欧元的配额。由于补贴太低，几乎没有使用风能预算。2009年陆上风力发电预算为900兆瓦（包括2008年未使用的400兆瓦）；只使用了2.5兆瓦。荷兰公用事业公司没有义务从Windparks购买能源。补贴每年都在变化。这造成了不确定的投资环境。补贴制度于2008年推出。上一个2003年的补贴计划于2008年结束。其资金来源是生产电力生产的部长级法规），其资金来源是在能源税的基础上每年向每户收取100欧元，但在2006年停止，因为它被认为太贵。2009年，荷兰的风力发电场仍在利用旧计划的拨款进行建设。新旧补贴计划的拨款进行建设。上网电价在2011年被短暂采用，但在一个月后的2月结束
葡萄牙	根据葡萄牙的能源政策，可再生能源（大型水力发电除外）以及微型分布式发电，风力发电（如太阳能光伏发电、风力发电），垃圾和热电联产以及可再生能源的热电产均需缴纳上网电价，最早的上网电价可追溯到1998年。光伏发电的上网电价最高，从2003年的500欧元/兆瓦时开始，后来降至300欧元/兆瓦时；大多数其他补贴稳步增加，并稳定在80~120欧元/兆瓦时。葡萄牙的政策在2000~2010年产生了积极的影响，减少了720万吨二氧化碳当量的排放量，增加了15.57亿欧元的国内产值总值，每年创造了16万个就业机会。长期影响尚待评估，因为最早安装的电价尚未到期

续表

国家和地区	FiT 实施情况
西班牙	西班牙的并网立法由第1578/2008号皇家法令（Real Decreto 1578/2008）制定，适用于光伏技术。光伏电价将根据第661/2007号皇家法令，由于其快速增长，它是根据一项单独的法律制定的。第1578/2008号皇家法令将能初步分为两大类，分别征收不同的补贴。建设综合设施：对于标称功率不超过20千瓦的系统，地价为34分欧元/千瓦时；对于标称功率超过20千瓦的，电价为31分欧元/千瓦时。非一体化机组：额定功率不超过10兆瓦的系统为2兆瓦。2012年1月27日，西班牙政府暂时停止接受2013年1月1日后开始运营的项目的申请。现有项目的建设和运营没有受到影响。该国的电力系统有240亿欧元的赤字。FiT支付并没有对这一赤字做出显著贡献。2008年，FiT预计将安装400兆瓦的太阳能电池。然而，这是如此之高，超过2600兆瓦的安装一点存在争议，它们无法通过提高费率增加转嫁给消费者，而是应计赤字，尽管这一点仍存在争议
中国	中国为新建陆上风力发电厂设定了电价，以帮助陷入困境的项目运营商实现利润。中国的经济规划机构国家发展和改革委员会（NDRC）宣布了四类陆上风电项目，根据地区，这些项目将能够申请补贴。风力资源较好的地区将有较低的电机每千瓦时0.34元的补贴。补贴设定为0.51元（0.075美元，0.05英镑），0.54元、0.58元和0.61元。这意味着，与燃煤发电电机每千瓦时0.34元的平均率相比，这是一个巨大的溢价
日本	自2012年7月1日起，对于小于10千瓦的系统，每千瓦时的拟合度为42日元（0.525美元），持续10年；对于更大的系统，拟合度为40日元（0.50美元），但持续20年。对于随后连接的系统，该比率将每年审查一次。为确保20年购电协议期限内的第二轮签约或获得更高的补贴。补贴设定为37.8日元/千瓦时，外国投资者必须在2014年3月31日前完成以下行动：①获得项目现场的公司权力（通过购买土地、签订租约或获得土地所有者提供现场的公司书面承诺；②向将从相关可再生能源项目（即项目所在地理区域运营的电力公司）购买电力设施或电力公司提交咨询和并网申请；③根据《可再生能源法》第6条的规定，获得经济、贸易和工业部（METI）对其发电设施的批准。2014年3月31日前完成上述步骤的项目将有资格与相关电力公司签订为期20年的购电协议，价格为37.8日元/千瓦时
阿尔及利亚	为了弥补可再生能源发电的额外成本和多样化成本，可再生能源发电商每生产、销售或消费一千瓦时，就会获得奖金。对于仅由太阳能辐射产生的电力，奖金为市场运营商根据2002年2月5日22 Dhu ElKaada 1422第02-01号法律规定的每千瓦时电力的设施，直到太阳能的最低贡献占所有一次能源的25%。对于使用太阳能-热能混合动力发电系统，太阳能发电价格为300%，直到太阳能辐射或辐射热产生的价格占所有一次能源的25%，太阳能-热能混合动力发电系统，奖金为每千瓦时价格的200%

续表

国家和地区	FiT实施情况
乌克兰	乌克兰于2008年9月25日颁布了《上网电价法》。该法律保障可再生能源生产商（10兆瓦以下的小水电、风能、生物质能、光伏和地热能）接入电网。可再生能源发电商的电价由国家监管机构设定。截至2013年2月，乌克兰采用了以下每千瓦时电价：生物质能1.3446乌克兰格里夫纳（0.13欧元），风能1.2277乌克兰格里夫纳（0.12欧元），小型水电0.8418乌克兰格里夫纳（0.08欧元），太阳能5.0509乌克兰格里夫纳（0.48欧元）。如果本国货币对欧元汇率出现重大波动，则调整上网电价
捷克	捷克共和国于2005年采用了第180/2005号法律规定的补贴。补贴保证期为15～30年（取决于来源）。支持的能源包括小水电（高达10兆瓦）、生物质能、沼气能、风能和光伏。截至2010年，小型光伏发电的最高电价为12.25捷克克朗/千瓦时。2010年，安装了1200兆瓦以上的光伏发电设备，但到年底，大型系统的适配度被取消，小型系统的适配度降低了50%。2011年，没有安装光伏系统
埃及	2014年9月20日，电力部宣布了家庭企业新能源和私营企业新能源和可再生能源发电的新上网电价（FiT）。FiT将分两个阶段实施，第一阶段的正式申请日期为2014年10月27日，第二阶段将在第一阶段（2016年10月28日启动）后实施。第一类，住宅太阳能发电的每千瓦时的购买价格为0.848埃及镑。第二类，对于发装机容量低于200千瓦的非住宅机组，将支付0.973埃及镑/千瓦时。第三类，在200～500千瓦，将支付0.136美元/千瓦时（15%的补贴按7.15埃及镑/美元的汇率计算）。第四类和第五类非住宅美元的汇率计算）。最后一个类别的电量在20～50兆瓦，将支付0.1434美元/千瓦时。另外，风力发电基于运行小时数，比太阳能电价更为详细。其运行时间从2500小时到4000小时不等，购买费率从0.1148美元/千瓦时下降到0.046美元/千瓦时。在第二阶段，太阳能发电的种类减少到四种，第一类住宅电价的增加到1.0288埃及镑/千瓦时，第二类为小于500千瓦的非住宅机组，其购买电价分别为0.0788美元/千瓦时。第二类和第四类，即0.5～20兆瓦和20～50兆瓦（美元的汇率固定）。考虑到通货膨胀，政府将购买低于200千瓦的电力，而格为1.0858埃及镑普/千瓦时（30%的电价以当地货币支付，并在两年后审查折旧率。财政部将以4%的利率为产生的电力，而消费费将以当地货币支付，并在两年后审查折旧率。财政部将提供优惠补贴银行融资，200～500千瓦的家庭和机构将以8%的利率的家庭和机构将以8%的利率银行融资，允许国有土地在用益权制度下用于新能源生产项目，以换取所生产产能源的2%。电力公司将有义务购买和运营能源。新的补贴制度还包括将新能源和可再生能源发电义务比例降低2%，同时将银行融资比例设定为40%～60%。政府希望到2020年，新能源和可再生能源占埃及总能源结构的20%

续表

国家和地区	FiT实施情况
印度	印度于2010年1月9日启动了迄今为止最新的太阳能项目（JNNSM）。2010年1月12日，印度总理正式启动了贾瓦哈拉尔·尼赫鲁国家太阳能计划（JNNSM）。该项目的目标是2022年安装20吉瓦的太阳能。该项目的第一阶段目标是1000兆瓦。支付印度中央电力监管委员会（CERC）确定的电价。虽然实际上是一种上网电价，但有几个条件会影响项目。太阳能光伏项目的电价固定为17.90卢比（0.397美元）/千瓦时。太阳能热发电项目的电价固定为15.40卢比（0.342美元）/千瓦时。补贴将由CERC定期审查。2015年，上网电价约为7.50卢比（0.125美元）/千瓦时，主要适用于公用事业。屋顶光伏发电厂的上网电价仍然不适用
印度尼西亚	印度尼西亚政府主要通过国家电力公司（Perusahaan Listrik Negara，PLN）运营和许多独立发电商（IPP）投资电力行业。许多独立发电商（IPP）投资电力行业，鼓励独立发电商（如200兆瓦及以下）。为了支持这项投资，与印度尼西亚国家电力公司达成了购电协议（PPA）安排。价格差异很大，从到西爪哇扬杜温柏坡地热厂等偏远地区生产更昂贵电力的小型地热厂的相对较低价格，例如地热和太阳能光伏发电。印度尼西亚针对不同形式的可再生能源发电，制定了一系列不同的适用法规。这些规定限定了PLN在各种不同情况下应向IPP支付的价格，必须满足前提条件
泰国	2006年，泰国政府颁布了一项在公用事业基础上支付的补贴，根据技术类型和发电机大小进行区分，并保证7~10年。太阳能获得的电量最高，为8泰铢/千瓦时（约27美分/千瓦时）。大型生物质能项目收益最低，为0.3泰铢/千瓦时（约1美分/千瓦时）。为抵消偏远地区柴油使用的项目提供了额外的每千瓦时补贴。截至2010年3月，1364兆瓦私营部门可再生能源已上线，另有4104兆瓦已签署购电协议。生物质能发电占了这一容量的大部分：1292兆瓦（在线）和2119兆瓦（仅PPA）。太阳能发电排在第二位，但增长更快，78兆瓦上网，并签署了额外1759兆瓦的购电协议
伊朗	伊朗可再生能源组织（SUNA）于2008年首次引入上网电价。所有类型的可再生能源发电的上网电价，设定为4442里亚尔/千瓦时（0.15美元/千瓦时）。政府设定个夜间小时为1300里亚尔/千瓦时（0.15美元）。2013年，能源部引入了新的上网电价。FiT最近提高了，现在设定为合理的风电0.18美元/千瓦时，太阳能电池板（低于10MWp）的配合比2016年4月减少了27%，现在是4900里亚尔/千瓦时＝美元0.14/千瓦时。2016年，各国政府修改了每种可再生能源技术的电价，并对其进行了区分

续表

国家和地区	FiT实施情况
爱尔兰	支持从生物质、生物质热电联产和厌氧消化热电联产等生物能源中大规模发电。改装计划由交通、能源和自然资源部（DCENR）管理。该计划是在爱尔兰生物能源协会代表机构进行广泛游说后实施的。住宅和微型太阳能、风能、水能和热电联产不接受爱本补助金援助，也不提供补贴和税收减免。这些客户产户没有上网电价，净计量也同样不可用。不同房产之间的合作和私人共享电力是非法的。爱尔兰电力公司（Electric Ireland）一直提供9分/千瓦时的上网电价，直到2014年12月，该电价系在没有更换的情况下被撤销。该上网电价收入须缴纳高达58%的所得税。没有其他微观规模的上网电价。拥有并网微型发电系统的房主，如果每天进口电量低于2千瓦时，或在一个计量周期内成为能源净出口国，则每计量周期将收取9.45欧元的"低使用费附加费"
以色列	2008年6月2日，以色列公用事业管理局批准了太阳能发电厂的上网电价。电价限制为7年内总装机容量为50兆瓦，以先达到者为准。住宅装机容量最高为15kWp，商业装机容量最高为50kWp。Hapoalim银行为安装太阳能电池板提供了10年期贷款。国家基础设施部宣布，将扩大上网电价计划，将50千瓦至5兆瓦的中型太阳能电站纳入其中。新的电价方案将使太阳能公司Sunday Solar Energy宣布，将投资1.33亿美元在Kibbutzim安装光伏太阳能电池板。Kibbutzim是一个在成员之间分配收入的社会社区
南非	南非国家能源监管局（NERSA）于2009年3月31日宣布了一项上网电价制度，旨自到2013年每年每年发电10太瓦。补贴远远高于南非国家能源监管局在其发布的声明中表示，电于南非初步提议的补贴。根据技术不同，补贴将支付20年。南非国家能源监管局在其发布的声明中表示，电价基于发电成本加上合理利润。风能和聚光太阳能的电价是全球最具吸引力的电价之一。风能的电价为1.25南非特/千瓦时，高于德国的电价（0.104欧元/千瓦时），高于加拿大安大略省的电价，也高于南非省的电价。南非国家能源监管局的修订计划经过了广泛的公众咨询。世界风能协会秘书长斯蒂凡·辛格说："南非是第一个引入风电电价的非洲国家。南非电价使多大小投资者现在社区投资风电场和发电。聚光风能是将能够为该国风能产业的腾飞做出贡献。这种分散投资将使南非能够克服南非目前的能源危机。它还将帮助许多南非社区新收入。"然而，补贴在开始之前就被放弃了，取而代之的是2011年8月3日启动的许多南非的竞争性招标程序，创造新工作和新收入。南非政府计划采购3750兆瓦可再生能源：1850兆瓦陆上风电、1450兆瓦太阳能光伏、200兆瓦CSP、75兆瓦小型水电、25兆瓦填埋气、12.5兆瓦生物质、100兆瓦小型项目等。投标过程包括两个步骤：资格认证阶段；根据标书的评估。合规对项目进行评估。合规标书的评估依据是：①相关书标文件中提供的上网价格，占决策的70%；②经济发展、技术、经济发展，占决策的30%。第一轮投标于2011年11月4日到期。PPA于2012年6月2日生效。项目在2014年6月之前投产。但CSP项目在2015年6月之前投产

续表

国家和地区	FiT 实施情况
加利福尼亚州	加州公用事业委员会（CPUC）于 2008 年 1 月 31 日批准了上网电价，立即生效。2010 年，马林能源局启动了首个社区选择总上网电价计划。该项目于 2012 年 11 月更新，现在提供 20 年固定价格合同，价格因能源（峰值、基本负荷，同歇性）和当前项目 10 兆瓦上限的进展而变化。市政公用事业公司在帕洛阿尔托和洛杉矶实施了上网能发电系统产生的高达 4 兆瓦的电力。2012 年，该项目得清洁的当地能源（现有规模为 100 千瓦的最小规模清洁能源）是一个计划，用于购买位于 CPAU 服务区域内的太阳能发电系统产生的高达 4 兆瓦的电力。2012 年，该项目的最小规模为 100 千瓦。购买价格在 12.360~14.003 美分/千瓦时，具体取决于合同期限。该市于 2012 年 1 月 1 日，州法律允许房主向2012 年 4 月 17 日，洛杉矶机水电专员委员会批准了一项 10 兆瓦 FiT 示范项目。截至 2010 年 4 月 2 日开始受申请。公用事业公司出售多余的水电力。之前，房主不会因为一年中的过度生产而获得任何信贷。为了获得加州太阳能计划（CSI）的回扣，不允许客户安装过度生产的系统，从而鼓励在太阳能安装后安装效率装置。某些市政公用事业公司客户，即洛杉矶水电公司，无法获得这种超额生产信贷
佛罗里达州	2009 年 2 月，佛罗里达州盖恩斯维尔市政专员批准了该国第一个太阳能上网电价。该项目的上限为每年 4 兆瓦。截至 2011 年，盖恩斯维尔将太阳能发电装机容量从 328 千瓦增加到 7391 千瓦，约占峰值负荷能量（610 兆瓦）的 1.2%。2014 年，在安装了超过 18 兆瓦的容量后，该项目暂停
夏威夷州	2009 年 9 月，夏威夷公共事业委员会要求夏威夷电力公司（HECO、MECO、HELCO）以高于市场的价格向电网供应可再生能源。该政策为项目提供固定价格的 20 年合同。临时市政局计划在项目审查初始大约两年后，每三年审查一次初始上网电价。瓦胡岛的项目规模限制在 5 兆瓦，毛伊岛和夏威夷岛的系统峰值限制在前两年系统峰值的 5%。Tier 3 仍在等待基于可靠于可靠性的决定和命令。二级和三级项目规模上限因岛屿而技术而异。二级包括小于或等于以下的大型系统：所有岛屿上的陆上风电和在线水电的 100 千瓦 AC；拉奈和莫洛凯光伏和 CSP 的 100 千瓦交流电；毛伊岛和夏威夷岛光伏发电 250 千瓦交流电；毛伊岛和夏威夷岛 CSP 的 500 千瓦交流电；瓦胡岛光伏和 CSP 的交流功率为 500 千瓦。三级覆盖的系统大于二级上限
纽约州	2012 年 7 月 16 日，长岛电力局（LIPA）对 50 千瓦（交流）至 20 兆瓦（交流）的系统采用了上网电价，并将上网电价系统最高限制在 50 兆瓦（交流）。由于客户无法使用自己的电力，这实际上是一个 20 年的固定费率购电协议，LIPA 保留 SREC。2012 年，纽约州立法机构末能通过一项立法，该立法将从 2013 年开始为 SREC 开放纽约市场。电价为 22.5 美分/千瓦时，低于初始市场，该计划将避免计量的估计成本。按照每千瓦时 0.075 美元计算的估计上网电价，低于帕在不同时期为峰值发电支付的电价。该计划每月为家庭电费平均增加约 0.44 美元

续表

国家和地区	FiT 实施情况
俄勒冈州	2009年6月，俄勒冈州建立了太阳能容积激励率支付计划，根据这一激励计划，系统将按照注册时设定的费率，为15年内产生的千瓦时支付费用。俄勒冈州公用事业委员会（PUC）于2010年5月制定了费率和规则。该项目由俄勒冈州三家投资者所有的公用事业公司提供，并由公用事业公司管理。临时市政府计划定期重新评估费率。项目成本可在公用事业费率中收回，公用事业拥有的系统不符合激励条件。试点项目的安装上限为25兆瓦太阳能光伏（PV）的总上限，最大系统容量上限为500千瓦。总计划上限将在四年内平均分配，每年6.25兆瓦的容量有资格获得奖励。根据2008年对总上限进行了划分。PGE的上限为9.8兆瓦，太平洋电力内平均为14.9兆瓦，爱达荷电力公司的项目仅限于住宅设施。比率因系统必须并网、和地理区域而异。中小型系统参与了一个以净计量为模型的项目。更大规模的系统进行了竞争性投标。参与光伏系统必须并网，计量，并符合所有适用规范和法规。系统必须"永久安装"。尺寸小于等于100千瓦的系统可根据净计量部分保留了20兆瓦的总发电容量，其中12兆瓦用于住宅，8兆瓦用于小型商业系统。这些住宅和小型商业电价按发电量支付费用，直至用电量。从本质上讲，向客户支付的费用是由现场发电抵消的公用事业电力价值不同，与典型增加用电价值不同，客户可以使用现场产生的电力，并根据产生的电力量获得生产奖励——批量奖励。为了消除增加用电年度高报酬的不正当动机，系统成本的大小必须适当，以满足平均用电量。费率由临时市政府根据年度系统成本和年度奖励是容积激励输出确定，并按地理区域新评分。成本估算基于俄勒冈州能源信托公司的安装数据。支付给各户产生者的实际利率是容积激励率零售率。每六个月重新评估一次项目激励率。基于绩效激励率从0.25美元/千瓦时到0.411美元/千瓦时不等
佛蒙特州	作为2009年《佛蒙特州能源法》的一部分，佛蒙特州于2009年5月27日通过了上网电价。发电机的容量必须不超过2.2兆瓦，2012年的参与限制为50兆瓦，之后的参与限制增加5~10兆瓦/年，2022年达到127.5兆瓦。太阳能的付款额为24美分/千瓦时，2012年3月增加到27.1美分/千瓦时，之后逐步限制增加100千瓦时的付款；风力超过100千瓦时的付款额为11.8美分/千瓦时，风力涡轮机达到100千瓦时的付款额为25.3美分/千瓦时。其他合格技术包括甲烷、水力和生物质，佛蒙特州获得求到2017年可再生能源的使用率达到20%，到2032年达到75%。该项目于2012年获得全额认购。付款期限为25年

附表 6　1991～2020 年全国及各省区市可再生能源（含核电）并网发电量

单位：亿千瓦时

年份	全国	北京	上海	天津	重庆	黑龙江	吉林	辽宁	内蒙古	河北	山西
1991	1178.55	2.77	0.00	0.00	0.00	4.55	59.89	37.79	0.91	6.48	4.55
1992	1242.44	1.85	0.00	0.00	0.00	5.46	36.10	30.38	0.92	6.47	5.46
1993	1434.80	2.76	0.00	0.00	0.00	4.54	46.42	25.72	0.92	7.39	6.36
1994	1680.94	1.84	0.00	0.91	0.00	7.26	56.94	22.97	0.91	12.93	6.35
1995	1860.53	2.76	0.00	0.00	0.00	4.53	77.95	39.68	1.83	11.08	6.36
1996	1878.30	8.27	0.00	0.91	0.00	4.53	56.77	40.59	0.91	12.93	6.36
1997	1957.58	8.28	0.00	0.92	28.19	9.07	38.04	26.69	0.91	10.19	5.46
1998	2037.71	8.26	0.00	0.92	36.40	11.82	40.88	20.21	1.83	7.42	6.38
1999	2116.55	8.25	0.00	0.92	28.78	10.01	45.56	24.93	3.66	8.36	10.06
2000	2387.50	9.21	0.00	0.00	34.33	12.78	46.51	15.67	5.50	3.72	14.68
2001	2540.61	2.76	0.00	0.00	29.72	12.78	57.77	23.11	7.35	2.79	15.64
2002	2747.01	4.61	0.00	0.00	34.36	13.71	45.55	14.83	7.37	3.73	16.59
2003	2985.46	6.47	0.00	0.00	36.41	10.07	38.93	23.21	7.39	4.68	17.54
2004	3664.57	2.76	0.00	0.00	58.43	12.92	58.82	40.02	10.22	4.68	19.41
2005	4332.40	5.54	14.24	0.93	62.53	17.49	73.79	54.85	13.95	6.54	18.52
2006	4533.32	4.62	15.19	0.00	50.35	14.74	51.27	45.76	17.56	9.34	21.29
2007	5187.37	3.70	15.23	0.00	71.92	13.87	59.59	44.72	26.78	12.13	23.03
2008	6200.54	3.72	0.95	0.00	108.81	22.24	57.64	50.22	45.18	19.55	22.05

续表

年份	全国	北京	上海	天津	重庆	黑龙江	吉林	辽宁	内蒙古	河北	山西
2009	6415.96	5.61	0.95	0.00	115.94	35.34	68.78	55.01	106.33	28.86	21.16
2010	7769.41	6.58	1.90	0.00	134.93	51.30	127.36	97.16	178.99	60.65	39.60
2011	7952.13	7.53	3.82	0.94	138.47	55.15	105.52	99.90	228.44	92.60	44.29
2012	10198.65	9.47	5.73	4.69	199.82	65.66	115.01	133.71	293.58	129.31	75.01
2013	11078.35	6.62	8.59	5.63	168.76	91.91	172.31	228.53	382.82	158.24	90.87
2014	13303.09	9.57	7.63	6.54	229.44	87.25	120.08	249.30	416.43	172.50	104.88
2015	14564.77	8.75	10.51	6.57	220.79	85.34	106.90	271.32	468.49	183.55	126.35
2016	16400.56	16.59	13.37	8.46	239.73	104.17	145.82	364.14	538.66	264.15	187.70
2017	17991.45	16.58	19.10	11.28	246.95	129.54	166.38	414.91	643.97	337.50	245.04
2018	19983.01	15.58	22.91	15.11	238.64	158.34	195.47	512.85	755.27	403.59	325.55
2019	22010.79	17.51	23.87	24.61	244.33	189.16	207.92	563.39	831.30	483.79	374.77
2020	23643.15	21.42	27.64	29.38	283.75	203.77	253.32	594.66	913.19	564.54	441.23

年份	山东	河南	陕西	甘肃	宁夏	青海	新疆	安徽	江苏	浙江	湖南
1991	0.00	13.77	14.67	90.09	7.33	42.81	12.90	14.76	0.00	55.31	101.09
1992	0.00	13.76	27.69	82.91	8.27	33.85	16.60	8.34	0.00	59.90	99.84
1993	0.93	17.41	35.17	97.27	9.28	51.83	19.35	10.21	0.93	81.28	119.90
1994	0.93	15.60	27.70	100.95	9.31	55.68	19.32	11.15	0.93	74.74	135.12
1995	0.93	14.68	23.96	91.33	9.34	40.59	21.24	10.22	0.00	93.71	149.55
1996	0.93	15.57	33.22	77.77	8.41	32.44	22.13	11.14	0.93	69.21	160.47

续表

年份	山东	河南	陕西	甘肃	宁夏	青海	新疆	安徽	江苏	浙江	湖南
1997	0.00	11.91	21.20	75.82	6.53	47.98	24.92	8.36	0.93	76.74	185.37
1998	0.93	15.54	28.68	89.36	7.47	64.74	27.69	13.03	0.93	105.37	187.51
1999	0.93	15.58	20.27	111.69	9.35	94.64	29.56	11.19	0.93	108.51	173.97
2000	0.00	21.11	33.33	108.60	8.42	107.39	29.53	6.53	0.93	104.65	201.50
2001	0.00	33.08	24.96	104.67	7.49	92.00	33.23	8.42	0.00	123.78	203.86
2002	0.00	45.27	26.88	102.71	8.44	88.94	36.40	13.13	1.88	185.53	243.18
2003	0.93	50.78	42.81	91.78	7.58	68.76	34.89	14.09	3.76	247.14	232.82
2004	0.93	62.75	66.02	119.09	9.48	106.99	34.95	11.29	3.76	288.59	229.95
2005	0.93	65.80	49.21	160.89	16.97	162.51	41.04	12.23	5.64	340.82	228.95
2006	2.79	75.28	38.14	164.62	15.98	201.68	49.67	12.21	21.69	341.66	262.34
2007	4.64	84.43	50.61	187.63	16.83	199.06	68.07	18.83	109.49	336.79	279.90
2008	7.43	76.28	50.46	212.10	17.62	208.77	77.08	27.36	143.55	364.42	298.76
2009	12.03	77.69	61.54	250.90	19.42	265.98	91.74	28.34	150.35	374.18	302.35
2010	25.12	80.80	68.92	270.20	24.97	355.78	116.75	35.04	183.70	461.07	357.79
2011	40.09	94.31	88.54	336.16	29.59	359.43	139.50	29.47	191.56	425.50	290.15
2012	61.30	124.48	78.29	420.71	56.41	462.09	176.51	39.03	204.25	545.87	429.69
2013	88.52	113.57	73.79	473.99	83.22	445.67	220.48	42.92	219.91	521.59	415.99
2014	104.42	98.37	80.07	488.84	105.42	456.12	326.62	53.49	238.15	544.75	476.01
2015	126.51	117.22	98.71	500.81	129.46	445.21	388.93	69.67	259.83	713.48	521.39

续表

年份	山东	河南	陕西	甘肃	宁夏	青海	新疆	安徽	江苏	浙江	湖南
2016	180.25	115.50	109.69	489.04	184.14	393.68	465.58	112.61	301.50	784.20	577.80
2017	229.86	165.13	164.89	613.54	228.66	454.57	637.96	151.75	385.86	765.33	531.18
2018	371.15	271.09	227.77	744.39	283.42	677.33	683.95	197.29	544.82	865.23	491.81
2019	567.13	319.56	286.94	813.46	298.91	772.61	772.71	212.70	667.78	985.56	620.49
2020	620.84	373.95	321.17	856.23	328.75	839.55	800.50	242.70	749.66	1033.79	678.96

年份	江西	湖北	四川	贵州	福建	广东	海南	广西	云南	西藏
1991	29.44	219.08	144.38	41.08	59.69	55.17	7.40	60.17	89.69	2.74
1992	34.12	219.62	156.41	48.69	90.80	87.32	7.39	69.62	87.95	2.74
1993	38.73	246.46	182.61	46.61	85.99	99.82	6.43	96.08	91.68	2.74
1994	47.16	236.73	194.20	54.10	116.00	227.89	9.31	110.51	121.48	2.00
1995	51.82	242.65	228.41	76.22	147.37	223.54	11.19	132.20	145.55	1.83
1996	43.25	259.93	251.22	66.39	135.88	234.38	11.31	132.94	176.52	3.90
1997	56.07	234.98	230.03	80.73	177.47	262.54	13.29	150.34	160.10	4.52
1998	55.00	229.06	238.50	76.78	177.86	267.60	9.41	140.00	162.81	5.31
1999	49.39	229.01	288.70	74.71	177.51	239.36	10.32	148.18	176.80	5.41
2000	48.51	269.96	354.09	85.30	187.20	288.25	13.20	163.00	208.14	5.46
2001	50.46	259.62	411.48	88.92	223.40	323.98	15.98	169.66	208.23	5.46
2002	58.15	266.45	426.13	88.67	213.36	359.22	15.05	179.45	240.85	6.57
2003	35.56	373.22	477.95	74.74	180.37	438.95	13.20	185.11	257.90	8.45

续表

年份	江西	湖北	四川	贵州	福建	广东	海南	广西	云南	西藏
2004	36.43	677.56	565.15	221.90	147.11	405.65	11.33	165.16	282.77	10.46
2005	62.66	793.57	626.07	202.64	277.70	488.09	9.23	186.96	319.68	12.42
2006	82.57	729.38	658.88	184.55	332.31	539.01	9.24	232.19	337.50	11.52
2007	67.79	908.70	745.71	278.07	302.22	508.52	11.97	311.20	412.47	13.48
2008	83.75	1173.82	796.42	344.92	322.41	542.97	10.18	498.17	599.23	14.47
2009	74.76	1142.65	911.36	346.78	272.94	493.56	19.47	462.02	603.71	16.20
2010	96.42	1216.10	1104.94	362.92	444.68	577.70	21.43	457.95	793.28	15.41
2011	72.93	1138.84	1225.57	370.36	294.35	615.88	28.86	398.65	988.33	17.44
2012	142.80	1352.98	1512.56	535.80	484.30	753.81	27.00	505.58	1237.57	15.68
2013	122.83	1151.95	1994.65	409.57	487.15	770.48	28.79	445.67	1636.96	16.37
2014	132.77	1368.08	2539.35	716.00	563.77	827.44	28.90	613.52	2114.83	22.56
2015	176.32	1296.17	2737.47	820.78	735.22	888.62	20.40	753.92	2240.34	35.75
2016	218.08	1413.90	3004.69	743.47	1049.56	1131.56	83.90	693.12	2415.36	50.14
2017	209.17	1537.38	3198.28	759.09	1007.00	1125.98	101.92	744.98	2690.55	57.14
2018	199.04	1546.14	3304.71	810.02	1004.36	1225.71	107.86	793.00	2925.05	65.56
2019	263.53	1448.72	3392.80	822.18	1121.37	1551.27	123.81	808.80	3117.28	82.57
2020	265.63	1754.89	3630.98	924.64	1039.97	1542.99	124.12	874.89	3222.50	83.54

资料来源：历年《中国电力统计年鉴》。

附表 7　1991~2020 年全国及各省区市电力部门二氧化碳排放量

单位：万吨

年份	全国	北京	上海	天津	重庆	黑龙江	吉林	辽宁	内蒙古	河北	山西
1991	61065	1259	2941	941	1295	3444	1398	4077	2016	4226	3852
1992	67998	1361	3281	1026	1295	3830	1692	4624	2355	4715	4299
1993	74038	1343	3498	1303	1295	4037	1980	4812	2498	5089	4647
1994	80339	1232	3748	1386	1295	4123	2004	4876	2699	5575	5049
1995	86531	1223	3792	1343	1295	4192	2025	5037	2988	6146	5528
1996	93863	1258	4007	1476	1295	4437	2333	5440	3347	6644	5718
1997	96928	1276	4282	1757	1295	4607	2389	5998	3511	7099	5917
1998	97615	1392	4471	1746	1729	4454	2329	5879	3587	6984	5880
1999	102647	1523	4619	1800	1408	4327	2456	5855	3878	7702	5950
2000	111513	1637	5139	2008	1399	4410	2411	6254	4355	8403	6338
2001	120055	1528	5295	2016	1450	4543	2398	6297	4599	9037	7121
2002	133326	1582	5657	2479	1486	4735	2584	6856	5128	9742	8392
2003	155768	1630	6373	2918	1604	5122	2993	7695	6354	10505	9535
2004	176385	1633	6488	3040	1768	5575	3336	8180	7492	12127	10502
2005	194646	1818	6552	3315	1937	6012	3515	8247	9218	12745	12785
2006	225529	1728	6325	3207	2366	6320	3921	9226	13092	13881	14330
2007	250426	1812	6320	3496	2699	6675	4156	9833	16628	15348	16201
2008	250953	1886	6868	3500	2617	6879	4142	9777	18316	14456	15681

续表

年份	全国	北京	上海	天津	重庆	黑龙江	吉林	辽宁	内蒙古	河北	山西
2009	265816	1811	6634	3584	2791	6561	4052	10164	19297	15471	16618
2010	295544	1925	7835	4671	3010	6693	4472	10726	21221	17560	18585
2011	333794	1845	8302	5158	3509	6919	4908	11274	25711	18785	20179
2012	331839	1930	7748	4873	3037	6871	4916	11299	26453	18840	21364
2013	353055	2238	7684	4925	3641	6450	4835	11028	27937	19277	21180
2014	351786	2293	6396	4965	3649	6848	5005	11037	29714	18633	21397
2015	348419	2399	6445	4644	3818	6843	4629	10759	29791	17867	19353
2016	353068	2392	6513	4542	3556	6779	4609	10806	28998	18314	18981
2017	368190	2134	6718	4414	3860	6755	4755	10828	31830	18925	20597
2018	396300	2454	6575	4901	4500	6966	5120	11153	35650	19055	22607
2019	404301	2470	6295	4707	4528	7183	5334	11019	38189	19145	23650
2020	412548	2363	6466	4832	4311	7213	5531	11118	39088	18748	23810

年份	山东	河南	陕西	甘肃	宁夏	青海	新疆	安徽	江苏	浙江	湖南
1991	5180	3850	1532	997	625	232	896	2067	4681	1943	1496
1992	5869	4336	1665	1187	762	223	938	2315	5106	2311	1695
1993	6329	4641	1871	1317	827	199	1022	2586	5663	2325	1736
1994	7019	5174	1977	1443	919	235	1114	2886	6635	2751	1778
1995	7701	5937	2230	1468	1018	279	1256	3000	7387	3233	1983
1996	8281	6385	2452	1571	1064	368	1444	3136	7864	3959	1959

续表

年份	山东	河南	陕西	甘肃	宁夏	青海	新疆	安徽	江苏	浙江	湖南
1997	8638	6763	2585	1679	1090	431	1578	3181	8092	4202	1697
1998	8556	6590	2335	1612	1033	423	1668	2985	8048	4313	1663
1999	9074	6894	2525	1463	1003	354	1736	3013	8624	4884	1792
2000	9875	7202	2582	1628	1210	365	1864	3491	9700	5659	1788
2001	10866	7925	3180	1973	1434	583	2078	3915	10184	6247	2023
2002	12427	8810	3259	2294	1522	569	2018	4334	11293	6608	2074
2003	13967	9957	3818	2870	1808	904	2299	5435	12859	7487	3051
2004	15315	12461	4411	3207	2357	682	2624	5661	15689	8979	3732
2005	17895	13088	4798	3165	2715	595	3158	5946	19342	10228	3945
2006	22337	14495	5060	3364	3496	780	3562	6698	23267	12802	4565
2007	24783	16418	5489	3868	3992	965	3943	7688	23959	15048	5154
2008	24379	16716	6423	4191	3940	1041	4403	9469	23734	14927	4973
2009	25911	17171	6845	3900	3941	994	4950	11129	24202	15686	5660
2010	27184	18708	8340	5178	4948	1012	5574	12098	27947	17028	6372
2011	27500	20846	9377	6196	8472	1120	7297	13553	31136	18968	7777
2012	27856	20366	9875	5761	8129	1091	9463	14599	32359	18275	6554
2013	29508	22163	9998	6046	9309	1236	12284	15899	33936	19110	7064
2014	30537	21305	10529	6260	9467	1199	15204	16088	33318	18480	6246
2015	37669	20118	10308	5950	8249	1128	17364	15882	33153	17496	5984

续表

年份	山东	河南	陕西	甘肃	宁夏	青海	新疆	安徽	江苏	浙江	湖南
2016	38838	20324	11277	5812	8179	1343	18220	17130	34846	18538	6166
2017	37656	20508	12015	5859	9567	1313	19186	18184	34997	19876	6418
2018	38853	21508	14823	7058	10714	1042	20392	19227	34639	20284	7562
2019	37499	19886	15955	6843	11563	881	22174	20862	33575	19594	7380
2020	39318	19210	17380	7397	11495	839	26726	19985	32982	18967	6892

年份	江西	湖北	四川	贵州	福建	广东	海南	广西	云南	西藏
1991	1193	1340	2596	873	953	3565	108	886	591	12
1992	1223	1504	2847	934	867	3848	140	954	784	12
1993	1244	1566	3103	1127	1106	4866	202	887	907	12
1994	1245	1917	3457	1313	1139	5460	209	863	798	20
1995	1337	2009	3712	1400	1123	5973	224	922	750	20
1996	1429	2069	4076	1612	1461	6679	213	1022	849	15
1997	1240	2570	2909	1663	1178	7078	202	955	1046	20
1998	1285	2690	2527	2099	1382	7499	272	1156	1027	1
1999	1397	2865	2270	2215	1695	8635	287	1158	1244	1
2000	1572	2803	2197	2271	1971	10212	272	1366	1130	1
2001	1665	3225	2383	2702	2007	10347	288	1222	1523	1
2002	1861	3471	3161	3271	2900	11534	356	1254	1668	1
2003	2666	3979	3954	4549	3879	13433	436	1690	1997	1

续表

年份	江西	湖北	四川	贵州	福建	广东	海南	广西	云南	西藏
2004	2949	4116	3907	4673	4675	15780	527	2016	2482	1
2005	2983	4515	4053	5589	4414	16291	621	2414	2746	1
2006	3372	5287	4724	7465	5054	17520	700	2675	3909	1
2007	3945	5437	4626	7713	6274	19316	837	3373	4429	1
2008	3717	4968	3880	7393	6387	18518	932	2968	3871	1
2009	3973	5554	4737	8731	7369	18537	980	3690	4862	11
2010	4630	6648	5185	8402	7386	21436	1152	4756	4829	33
2011	5623	7890	5387	8897	10262	25420	1270	5457	4711	45
2012	5091	7250	5100	8990	8989	23609	1458	5453	4192	48
2013	5982	8710	5136	10624	10422	24395	1597	6251	4137	53
2014	6099	8106	4580	9299	10415	24034	1697	5492	3470	24
2015	6519	8510	3616	9057	9040	23105	1830	4495	2395	3
2016	6940	8560	2992	9814	7519	22717	1480	4670	2210	3
2017	7794	8613	3035	10111	9215	24772	1521	4663	2067	4
2018	8603	10082	3721	10561	11320	26260	1644	6502	2514	10
2019	8994	11816	4104	11577	11305	25379	1646	8023	2715	10
2020	9567	9780	4355	11254	12539	26674	1675	8412	3611	10

资料来源：历年《中国能源统计年鉴》和《中国电力统计年鉴》。

附表 8　1958~2020 年全国及各省区市电力资本存量

单位：亿元（2010 年不变价）

	1958年	1959年	1960年	1961年	1962年	1963年	1964年	1965年	1966年	1967年	1968年	1969年	1970年	1971年	1972年	1973年
全国	239	425	576	561	523	491	476	491	533	538	526	550	613	672	813	859
北京	13	14	17	17	16	15	14	15	15	14	14	14	14	14	15	16
天津	5	7	9	9	9	9	9	9	10	9	9	8	9	8	9	11
河北	16	22	25	24	22	21	20	20	21	19	18	19	19	19	20	24
山西	6	8	11	11	10	10	9	10	12	13	13	14	17	20	24	29
内蒙古	7	9	10	9	9	8	7	7	7	6	6	6	6	6	6	7
辽宁	31	107	149	144	132	120	110	103	97	91	85	84	87	89	86	86
吉林	9	15	19	19	18	18	18	19	19	18	17	16	16	17	17	18
黑龙江	10	15	17	17	16	15	16	16	17	17	17	18	19	20	21	24
上海	10	12	14	13	12	11	10	10	10	9	9	9	9	9	11	12
江苏	7	9	10	10	9	9	8	8	11	11	11	11	12	12	12	14
浙江	18	26	32	31	29	27	26	25	23	22	22	22	23	24	25	26
安徽	4	10	18	18	16	15	15	15	15	15	16	17	23	30	31	33
福建	10	16	22	22	21	19	18	17	17	16	16	16	18	20	22	24
江西	4	5	6	6	5	5	5	5	5	5	5	5	6	8	9	10
山东	11	15	18	17	16	15	14	13	14	15	15	15	17	19	21	26
河南	7	9	11	10	9	9	9	9	11	11	12	15	16	17	20	22
湖北	9	11	15	15	14	13	13	13	14	14	14	16	19	27	124	118

续表

	1958年	1959年	1960年	1961年	1962年	1963年	1964年	1965年	1966年	1967年	1968年	1969年	1970年	1971年	1972年	1973年
湖南	5	12	20	20	19	19	19	21	22	23	22	23	27	32	37	42
广东	10	12	15	15	14	13	13	13	15	15	14	14	16	17	18	20
广西	3	7	13	14	14	14	14	15	16	15	15	16	19	22	25	26
海南	2	3	3	3	3	3	3	4	4	4	3	4	5	6	6	7
四川	11	23	38	36	33	30	29	37	55	64	61	71	86	101	109	112
贵州	4	7	9	9	8	8	8	9	12	13	13	14	17	19	22	24
云南	11	26	35	36	35	36	39	42	53	56	55	55	58	57	55	54
西藏	0	0	0	0	0	0	1	1	1	1	1	1	1	1	2	2
陕西	3	5	9	9	8	7	7	6	8	8	7	9	13	18	22	28
甘肃	8	14	18	17	15	14	14	18	22	23	24	26	29	29	29	29
青海	1	2	3	3	3	2	2	2	2	2	3	4	4	4	4	4
宁夏	2	2	3	2	2	2	2	3	2	2	3	3	3	3	3	3
新疆	3	4	5	5	5	4	4	5	5	5	5	5	6	6	7	6

	1974年	1975年	1976年	1977年	1978年	1979年	1980年	1981年	1982年	1983年	1984年	1985年	1986年	1987年	1988年	1989年
全国	893	941	1010	1072	1208	1318	1366	1377	1419	1503	1631	1815	2065	2348	2644	2927
北京	19	19	19	20	20	20	20	19	19	19	22	28	31	38	49	58
天津	12	15	22	30	33	32	30	28	26	24	23	24	27	34	40	57
河北	26	31	42	51	57	60	61	61	65	68	72	76	81	91	97	102
山西	33	36	38	40	46	56	61	62	66	77	92	108	124	136	151	171

续表

	1974 年	1975 年	1976 年	1977 年	1978 年	1979 年	1980 年	1981 年	1982 年	1983 年	1984 年	1985 年	1986 年	1987 年	1988 年	1989 年
内蒙古	7	7	8	7	8	9	11	12	14	25	37	45	47	49	55	61
辽宁	91	92	102	108	110	109	108	108	111	113	117	124	129	132	133	145
吉林	21	25	28	30	38	44	45	45	48	57	62	70	76	88	100	102
黑龙江	26	31	36	41	51	57	64	67	70	74	79	86	97	117	139	151
上海	14	15	16	15	15	17	17	16	16	16	17	24	33	58	80	101
江苏	15	16	17	19	23	28	31	31	32	33	38	44	56	74	88	98
浙江	25	27	28	28	33	36	38	40	44	49	56	66	79	91	107	122
安徽	34	35	40	41	42	43	45	47	49	51	60	74	100	112	122	128
福建	26	27	27	29	33	37	38	36	35	36	39	48	64	80	90	99
江西	10	10	11	12	15	17	18	17	19	22	26	28	33	37	39	44
山东	28	32	38	39	44	46	50	51	55	61	70	76	100	122	144	162
河南	25	27	30	35	44	47	47	44	42	42	53	66	80	81	93	101
湖北	113	111	113	120	135	147	154	166	173	175	172	173	171	168	172	175
湖南	43	46	49	51	62	76	82	81	88	96	101	107	114	133	148	161
广东	21	22	22	23	25	27	29	29	31	32	35	40	55	79	101	125
广西	27	30	32	33	38	42	42	41	41	43	46	51	55	59	60	62
海南	9	10	12	13	14	15	17	20	23	26	31	35	40	45	47	46
四川	112	112	111	110	119	128	129	126	124	130	139	151	171	189	208	232
贵州	25	26	28	30	35	42	45	45	44	42	40	41	40	45	53	60

续表

	1974年	1975年	1976年	1977年	1978年	1979年	1980年	1981年	1982年	1983年	1984年	1985年	1986年	1987年	1988年	1989年
云南	53	52	51	52	56	58	57	53	52	52	54	58	62	68	75	79
西藏	2	3	3	4	5	6	6	6	6	7	7	9	11	11	11	12
陕西	31	35	37	37	43	47	49	50	51	53	57	64	79	85	94	104
甘肃	30	31	30	28	27	27	26	25	24	23	23	23	25	29	35	43
青海	4	4	5	7	13	17	20	22	26	30	34	38	42	49	53	59
宁夏	4	5	5	5	7	8	8	8	8	9	11	14	16	22	24	27
新疆	7	8	10	13	16	19	20	20	19	18	19	22	26	30	36	38

	1990年	1991年	1992年	1993年	1994年	1995年	1996年	1997年	1998年	1999年	2000年	2001年	2002年	2003年	2004年	2005年
全国	3245	3652	4109	4641	5294	5935	6662	7783	8825	9466	9738	11360	12927	14904	16954	20382
北京	70	86	107	134	176	227	267	309	329	354	352	373	388	392	393	421
天津	76	87	100	110	115	128	153	177	183	178	177	198	222	212	202	195
河北	117	135	159	186	213	256	307	366	435	489	499	496	494	503	512	641
山西	193	219	236	252	262	260	263	307	378	430	450	481	513	612	712	803
内蒙古	67	74	93	119	153	181	217	280	308	291	289	337	388	571	768	1044
辽宁	159	177	200	211	229	247	277	356	404	427	418	412	407	443	479	500
吉林	110	123	136	155	157	161	168	176	192	197	206	191	178	174	173	203
黑龙江	172	190	212	232	238	234	250	306	334	338	319	317	316	303	293	312
上海	115	146	165	180	206	228	240	242	283	291	298	461	614	660	696	760

续表

	1990年	1991年	1992年	1993年	1994年	1995年	1996年	1997年	1998年	1999年	2000年	2001年	2002年	2003年	2004年	2005年
江苏	112	142	185	208	229	269	320	401	471	511	523	893	1263	1648	2049	2525
浙江	141	152	172	186	200	218	276	359	483	607	729	867	997	1110	1232	1546
安徽	140	143	146	154	161	172	180	205	230	270	285	282	279	298	317	439
福建	103	111	118	132	153	172	179	198	246	263	263	268	276	419	556	767
江西	53	60	71	80	96	116	129	142	155	167	191	216	240	246	253	297
山东	176	188	199	235	286	333	405	486	542	594	610	666	740	757	777	932
河南	114	127	136	146	166	206	235	277	292	320	342	346	352	443	529	620
湖北	176	178	198	215	229	262	289	347	402	411	390	382	376	505	680	862
湖南	160	171	186	200	230	255	272	302	334	328	345	434	510	541	567	636
广东	156	194	229	326	478	561	585	633	681	729	786	1090	1386	1530	1673	1902
广西	62	63	67	77	95	107	114	119	138	140	140	184	224	298	363	448
海南	44	43	46	51	54	58	58	52	48	43	40	41	43	51	60	71
四川	263	318	372	411	457	501	594	744	861	938	911	1024	1103	1303	1505	1811
贵州	66	74	85	95	105	112	120	132	141	143	146	218	289	440	594	772
云南	86	94	104	117	131	142	153	180	198	212	233	277	324	375	426	574
西藏	14	16	19	22	28	34	38	39	38	39	35	42	48	44	40	36
陕西	117	132	144	159	166	177	185	204	234	250	259	280	299	333	370	421
甘肃	50	57	63	69	84	102	132	158	179	194	200	214	226	247	270	296
青海	63	67	71	80	90	102	125	140	147	148	141	167	191	184	182	212

续表

	1990年	1991年	1992年	1993年	1994年	1995年	1996年	1997年	1998年	1999年	2000年	2001年	2002年	2003年	2004年	2005年
宁夏	33	41	42	45	48	51	62	74	72	66	62	80	99	117	141	171
新疆	40	45	47	54	61	64	68	70	86	98	100	122	144	144	145	164

	2006年	2007年	2008年	2009年	2010年	2011年	2012年	2013年	2014年	2015年	2016年	2017年	2018年	2019年	2020年
全国	23754	27054	30262	34097	37590	40671	43332	46018	48681	51678	54149	55141	56237	57041	58694
北京	447	550	585	621	633	652	687	759	871	992	1080	1157	1202	1182	1140
天津	254	350	471	580	602	613	627	636	647	678	728	721	747	795	819
河北	790	968	1151	1268	1373	1469	1490	1552	1659	1866	2110	2251	2453	2547	2679
山西	883	966	1032	1080	1128	1253	1373	1394	1506	1617	1720	1681	1632	1616	1702
内蒙古	1328	1544	1771	2073	2342	2439	2456	2502	2558	2698	2757	2763	2763	2775	2854
辽宁	568	721	956	1276	1530	1712	1830	1858	1823	1781	1748	1751	1789	1805	1832
吉林	235	289	403	520	640	696	711	710	704	715	727	748	738	718	710
黑龙江	360	429	543	608	666	702	729	747	743	740	778	808	778	740	712
上海	798	863	866	1043	1040	1010	980	992	1118	1231	1301	1267	1314	1287	1249
江苏	2755	2856	2953	3121	3210	3308	3428	3535	3600	3726	3943	4124	4242	4307	4495
浙江	1713	1872	1990	2108	2295	2465	2697	3121	3395	3536	3506	3462	3485	3448	3461
安徽	572	853	1011	1087	1117	1132	1168	1250	1313	1428	1527	1618	1781	1767	1753
福建	909	1016	1169	1280	1437	1589	1737	1829	1983	2063	2140	2157	2195	2239	2257
江西	355	381	462	558	614	654	709	750	817	903	965	986	991	1038	1121
山东	1124	1214	1322	1472	1659	1867	2094	2239	2407	2608	2929	3222	3402	3453	3497

续表

	2006 年	2007 年	2008 年	2009 年	2010 年	2011 年	2012 年	2013 年	2014 年	2015 年	2016 年	2017 年	2018 年	2019 年	2020 年
河南	725	880	1054	1163	1254	1299	1321	1413	1475	1592	1760	1859	2035	2180	2323
湖北	1049	1195	1331	1463	1525	1536	1524	1524	1545	1606	1740	1789	1808	1773	1756
湖南	675	771	872	938	982	1027	1038	1041	1044	1075	1135	1166	1193	1265	1386
广东	2126	2276	2473	2947	3333	3632	3826	3934	4039	4110	4238	4389	4588	4828	5134
广西	582	690	736	806	866	951	1026	1059	1088	1135	1211	1221	1252	1355	1498
海南	86	95	128	160	200	247	304	398	438	486	496	486	496	499	495
四川	2210	2495	2668	2972	3345	3852	4362	4811	5161	5373	5437	5381	5330	5246	5267
贵州	915	1007	1091	1194	1269	1351	1400	1385	1404	1438	1416	1399	1391	1394	1444
云南	800	960	1084	1186	1329	1592	1975	2290	2589	2823	2896	2798	2661	2704	2752
西藏	34	32	39	43	70	92	134	192	254	313	367	478	523	562	610
陕西	513	652	763	817	855	860	866	867	857	929	1008	1044	1087	1114	1193
甘肃	324	425	517	646	901	952	992	1034	1132	1186	1199	1146	1093	1072	1037
青海	235	267	302	316	358	479	496	541	575	660	682	672	682	750	874
宁夏	209	249	272	377	518	627	625	646	712	888	1027	1030	987	966	957
新疆	178	189	248	371	501	612	727	1012	1224	1484	1581	1564	1599	1619	1687

注：重庆与四川合并计算。

资料来源：历年《中国电力统计年鉴》和《电力工业统计资料汇编》。

参考文献

安虎森，皮亚彬，薄文广．市场规模、贸易成本与出口企业生产率"悖论"［J］．财经研究，2013（5）．

白建华，辛颂旭，刘俊，郑宽．中国实现高比例可再生能源发展路径研究［J］．中国电机工程学报，2015（14）．

柏庆国，徐贤浩．碳限额与交易政策下易变质产品的最优库存策略［J］．中国管理科学，2017（7）．

北京大学国家发展研究院能源安全与国家发展研究中心，中国人民大学经济学院能源经济系联合课题组．关于中国风电和光伏发电补贴缺口和大比例弃电问题的研究［J］．国际经济评论，2018（4）．

毕清华，范英，蔡圣华，夏炎．基于 CDECGE 模型的中国能源需求情景分析［J］．中国人口·资源与环境，2013（1）．

边文越，陈挺，陈晓怡，葛春雷，惠仲阳，杨辉．世界主要发达国家能源政策研究与启示［J］．中国科学院院刊，2019（4）．

曹裕，胡韩莉，万光羽．碳限额与交易机制下考虑汇率波动的供应商选择与分配［J］．系统工程理论与实践，2016（7）．

常凯．全国碳交易系统下省际间碳强度减排目标分配——来自公平与效率证据［J］．工业技术经济，2016（12）．

常垚，程林，黄仁乐，李蕴．基于夏普利值的中压配电网扩建费用分摊方法［J］．电网技术，2016（11）．

陈波．基于碳交易市场连接的宏观调控机制研究［J］．中国人口·资源与环境，2015（10）．

陈昌兵．可变折旧率估计及资本存量测算［J］．经济研究，2014，49（12）：72-85．

陈立斌．可再生能源与核电减排二氧化碳经济性分析［J］．中外能源，2016（11）．

陈林，肖倩冰，牛之琳．考虑环境治理成本的企业成本函数模型及其应

用 [J]. 数量经济技术经济研究, 2020 (11).

陈诗一, 黄明, 宾晖. "双碳"目标下全国碳交易市场持续发展的制度优化 [J]. 财经智库, 2021 (4).

陈诗一. 中国工业分行业统计数据估算: 1980-2008 [J]. 经济学(季刊), 2011 (3).

陈卫东, 范万龙. 碳交易环境下我国光伏发电企业效益结构分析 [J]. 天津大学学报(社会科学版), 2017 (4).

陈晓红, 曾祥宇, 王傅强. 碳限额交易机制下碳交易价格对供应链碳排放的影响 [J]. 系统工程理论与实践, 2016 (10).

陈昕炜, 马涛. 碳市场存在不确定性, 更需碳价调控机制 [J]. 环境经济, 2017 (7).

陈欣, 刘明, 刘延. 碳交易价格的驱动因素与结构性断点——基于中国七个碳交易试点的实证研究 [J]. 经济问题, 2016 (11).

陈雨果, 张轩, 张兰, 戴晓娟, 赖晓文. 南方(以广东起步)电力容量市场机制设计探讨 [J]. 广东电力, 2020 (2).

陈玉玉, 李帮义, 徐健腾, 柏庆国, 刘志. 碳限额交易政策下寄售契约对两级可持续供应链的协调 [J]. 控制与决策, 2019 (5).

程承, 王震, 刘慧慧, 赵国浩, 刘明明, 任晓航. 执行时间视角下的可再生能源发电项目激励政策优化研究 [J]. 中国管理科学, 2019 (3).

崔珈郡, 韩丽红. 发达国家可再生能源配额制实施对我国的启示 [J]. 沈阳工业大学学报(社会科学版), 2014 (4).

崔也光, 周畅, 齐英. 配额管制与市场披露促进了企业参加碳交易吗?——基于试点地区上市公司的检验 [J]. 中央财经大学学报, 2018 (7).

董直庆, 王辉. 环境规制的"本地—邻地"绿色技术进步效应 [J]. 中国工业经济, 2019 (1).

冯怡康, 王雅洁. 基于 DEA 的京津冀区域协同发展动态效度评价 [J]. 河北大学学报(哲学社会科学版), 2016 (2).

傅京燕, 代玉婷. 碳交易市场链接的成本与福利分析——基于 MAC 曲线的实证研究 [J]. 中国工业经济, 2015 (9).

高雷，苏辛一，刘世宇．可再生能源消纳责任权重下的新能源合理弃电率研究 [J]．中国电力，2020（12）．

高智，孔慧珍．京津冀协同发展与河北省产业转型升级 [J]．河北大学学报（哲学社会科学版），2016（2）．

公丕芹，李昕旸．碳交易机制下可再生能源投资价值与投资时机研究 [J]．中国人口·资源与环境，2017（3）．

龚利，张增凯，段德忠，龚存．中国化石能源补贴区域分布及改革影响效应研究 [J]．地理科学，2019（1）．

郭军华，孙林洋，张诚，倪明，朱佳翔．碳限额交易政策下考虑消费者低碳偏好的供应链定价与协调 [J]．工业工程与管理，2020（2）．

郭炜煜，赵新刚，冯霞．固定电价与可再生能源配额制：基于中国电力市场的比较 [J]．中国科技论坛，2016（9）．

郝伟峰，贾丹瑶，李红军．基于可再生能源水电解制氢技术发展概述 [J]．价值工程，2018（29）．

何枫，陈荣，何林．我国资本存量的估算及其相关分析 [J]．经济学家，2003（5）．

何晓萍．基础设施的经济增长效应与能耗效应——以电网为例 [J]．经济学（季刊），2014（4）．

贺菊煌．我国资产的估算 [J]．数量经济技术经济研究，1992（8）．

贺胜兵，周华蓉，田银华．碳交易对企业绩效的影响——以清洁发展机制为例 [J]．中南财经政法大学学报，2015（3）．

侯孚睿，王秀丽，锁涛，张文韬，姚力，宫本辉．英国电力容量市场设计及对中国电力市场改革的启示 [J]．电力系统自动化，2015（24）．

黄珺仪．可再生能源发电产业电价补贴机制研究 [J]．价格理论与实践，2016（2）．

黄瑞芬，孙俊凤，王君．碳限额与交易机制下受资金约束的供应链优化 [J]．运筹与管理，2020（6）．

黄守军，陈其安，任玉珑．低碳技术组合应用下纵向合作减排的随机微分对策模型 [J]．中国管理科学，2015（12）．

黄守军，任玉珑，孙睿，申威．基于碳减排调度的激励性厂网合作竞价机制设计 [J]．中国管理科学，2011（5）．

黄守军，任玉珑，孙睿，俞集辉．双寡头电力市场垂直合作减排的随机微分对策模型 [J]．中国管理科学，2014（2）．

黄守军，杨俊．发电成本垂直差异电力市场概率发电——基于大用户电量偏好视角 [J]．管理科学学报，2020（6）．

黄涛珍，商波．可再生能源配额考核监管与主体行为策略选择 [J]．资源科学，2020（12）．

黄勇峰，任若恩，刘晓生．中国制造业资本存量永续盘存法估计 [J]．经济学（季刊），2002（1）．

"基础设施与制造业发展关系研究"课题组．基础设施与制造业发展关系研究 [J]．经济研究，2002（2）．

贾润崧，张四灿．中国省际资本存量与资本回报率 [J]．统计研究，2014（11）．

蒋泽辉，赵涛，王娟，王悦．全国性碳交易市场对电力行业的潜在影响——基于多 Agent 模型 [J]．现代电力，2017（4）．

金戈．中国基础设施资本存量估算 [J]．经济研究，2012（4）．

金祥荣，谭立力．环境政策差异与区域产业转移——一个新经济地理学视角的理论分析 [J]．浙江大学学报（人文社会科学版），2012（5）．

李冬琴．环境政策工具组合、环境技术创新与绩效 [J]．科学学研究，2018（12）．

李凡，李娜，许昕．基于政策工具的可再生能源技术创新能力影响因素研究 [J]．科学学与科学技术管理，2016（10）．

李凡，许昕，代永玮．金砖国家可再生能源政策比较研究 [J]．亚太经济，2017（3）．

李华鹏，成杰民．我国作物秸秆利用途径及其技术研究 [J]．绿色科技，2016（8）．

李力，朱磊，范英．可再生能源配额机制下电力投资最优序贯决策模型 [J]．管理评论，2019（9）．

李玲，陶锋．中国制造业最优环境规制强度的选择——基于绿色全要素生产率的视角 [J]．中国工业经济，2012（5）．

李青原，肖泽华．异质性环境规制工具与企业绿色创新激励——来自上市企业绿色专利的证据 [J]. 经济研究, 2020 (9).

李杨. 政府政策和市场竞争对欧盟国家可再生能源技术创新的影响 [J]. 资源科学, 2019 (7).

李友东, 谢鑫鹏, 王锋正, 王景峰. 考虑碳配额和交易的排放依赖型供应链低碳化运营决策 [J]. 控制与决策, 2020 (9).

林伯强. 电力短缺、短期措施与长期战略 [J]. 经济研究, 2004 (3).

林仁文, 杨熠. 中国的资本存量与投资效率 [J]. 数量经济技术经济研究, 2013 (9).

刘层层, 李南, 楚永杰. 可再生能源价格政策在寡头竞争市场中的比较 [J]. 运筹与管理, 2017 (7).

刘名武, 万谧宇, 付红. 碳交易和低碳偏好下供应链低碳技术选择研究 [J]. 中国管理科学, 2018 (1).

刘生龙, 胡鞍钢. 基础设施的外部性在中国的检验: 1988-2007 [J]. 经济研究, 2010 (3).

刘学之, 黄敬, 郑燕燕, 沈凤武, 王潇晖. 碳交易背景下中国石化行业 2020 年碳减排目标情景分析 [J]. 中国人口·资源与环境, 2017 (10).

刘晔, 张训常. 碳排放交易制度与企业研发创新——基于三重差分模型的实证研究 [J]. 经济科学, 2017 (3).

刘振亚. 特高压电网 [M]. 中国经济出版社, 2005.

娄伟. 中国可再生能源技术的发展 (1949—2019) [J]. 科技导报, 2019 (18).

马丽梅, 史丹, 裴庆冰. 中国能源低碳转型 (2015—2050): 可再生能源发展与可行路径 [J]. 中国人口·资源与环境, 2018 (2).

马晓伟, 余华银. 碳排放权交易政策对环境效率影响的实证研究 [J]. 荆楚理工学院学报, 2019 (2).

齐绍洲, 王班班. 碳交易初始配额分配: 模式与方法的比较分析 [J]. 武汉大学学报 (哲学社会科学版), 2013 (5).

齐绍洲, 张振源. 碳金融对可再生能源技术创新的异质性影响——基于欧盟碳市场的实证研究 [J]. 国际金融研究, 2019 (5).

曲越, 秦晓钰, 黄海刚, 汪惠青. 碳达峰碳中和的区域协调: 实证与路

径 [J]. 财经科学, 2022 (1).

任杰, 何平, 龚本刚. 限额与交易机制下考虑产能约束的企业生产和碳交易决策 [J]. 系统工程, 2016 (7).

任胜钢, 郑晶晶, 刘东华, 陈晓红. 排污权交易机制是否提高了企业全要素生产率——来自中国上市公司的证据 [J]. 中国工业经济, 2019 (5).

任玥. 我国可再生能源配额政策的解读与发展方向分析 [J]. 中外能源, 2019 (3).

单豪杰. 中国资本存量 K 的再估算: 1952~2006 年 [J]. 数量经济技术经济研究, 2008 (10).

尚洪涛, 宋雅希. 中国新能源企业政府环境研发补贴的动态激励效应 [J]. 科技进步与对策, 2020 (22).

邵帅, 杨莉莉, 黄涛. 能源回弹效应的理论模型与中国经验 [J]. 经济研究, 2013 (2).

沈德昌. 我国风能技术发展历程 [J]. 太阳能, 2017 (8).

沈镭, 钟帅, 胡纾寒. 全球变化下资源利用的挑战与展望 [J]. 资源科学, 2018 (1).

时佳瑞, 蔡海琳, 汤铃, 余乐安. 基于 CGE 模型的碳交易机制对我国经济环境影响研究 [J]. 中国管理科学, 2015 (S1).

史丹, 李鹏. "双碳" 目标下工业碳排放结构模拟与政策冲击 [J]. 改革, 2021 (12).

史丹. "双碳" 目标下, "十四五" 能源发展的新特征与新要求 [J]. 中国能源, 2021 (8).

孙鹏, 聂普焱. 新能源产业规制: 研发补贴与支持价格的相机抉择 [J]. 当代财经, 2013 (4).

孙涛, 温雪梅. 府际关系视角下的区域环境治理——基于京津冀地区大气治理政策文本的量化分析 [J]. 城市发展研究, 2017 (12).

谭秀杰, 刘宇, 王毅. 湖北碳交易试点的经济环境影响研究——基于中国多区域一般均衡模型 TermCo2 [J]. 武汉大学学报 (哲学社会科学版), 2016 (2).

陶仁峰, 李凤婷, 李燕青, 苏常胜, 高光芒, 付林. 基于辅助服务费用

分摊的新能源电厂并网价格动态计算方法 [J].电网技术，2020
（3）.

田其云.绿色能源革命背景下可再生能源发展的制度路径 [J].中州学
刊，2019（7）.

王班班，齐绍洲.市场型和命令型政策工具的节能减排技术创新效应——
基于中国工业行业专利数据的实证 [J].中国工业经济，2016（6）.

王风云.我国可再生能源电价补贴及优化研究 [J].学习与探索，2020
（3）.

王锋正，姜涛，郭晓川.政府质量、环境规制与企业绿色技术创新 [J].
科研管理，2018（1）.

王梅，周鹏.碳排放权分配对碳市场成本有效性的影响研究 [J].管理
科学学报，2020（12）.

王闽茜，赵振宇.新能源及可再生能源对能源效率及节能减排效果的影
响研究 [J].科技和产业，2016（12）.

王芃，武英涛.能源产业市场扭曲与全要素生产率 [J].经济研究，
2014（6）.

王任飞，王进杰.基础设施与中国经济增长：基于 VAR 方法的研究 [J].
世界经济，2007（3）.

王睿，刘瑞丰，刘庆，贺元康.典型发电容量市场模式及其实施效果评
价研究 [J].价格理论与实践，2020（9）.

王思聪.政府补贴政策演进对光伏发电产业发展影响研究 [J].价格理
论与实践，2018（9）.

王焱，汪震，黄民翔，蔡祯祺，杨濛濛.基于 OS-ELM 和 Bootstrap 方法
的超短期风电功率预测 [J].电力系统自动化，2014（6）.

王洋，吴斌珍.基础交通建设能否促进当地经济的发展——以青藏铁路
为例 [J].经济学报，2014（1）.

王永利，王晓海，王硕，于海洋，张福利，李如萍.基于输配电价改革
的电网运维成本分摊方法研究 [J].电网技术，2020（1）.

王占洋，赵文会，谭忠富，王宏宇.碳减排政策下考虑市场环境的发电
商交易策略研究 [J].系统工程，2019（1）.

魏巍贤，赵玉荣.可再生能源电价补贴的大气环境效益分析 [J].中国

人口·资源与环境，2017（10）.

吴洁，夏炎，范英，刘婧宇. 全国碳市场与区域经济协调发展［J］. 中国人口·资源与环境，2015（10）.

谢里，罗能生. 中国制造业空间集聚水平及其演变趋势［J］. 科学学研究，2009（12）.

辛清影. 国网力争今年核准并开建 10 条特高压线路［N］. 中国电力报，2014-1-15（5）.

熊航，静峥，展进涛. 不同环境规制政策对中国规模以上工业企业技术创新的影响［J］. 资源科学，2020（7）.

徐杰，段万春，杨建龙. 中国资本存量的重估［J］. 统计研究，2010（12）.

徐乐，赵领娣. 重点产业政策的新能源技术创新效应研究［J］. 资源科学，2019（1）.

徐现祥，周吉梅，舒元. 中国省区三次产业资本存量估计［J］. 统计研究，2007（5）.

徐晓亮，许学芬. 能源补贴改革对资源效率和环境污染治理影响研究——基于动态 CGE 模型的分析［J］. 中国管理科学，2020（5）.

杨洪焦，孙林岩，吴安波. 中国制造业聚集度的变动趋势及其影响因素研究［J］. 中国工业经济，2008（4）.

杨磊，张琴，张智勇. 碳交易机制下供应链渠道选择与减排策略［J］. 管理科学学报，2017（11）.

叶琴，曾刚，戴劲勋，王丰龙. 不同环境规制工具对中国节能减排技术创新的影响——基于 285 个地级市面板数据［J］. 中国人口·资源与环境，2018（2）.

叶勇飞. 论碳排放权之用益物权属性［J］. 浙江大学学报（人文社会科学版），2013（6）.

叶宗裕. 中国省际资本存量估算［J］. 统计研究，2010（12）.

于文轩. 论可再生能源效率促进的工具选择［J］. 暨南学报（哲学社会科学版），2018（12）.

余迪，张扬，史帅帅. 海上风电项目平准化度电成本敏感性分析——基于蒙特卡洛方法［J］. 工程经济，2018（8）.

余伟，陈强，陈华．不同环境政策工具对技术创新的影响分析——基于 2004-2011 年我国省级面板数据的实证研究［J］．管理评论，2016（1）．

余祥瑀，黄守军，杨俊．多寡头电力市场中考虑水平合作的碳减排竞争微分对策模型［J］．中国管理科学，2020（5）．

余杨，李传忠．绿证交易、发售电配额制与可再生能源财税减负效应［J］．中国人口・资源与环境，2020（2）．

余杨．中国风能、太阳能电价政策的补贴需求和税负效应［J］．财贸研究，2016（3）．

喻芸，荆朝霞，陈雨果，季天瑶，张兰．电力市场环境下典型发电容量充裕性机制及对我国的启示［J］．电网技术，2019（8）．

袁家海，张为荣，杨炯君．电力容量机制设计与完善的关键要点探析［J］．中国电力企业管理，2021（4）．

原毅军，陈喆．环境规制、绿色技术创新与中国制造业转型升级［J］．科学学研究，2019（10）．

曾刚，万志宏．国际碳金融市场：现状、问题与前景［J］．国际金融研究，2009（10）．

曾培炎．西电东送：开创中国电力新格局［J］．中共党史研究，2010（3）．

曾伟，王瑶池，周洪涛．碳限额与交易机制下供应链运作优化研究［J］．管理工程学报，2015（3）．

詹宇波，王梦韬，王晓萍．中国信息通信技术制造业资本存量度量：1995-2010［J］．世界经济文汇，2014（4）．

张成，史丹，李鹏飞．中国实施省际碳排放权交易的潜在成效［J］．财贸经济，2017（2）．

张国兴，刘薇，保海旭．多重环境规制对区域产业结构变动的时滞效应［J］．管理科学学报，2020（9）．

张娟，耿弘，徐功文，陈健．环境规制对绿色技术创新的影响研究［J］．中国人口・资源与环境，2019（1）．

张军，吴桂英，张吉鹏．中国省际物质资本存量估算．1952-2000［J］．经济研究，2004（7）．

张军，章元．对中国资本存量 K 的再估计 [J]．经济研究，2003（7）．

张军扩．"七五"期间经济效益的综合分析——各要素对经济增长贡献率的测算 [J]．经济研究，1991（4）．

张军旗，魏新亚．SCM 协定下我国当前可再生能源补贴措施问题分析 [J]．国际经贸探索，2018（4）．

张楠，张保留，吕连宏，白梓函，赵明轩，罗宏．碳达峰国家达峰特征与启示 [J]．中国环境科学，2022（4）．

张宁，贺姝峒，王军锋，陈颖，康磊．碳交易背景下天津市电力行业碳排放强度与基准线 [J]．环境科学研究，2018（1）．

张新华，甘冬梅，黄守军，叶泽．考虑收益下限的火力发电商碳减排投资策略 [J]．管理科学学报，2019（11）．

张新华，黄天铭，甘冬梅，叶泽．考虑碳价下限的燃煤发电碳减排投资及其政策分析 [J]．中国管理科学，2020（11）．

张跃军，魏一鸣．国际碳期货价格的均值回归：基于 EU ETS 的实证分析 [J]．系统工程理论与实践，2011（2）．

赵刚毅，刘嘉，张先儒．从度电成本分析陆上风电平价上网实现对策 [J]．西北水电，2019（5）．

赵海乐．反补贴视角下的上网电价合法性分析——以欧盟"国家援助"审查为例 [J]．中国石油大学学报（社会科学版），2014（2）．

赵立祥，冯凯丽，赵蓉．异质性环境规制、制度质量与绿色全要素生产率的关系 [J]．科技管理研究，2020（22）．

赵新刚，任领志，万冠．可再生能源配额制、发电厂商的策略行为与演化 [J]．中国管理科学，2019（3）．

赵新泉，王闪闪，李庆．市场交易补偿可再生能源的正外部性研究 [J]．中国人口·资源与环境，2020（8）．

赵选民，魏雪．传统能源价格与我国碳交易价格关系研究——基于我国七个碳排放权交易试点省市的面板数据 [J]．生态经济，2019（2）．

赵彦云，李倩．风电上网电价政策地区差异及其产业效应 [J]．资源科学，2021（1）．

郑石明．环境政策何以影响环境质量？——基于省级面板数据的证据 [J]．中国软科学，2019（2）．

郑世林，周黎安，何维达．电信基础设施与中国经济增长［J］．经济研究，2014（5）.

支帮东，陈俊霖，刘晓红．碳限额与交易机制下基于成本共担契约的两级供应链协调策略［J］．中国管理科学，2017（7）.

钟茂初，李梦洁，杜威剑．环境规制能否倒逼产业结构调整——基于中国省际面板数据的实证检验［J］．中国人口·资源与环境，2015（8）.

钟薇薇，高海，徐维军，于孝建．多聚类视角下的碳达峰路径探索与趋势研判——基于广东省21个地级市面板数据的分析［J］．南方经济，2021（12）.

周浩，郑筱婷．交通基础设施质量与经济增长——来自中国铁路提速的证据［J］．世界经济，2012（1）.

周强，汪宁渤，冉亮，沈荟云，吕清泉，王明松．中国新能源弃风弃光原因分析及前景探究［J］．中国电力，2016（49）.

周少鹏，谢旭轩，任东明，薛惠锋．澳大利亚可再生能源配额制及对我国的启示［J］．中国能源，2012（2）.

朱成章．我国防止雾霾污染的对策与建议［J］．中外能源，2013（6）.

朱平芳，张征宇，姜国麟．FDI与环境规制：基于地方分权视角的实证研究［J］．经济研究，2011（6）.

朱彤．我国可再生能源的发展阶段与面临挑战［J］．中国国情国力，2019（7）.

卓振宇，张宁，谢小荣，李浩志，康重庆．高比例可再生能源电力系统关键技术及发展挑战［J］．电力系统自动化，2021（9）.

Abbasi, K. R., Shahbaz, M., Zhang, J., Irfan, M. Analyze the environmental sustainability factors of China: The role of fossil fuel energy and renewable energy [J]. Renewable Energy, 2022, 187: 390-402. https://doi.org/10.1016/j.renene.2022.01.066.

Abrell, J., Kosch, M., and Rausch, S. Carbon abatement with renewables: Evaluating wind and solar subsidies in Germany and Spain [J]. Journal of Public Economics, 2019, 169: 172-202.

Acheampong, A. O., Dzator, J., and Savage, D. A. Renewable energy,

CO_2 emissions and economic growth in sub-Saharan Africa: Does institutional quality matter? [J]. Journal of Policy Modeling, 2021, 43 (5): 1070-1093.

Achour, H., Belloumi, M. Decomposing the influencing factors of energy consumption in Tunisian transportation sector using the LMDI method [J]. Transport Policy, 2016, 52: 64-71.

Adebayo, T. S., Awosusi, A. A., Rjoub, H., Agyekum, E. B., Kirikkaleli, D. The influence of renewable energy usage on consumption-based carbon emissions in MINT economies [J]. Heliyon, 2022, 8 (2): E08 941.

Adekoya, O. B., Olabode, J. K., and Rafi, S. K. Renewable energy consumption, carbon emissions and human development: Empirical comparison of the trajectories of world regions [J]. Renewable Energy, 2021, 179: 1836-1848. https://doi.org/10.1016/j.renene.2021.08.019.

Ahmad, N., Du, L., Lu, J., Wang, J., Li, H. Z., & Hashmi, M. Z. Modelling the CO_2 emissions and economic growth in Croatia: Is there any environmental Kuznets curve? [J]. Energy, 2017, 123: 164-172.

Ahmed, T., Mekhilef, S., Shah, R., Mithulananthan, N., Seyedmahmoudian, M., Horan, B. ASEAN power grid: A secure transmission infrastructure for clean and sustainable energy for South-East Asia [J]. Renewable & Sustainable Energy Reviews, 2017, 67: 1420-1435.

Alexander, M., Harding, M., Lamarche, C. Quantile regression for time-series-cross-section data [J]. International Journal of Statistics and Management System, 2011, 6 (1-2): 47-72.

Ali, S. H., Giurco, D., Arndt, N., Nickless, E., Brown, G., Demetriades, A., et al. Mineral supply for sustainable development requires resource governance [J]. Nature, 2017, 547: 246.

Andersen, T. B., Dalgaard, C. J. Power outages and economic growth in Africa [J]. Energy Economics, 2013, 38: 19-23.

Andrews, D. W. K., Lu, B. Consistent model and moment selection procedures for GMM estimation with application to dynamic panel data models

[J]. Journal of Econometrics, 2001, 101 (1): 123-164.

Ang, B. W. , Goh, T. Carbon intensity of electricity in ASEAN: Drivers, performance and outlook [J]. Energy Policy, 2016, 98: 170-179.

Ang, B. W. , Liu, F. L. A new energy decomposition method: Perfect in decomposition and consistent in aggregation [J]. Energy, 2001, 26 (6): 537-548.

Ang, B. W. , Su, B. Carbon emission intensity in electricity production: A global analysis [J]. Energy Policy, 2016, 94: 56-63.

Ang, B. W. Decomposition analysis for policymaking in energy: Which is the preferred method? [J]. Energy Policy, 2004, 32 (9): 1131-1139.

Ang, B. W. LMDI decomposition approach: A guide for implementation [J]. Energy Policy, 2015, 86: 233-238.

Ang, B. W. The LMDI approach to decomposition analysis: A practical guide [J]. Energy Policy, 2005, 33 (7): 867-871.

Antweiler, W. Cross-border trade in electricity [J]. Journal of International Economics, 2016, 101: 42-51.

Apergis, N. , Jebli, M. B. , and Youssef, S. B. Does renewable energy consumption and health expenditure decrease carbon dioxide emissions? Evidence for sub-Saharan Africa countries [J]. Renewable Energy, 2018, 127: 1011-1016.

Arellano, M. , Bover, O. Another look at the instrumental variable estimation of error-components models [J]. Journal of Econometrics, 1995, 68 (1): 29-51.

Arens, M. , Åhman, M. , Vogl, V. Which countries are prepared to green their coal-based steel industry with electricity? Reviewing climate and energy policy as well as the implementation of renewable electricity [J]. Renewable and Sustainable Energy Reviews, 2021, 143. https://doi.org/10.1016/j.rser.2021.110938.

Arimura, G. I. , Ozawa, R. , Maffei, M. E. Recent advances in plant early signaling in response to herbivory [J]. International Journal of Molecular Sciences, 2011, 12 (6): 3723-3739.

Arrow, K. The economic implications of learning by doing [J]. Review of Economic Studies, 1962, 29: 155-173.

Aschauer, D. Is public expenditure productive? [J]. Journal of Monetary Economics, 1989, 23: 177-200.

Auffhammer, M., Wang, M., Xie, L., Xu, J. Renewable electricity development in China: Policies, performance, and challenges [J]. Review of Environmental Economics and Policy, 2021, 15 (2).

Awan, A., Abbasi, K. R., Rej, S., Bandyopadhyay, A., Lv, K. The impact of renewable energy, internet use and foreign direct investment on carbon dioxide emissions: A method of moments quantile analysis [J]. Renewable Energy, 2022, 189: 454-466.

Awodumi, O. B., and Adewuyi, A. O. The role of non-renewable energy consumption in economic growth and carbon emission: Evidence from oil producing economies in Africa [J]. Energy Strategy Reviews, 2020, 27: 1-19.

Baek, J. A panel cointegration analysis of CO_2 emissions, nuclear energy and income in major nuclear generating countries [J]. Applied Energy, 2015, 145: 133-138.

Banerjee, A., Marcellino, M., and Osbat, C. Some cautions on the use of panel methods for integrated series of macro-economic data [J]. Econometrics Journal, 2004, 7 (2): 322-340.

Beer, C., Riedl, A. Modelling spatial externalities in panel data: The spatial Durbin model revisited [J]. Papers in Regional Science, 2012, 91 (2): 299-318.

BenKheder, S., Zugravu, N. The pollution haven hypothesis: A geographic economy model in a comparative study [R]. FEEM Working Paper No. 73, 2008.

Berghmans, N., Cheze, B., Alberola, E., Chevallier, J. The CO_2 emissions of the European power sector: Economic drivers and the climate-energy policies' contribution [R]. In: CDC Climate Research Working Paper No. 2014-17.

Bergman, R. L. , Keller, M. L. , Piacentini, J. , & Bergman, A. J. The development and psychometric properties of theselective mutism question-naire [J]. Journal of Clinical Child and Adolescent Psychology, 2008, 37 (2): 456-464.

Berlemann, M. , Wesselhöft, J. E. Estimation aggregate capital stocks using the perpetual inventory method: New empirical evidence for 103 countries [J]. Review of Economics, 2013, 65: 1-34.

Besseca, M. , Fouquaub, J. The non-linear link between electricity consump-tion and temperature in Europe: A threshold panel approach [J]. Energy Economics, 2008, 30 (5): 2705-2721.

Bi, G. B. , Shao, Y. , Song, W. , Yang, F. , Luo, Y. A performance evaluation of China's coal-fired power generation with pollutant mitigation options [J]. Journal of Cleaner Production, 2018, 171: 867-876.

Binder, M. , Coad, A. From average Joe's happiness to miserable jane and cheerful john: Using quantile regressions to analyze the full subjective wellbeing distribution [J]. Journal of Economic Behavior & Organization, 2011, 79 (3): 275-290.

Blonigen, B. , Wilson, W. W. Foreign subsidization and excess capacity [J]. Journal of International Economics, 2010, 80 (2): 200-211.

Blum, B. , Claro, S. , Horstmann I. J. Occasional and perennial exporters [J]. Journal of International Economics, 2013, 90 (1): 65-74.

Blundell, R. W. , Bond, S. R. Initial conditions and moment restrictions in dynamic panel data models [J]. Journal of Econometrics, 1998, 87: 115-143.

Bonnet, C. , Hache, E. , Seck, G. S. , Simon, M. , and Carcanague, S. Who's winning the low-carbon innovation race? An assessment of countries' leadership in renewable energy technologies [J]. International Econo-mics, 2019, 160: 31-42.

Brady, R. R. The spatial diffusion of regional housing prices across U. S. states [J]. Regional Science and Urban Economics, 2014, 46: 150-166.

Brakman, S. , Garretsen, H. , Gigengack, R. , Marrewijk, C. V. , & Wagenvoort, R. Negative feedbacks in the economy and industrial location [J]. Journal of Regional Science, 1996, 36 (4): 631- 651.

Bridge, G. , Özkaynak, B. , Turhan, E. Energy infrastructure and the fate of the nation: Introduction to special issue [J]. Energy Research & Social Science, 2018, 41: 1-11.

Broner, F. , Bustos, P. , and Carvalho, V. M. Sources of comparative advantage in polluting industries [R]. NBER Working Paper No. 18337, 2012.

Brunnermeier, S. B. , and Levinson, A. Examining the evidence on environmental regulations and industry location [J]. The Journal of Environment Development, 2004, 13 (1): 6-41.

Cagatay, S. , and Mihci, H. Industrial pollution, environmental suffering and policy measures: An Index of Environmental Sensitivity Performance (IESP) [J]. Journal of Environmental Assessment Policy and Management, 2006, 5 (2): 204-245.

Campbell, R. M. , Anderson, N. M. , Daugaard, D. E. , Naughton, H. T. Financial viability of biofuel and biochar production from forest biomass in the face of market price volatility and uncertainty [J]. Applied Energy, 2018, 230: 330-343.

Canay, I. A. A simple approach to quantile regression for panel data [J]. Econometrics Journal, 2011, 14 (3): 368-386.

Canning, D. Infrastructure's contribution to aggregate output [R]. Policy Research Working Paper, 1999.

Chakravorty, U. , Pelli, P. , Marchand, B. U. Does the quality of electricity matter? Evidence from rural India [J]. Journal of Economic Behavior & Organization, 2014, 107: 228-247.

Chambers, R. G. , Chung, Y. and Fare, R. Benefit and Distance Functions [J]. Journal of Economic Theory, 1996, 70: 407-419.

Chen, P. Y. , Chen, S. T. , Hsu, C. S. , Chen, C. C. Modeling the global relationships among economic growth, energy consumption and CO_2 emissions [J]. Renewable & Sustainable Energy Reviews, 2016, 65: 420- 431.

Chien, F., Ajaz, T., Andlib, Z., Chau, K. Y., and Sharif, A. The role of technology innovation, renewable energy and globalization in reducing environmental degradation in Pakistan: A step towards sustainable environment [J]. Renewable Energy, 2021, 177: 308-317.

Chow, G. C. Capital Formation and economic growth in China [J]. Quarterly Journal of Economics, 1993, 3: 243-266.

Chung, Y. H., Fare, R., Grosskopf, S. Productivity and undesirable outputs: A directional distance function approach [J]. Journal of Environmental Management, 1997, 51: 229-240.

Cifor, A., Denholm, P., Ela, E., Hodge, B. M., Reed, A. The policy and institutional challenges of grid integration of renewable energy in the western United States [J]. Util Policy, 2015, 33 (1): 34-41.

Cole, M. A., and Elliott, R. J. R. Do environmental regulations influence trade patterns? Testing old and new trade theories [J]. The World Economy, 2003, 26 (8): 1163-1186.

Cole, M. A., Elliott, R. J. R., and Okubo, T. Trade environmental regulation and industrial mobility: An industry-level study of Japan [J]. Ecological Economics, 2010, 69 (10): 1995-2002.

Costantini, V., Mazzanti, M., Montini, A. Environmental performance and regional innovation spillovers [R]. Working Papers 108, Fondazione Eni Enrico Mattei, 2010.

Cullen, J. Measuring the environmental benefits of wind-generated electricity [J]. American Economic Journal: Economic Policy, 2013, 5 (4): 107-133.

Czernich, N. Broadband infrastructure and unemployment evidence for Germany [R]. Munich Discussion Paper No. 2011-12, 2011.

Dadkhah, K. M., Zahedi, F. Simultaneous estimation of production functions and capital stocks for developing countries [J]. The Review of Economics and Statistics, 1986, 3: 443-451.

Dalgaard, C. J., Strulik, H. Energy distribution and economic growth [J]. Resource and Energy Economics, 2011, 33: 782-797.

Damette, O. , Delacote, P. On the economic factors of deforestation: What can we learn from quantile analysis? [J]. Economic Modelling, 2012, 29 (6): 2427-2434.

Das, A. , Ahlgren, E. O. Implications of using clean technologies to power selected ASEAN countries [J]. Energy Policy, 2010, 38 (4): 1851 - 1871.

Delarue, E. , & Kenneth, V. D. B. Carbon mitigation in the electric power sector under cap-and-trade and renewables policies [J]. Energy Policy, 2016, 92: 34-44.

Demertzis, M. , and Tagliapietra, S. Carbon price floors: An addition to the European Green Deal arsenal [J]. Bruegel Blog, 2021.

Destais, G. , Fouquau, J. , Hurlin, C. Economic development and energy intensity: A panel data analysis [J]. The Econometrics of Energy Systems, 2007: 98-120.

Diakoulaki, D. , et al. A bottom-up decomposition analysis of energy-related CO_2 emissions in Greece [J]. Energy, 2006, 31 (14): 2638-2651.

Dimelis, S. , Giotopoulos, I. , Louri, H. Can firms grow without credit? A quantil panel analysis in the Euro area [J]. Journal of Industry, Competition and Trade, 2017, 17: 1-31.

Dixit, A. K. , Stiglitz, J. E. Monopolistic competition and optimum product diversity [J]. American Economic Review, 1977, 67 (3): 297-308.

Dong, F. , Li, Y. , Gao, Y. , Zhu, J. , Qin, C. , Zhang, X. Energy transition and carbon neutrality: Exploring the non-linear impact of renewable energy development on carbon emission efficiency in developed countries [J]. Resources, Conservation & Recycling, 2022, 177. https://doi. org/ 10. 1016/j. resconrec. 2021. 106002.

Duarte, R. , Pinilla, V. , Serrano, A. Is there an environmental Kuznets curve for water use? A panel smooth transition regression approach [J]. Economic Modeling, 2012, 31 (38): 518-527.

Eisner, R. Infrastructure and regional economic performance: Comment [J]. New England Economic Review, 1991, 21: 47-58.

Elhorst, J. P. Spatial Econometrics: From Cross-Sectional Data to Spatial Panels [M]. Heidelberg, New York, Dordrecht, London: Springer, 2014.

Elhorst, J. P. Spatial Panel Data Models. In: Fischer, M. M. and Getis, A., Eds., Handbook of Applied Spatial Analysis [M]. Springer, New York, 2010.

Elliott, R., Sun, P. Y., Xu, Q. Q. Energy distribution and economic growth: An empirical test for China [J]. Energy Economics, 2015, 48: 24-31.

Ellison, G., and Glaeser, E. L. Geographic concentration in U. S. manufacturing industries: A dartboard approach [J]. Journal of Political Economy, 1997, 105 (5): 889-927.

Eren, A. Transformation of the water-energy nexus in turkey: Re-imagining hydroelectricity infrastructure [J]. Energy Research & Social Science, 2018, 41: 22-31.

Fakhry, R. How clean energy and efficiency can replace coal for a reliable, modern electricity grid [J]. The Electricity Journal, 2017, 30: 31-41.

Fell, H., Kaffine, D. T. A one-two punch: Joint effects of natural gas abundance and renewables on coal-fired power plants [R]. Working Papers 2014-10, Colorado School of Mines, Division of Economics and Business, 2014.

Feng, C., Wang, M., Zhang, Y., Liu, G. C. Decomposition of energy efficiency and energy-saving potential in China: A three-hierarchy meta-frontier approach [J]. Journal of Cleaner Production, 2018, 176: 1054-1064.

Fouquau, J., Hurlin, C., Rabaud, I. The feldstein-horioka puzzle: A panel smooth transition regression approach [J]. Economic Modelling, 2008, 25 (2): 284-299.

Fulton, M., Mellquist, N. The German feed-in tariff for PV: Managing volume success with price response [R]. New York, NY: DB Climate Change Advisors, Deutsche Bank Group, 2011.

Gao, L., Hiruta, Y., Ashina, S. Promoting renewable energy through willingness to pay for transition to a low carbon society in Japan [J]. Renewable Energy, 2020, 162: 818-830.

Gipe, P. Energia Eolica Practica [M]. Progensa, 2011.

González, A., Teräsvirta, T., Van Dijk, D. Panel smooth transition regression model [R]. Working Paper in Economics and Finance, 2005, 604.

Graf, C., Marcantonini, C. Renewable energy intermittency and its impact on thermal generation [J]. Energy Economics, 2016, 66: 421-430.

Gray, W. Manufacturing plant location: Does state pollution regulation matter? [R]. NBER Working Paper Series, No. 5880, 1997.

Guo, S., Zhao, J., Wang, W., Jin, G., Wang, X., & An, Q., et al. Experimental study on solving the blocking for the direct contact mobilized thermal energy storage container [J]. Applied Thermal Engineering, 2015, 78: 556-564.

Halicioglu, F., Ketenci, N. The impact of international trade on environmental quality: The case of transition countries [J]. Energy, 2016, 109: 1130-1138.

Hall, R. E., Jones, C. I. Why do some countries produce so much more output per worker than others [J]. Quarterly Journal of Economics, 1999, 114: 83-116.

Hammons, T. J. Integrating renewable energy sources into European grids [J]. International Journal of Electrical Power & Energy Systems, 2008, 30: 462-475.

Hansen, B. E. Threshold effects in non-dynamic panels: Estimation, testing and inference [J]. Journal of Econometrics, 1999, 93: 345-368.

Hao, F., Shao, W. What really drives the deployment of renewable energy? A global assessment of 118 countries [J]. Energy Research & Social Science, 2021, 72. https://doi.org/10.1016/j.erss.2020.101880.

Harberger, A. C. Perspectives on capital and technology in less developed countries [M]. In: Artis, M. J., Nobay, A. R. (Eds.), Contemporary Economic Analysis, London, 1978.

Hasan, I., Hoi, S., Wu, Q., Zhang, H. Beauty is in the eye of the beholder: The effect of corporate tax avoidance on the cost of bank loans [J]. Journal Finance Economics, 2014, 113: 109–130.

Hdom, H. A. D. Examining carbon dioxide emissions, fossil & renewable electricity generation and economic growth: Evidence from a panel of south American countries [J]. Renewable Energy, 2019, 139: 186–197.

Head, K. , Mayer, T. The empirics of agglomeration and trade [J]. Handbook of Regional and Urban Economics, 2004, 4: 2609–2669.

Held, A. , Ragwitz, M. , Sensfuß, F. , Resch, G. , Olmos, L. , Ramos, A. How can the renewables targets be reached cost-effectively? Policy options for the development of renewables and the transmission grid [J]. Energy Policy, 2018, 116: 112–126.

Henderson, D. J. , Millimet, D. L. Pollution abatement costs and foreign direct investment inflows to U. S. states: A nonparametric reassessment [J]. Review of Economics and Statistics, 2007, 89 (1): 178–183.

Henderson, J. V. Effects of air quality regulation [J]. American Economic Review, American Economic Association, 1996, 86 (4): 789–813.

Herrerias, M. J. , Liu, G. Electricity intensity across Chinese provinces: New evidence on convergence and threshold effects [J]. Energy Economics, 2013, 36 (3): 268–276.

Hisnanick, J. J. , Kymn, K. O. The impact of disaggregated energy on productivity: A study of the us manufacturing sector, 1958–1985 [J]. Energy Economic, 1992, 14 (4): 274–278.

Holtz-Eakin, D. Public-sector capital and the productivity puzzle [J]. The Review of Economics and Statistics, 1994, 76 (1): 12–21.

Hong, S. , Bradshaw, C. J. A. , and Brook, B. W. Global zero-carbon energy pathways using viable mixes of nuclear and renewables [J]. Applied Energy, 2015, 143: 451–459.

Hu, J. F. , Kahrl, F. , Yan, Q. Y. , Wang, X. Y. The impact of China's differential electricity pricing policy on power sector CO_2 emissions [J]. Energy Policy, 2012, 45: 412–419.

Jaforullah, M. , King, A. Does the use of renewable energy sources mitigate

CO_2 emissions? A reassessment of the US evidence [J]. Energy Economics, 2015, 49: 711-717.

Jarke, J., Perino, G. Do renewable energy policies reduce carbon emissions? On caps and intra-jurisdictional leakage [J]. Journal of Environmental Economics and Management, 84: 102-124.

Jefferson, M. Renewable and low carbon technologies policy [J]. Energy Policy, 2018, 132: 367-372.

Jeppesen, T., List, J. A., and Folmer, H. Environmental regulations and new plant location decisions: Evidence from a meta-analysis [J]. Journal of Regional Science, 2002, 42 (1): 19-49.

Johnson, E. P. The cost of carbon dioxide abatement from state renewable portfolio standards [J]. Resource and Energy Economics, 2014, 36 (2): 332-350.

Joos, M., Staffell, I. Short-term integration costs of variable renewable energy: Wind curtailment and balancing in Britain and Germany [J]. Renewable & Sustainable Energy Reviews, 2018, 86: 45-65.

Jorge, R. S., Hertwich, E. G. Grid infrastructure for renewable power in Europe: The environmental cost [J]. Energy, 2014, 69 (5): 760-768.

Jorgenson, D. The role of energy in productivity growth [J]. American Economic Review, 1984, 74: 26-30.

Kamps, C. New estimates of government net capital stocks for 22 OECD Countries 1960-2001 [J]. IMF Staff Paper, 2006, 53 (1): 120-150.

Karmellos, M., Kopidou, D., Diakoulaki, D. A decomposition analysis of the driving factors of CO_2 (carbon dioxide) emissions from the power sector in the European union countries [J]. Energy, 2016, 94 (9): 680-692.

Kayal, P., Chanda, C. K. Optimal mix of solar and wind distributed generations considering performance improvement of electrical distribution network [J]. Renewable Energy, 2015, 75: 173-186.

Keller, W., and Levinson, A. Pollution abatement costs and foreign direct investment inflows to US States [J]. Review of Economics and Statistics,

2002, 84 (4): 691-703.

Klein, A., Pfluger, B., Held, A., Ragwitz, M., Resch, G., Faber, T. Evaluation of different feed-in tariff design options-best practice paper for the international feed-in cooperation: 2nd edition [M]. Funded by the Ministry for the Environment, Nature Conservation and Nuclear Safety (BMU), October 2008. Accessed at http://www. feed-in-cooperation. org/images/files/best_practice_paper_2nd_edition_final. pdf.

Koenker, R., Bassett, G. J. Regression quantiles [J]. Econometrica, 1978, 46: 33-50.

Koenker, R., Hallock, K. F. Quantile regression [J]. Journal of Economic Perspectives, 2001, 15 (4): 143-156.

Koenker, R. Quantile regression for longitudinal data [J]. Journal of Multivariate Analysis, 2004, 91 (1): 74-89.

Komiyama, R., Fujii, Y. Assessment of post-Fukushima renewable energy policy in Japan's nation-wide power grid [J]. Energy Policy, 2017, 101: 594-611.

Krugman, P. Geography and Trade [M]. London: MIT Press/Leuven UP, 1991.

Krugman, P. Scale economies, product differentiation and the patterns of trade [J]. American Economic Review, 1980, 70: 950-959.

Kumar, P., and Srinivasan, K. Carbon dioxide based power generation in renewable energy systems [J]. Applied Thermal Engineering, 2016, 109: 831-840.

Kumar, S. Environmentally sensitive productivity growth: A global analysis using Malmquist-Lemberger index [J]. Ecological Economics, 2006, 56 (2): 280-293.

Lahiani, A., Mefteh-Wali, S., Shahbaz, M., and Vo, X. V. Does financial development influence renewable energy consumption to achieve carbon neutrality in the USA? [J]. Energy Policy, 2021, 158. https://doi. org/10. 1016/j. enpol. 2021. 112524.

Lai, R. K. Does public infrastructure reduce private inventory? [N]. MPRA

Paper, 2006.

Lamarche, C. Measuring the incentives to learn in Colombia using new quantile regression approaches [J]. Journal of Development Economics, 2011, 96 (2): 278-288.

Lanouar, C., Kahia, M. Do information and communication technology and renewable energy use matter for carbon dioxide emissions reduction? Evidence from the middle east and north Africa region [J]. Journal of Cleaner Production, 2021, 327. https://doi. org/10. 1016/j. jclepro. 2021. 129410.

Lee, L., Yu, J. Estimation of spatial autoregressive panel data models with fixed effects [J]. Journal of Econometrics, 2010, 154: 165-185.

Lee, L. F., Yu, J. Spatial panels: Random components versus fixed effects [J]. International Economic Review, 2012, 53 (4): 1369-1412.

LeSage, J. P, Sheng, Y. A spatial econometric panel data examination of endogenous versus exogenous interaction in Chinese province-level patenting [J]. Journal of Geographical Systems, 2014, 16 (3): 233-262.

Levin, T., Thomas, V. M., Lee, A. J. State-scale evaluation of renewable electricity policy: The role of renewable electricity credits and carbon taxes [J]. Energy Policy, 2010, 39 (2): 950-960.

Levinson, A. Environmental regulations and manufacturers' location choices: Evidence from the census of manufactures [J]. Journal of Public Economics, 1996, 62 (1): 5-29.

Li, F., Xiao, X., Xie, W., Ma, D., Song, Z., Liu, K. Estimating air pollution transfer by interprovincial electricity transmissions: The case study of the Yangtze River Delta Region of China [J]. Journal of Cleaner Production, 2018, 183: 56-66.

Li, G. and Huo, Z. Total-factor energy efficiency of China and its convergence [J]. China Population Resources and Environment, 2010, 20: 11-16.

Li, H. S., Geng, Y. C., Shinwari, R., Wang, Y., and Rjoub, H. Does renewable energy electricity and economic complexity index help to achieve carbon neutrality target of top exporting countries? [J]. Journal of Environmental Management, 2021a, 299: 113386. https://doi. org/10.

1016/j. jenvman. 2021. 113386.

Li, J., & Lin, B. Environmental impact of electricity relocation: a quasi-natural experiment from interregional electricity transmission [J]. Environmental Impact Assessment Review, 2017, 66: 151-161.

Li, M., Ahmad, M., Fareed, Z., Hassan, T., and Kirikkaleli, D. Role of trade openness, export diversification, and renewable electricity output in realizing carbon neutrality dream of China [J]. Journal of Environmental Management, 2021b, 297. https://doi. org/10. 1016/j. jenvman. 2021. 113 419.

Li, T., Hasegawa, X., Yin, Y., Zhu, K., et al. Uncertainties in predicting rice yield by current crop models under a wide range of climatic conditions [J]. Global Change Biology, 2015, 21 (3): 1328-1341.

Li, Y., Lukszo, Z., Weijnen, M. The impact of inter-regional transmission grid expansion on China's power sector decarbonization [J]. Applied Energy, 2016, 183: 853-873.

Li, Y., Muhammad, R., Li, X., Muntasir, M., Abraham, A. A., Sununu, I. B., Tomiwa, S. A. Determinants of carbon emissions in Argentina: The roles of renewable energy consumption and globalization [J]. Energy Reports, 2021c, 7: 4747-4760.

Liddle, B., Sadorsky, P. How much does increasing non-fossil fuels in electricity generation reduce carbon diLioxide emissions? [J]. Applied Energy, 2017, 197: 212-221.

Lima, F., Nunes, M. L., Cunha, J., Lucena, A. F. P. A cross-country assessment of energy-related CO_2 emissions: An extended Kaya index decomposition approach [J]. Energy, 2016, 115: 1361-1374.

Lin, B., Li, J. Analyzing cost of grid-connection of renewable energy development in China [J]. Renewable & Sustainable Energy Reviews, 2015, 50: 1373-1382.

List, J. A., Co, C. Y. The effect of environmental regulation on foreign direct investment [J]. Journal of Environmental Economics and Management, 2000, 40: 1-40.

Liu, N. , Ma, Z. , Kang, A regional analysis of carbon intensities of electricity generation in China [J]. Energy Economics, 2017, 67: 268-277.

Luo, G. L. , Li, Y. L. , Tang, W. J. , Wei, X. Wind curtailment of China's wind power operation: Evolution, causes and solutions [J]. Renewable & Sustainable Energy Reviews, 2016, 53: 1190-1201.

López-Peña, Á. , Pérez-Arriaga, I. , Linares, P. Renewables vs. energy efficiency: The cost of carbon emissions reduction in Spain [J]. Energy Policy, 2012, 50: 659-668.

Machado, J. A. F. and Silva, J. M. C. S. Quantiles via moments [J]. Journal of Econometrics, 2019, 213 (1): 145-173.

Mathews, J. A. How carbon credits could drive the emergence of renewable energies [J]. Energy Policy, 2008, 36 (10): 3633-3639.

Mathiesen, K. Informational justice: A conceptual framework for social justice in library and information services [J]. Library Trends, 2015, 64 (2): 198-225.

Mccauley, D. Reframing decommissioning as energy infrastructural investment: A comparative analysis of motivational frames in Scotland and Germany [J]. Energy Research & Social Science, 2018, 41: 32-38.

Mcconnell, V. D. , and Schwab, R. M. The impact of environmental regulation on industry location decisions: The motor vehicle industry [J]. Land Economics, 1990, 66 (1): 67-81.

Mcmenamin, J. S. , Monforte, F. A. , Sioshansi, F. P. Environmental benefits of electrification and end-use efficiency [J]. Electricity Journal, 1997, 10 (4), 26-33.

Medlock III, K. B. , and Soligo, R. Economic development and end-use energy demand [J]. The Energy Journal, 2001, 22 (2): 77-105.

Meng, M. , Payne, J. E. and Lee, J. Convergence in per capita energy use among OECD countries [J]. Energy Economics, 2013, 36: 536-545.

Mera, K. Regional production functions and social overhead capital: An analysis of the Japan case [J]. Regional and Urban Economics, 1973, 3 (2): 157-186.

Mirasgedis, S., Sarafidis, Y., Georgopoulou, E., & Lalas, D. P. The role of renewable energy sources within the framework of the Kyoto protocol: the case of Greece [J]. Renewable & Sustainable Energy Reviews, 2002, 6 (3): 247-269.

Moriarty, P., Honnery, D. Can renewable energy power the future? [J]. Energy Policy, 2016, 93: 3-7.

Moyo, B. Power infrastructure quality and manufacturing productivity in Africa: A firm level analysis [J]. Energy Policy, 2013, 61: 1063-1070.

Mulatu, A., Gerlagh, R., Rigby, D., and Wossink, A. Environmental regulation and industry location in Europe [J]. Environmental and Resource Economics, 2010, 45 (4): 459-479.

Munnell, A. H. Policy watch: Infrastructure investment and economic growth [J]. American Economic Association, 1990, 6 (4): 189-198.

Nakano, M., Managi, S. Regulatory reforms and productivity: An empirical analysis of the Japanese electricity industry [J]. Energy Policy, 2008, 36 (1): 201-209.

Nguyen, K. H., and Kakinaka, M. Renewable energy consumption, carbon emissions, and development stages: Some evidence from panel cointegration analysis [J]. Renewable Energy, 2018, 132: 1049-1057.

Novan, K. M. Valuing the wind: Renewable energy policies and air pollution avoided [R]. In: UC Center for Energy and Environmental Economics Working Paper Series E3 WP-027, 2013.

Oberthür, S. Hard or soft governance? The EU's climate and energy policy framework for 2030 [J]. Politics and Governance, 2019, 7 (1): 17-27.

Onafowora, O. A., Owoye, O. Structural vector auto regression analysis of the dynamic effects of shocks in renewable electricity generation on economic output and carbon dioxide emissions: China, India and Japan [J]. International Journal of Energy Economics and Policy, 2015, 5 (4): 1022-1032.

Pang, R. Z., Deng, Z. Q., Hu, J. L. Clean energy use and total-factor efficiencies: An international comparison [J]. Renewable & Sustainable Energy Reviews, 2015, 52: 1158-1171.

Panwar, N. , Kaushik, S. , Kothari, S. Role of renewable energy sources in environmental protection: A review [J]. Renewable and Sustainable Energy Reviews, 2011, 15: 1513-1524.

Pao, H. T. , Li, Y. Y. , Fu, H. C. Causality relationship between energy consumption and economic growth in Brazil [J]. Smart Grid & Renewable Energy, 2014, 5 (8): 198-205.

Papaefthymiou, G. , Dragoon, K. Towards 100% renewable energy systems: uncapping power system flexibility [J]. Energy Policy, 2016, 92: 69-82.

Parent, O. , LeSage, J. P. A spatial dynamic panel model with random effects applied to commuting times [J]. Transportation Research Part B: Methodological, 2010, 44 (5): 633-645.

Pearce, D. , and Palmer, C. Public and private spending for environmental protection: A cross-country policy analysis [J]. Fiscal Studies, 2001, 22 (4): 403-456.

Pedroni, P. Critical values for cointegration tests in heterogeneous panels with multiple regressors [J]. Oxford Bulletin of Economics and Statistics, 1999, 61: 653-670.

Pedroni, P. Fully modifed OLS for heterogeneous cointegrated panels [J]. Advances in Econometrics, 2000, 15: 93-130.

Pedroni, P. Panel cointegration: Asymptotic and finite sample properties of pooled time series tests, with an application to the PPP hypothesis [J]. Econometric Theory, 2004, 20: 597-625.

Pedroni, P. Purchasing power parity tests in cointegrated panels [J]. The Review of Economics and Statistics, 2001, 83 (4): 727-731.

Perkins, D. H. Reforming China's economic system [J]. Journal of Economic Literature, 1988, 2: 601-645.

Pesaran, H. M. A simple panel unit root test in the presence of cross-section dependence [J]. Journal of Applied Econometrics, 2007, 22 (2): 265-312.

Poudineh, R. , Sen, A. , Fattouh, B. Advancing renewable energy in re-
　　source-rich economies of the Mena [J]. Renewable Energy, 2018, 123:
　　135-149.

Pradhan, B. K. , Ghosh, J. A Computable General Equilibrium (CGE) as-
　　sessment of technological progress and carbon pricing in India's green en-
　　ergy transition via furthering its renewable capacity [J]. Energy Econom-
　　ics, 2022, 106. DOI: 10. 1016/j. eneco. 2021. 10578.

Prasad, M. , and Munch, S. State-level renewable electricity policies and re-
　　ductions in carbon emissions [J]. Energy Policy, 2012, 45: 237-242.

Pueyo, A. What constrains renewable energy investment in sub-Saharan Afri-
　　ca? A comparison of Kenya and Ghana [J]. World Development, 2018,
　　109: 85-100.

Qamruzzaman, M. Nexus between renewable energy, foreign direct investment,
　　and agro-productivity: The mediating role of carbon emission [J]. Renew-
　　able Energy, 2021, 184: 526-540.

Qi, T. , Zhang, X. , Karplus, V. J. The energy and CO_2 emissions impact of
　　renewable energy development in China [J]. Energy Policy, 2014, 68:
　　60-69.

Radmehr, R. , Henneberry, S. R. , Shayanmehr, S. Renewable energy con-
　　sumption, CO_2 emissions, and economic growth nexus: A simultaneity
　　spatial modeling analysis of EU countries [J]. Structural Change and Eco-
　　nomic Dynamics, 2021, 57: 13-27.

Rahman, M. M. , Sultana, N. , Velayutham, E. Renewable energy, energy
　　intensity and carbon reduction: Experience of large emerging economies
　　[J]. Renewable Energy, 2022, 184: 252-265.

Raspiller, S. , Riedinger, N. Do environmental regulation influence the loca-
　　tion behavior of French firms? [J]. Land Economics, 2008, 84 (3):
　　382-395.

Reinsdorf, M. , Cover, M. Measurement of capital stocks, consumption of
　　fixed capital, and capital services [Z]. Report on a Presentation to the
　　Central American Ad Hoc Group on National Accounts, 2005.

Ridzuan, N. H. A. M., Marwan, N. F., Khalid, N., Ali, M. H., and Tseng, M. L. Effects of agriculture, renewable energy, and economic growth on carbon dioxide emissions: Evidence of the environmental Kuznets curve [J]. Resources Conservation and Recycling, 2020, 160 (8): 104879. https://doi.org/10.1016/j.resconrec.2020.104879.

Román-Collado, R., Cansino, J. M., Botia, C. How far is Colombia from decoupling? Two level decomposition analysis of energy consumption changes [J]. Energy, 2018, 148: 687-700.

Rud, J. P. Electricity provision and industrial development: Evidence from India [J]. Journal of Development Economics, 2012, 97: 352-367.

Sahoo, P., Dash, R. K., Nataraj, G. China's growth story: The role of physical and social infrastructure [J]. Journal of Economic Development, 2012, 37 (1): 1-23.

Saidi, L., Fnaiech, F. Experiences in renewable energy and energy efficiency in Tunisia: Case study of a developing country [J]. Renewable & Sustainable Energy Reviews, 2014, 32: 729-738.

Salim, R. A., Rafiq, S. Why do some emerging economies proactively accelerate the adoption of renewable energy? [J]. Energy Economics, 2012, 34 (4): 1051-1057.

Samuelson, P. A. The pure theory of public expenditure [J]. The Review of Economics and Statistics, 1954, 36 (4): 387-389.

Sato, K. The ideal log-change index number [J]. Review of Economics and Statistics, 1976, 58 (2): 223-228.

Saunders, H. Fuel conserving (and using) production functions [J]. Energy Economics, 2008, 30 (5): 2184-2235.

Schaber, K., Steinke, F., Hamacher, T. Transmission grid extensions for the integration of variable renewable energies in Europe: Who benefits where? [J]. Energy Policy, 2012, 43 (2): 123-135.

Schmid, G. The development of renewable energy power in India: Which policies have been effective? [J]. Energy Policy, 2012, 45 (6): 317-326.

Seo, M., and Shin, Y. Dynamic panels with threshold effect and endogeneity [J]. Journal of Econometrics, 2016, 195: 169-186.

Shafiei, S., Salim, R. A. Non-renewable and renewable energy consumption and CO_2 emissions in OECD countries: A comparative analysis [J]. Energy Policy, 2014, 66: 547-556.

Shan, S., Gen, S. Y., Kamran, H. W., and Dinca, G. Role of green technology innovation and renewable energy in carbon neutrality: A sustainable investigation from Turkey [J]. Journal of Environmental Management, 2021, 294: 113004. https://doi. org/10. 1016/j. jenvman. 2021. 113004.

Shao, X., Zhong, Y., Liu, W., Li, R. Y. M. Modeling the effect of green technology innovation and renewable energy on carbon neutrality in N-11 countries? Evidence from advance panel estimations [J]. Journal of Environmental Management, 2021, 296. https://doi. org/10. 1016/j. jenvman. 2021. 113189.

Sharif, A., Raza, S. A., Ozturk, I., Afshan, S. The dynamic relationship of renewable and nonrenewable energy consumption with carbon emission: A global study with the application of heterogeneous panel estimations [J]. Renewable Energy, 2019, 133. https://doi. org/10. 1016/j. renene. 2018. 10. 052.

Sheinbaum, C., Ruíz, B. J., Ozawa, L. Energy consumption and related CO_2 emissions in five Latin American countries: Changes from 1990 to 2006 and perspectives [J]. Energy, 2011, 36 (6): 3629-3638.

Shen, W., Han, W., & Wallington, T. J. Current and future greenhouse gas emissions associated with electricity generation in China: Implications for electric vehicles [J]. Environmental Science & Technology, 2014, 48 (12): 7069-7075.

Shrestha, R. M., Anandarajah, G., Liyanage, M. H. Factors affecting CO_2 emission from the power sector of selected countries in Asia and the Pacific [J]. Energy Policy, 2009, 37 (6): 2375-2384.

Sims, R. E. H., Rogner, H. H., and Gregory, K. Carbon emission and mitigation cost comparisons between fossil fuel, nuclear and renewable energy resources for electricity generation [J]. Energy Policy, 2003, 31 (13): 1315-1326.

Sinton, J. E. , Fridley, D. G. What goes up: Recent trends in China's energy consumption [J]. Energy Policy, 2000, 28 (10): 671-687.

Sleuwaegen, L. , Dehandschulter, W. The critical between the concentration ration and the H-index in assessing industry performance [J]. The Journal of Industrial Economics, 1986, 35 (2).

Solow, R. M. A contribution to the theory of economic growth [J]. Quarterly Journal of Economics, 1956, 70 (1): 65-94.

Song, F. , Bi, D. , Wei, C. Market segmentation and wind curtailment: An empirical analysis [J]. Energy Policy, 2019, 132: 831-838.

Song, H. L. , et al. Optimization of bioelectricity generation in constructed wetland-coupled microbial fuel cell systems [J]. Water, 2017, 9: 185.

Steenhof, P. A. Decomposition of electricity demand in China's industrial sector [J]. Energy Economics, 2006, 28 (3): 370-384.

Stern, D. I. Modeling international trends in energy efficiency [J]. Energy Economics, 2012, 34 (6): 2200-2208.

Sugiyama, M. Climate change mitigation and electrification [J]. Energy Policy, 2012, 44: 464-468.

Sun, Y. , Li, H. , Andlib, Z. , and Genie, M. G. How do renewable energy and urbanization cause carbon emissions? Evidence from advanced panel estimation techniques [J]. Renewable Energy, 2022, 185: 996-1005. https://doi. org/10. 1016/j. renene. 2021. 12. 112.

Tan, Y. , Uprasen, U. Carbon neutrality potential of the ASEAN-5 countries: Implications from asymmetric effects of income inequality on renewable energy consumption [J]. Journal of Environmental Management, 2021, 299. DOI: 10. 1016/j. jenvman. 2021. 113635.

Tang, K. , Yang, L. , Zhang, J. Estimating the regional total factor efficiency and pollutants' marginal abatement costs in China: A parametric approach [J]. Applied Energy, 2016, 184: 230-240.

Thopil, M. S. , Bansal, R. C. , Zhang, L. , Sharma, G. A review of grid connected distributed generation using renewable energy sources in South Africa [J]. Energy Strategy Reviews, 2018, 21: 88-97.

Tugcu, C. T., Tiwari, A. Does renewable and/or non-renewable energy consumption matter for total factor productivity (TFP) growth? Evidence from the BRICS [J]. Renewable & Sustainable Energy Reviews, 2016, 65: 610-616.

Udemba, E. N., Emir, F., Philip, L. D. Mitigating poor environmental quality with technology, renewable and entrepreneur policies: A symmetric and asymmetric approaches [J]. Renewable Energy, 2022. https://doi.org/10.1016/j. renene. 2022. 03. 060.

Van Marrewijk, C. Geographical economics and the role of pollution on location [Z]. Tinbergen Institute Discussion Papers 05-018/2, Tinbergen Institute, 2005.

Van Soest, D. P., List, J. A., Jeppesen, T. Shadow prices, environmental stringency, and international competitiveness [J]. European Economic Review, 2006, 50 (5): 1151-1167.

Viholainen, J., Luoranen, M., Väisänen, S., Niskanen, A., Horttanainen, M., Soukka, R. Regional level approach for increasing energy efficiency [J]. Applied Energy, 2016, 163: 295-303.

Vithayasrichareon, P., Macgill, I. F. A monte Carlo based decision-support tool for assessing generation portfolios in future carbon constrained electricity industries [J]. Energy Policy, 2012, 41: 374-392.

Vlachou, A., Vassos, S., Andrikopoulos, A. Energy and environment: Reducing CO_2 emissions from the electric power industry [J]. Journal of Policy Modeling, 1996, 18 (4): 343-376.

Vo, D., Vo, A. T., Ho, C. M., and Nguyen, M. H. The role of renewable energy, alternative and nuclear energy in mitigating carbon emissions in the CPTPP countries [J]. Renewable Energy, 2020, 161: 278-292. https://doi.org/10.1016/j. renene. 2020. 07. 093.

Wang, C. H., Padmanabhan, P., Huang, C. H. The impacts of the 1997 Asian financial crisis and the 2008 global financial crisis on renewable energy consumption and carbon dioxide emissions for developed and developing countries [J]. Heliyon, 2022a, 8. DOI: 10. 1016/j. heliyon. 2022. e08931.

Wang, H., Ang, B. W. Assessing the role of international trade in global CO_2 emissions: An index decomposition analysis approach [J]. Applied Energy, 2018, 218: 146-158.

Wang, H., Zhang, Y., Zhao, H., Lu, X., Zhang, Y., Zhu, W., et al. Trade-driven relocation of air pollution and health impacts in China [J]. Nature Communications, 2017, 8 (1): 1-7.

Wang, J., Yao, D., He, J. A study on the characteristics, predictions and policies of China's eight main power grids [J]. Energy Conversion & Management, 2014, 86 (4): 818-830.

Wang, M., Feng, C. Decomposition of energy-related CO_2 emissions in China: An empirical analysis based on provincial panel data of three sectors [J]. Applied Energy, 2017, 190: 772-787.

Wang, Q., Chen, X. China's electricity market-oriented reform: From an absolute to a relative monopoly [J]. Energy Policy, 2012, 51: 143-148.

Wang, W., Mu, H., Kang, X., Song, R., Ning, Y. Changes in industrial electricity consumption in China from 1998 to 2007 [J]. Energy Policy, 2010, 38 (7): 3684-3690.

Wang, Y., Li, M., Wang, L., Wang, H., Zeng, M., Zeng, B., Qiu, F., Sun, C. Can remotely delivered electricity really alleviate smog? An assessment of China's use of ultra-high voltage transmission for air pollution prevention and control [J]. Journal of Cleaner Production, 2020, 242: 1-14.

Wang, Y., Yan, W., Zhuang, S., Li, J. Does grid-connected clean power promote regional energy efficiency? An empirical analysis based on the upgrading grid infrastructure across China [J]. Journal of Cleaner Production, 2018, 186: 736-747.

Wang, Y., Zhang, Q., Li, C. The contribution of non-fossil power generation to reduction of electricity-related CO_2 emissions: A panel quintile regression analysis [J]. Journal of Cleaner Production, 2019, 207: 531-

541.

Wang, Z., Jebli, M. B., Madaleno, M., Doǧan, B., Shahzad, U. Does export product quality and renewable energy induce carbon dioxide emissions: Evidence from leading complex and renewable energy economies [J]. Renewable Energy, 2021, 171: 360-370.

Wang, Z., Yen-Ku, K., Li, Z., An, N. B., Abdul-Samad, Z. The transition of renewable energy and ecological sustainability through environmental policy stringency: Estimations from advance panel estimators [J]. Renewable Energy, 2022b, 188: 70-80.

Wang, Z., Yin, F., Zhang, Y., and Zhang, X. An empirical research on the influencing factors of regional CO_2 emissions: Evidence from Beijing City, China [J]. Applied Energy, 2012, 100: 277-284.

Wei, W., Wang, X., Zhu, H., Li, J., Zhou, S., Zou, Z., Li, J. S. Carbon emissions of urban power grid in Jing-Jin-Ji region: Characteristics and influential factors [J]. Journal of Cleaner Production, 2017, 168: 428-440.

Westerlund, J. Testing for error correction in panel data [J]. Oxford Bulletin of Economics and Statistics, 2007, 69 (6): 709-748.

Wiser, R., Porter, K., Bolinger, M., Raitt, H. Does it have to be this hard? Implementing the nation's most complex renewables portfolio standard [J]. Electricity Journal, 2005, 18 (8): 55-67.

Wood, P. J., Jotzo, F. Price floors for emissions trading [J]. Energy Policy, 2011, 39 (3): 1746-1753.

World Bank. World Bank Annual Report 2017 (English) [EB/OL]. Washington, D. C.: World Bank Group, 2017. http://documents. worldbank. org/ curated/en/143021506909711004.

World Energy Council. 2016. https://www. world energy. org/assets/images/ imported/2016/10/World-Energy-Resources-Full-report-2016. 10. 03. pdf.

Wu, D., Yang, Y., Shi, Y., Xu, M., Zou, W. Renewable energy resources, natural resources volatility and economic performance: Evidence from BRICS [J]. Resources Policy, 2022, 76. https://doi. org/10. 1016/j.

resourpol. 2022. 102621.

Xie, R., Hu, G., Zhang, Y., Liu, Y. Provincial transfers of enabled carbon emissions in China: A supply-side perspective [J]. Energy Policy, 2017, 107: 688-697.

Yang, H., Chen, B., Xiang, S., Liu, J., Ackom, E. Distributionally robust optimal dispatch modelling of renewable-dominated power system and implementation path for carbon peak [J]. Computers & Industrial Engineering, 2022, 163. https://doi. org/10. 1016/j. cie. 2021. 107797.

Yang, L. S., Lin, B. Q. Carbon dioxide-emission in China's power industry: Evidence and policy implications [J]. Renewable & Sustainable Energy Reviews, 2016, 60: 258-267.

Yang, X. J., Hu, H., Tan, T., Li, J. China's renewable energy goals by 2050 [J]. Environmental Development, 2016, 20: 83-90.

Yi, B. W., Xu, J. H., Fan, Y. Inter-regional power grid planning up to 2030 in China considering renewable energy development and regional pollutant control: A multi-region bottom-up optimization model [J]. Applied Energy, 2016, 184: 641-658.

Yin, G., Wang, B., Duan, M., Kuang, Y. Integrating more renewable electricity into the power system may increase carbon emissions [J]. Sustainable Energy Technologies and Assessments, 2022, 49. https://doi. org/10. 1016/j. seta. 2021. 101796.

Young, A. Gold into base metals: Productivity growth in the people's republic of china during the reform period [R]. Working Paper 7856, NBRE, 2000.

Yu, S. W., Zheng, S. H., Li, X. The achievement of the carbon emissions peak in China: The role of energy consumption structure optimization [J]. Energy Economics, 2018, 74: 693-707.

Yuan, J., Zhao, C., Yu, S., Hu, Z. Electricity consumption and economic growth in China: Cointegration andcofeature analysis [J]. Energy Economics, 2007, 29 (6): 1179-1191.

Yuan, X., Su, C. W., Umar, M., Shao, X., Lobont, O. R. The race to zero emissions: Can renewable energy be the path to carbon neutrality? [J]. Journal of Environmental Management, 2022, 308. https://doi. org/ 10. 1016/j. jenvman. 2022. 114648.

Zeng, D. , Zhao, L. Pollution havens and industrial agglomeration [J]. Journal of Environmental Economics and Management, 2009, 58 (2): 141−153.

Zeng, M. , Duan, J. , Wang, L. , Zhang, Y. , Xue, S. Orderly grid connection of renewable energy generation in China: Management mode, existing problems and solutions [J]. Renewable & Sustainable Energy Reviews, 2015, 41: 14−28.

Zha, D. , Zhou, D. , Ding, N. The contribution degree of sub-sectors to structure effect and intensity effects on industry energy intensity in China from 1993 to 2003 [J]. Renewable & Sustainable Energy Reviews, 2009, 13 (4): 895−902.

Zhang, R. , Sharma, R. , and Tan, Z. , Kautish, P. Do export diversification and stock market development drive carbon intensity? The role of renewable energy solutions in top carbon emitter countries [J]. Renewable Energy, 2022, 185: 1318−1328.

Zhang, S. H. , Jiang, W. J. Estimating and decomposing of energy productivity [J]. The Journal of Quantitative & Technical Economics, 2014, 6: 55−73.

Zhang, W. Q. , Zhang, X. Y. , Huang, S. W. , Xia, Y. K. , Fan, X. C. , Mei, S. W. Evolution of a transmission network with high proportion of renewable energy in the future [J]. Renewable Energy, 2017, 102: 372−379.

Zhang, Y. Interregional carbon emission spillover-feedback effects in China [J]. Energy Policy, 2017, 100: 138−148.

Zhang, Z. X. Why did the energy intensity fall in China's industrial sector in the 1990s? The relative importance of structural change and intensity change [J]. Energy Economics, 2003, 25 (6): 625−638.

Zhao, H. , Wu, Q. , Hu, S. , et al. Review of energy storage system for wind power integration support [J]. Applied Energy, 2015, 137: 545-553.

Zhao, W., Cao, Y., Miao, B., Wang, K., Wei, Y. M. Impacts of shifting China's final energy consumption to electricity on CO_2 emission reduction [R]. CEEP-BIT Working Papers 115, Center for Energy and Environmental Policy Research, 2018.

Zhao, Z. Y., Chen, Y. L., Chang, R. D. How to stimulate renewable energy power generation effectively? China's incentive approaches and lessons [J]. Renewable Energy, 2016, 92: 147-156.

Zhou, D., Hu, F., Zhu, Q., Wang, Q. Regional allocation of renewable energy quota in China under the policy of renewable portfolio standards [J]. Resources, Conservation & Recycling, 2021, 176. https://doi. org/ 10. 1016/j. resconrec. 2021. 105904.

Zhou, Y. X. Responsive relationship between transportation carbon emissions and traffic economic growth—A practical study based on decoupling & recoupling theory and LMDI decomposition [J]. Collected Essays on Finance and Economics, 2014, (12): 9-16.

Zhu, F., Zheng, Y., Guo, X., Wang, S. Environmental impacts and benefits of regional power grid interconnections for China [J]. Energy Policy, 2005, 33, (14): 1797-1805.

Zhu, Q., Chen, X., Song, M., Li, X., Shen, Z. Impacts of renewable electricity standard and Renewable Energy Certificates on renewable energy investments and carbon emissions [J]. Journal of Environmental Management, 2022, 306: 114495. https://doi. org/10. 1016/j. jenvman. 2022. 114495.